政治経済学の政治哲学的復権

理論の理論的〈臨界－外部〉にむけて

法政大学比較経済研究所／長原　豊――【編】

比較経済研究所研究シリーズ●別巻

法政大学出版局

目次

謝　辞

本書は、「法政大学競争的資金獲得研究助成金」（二〇〇七〜二〇〇八年度）によって支援され、比較経済研究所を研究機関とする、研究プロジェクト――「知としての経済学理論の脱構築――理論の外部」――の成果のひとつである。本書の成立は、したがって、比較経済研究所と法政大学研究開発センターの存在を措いては、語れない。とりわけこうした異例のプロジェクトの前段階から今日に到るまで多くの励ましをくださった歴代所長、尾高煌之助先生、菊地道樹先生、絵所秀紀先生、また現所長である牧野文夫先生には、感謝のしようもない（本書は、その特異な性格から、いわゆる「比較経済研究所シリーズ」の別巻として出版することになった）。

研究遂行を制度的にも適切なものにして下さった歴代の比較研スタッフ、家村真名さん、高本真由子さん、高橋麻美さんにも感謝いたします。彼女たちを欠いては、完成は覚束なかった。

二〇〇七年一二月一三日から一四日にかけて法政大学市ヶ谷キャンパスで開催した〈ワークショッ

プ：The Outsides of What looks like an Elegant Circle: Economics and Its Residue〉に参加し、本書にも寄稿してくれたジェイソン・リード、ケネス・スーリン、ジャネル・ワトソン、また同ワークショップにペーパーを提供し、論じてくれたニコラス・ソバーン（Manchester University）、二日間にわたって白熱する議論を巧みに仕切ってくれたトミコ・ヨダ（Duke University）、ディスカッサントとして参加してくれたマーク・ドゥリスコル（University of North Carolina）にも感謝する。

二〇〇九年一月にロサンゼルスとニューヨークで行なった長時間の〈インタヴュー・セッション〉に快く応じて下さった、ロバート・ブレナー教授（ＵＣＬＡ）とダンカン・フォーリー教授（New School for Social Research）にも感謝する。

なお本プロジェクトは、その成果として、すでにひとつの副産物を残している。それは、本プロジェクトのメンバーによる Stephen Cullenberg, Jack Amariglio and David F. Ruccio, eds., *Postmodernism, Economics and Knowledge* (London/New York: Routledge, 2001）の翻訳である。それは、長原豊監訳『経済学と知』御茶の水書房、二〇〇七年として、刊行された。また、本書に続いて、同様に本プロジェクトのメンバーによる翻訳プロジェクトも進行中であり、それは、ロバート・ブレナー『所有と進歩』（仮題）として、日本経済評論社より刊行の予定である。

二〇一〇年一〇月一日　擱筆

長原　豊

政治経済学の政治哲学的復権——理論の理論的〈臨界‐外部〉にむけて

凡　例

本書全体を通じて、以下の三つの文献については、本文中に略号で表記する。

一、『資本論』全三巻については、それぞれＫⅠ、ＫⅡ、ＫⅢと略記し、コロンの後に原著頁数を付した（例――K I: 123）。

二、いわゆる『マルクス゠エンゲルス全集』については、ＭＥＷと略記し、その後に巻号、コロンの後に原著頁数を付した（例――MEW 8: 123）。

三、いわゆる『経済学批判要綱』と呼称される「草稿」は、ソ連邦共産党中央委員会付属マルクス゠レーニン主義研究所・ドイツ社会主義統一党中央委員会付属マルクス゠レーニン主義研究所『カール・マルクス゠フリードリヒ・エンゲルス全集（ＭＥＧＡ）』第二部「『資本論』と準備労作」、第一巻「カール・マルクス　一八五七―五八年の経済学草稿」第一分冊（一九七六年）と第二分冊（一九八一年）――いわゆる〈新ＭＥＧＡ版〉――に依拠し、Gr. と略記した。なお、この略記の後に、コロンを付して原著頁数を付した（例――Gr.: 123）。

序論

長原豊

すべてとはいかないものの、一箇の無限の全体を構成する元《げん》を数え上げる——この中心的難問が未だしである。その途方もなく大きな瞬間、私は、心楽しくもあり悍しくもある夥しい数の行為を観た。何より驚くべきは、その何ひとつとして、重なり合いもしなければ、透明にもならず（sin superposición y sin transparencia）、一点に収斂していることだった。私の両の眼が捕らえたこのすべては、同時に起きたのだ（Lo que vieron mis ojos fue simultáneo）。だが、言語は継起的であり、したがって私がここに書き写すものも継起的であるほかない。それでも、できるだけ多くを拾い上げてみよう。

——ボルヘス

ボルヘスのこの達観は怖ろしい(1)。その覚悟は、したがってまた手強い。たとえば、そも無限の全体－集合 conjunto infinito とは、いかにあり得るのか？　あるいは夥しい数にのぼる行為を「同時に」捕らえたとするボルヘスの外部観測する「両の眼 ojos」は、そもいかなる遠近法にもとづいて何処に居座っているのか？　ボルヘスの無限を僭称する全体－集合は、そのじつ、唯に継続だけを強いる空集合 ϕ ではないのか？　だが、否、だからこそベケットは、その『名づけえぬもの』の末尾に、「沈黙の中にいてはわからないよ、続けなくちゃいけない、続けよう」という有名な一節を措いたに違いない。この一文は、物語《イストワール》を語って時間を潰す無為、物語《イストワール》の無限の延伸が逢着する物語《イストワール》そのものの始原的非在（あるいは判断という原－分割 Ur-teil）への言及に裏打ちされている。[2] そしてバディウは、外部へと内在的に捲り上がるがゆえに継続するほかないと言い募るこのベケットをすべての思索者が直面する最大の事案として引き、その直後に、犒《ねぎら》いの一文「純粋な声のコギトは耐え難いが、避けられない」を派遣した。[3]

本書は、純粋を一身に背負うとするコギト（内部）の耐え難さとその不可避性という共犯するほかない二つのノモスに衝き動かされて、資本をその政治経済学批判としての意義を携えたまま論理的に記述することで政治経済学批判（マルクス経済学）を批判的に復権することをその使命とするが、その焦点は、一方におけるその内部が密やかかつ不可欠に孕む外部と他方におけるそれ全体を囲繞する外部という、二つの外部から挟撃することで、資本とその鏡面であるマルクス経済学が密かに抹消してきた外部を存在（論）的に復権するという、いわば懲りない試みに据えられた。

この目論見が孕む誰もが知る困難を、バリバールは、マルクス自身のそれに言寄せて、次のように述べている。

> 『賃金・価格・利潤』では、資本主義に内部と外部が授けられ、〔その内部は〕規制的限界に従って機能する「システム」と規定されている（私の知る限り、この考え方が一つの重要な役割を明示的に演ずる唯一のテクストが、『賃金・価格・利潤』である）。システムは、この限界の内部では安定

的だが、この限界を超えると、異なった法則に従って機能する他のシステムにならねばならない。これこそが、マルクスにとっては、経済的闘争と政治的闘争を結びつける方法だった。経済はシステム「内的」であり、政治は、その定義において、システムと自動的に矛盾し、それを乗り越える。この規定は、しかし、紛うことなき同義反復となる危険を冒している[4]。

この問題が密かに取り沙汰された章が『資本論』における「労働日」や「いわゆる本源的蓄積」などをめぐる議論であったが[5]、こうした「同義反復」は、権威ある「経済原論」の教科書にも、好意的に言えば、その意図に反して、再生産されている[6]。内部として閉じた後——*post festum*——に、安んじて「開口部」なるものと「変容」を外部として内部に設え、起源なるものを事後的に多重化し、歴史と論理の平仄を美化すること——『賃金・価格・利潤』のマルクスは、それを「労働者階級の経済闘争の『二重の所産』」と呼んで、正当化した[7]——は、しかし、純粋なコギトが呼び掛ける「同義反復」に対する無神経を証して余りあるだろう[8]。その開口部と変容なるものは、以下に覧るフロイトの言を藉れば、「理念にとって都合の好い……改造」であり、自閉する論理的内部とそれのみを党派性の証-忠誠とする人びととの定期的な保守点検にすぎない[9]。私は、むしろ、ベケットを受けて先の二律背反を果敢に引き受けたバディウの立場を選択する。それは、いかに「分析の緩慢な経過を加速させることができるのかという技術的問題」（これが宇野弘蔵のいわゆる三段階論のテーマであった）を意識しながらも、微妙な「分析の任務」に就くフロイト（あるいは宇野弘蔵）の真意の受任でもある[10]。

……私は、分析が終わりがない仕事である、と主張するつもりなどない。……われわれは、すべての人間的特性を図式化された正常性という理念にとって都合が好いように改造するとき、ましてや「徹底的に分析された被分析者 gründlich Analysierte」は何一つ苦痛を感じたり内的葛藤を発現させたりする必要がなくなるなどと要求することを目標にしているわけでもない。分析治療は自我機能 Ichfunktionen がもっとも円滑に営まれやすいような心理的諸条件をつくり出すものでなければならない。それによって分析の任務は了わる。

前段と強調を付した後段を諸共に引き受けることについては、マルクス経済学をその生業とする人びとにとっても覚悟せねばならないイロハであるにせよ、しかし被分析者の「抵抗についての操作を行ってるあいだ、自我は——多かれ少なかれ本気で——その場合の分析状況そのものの成立の基礎を成している分析医と被分析者とに結ばれた治療上の契約を逸脱」してしまうという前言に反するフロイトの真摯な覚悟は、いまだマルクス経済学には共有されていない。彼らは、理論的閉域に沈潜するか、あるいは理論を忘れて実証分析に溺れるかの、何れかを選択してきたにすぎない。本書は、しかし、記述対象そのものこの「逸脱」あるいは「契約」破棄を、だがまさに「契約」締結において、発生させ、受け容れることを試みるだろう。ジジェクが、何処かで、ほぼ次のように言っている。端緒は端緒を破壊するために終端から回帰するという目的を担う限りにおいて公理的に——端緒-原理《プリンチピオ》において——設定-強制される、と。彼はまた、経済（学）的規定は政治的に解釈されて初めて、意味をもつとも述べた。[11]

「すべてが重なり合うことも、透明になることもな」い「一点」、それは、政治経済学批判では、何か？　これが本書の核芯を別様に表現した設問にほかならない。

本書は、こうした意を体して、マルクス経済学にとって学問《ディシィプリオン》‐規律としてはもっとも外部に位置するかに見える久野論文――ボルヘス的迷宮の完結性とそれへの抵抗――を劈頭に、私の表現を以てすれば、「円環を挫く」ことを念頭に置いて、意図的に措き、[12]精神分析学・社会学・社会哲学・経済学・文学・政治学という個別の学問《ディシィプリオン》‐規律を横断するさまざまな論攷を、掉尾に措いた現状に直接的に介入する結論文との間《あわい》に、埋め込んだ。

来るべき読者が、本書の前‐後／内‐外へと逸出するこの――「停止している現在《いま》Nuc-stans」でもなければ、「停止している此処《ここ》Hic-stans」でもない――「象り」が孕む含意を理解されることを、期待する。

註
（1）J. L. Borges, “El Aleph” http://www.apocatastasis.com/aleph-borges.php#axzz1F7cxrcBq.
（2）S. Beckett, *L'innommable*, Paris: Minuit, 1953, pp. 213, 163.
（3）A. Badiou, *Beckett: L'increvable désir*, Paris: Hachette, 1995, p. 38.
（4）E. Balibar, “The Notion of Class Politics in Marx,” *Rethinking Marxism* 1 (2), 1988, p. 22. 強調引用者。
（5）とりあえず、A. Negri, *Marx oltre Marx*, Roma: Manifestlibri, 1998, lezione 7 および do., *La constituzione del tempo. Prolegomeni*, Roma: Manifestlibri, 1997 を、また岩田弘の生産的失敗作『マルクス経済学』上、盛田書店、一九六七年を参照。
（6）小幡道昭『経済原論――基礎と演習』東京大学出版会、二〇〇九年。

(7) Balibar, "The Notion of Class Politics in Marx," p. 22.

(8) A. Negri, *Political Descartes: Reason, Ideology and the Bourgeois Project*, tr. and intro. by M. Mandarini and A. Toscano, London: Verso, 2006.

(9) 櫻井毅・山口重克・柴垣和夫・伊藤誠編著『宇野理論の現在と論点』社会評論社、二〇一〇年。

(10) S. Freud, "Die endliche und die unendeliche Analyse," in *Gesammelte Werke* 16, S. 62, 96, 84. 強調引用者。

(11) この二文は私が何処かで訳したものだが、それが何処だったか、もはや記憶にない。

(12) D. Tatián, "Le secret et l'histoire. Variations sur un thème borgien," *Philonsorbonne: revue de l'école doctorale de philosophie de l'université paris 1*, numéro 4, 2009–2010, pp. 139ff. 参照。

第1章　ボルヘスの神話的イメージ――覚書

久野　量一

　ボルヘスを読んでいくと、繰り返し出てくるボルヘスの偏愛した固有名詞に窒息しそうになる。鏡、書物、図書館といったいくつかの主題、モチーフの周りをぐるぐる廻っているうちにボルヘス地獄にずぶずぶと嵌り込んでゆく。どれを読んでもどこかに書いてあったような眩惑に揺さぶられ、ボルヘスをめぐって思いを巡らし、考えようとしても、結局いつのまにかボルヘスの格言めいたもの言いを同語反復しているだけで、言葉の迷宮に入り込んだような苛立ちをおぼえ、何かを思いついたとしても、別の誰かがとっくに指摘しているのではないかと不安の念に苛まれる。ボルヘス的迷宮とは、書き手として、そして読み手としての書物をめぐる「全体」のことを指している。

　そういうボルヘスを前にして、古今東西、彼を何か具体的なイメージと結びつけたい欲求は尽きたことがない。しかも俗世間離れした、どこかこの世ならぬボルヘスが相手ともなると、神話上の人物をイ

無間地獄タルタロスで罰を受けているタンタロス像。果実や水に囲まれているが，もぎ取ろうとすれば枝は逃げ，飲もうとすれば水は干上がる。

出典：Michael Grant and John Hazel, *Gods and Mortals in Classical Mythology*, G. & C. Merriam Company, Springfield, Massachusetts, 1973, p. 372.

メージしたくなるのが常だ。ボルヘスを讃えたこれら「オマージュ」としてのイメージは、ボルヘス世界に没入してボルヘスという迷宮に心地よく迷ううえで、つまり、いつまでもボルヘスとともに歩みたい向きには有用であろう。

しかしボルヘスをめぐる神話的イメージのなかには、ボルヘスという迷宮をむしろ恐怖ととらえ、その恐怖に名を与え、そこから脱出をはかろうとする試みを秘めている事例もある。言わば、ボルヘスを葬るという欲望に貫かれたこうしたイメージはおそらく数少ない。だが、ボルヘスに圧倒されそうになりながらも踏みとどまり、ときに不敬な態度で挑んで生み出されたこれらの解釈は、「ボルヘス以後」に位置づけられてしまったことをわれわれが強く意識するとき――そうしない可能性はほとんどないと思うが――とくに注意を払っておくべきものだろう。

たとえばヴィトルド・ゴンブローヴィッチ。

ポーランドで「未成熟」を礼賛する長篇小説『フェルディドゥルケ』を発表したのち、ゴンブローヴィッチは大西洋横断船の処女航海に招かれて、一九三九年、ブエノスアイレスに降り立った。すぐに帰国するはずだったが、到着して数日後に世界大戦がはじまり、アルゼンチンにとどまる道を選んだ。結果的にはこの選択によって、ゴンブローヴィッチはボルヘスの存在の大きさを知る羽目に陥った。

時期が時期だった。ゴンブローヴィッチがブエノスアイレスに転がり込んだ年は、当時四〇歳のボルヘスにとっても記念すべき年だったからだ。前年、大怪我を負ったボルヘスはこの年、フィクション作家の道に第一歩を踏み出した。その第一作が「『ドン・キホーテ』の著者、ピエール・メナール」という、フィクション作家ボルヘスのほとんどすべてのテーマ――架空の書物、メタフィクション、オリジナリティとは何か――を凝縮した短篇である。ボルヘスを語るときこの作品を抜かすことは考えられない。この作品をもってボルヘスは作家として「成熟期」に入った。

おそらくそういう時代のボルヘスを見知ったからだろう、ゴンブローヴィッチは、ボルヘスを「アルゼンチンきっての才能」と認めはする。しかし同時に、ボルヘスが「大人」であることに幻滅し、苛立っている。「書物に鼻を埋め」ているボルヘスは「知性的で、何ごとも審美的・哲学的に処理する傾向」があって、「自分が生きてきた年齢だけを重んじ、足元の世界からは切れてしまっている。成熟した人間、成熟した知識人、成熟した芸術家」でしかない。だから、ボルヘスにアルゼンチンという未成熟の国の文化を語る資格はないのだと舌鋒鋭く語る(1)。

成熟性を攻撃すること。知られているように、これがゴンブローヴィッチの生涯追求した哲学である。ゴンブローヴィッチの最初の短篇集は『成熟途上の記録』と題されている。ボルヘス＝大人に対抗するように、ゴンブローヴィッチ＝子どもは亡命先のアルゼンチンで『フェルディドゥルケ』をスペイン語に翻訳し、ボルヘスを中心とするヨーロッパ信奉の正統的文学に有害となる毒をまき散らしただけでなく、『トランス＝アトランティック』という小説を書いた。そのなかでは、「未成熟」を体現する主人公〈ゴンブローヴィッチ〉が、ブエノスアイレスの知識人や芸術家が出席するパーティに招かれる。主人公は書物の引用でできたかのようなアルゼンチン大作家と対面して問答するが、話は少しもかみ合わない。その大作家の鼻もちならない尊大な言動に苛立った主人公は結局、幼稚な振る舞いに及ぶことになる。

新大陸で「未成熟」装置が発動しはじめるその契機に、ボルヘスのごとき百科事典的な作家とのすれ違いが据えられているところにこの小説の肝がある。ゴンブローヴィッチはブエノスアイレスを離れるとき、アルゼンチンの若い作家にこんなメッセージを残した――ボルヘスを殺せ。

永遠の青二才ゴンブローヴィッチがボルヘスのような大人と向き合うと、ゴンブローヴィッチ＝オイディプス、父＝ライオス、すなわち父殺しという構図ができあがる。たしかにアルゼンチン文学史にとってボルヘスは間違いなくライオスであろう。しかもボルヘスが彼なりの文学（史）観で書いた文学論（たとえば「カフカとその先駆者たち」や「『ドン・キホーテ』の部分的魔術[2]」）の内包と外延も考えてゆけば、アルゼンチン文学だけでなく、世界の文学（史）そのものの「父」ともなり得る瞬間がある。父殺しを成し遂げなければアルゼンチン文学に未来はない。

ゴンブローヴィッチがアルゼンチンにいた時代はたしかにボルヘスの時代だった。一九三九年に件の短篇を発表し、一九六一年に第一回フォルメントール賞（国際出版社賞）をベケットと同時受賞するまでのボルヘスを横目で見ていたゴンブローヴィッチは、六三年にアルゼンチンを去った。ゴンブローヴィッチはおそらくボルヘスという迷宮に迷っていることに本気で苛立ち、いつかはそれを破壊しなくてはならない任務をおのれに課した最初のうちのひとりだった。

その後のアルゼンチン文学史の読み直しに挑むものたちは、ゴンブローヴィッチという外部作家をいかに遇するかを課題にしているが、それはボルヘスから脱出するという企図とともにある[3]。

さて、ゴンブローヴィッチが来てから六年が過ぎ、ボルヘスは短篇「アレフ」を発表する（一九四五年九月初出）。ボルヘス作品のなかにあって、この短篇は時間の不可逆性や宇宙といった観念的なテーマや例によっての文学的固有名詞の渦ばかりでなく、恋愛、嫉妬、感傷といった人間らしい心理ドラマとしても読みうるし、ミステリーのようなストーリー展開もあいまって知的エンターテインメントとして完成されている。

ダンテの『神曲』のパロディになっているこの「アレフ」という短篇の舞台はブエノスアイレス、時代設定は二〇世紀前半である。急速な都市化のなかで乱開発があちこちで進み、街の主役は大衆になる。カフェは人の群れで満ち溢れ、街路は広告が所狭しと飾られ、街は新奇なビジネス展開によって日ごとに俗化が進む。そのなかで語り手の「わたし」である文人〈ボルヘス〉は、恋人にも先立たれ、四〇歳にもなり、日々疎外されてゆく。

この文人の前に、かつての恋人の従兄として登場するのがダネリ〈ダンテ・アリギエーリをつづめた名前だと解釈されている〉である。この物語でダネリがあらわしているのは、自尊心のかたまり、俗物根性、欲望の権化、拝金主義者としての二〇世紀人である。彼にとって文芸は成り上がるための道具でしかない。それに対して語り手の〈わたし〉は、失った恋人に思いをはせるロマン主義者で、一九世紀的な抒情にひたっている。

さまざまな欲望にとりつかれたダネリはとうとう、世界を所有しようとし、地球上のすべてをうたう詩の執筆にとりかかる。その詩は彼にしか解釈できないような、言わば三流の「アヴァンギャルド詩」である。ダネリはその一部を自己陶酔してボルヘスに読み聞かせ、文壇に顔の利くボルヘスに取り入ろうとする。ボルヘスは当然嫌悪する。

物語はこの俗物と知性の相克を軸として進み、そのうちダネリみずからも地上げの対象にあがる。このままでは彼にとっての詩作の源泉である、自宅地下室の〈アレフ〉も開発の餌食になるため、ダネリは損害賠償の請求も起こそうとする。クライマックスは、一連の経緯をダネリに打ち明けられたボルヘスがダネリの屋敷で、〈アレフ〉を眺めるところである。

ダネリの指示に従って、ボルヘスは地下室に降りて床に横たわり、視線を斜め上方に上げて階段の一九段目のすきまにある直径「二、三センチ」の球体〈アレフ〉を見る。

〈アレフ〉＝宇宙＝全体を眺めるボルヘス。このシーンにおける語り手と「宇宙」とのかかわりかた。この姿にもボルヘスの神話的なイメージを投影することができるだろう。

語り手は小さな球体を「見る」。その球体には「ありとある世界」が、「快楽の宇宙」が、陳列されている。にもかかわらず語り手は手を触れられず、超越的な視点から眺めているだけだ。

ボルヘス＝タンタロス――キューバの不条理作家ビルヒリオ・ピニェーラが提示したボルヘスのイメージがこれだ[4]。ビルヒリオ・ピニェーラは一九四六年（「アレフ」の発表から五カ月後）、ハバナからブエノスアイレスに自主的に「亡命」を果たしてボルヘスを紹介された。同時にゴンブローヴィッチとも付き合いをはじめ、『フェルディドゥルケ』のスペイン語翻訳に参加した。

タンタロスは神々を試そうとして怒りを買い、無間地獄タルタロスに送られた。神の供する酒によってすでに不死だったタンタロスは神々の手で木の幹に縛られて沼に顎まで沈められる。頭上には果実がなっているが、もぎ取ろうとすれば枝は逃げ、水を飲もうとすれば水も逃げてゆく永遠の飢餓という罰を与えられる。

神を冒瀆し、永遠の罰を受ける不死のタンタロス。ダンテにしてもセルバンテス（『ドン・キホーテ』）にしても、タンタロスと言えば苦悶の象徴であり、そこにはつねに悲愴なイメージがつきまとう。ただピニェーラがタンタロスを持ち出すとき、そこには苦悶のタンタロスではなく、悦楽のタンタロスがある。ピニェーラの神話再解釈によれば、タンタロスが本当に神々の手で縛りつけられたのかどうかは定かではない。むしろタンタロスは嬉々として、みずからを木に縛りつけられるように仕向け、果実や水に触れることもままならない、「見るだけ」という劫罰を課したのではないか。この再解釈を経由すると、苦悶のタンタロスが、悦楽の表情を浮かべているようにも見えてくる（10頁の図版参照）。

このように解釈したうえで、ピニェーラは「見るだけ」で手を出さないこのタンタロスの姿をボルヘスになぞらえる。ボルヘスは進んで欲望の対象を眺めるために入獄したのだ、と。

タンタロスは飢餓感を糧として、届かないように永遠に求め続ける。タンタロスに生の永遠性、生の決定的な快楽を見ることは可能だろう。ここには欲望の対象と一体になろうとしない、プラトニックな関係がある。タンタロスに見いだされるこれらの特徴は、ボルヘス好みのゼノンのパラドクス、彼の短篇にそなわる緊張度の高さや熱度、そしてどこか隔靴搔痒としたもどかしさを適切に説明するものだ。

だがそれと同時に、ボルヘスを地獄へ追いやろうとするピニェーラの意図も見えてくる。悦楽とはいえ、居場所は地獄なのだ。ある意味でボルヘスと同質のヨーロッパ的知性を血肉化して育ったピニェーラは、四〇年代初頭、キューバ島のアイデンティティに取り組んだとき、ヨーロッパ中心主義とは異なる多文化的な島の生成過程を確かめていた。それは、ヨーロッパという有機的な「全体」に違和を感じ、カリブがそれに抗する「断片」という、言わば不条理な外部として存在することに目覚めていった過程だと言えるだろう。「断片」は「全体」に統合されえないのだ。

そのピニェーラがアルゼンチンに渡り、アルゼンチンとボルヘスを照らし合わせて読んだとき、ボルヘスはアルゼンチンという、カリブとは異なるが、やはり非ヨーロッパ的な空間＝「断片」である現実に挑まないまま、書物の経験、つまりは「ダンテ」という固有名詞に依拠し、悦楽に浸って眺めているようにしか見えなかった。だからピニェーラはそんなボルヘスの単純さに引導を渡したくなり、ボルヘスの態度をタンタロス的な世界観（Tantalismo）と命名したのだ。これはもちろんボルヘスを讃えるためではない。いずれ無間地獄で窒息死することになるという死の宣告にほかならない。ゴンブローヴィッチとは違う角度でピニェーラもまた、ボルヘスを撃ち、地獄に沈めようとしたのである。


ボルヘスの神話的イメージは果てしない。謎かけをして愉しむ怪物スフィンクス、クレタの迷宮を脱した英雄テーセウス、迷宮そのものを考案した職人ダイダロス(5)……ボルヘスに襟を正した解釈は、たしかにボルヘスその人を映し出すボルヘス論であることに間違いはない。

だが、ここに示したように、まるで勝てない喧嘩を買ってでたようなゴンブローヴィッチとピニェーラのボルヘス解釈もまたボルヘス論である。そして「ボルヘス以後」にあってもなお書き続け、読み続けようとする意志の強さゆえ、逆説的に強固に響く瞬間がある。

ボルヘスをめぐってこのような使命にとりつかれた反ボルヘスが繰り返されてゆくことが、ボルヘスを乗り越えようとする試みのひとつひとつになる。でなければ全体に抗することはできないだろう。

註

（1）ヴィトルド・ゴンブローヴィッチ「日記／一九五三―一九五六（抄）」（西成彦訳）『トランス＝アトランティック』国書刊行会、二〇〇四年、二一三～七一頁。

（2）ともにホルヘ・ルイス・ボルヘス『続審問』中村健二訳、岩波文庫、二〇〇九年に所収。

（3）たとえば、リカルド・ピグリア「アルゼンチン小説は存在するのか？」（久野量一訳）前掲『トランス＝アトランティック』二七二～八四頁。

（4）V. Piñera, "Nota sobre literatura argentina de hoy," *Poesía y crítica*, México, D. F.: Consejo Nacional Para la Cultura y las Artes, 1994, pp. 175-81. ピニェーラの存在は日本語ではほとんど知られていないので、簡単に彼の生涯を記しておきたい。ビルヒリオ・ピニェーラは一九一二年、キューバの港町カルデナスに生まれ、白人都市カマグエイで中等教育を終え、ハバナ大学哲文学部に進んだ。進学したのとほぼ同じころ、スペイン内戦によってアメリカ大陸に逃れていたスペインの詩人フアン・ラモン・ヒメネスに見いだされ、詩人としてデビューした。一九四三年、キューバ島のアイデンティティをめぐる詩『島の重み *La isla en peso*』を発表するとともに、ヨーロッパの文学史で言われる〈不条理〉作品を書きはじめる。一九四六年、奨学金を得てブエノスアイレスに渡り、五八年まで数回の帰国を挟みながら滞在。長篇『レネーの肉 *La carne de René*』、短篇集『冷たい短篇たち *Cuentos fríos*』をブエノスアイレスで刊行する。カストロ、ゲバラらの革命運動が終結する直前の一九五八年末に帰国して、政権樹立後はキューバ文壇のまとめ役として主要文化紙の編集に携わる。しかし一九六一年、カストロを批判し、同年、同性愛者であることを理由に逮捕される。表舞台からはパージされたが、一九六三年に『小演習 *Pequeñas maniobras*』、六七年に『圧縮とダイヤモンド *Presiones y diamantes*』（ともに中篇小説）を発表したり、アンダーグラウンドで若手作家（レイナルド・アレナスなど）の育成につとめる。亡命の道を探るが叶わず、七九年ハバナで死去。一九八〇年代後半以降、カストロ政権の弱体化とともにキューバでも再評価が進んでいる。

（5）順に、星野美智子による「ボルヘス・スフィンクス」『星野美智子全版画集』阿部出版、二〇〇六年、二四五頁。ジョン・バース「涸渇蕩尽の文学」（千石英世訳）『ボルヘスの世界』国書刊行会、二〇〇〇年、二三一～三七頁。木村栄一「ふたりのダイダロス——ボルヘスとコルタサル」『meme/borges』一九七五年夏号、一三〇〜一三七頁。

I　理論の〈臨界－外部〉

第2章　資本と外部の回収

佐藤　隆

一　はじめに

近年、資本主義が危機に瀕しているという議論が喧しい。だが、もしも人が歴史の健忘症に罹っているのでなければ、資本主義が数十年に一度の割合で危機に瀕していたことを思い起こすことができるはずである。資本主義にとって危機とは、それによって自己の生命が絶たれてしまうような代物ではない。資本主義と危機との間には、ある種の不思議な親和力が働いている。資本主義にとって危機とは、綺麗さっぱり縁を切ることのできるようなものではなく、むしろ危機こそが、みずからの生命を強靭にするための変革をもたらすのである。

それでは、資本主義はどのように危機を手懐けるのであろうか。『共産党宣言』は次のように書いている。

ブルジョワジーはどういう手段でこの恐慌を切り抜けるのだろうか？……新しい市場を獲得し、また以前からの市場をいっそう徹底的に開発〔搾取 exploitation〕するという手段で、それを切り抜けるのである。（MEW 4: 468）

つまり資本主義が危機を手懐けることができるのは、いまだ市場でなかったところを新たな市場として開拓し、すでに市場であったところをさらに利用＝開発＝搾取することによってである。しかし、本当にそのようなことが可能なのだろうか。

本稿は以下、二つの論点から構成される。まず一つ目の論点は、資本なるものは、いまだ市場ならざる市場の外部を内部化するように運動する、ということである。この論点を明らかにするために、前半では、市場とは何か、資本とは何か、そして外部とは何か、という考察を議論の中心に据える。二つ目の論点は、市場の外部を内部化するテクノロジーがどのようなものかを明らかにすることである。このために、労働力と信用貨幣という二つの事例が取り上げられる。これら二つがいかなる意味で外部であり、いかなる意味で内部化されるかが、後半の議論の中心となるはずである。

さっそく本題に入ろう。

二　市場とはどんな場か

ウィクセルは『利子と物価』のなかで、のちに「ウィクセルの三角形」と呼ばれるアイディアを述べている。(1) そのアイディアは、「三すくみ」のようなものだと考えるとわかりやすいだろう。そこでは、登場人物がA、B、Cの三人で、それぞれが自分の所有物を一つずつ持っている。そして、AはBの、BはCの、CはAの所有物がそれぞれ一つずつ欲しいと思っている。このとき、自分の欲しい物を持っている相手は、誰ひとりとして自分のものを欲しがってはいないことになる。このままでは、自分の所有物と引き替えに自分の欲しいものを直接手に入れること、すなわち直接交換は不可能である。

このウィクセルの三角形が成立している状況では、「明らかにこれらの人びとの間には全然直接交換は起こりえず、間接交換のみが可能」である。(2) たとえば、Aの立場に立って間接交換が可能であることを確認しよう。Aはまず、自分が直接欲しいとは思っていないCの所有物を自分の所有物と交換する。この交換が容易に成立するのは、CがAの所有物を欲していることからすぐ分かる。つぎに、Bが欲しがっているのはCの所有物である。だから、Aが手に入れたCの所有物を、Bと交換することを申し出れば、Aは所望のBの所有物を手に入れることができる。自分の所有物を、自分の欲しいものと直接交換することなく間接的に交換することによって、自分の欲しいものを手中に収めることができるのである。

この話は、交換においては直接交換よりも間接交換、厳密には貨幣を媒介とした間接交換の優位性なり必然性なりを物語る挿話として紹介されることが多い。実際、ウィクセルは次のように述べている。

商品が二つずつ直接に――すなわち買い手自身の消費のために――互いに交換され合うとすれば、関係者の完全な満足も市場の決定的な均衡ももはや達成されることができないであろう。むしろこの場合、直接交換とならんでまたそれに代わって、間接交換が登場しなければならない[3]。

だが、ここから導き出される教訓は、間接交換の優位性や必然性といったものではない。少なくとも、それらは事の半分でしかない。いいかえれば、ウィクセルは導き出すべき教訓を導き出してはいない。なぜだろうか？

　ここから導き出されるべき最初の教訓は、間接交換が直接交換に対して優位にあるということではなく、直接交換は「他の方法」と比べて優位にあるわけではない、ということである。この違いは決定的である。なぜならば、すべての所有者が自分の欲しいものを手にする他の方法が、間接交換以外に少なくとも二つ考えられるからである。

　考えられうる一つ目の他の方法は、中央集権権力を導入することである。中央権力が、各自に各自の欲する物が手に入るよう指示すればよい。たとえば、まず中央権力が、各自から中央に財を集める。つぎに、各自が所望のものを手にするようにふたたび中央権力が各自に分配する。これによって各自は、自分が欲しい物を欲しい分だけ手に入れられることになる。こうした、各自から中央に財を集め、ふたたび各自に財を分配するやり方を一括して再分配と呼んで誤りではないだろう[4]。

　二つ目の方法として考えられるのは、欲しがっている人間に対して各自が自分の所有物をあげてしまうことである。自分が贈った相手からは何の見返りもないが、にもかかわらず、すべての所有者の欲望は満たされることになるだろう。つまり、AはCに、CはBに、BはAに自分の財を見返りを求めず提供することによって、結果的に自分の欲しい物が手に入ることになる。こうした、各自が自分のものをそれを欲している他人にあげてしまうやり方を贈与と呼ぼう。贈与はたいてい、貰い主が贈り主に対してふたたび贈与する反対贈与をともなうものであるが、ここではそうした双方向的な贈与・反対贈与は存在しない。とはいえ、たとえばAの立場に立ってみれば、贈った相手Cからは何も贈られないものの、隣のBからは贈られてくることになる。「右手の隣人を助け左手の隣人に助けられてもよい」とポランニーが述べた状況が成立していることに鑑み、ここでの第二の方法を互酬と定義しても誤りではないだろう(5)。

以上より、ウィクセルが見誤ったのは、直接交換の劣位性から間接交換のみが優位であると結論づけられると考えた点である。このことは、いわゆる欲望の二重の一致の不成立から間接交換を導き出すシナリオの正当性に対して疑問符を打ちつける役割を果たすだろう。つまり、「直接交換とならんでまたそれに代わって」「登場しなければならない」のは、間接交換だけとは言えないのである。

さらにウィクセルが見落としていたのは(ウィクセルにはいささか衝撃的であるかもしれないが)、先の「ウィクセルの三角形」の想定では均衡価格が成立しているという事実である。実際、どの所有物に対する需要量も供給量も一であり、均衡価格は一である。すなわち、どの所有物に関する市場でも、(相対)価格一、取引量一の均衡が達成されている。また、どの所有者も、供給量と需要量とは一致しており、予算制約は満たされていることがわかる。つまりここでは、「市場の決定的な均衡」が十分すぎるほど成立しているのである。

したがって、ウィクセルの三角形から導き出されるべき最大の教訓は、均衡価格をもたらす価格メカニズムの働きは、必ずしもその価格にしたがった所有権移転メカニズムの働きを保証しないということだ[6]。均衡価格をもたらすメカニズムと、所有権の移転をもたらすメカニズムとは、じつは論理的にまったく異なる二つのメカニズムである。いいかえれば、一口で「市場メカニズム」と呼ばれるメカニズムは、これら二つのまったく違ったメカニズムの混淆であるということだ。

市場メカニズムと呼ばれているもののなかに含まれている一つ目のメカニズムは、もちろんいわゆる「価格メカニズム」である。この意味での市場でやりとりされているのは、価格という情報だけである（したがって、モノは移動も移転もしていない）。そして、均衡に達成するためには価格情報以外の情報はほとんど必要ではなく、その意味でこのメカニズムは非常に情報効率的である。たしかに、価格メカニズムのこの側面は優れた特性を持っており、多くの経済学者が情熱的に信奉する市場の特性のひとつとなっている[7]。この価格メカニズムの健全な働きの結果、均衡では需要量と供給量とがたしかに一致し、ある種の等価性がもたらされる。だが、それは必ずしも所有権がそのとおりに移転するメカニズムの存在を保証しもしないし、指定しもしないのである。

市場が果たすべきもうひとつのメカニズムを、「所有権の移転メカニズム」または単に「移転メカニズム」と呼ぼう。一般には、所有権を移転する方法（すなわち移転メカニズム）は、互酬や再分配とならんで交換という方法を考えることができる。だから、市場メカニズムは、価格メカニズムを指定し、なおかつ、それをどの移転メカニズムと組み合わせるかによって様相が異なる。ごく常識的な市場のイメージにおいては、貨幣という媒介を用いた間接的な「交換」が、移転メカニズムとして指定される[8]。つまり、貨幣所有者にのみ譲渡請求権が認められるようなメカニズムである。だがそのことは、必ずしも他の移転メカニズムを排除しない。つまり、商品所有者すべてに譲渡請求権を付与させる直接交換メカニズム、中央集権権力に譲渡請求権を集中させる再分配メカニズム、誰にも譲渡請求権を事前的には付与しない贈与メカニズムを価格メカニズムと共存させることも論理的には不可能ではない。したがって、価格メカニズムと間接交換（貨幣交換）という移転メカニズムが自然な組み合わせだと考えることに、確固たる根拠がさしてあるわけではない(9)。

さて、市場という言葉は、定義上、価格メカニズムと移転メカニズムの混淆であるにも拘わらず、時として価格メカニズムのみを指す場合がある。あるいは、分析上は価格メカニズムのみを指す場合でも、拡大解釈されて移転メカニズムを含んだ広いイメージをもって解釈される場合がある。こうした場合における提喩的な語の使用方法は、つねにイデオロギッシュな様相を呈する。とくに、価格メカニズムの情報効率性を称揚することを以て市場メカニズム総体の正当性を主張するのは、市場経済の神話と呼ぶことができる。市場経済の神話とは、価格メカニズムこそが唯一無二の経済メカニズムであると喧伝することである。これに抗し、市場メカニズムの効率性に対して、効率性を阻害している現実的・理論的な事象を数え上げていることは、必要かつ正当である。しかし、神話を読解するのは、何が語られているか以上に、何が語られていないかに全神経を集中させる必要がある。すなわち、価格メカニズムの議論は、移転メカニズムへの考察を忘却させる防衛装置になっているかもしれない。価格メカニズムが健全に作動するという神話に対して不健全なこともあると指摘するだけでは、移転メカニズムから目を背けさせようとする神話の防衛装置の機能を助長してしまう結果を招くことにもなるはずである。実際、市場経済という言葉の興隆と資本主義という言葉の衰退は、このことと密接に関連している。

われわれは分析の焦点を市場から資本へとずらさなければならない。

三　資本とはどんな運動か

資本とは何かという問いに対して、多くのマルクス経済学者は、G（貨幣）－W（商品）－G′（ヨリ多くの貨幣）という価値の「運動」体であると答えてきた。だが、この「運動」という言葉には、事実上、二つの意味が同時に込められている。ひとつは価値増殖運動、もうひとつは姿態変換運動である。

価値増殖運動とは、始点の貨幣Gと終点の貨幣G′を比較した場合、終点の方が始点よりも大きいことを意味している。この運動では、差額G′－Gである剰余価値がプラスとなるように資本は運動する。いいかえれば資本は、価値の増殖、あるいは利潤の増大を目的として運動する。この運動そのものは価格メカニズムと矛盾するものではなく、価値増殖運動と利潤最大化行動とは両立可能である。[10] いずれにせよ、飽くなき利潤獲得が資本の価値増殖運動の終わりなき目的であることには変わりはない。

一方、姿態変換運動とは、別名変態とも呼ばれ、「商品、貨幣の姿をとっては捨てる」運動である。[11] これは、G－Wの過程で資本が貨幣を支払って商品を購入し、W－G′の過程で資本がその商品を販売して貨幣を取得することを意味している。資本が剰余価値を得ることができるのは、資本が貨幣を支払うことによって商品の所有者となり、商品を売ることによってふたたび貨幣の所有者になることによってのみである。先の価値増殖が資本にとっての目的であることとの対比から言えば、姿態変換は資本にとっての手段である。すなわち、姿態変換運動におけるGやWといった各モメントは、利潤獲得という目的ための手段である。

この姿態変換運動が、市場の移転メカニズムと密接に関わることに注意しよう。実際、姿態変換運動の過程では移転メカニズムとしての市場が二度開設され、買いと売りという移転がそれぞれ行なわれなければならない。いいかえれば、市場の移転メカニズムとして、貨幣による間接交換メカニズムが指定されていることが前提となっているのである。

市場が価格メカニズムとして縮約されて理解されているところでは、資本の運動は存立の余地がない。なぜならば姿態変換運動が可能となる移転メカニズムが暗黙のうちに排除されているからである。そこで自由に運動しているのは価格であっても資本ではない。姿態変換運動は、貨幣と商品との交差的な所有権の移転・変更をともなう運動であり、それは所有権の移転メカニズムが考慮されない限り存在することができない。すなわち、市場メカニズムを価格メカニズムと同一視するような言説の下では、資本の運動の余地はなく、資本主義なるものは存在しないのである。

市場において資本が運動しているところでは、貨幣を交換の媒介とする所有権の移転メカニズムが必須である。それはしたがって、貨幣という等価物が直接的交換可能性を一身に体現し、したがってまた貨幣が諸商品の所有権移転請求権を一身に集約していなければならないことを意味する。つまり貨幣は、すべてを買うことができる——もしもすべてが商品である限りには。

資本が運動している資本主義社会においては、したがって、万物の商品化は避けられない。その理由は、貨幣を所有している生身の人間が無限の消費欲求をもっているからというよりも、資本の運動が無窮だからである。すなわち資本主義では利潤獲得を目的とした価値増殖運動には限度がなく、また同様に、利潤獲得の手段たる姿態変換運動にも際限がない。したがって、直接利潤獲得の目的に貢献する販売物や生産物が商品となることはもちろんのこと、さらなる利潤の獲得の手段に資する（と資本が判断した）ものはすべて商品化され、姿態変換運動の流れに組み込まれることになる。

だが、果たしてそれは可能だろうか。

四　外部という考え方

ここで市場の「外部」という考え方を導入しよう。

市場の外部とは何だろうか。市場という空間的表象を強烈に喚起する語に対して、ふたたび空間的表象である「外部」という言葉を宛がうことには、それほど問題は生じない。だが、「価格の外部」や「移転の外部」といった言い回しは、少々解釈が難しい。ここでは「価格の外部」という言い回しで、価格をつけることが不可能であることを意味し、「移転の外部」という言い回しで、移転することが不可能なことを意味すると解釈しよう。

市場メカニズムが価格メカニズムと移転メカニズムの混淆であることを忘れなければ、市場には都合二つの外部がありうる。ひとつは、価格をつけることが不可能という「尺度不可能」なこと（あるいは、「計算不可能」なこと）である。それは、価格メカニズムが健全に機能しない領域を指すだけでなく、いまだ価格メカニズムが機能する範疇ではないと（技術的・倫理的・その他何々的に）見なされているすべての領域を含むだろう。もうひとつは、移転することが不可能という「譲渡不可能」なこと（あるいは、貨幣によって「領有不可能」なこと）であり、これもまた、必ず市場の外部である。もしも「金で買えないものはない」ならば、領有不可能なものは存在せず、この意味での外部は存在しないことになる。[12]

こうした、市場にとっての外部が論理的に存在することは言を俟たない。だが、この外部が現実的に存在し続けるのか消滅してしまうものなのかは別問題である。つまり、内部と外部とを分ける境界線がそもそもあるかないかという存在論的な問と、その境界線がどこに引かれうるのかという力学的な問とは、別の問いである。ここで問題にしたいのは、後者の問題、つまりこうした外部は理論的に見て存在し続けると断言できるだろうかという問題である。

市場の外部が、いつまでも存在し続けるのかどうかという問に無条件で答えることは難しい。だが、少なくとも次のように言うことはできるだろう。もしも市場の外部が、資本にとって利潤獲得に資すると覚しき領域であるならば、この不可能領域である外部を内部化すべく資本は運動するだろう、と。なぜならば、すでに述べたように、資本の運動は無際限である。したがって、利潤獲得に資する領域が市場の外部に存在する（と資本によって見なされる）ならば、資本は必ずその領域を内部化しようとするだろう。すなわち、その領域に価格を付け、譲渡・領有可能なものにするだろう。ここでとくに重要なのは、移転不可能（あるいは譲渡・領有不可能）なものをいかにして移転可能なものにするかである。というのも、これこそが市場が価格メカニズムに縮約的に理解されている時に抜け落ちてしまう視角だからである。

そこで、厳密には先の問いは次のように変形される。市場の外部を内部化しようとする資本の運動は、どのようにして可能になるのだろうか。市場の移転メカニズムを利用することができないような何ものかを、資本はいかにして移転メカニズムと両立可能なものにするのだろうか。資本は、譲渡不可能な領域をどのように譲渡可能にするのであろうか。資本は、いかにして外部を回収するのだろうか。以下の本論は、こうした問いをめぐって展開される。

五　外部の回収

資本はどのように外部を回収するのだろうか。以下ではその具体例として、労働力と貨幣を取り上げる。労働力にせよ貨幣にせよ、それらは資本の運動の一契機として、いいかえれば、その姿態変換の一姿態として、市場の移転メカニズムに組み入れられた内部であるかのように見える。だが、もしそのように見えるのであるとするならば、それは外部を回収せんとする資本の努力の結果である。それがどのような努力であるかは、本稿が追って明らかにするはずである。

労働力の場合

労働力をいかにして領有するかは、資本にとってほぼ永遠の課題である。労働力とはその定義上、労働者によって所有されている労働能力である[13]。本節ではこの定義を受け入れたうえで、なぜ資本にとって労働力の領有が困難であるのかを考えてみよう。

資本が労働力を領有するには、それが商品化されていることが必要である。つまり、労働する能力が商品として商品所有者である労働者によって所有され、売りに出され、資本家によって買われなければならない。労働力が労働者によって所有されているという労働力商品と労働者との関係は、商品が商品所有者によって所有されているという関係と同じである。この意味では商品も労働力商品も何ら違いがないように見える。

しかし困難は、所有の対象であるはずの労働力商品が、所有の主体である労働者と分離不可能であるという点である。このため、労働者は自己の労働力を他人に対して譲渡できず、したがって資本は労働力を領有することはできないことになる（もし他人が労働者を所有してしまったら、資本制というよりも奴隷制である）。すなわち、労働力は労働者によって所有されてはいるが、その所有権は通常の商品のようには他人に移転されえないのである。

ここでかりに、労働力が商品として労働者によって所有され、それが資本に領有されると考えてみよう。この現象を所有権の移転の観点から記述するには、資本家と労働者のバランスシートを書いてみるのが一番である。まず、労働者のバランスシートの資産の部には労働力商品が記載され、それに対応する大きさが資本の部に書き込まれているはずである。つぎに、資本家のバランスシートには、少なくとも労働力商品を購入できる分だけの貨幣が資産の部に記載されているはずである。さて、資本家が貨幣を支払って労働力商品を購入したとしよう。すると、資本家の貨幣が労働者の手に渡り、労働者の労働力商品が資本家の手に渡る。このとき、労働者のバランスシートは労働力商品から貨幣へ、資本家のバランスシートは貨幣から労働力商品へと、それぞれ書き換えられることになる。とくにここで資本家のバランスシートは、貨幣Gが労働力商品Lに姿態変換し、労働力商品が資産項目に計上されたことを意味していることになる。一見すると、労働力商品と貨幣の交換は、論理整合的であるかのように見える。

しかし、このような資本による労働力の領有は現実には決して記述されない。なぜならば、資本家のバランスシートの資産項目のどこを探しても労働力商品なる項目は見つからないからである。この理由は簡単である。資本家が労働者に支払った貨幣である労賃は費用として取り扱われるため、労賃支払分だけ資産が減少し、その分資本が減少するからである。つまり、資産項目内部で貨幣の減少と労働力商品の増大が対応するのではなく、貨幣の減少と資本の減少が対応しているのである。資本のバランスシートの資産項目に労働力の項目が存在しないということは、間接的に、労働力が資本によって所有されていないことを傍証しているだろう。

労働力が労働者と分離不可能であるがゆえに譲渡・領有不可能であるとするならば、果たして資本は労働力を「買う」ことができるのだろうか。ここで労働力を買うということは、その定義上、貨幣所有者である資本家が商品所有者である労働者に対して、労働力商品の所有権移転請求権を行使することである。したがって、労働力が買われているならば、労働力の所有権は定義上、移転していなければならない。しかし、労働力の所有権は譲渡不可能であるから、買われてしまうことはない。ここで矛盾が生じる。労働力の所有権は、移転できないにも拘わらず、移転していなければならない。「ここがロードスだ、ここで飛べ！」(K I: 181)。

買われることなく買われなければならないという二律背反を解消するには、労働力の所有権は移転していないと考えなければならない。実際マルクスの言うように、労働者は「労働力を手放してもそれにたいする自分の所有権は放棄しない」(K I: 182)。それでは、一体ここでは何が買われているのだろうか。あるいは、労働者は何を手放しているというのだろうか。

労働者が手放しているのは、労働力を「所有する権利」ではなく、労働者の労働力から労働の現実化を(資本が労働者に)「請求する権利」であると見なければならない。この、労働者の潜在的な労働力からその現実化である労働を請求する権利のことを、労働力請求権と呼ぼう[14]。したがって、ここで商品化されているのは労働力そのものではない。ここで商品化されているのは、労働力請求権である。

労働力の所有権が商品化されている場合と、労働力の請求権が商品化されている場合とは、どこがどのように違うのだろうか。この明白な違いを確認するためには、ふたたびバランスシートが便利である。両者の相違は、初期時点で何を保有しているかにかかっている。労働力の所有権が商品化されている場合、初期時点で労働者は労働力を資産として所有している資産家であるが、労働力の請求権が商品化されている場合、初期時点で労働者は何ものをも所有していない無産者なのである(鉄鎖は所有に含まない)。

初期時点で労働者が何ものをも所有していないとすれば、労働力請求権はどこからやってくるのだろうか。答えは明白である。労働者が労働力請求権を作成する。この、労働者が労働力請求権を作成する局面は、言ってみれば労働力請求権の生産過程である。このとき、バランスシートの資産側に労働力請求権が、負債側には労働力債務(つまり労働力から労働を発揮しなければならないという労働者側の義務)が、それぞれ論理的には記入される。しかし、現実的にはこれらは記載されない。なぜならば、労働者が自分で自分の労働力請求権を所有しているということは、労働者が自分で自分の労働力から労働を現実化する権利を所有しているに等しい。これは自己宛手形を自分で所有しているのと同じであって、バランスシート上では資産項目と負債項目とがキャンセルアウトされてしまい、現実的には両項目が記載されることはない。したがって、この想定はあくまで論理的な仮構である。

労働力請求権を労働者が作成したうえで資産に計上するという論理的仮構が正当化されるのは、いささか比喩的に言えば、資本家が労働者に対し「汝は労働力請求権を所有している者なり」と呼び掛けるからであって、労働者が自分自身でそう考えているからではない。いいかえれば、労働者が労働力請求権を商品として所有しているのは、そのように資本家の呼び掛けによる事後的な結果であって、労働者が事前的に労働力請求権を商品として所有しているからではないのである。では、資本家はどのように呼び掛けるのであろうか。

資本家は、労働市場で労働者に、いや資本は労働力請求権商品に「商品語」で呼びかける（K I: 67）。もちろん商品語とは、貨幣を通じた交換を意味している。したがってここでは、資本家は労働市場で労働力請求権に対して価格を付け、労働力請求権を譲渡・領有可能なものにする。ここに、労働力は労働力請求権の形式で内部化される。いいかえれば、労働力請求権は商品化され、市場の移転メカニズムに組み入れられるのである。

労働市場では、労働力請求権商品と賃金との交換が生じる。これは言ってみれば労働力請求権の流通過程である。これによって先の矛盾は解決されている。「労働力を手放してもそれにたいする自分の所有権は放棄しない」といういささか不思議なマルクスの文言は、「労働力〔にたいする請求権〕を手放しても労働力にたいする自分の所有権は放棄しない」と読（み込）まねばならない。労働力の所有権は、譲渡されない。労働力の請求権が、譲渡される。労働市場における交換の結果、労働者は賃金を取得し、資本家は労働力請求権を取得するのである(15)。

さてつぎに、資本家が労働力請求権を行使して、労働者に労働を発揮させる過程、すなわち労働過程を記述してみよう。これは言ってみれば、労働力請求権の消費過程に等しい。

労働者のバランスシートから見てみよう。労働過程で資本家が労働者に対して労働力請求権を行使した分だけ、労働者は労働力債務を減らすことができる。労働者は自己のバランスシートの負債の部からこの債務を減らした分だけ、自己の資本の部を増やすことができる。そして最終的に資本家がすべての労働力請求権を行使したとき、労働者の負債であった労働力債務は消滅し、その代わりそのすべてが資本の部によって構成されることになる。この資本の部に書かれるべきものこそ、じつは労働力である。すなわち、労働力は事前的に存在する労働者の商品ではなく、事後的に見いだされる労働者の資本である。このとき、労働者のバランスシートの資産の部には賃金が、資本の部には、労働力という名の資本が、それぞれ論理的には記入されることになる。すなわち、労働力なるものは事前的に存在するものではなく、事後的に存在していたことが確定されるのである。もっとも、現実的には資本の部に労働力という特定の名称が書かれることはない。また、バランスシートには過程の経過は記述されないため、労働力債務が徐々に減少している過程は記述されない。以上の一連の過程は、ただ単に結果のみが反映され、賃金額の貨幣の増大が資本の増大と共に記述されるのみである(16)。

他方の資本家のバランスシートはどうであろうか。資本家は労働力請求権を行使した分だけその資産が減る。これに対応して資本が減少する。そしてすべての労働力請求権を行使したとき、論理的には労働力請求権が消滅し、資本の部が同額分だけ減少することになる。ただし、論理的には正しくとも現実的にはこのようには記述されない（たとえば資本家が日払い賃金で労働させる場合、一分一秒ごとに労働力請求権を行使する結果、バランスシート上で一分一秒ごとに資本が減少してゆく様が記述されるわけではない）。現実的には、資本家が貨幣を手渡した瞬間に資本が減る。この理由は、貨幣を手渡して労働請求権を入手するや否や、その権利をすべて行使するものと記述のうえでは考えられているからである。したがって事後的に見れば、資本家のバランスシートは、賃金分の貨幣の減少が、その同額の資本の減少とともに記述されるのみなのである。

さて、以上の立論から、資本がいかにして労働力という外部を回収するかを確認することができる。それは、労働力請求権を商品化することによってである。労働力請求権の商品化によって実際に資本が労働力を回収することを、その生産・流通・消費の順に再確認しよう。労働力請求権は商品として「生産」される。労働力そのものは生産物や販売物として労働者に所有されるものでもないし、労働者自身も決して所有されたり販売されたりするものでもないが、労働力請求権は商品として「生産」され、「所有」され、「販売」される対象となる。そして実際、労働力請求権は「流通」過程において売買の対象となる。いいかえれば、この流通過程において、労働力請求権は市場の移転メカニズムと完全に両立可能なものとなっている。労働者は労働請求権を販売し、資本家はそれを購入することによって労働力から労働を請求できる権利を領有する。そして実際、資本家は労働力請求権を「消費」する。すなわち資本家は労働者に対し、労働力から現実に労働することを請求する。もちろん、資本家は労働力を所有しているわけではないが、労働力から労働の現実化を請求する権利を保有していることから、実質上、労働力を契約どおりに処分する権利を保有していると考えることができる。ここに、市場の移転メカニズムを利用しつつ、商品化された労働力請求権が労働者から資本家の手に渡ることによって、曲がりなりにも資本家が労働力を利用することができるようになるのである。

信用貨幣の場合

貨幣が外部であるというのは、いささか定義矛盾的な響きがあるかもしれない。資本はすでに述べたとおり、ヨリ多くの利潤獲得を目指す価値増殖運動であり、貨幣と商品の姿を纏っては捨てる姿態変換運動である。したがってそれは、貨幣Gに始まりヨリ多くの貨幣G′に終わる。その意味で貨幣は、市場の移転メカニズムにおいて決して退場することのない主役であるように見える。

しかし、貨幣ほど市場メカニズムに馴染まないものもない。姿態変換運動中のGとG′それぞれについて、その固有の困難さを確認しておこう。

姿態変換開始時点の貨幣Gについて次のような問いを発してみよう。この貨幣はどのようにして入手されるのだろうか。これが最終時点のG′ならば話は簡単である。それは商品Wを売った結果である。では初期時点のGは何の結果だろうか。もちろんそれは、商品入手以前の話であるから、商品の販売によることはできない。かりに、前期の販売によるとしても、前期の期初の貨幣については同じ問題が生じてしまう。したがって、初期時点の貨幣は、商品の販売の結果として領有されたものでは決してない。このことが意味しているのは、それは決して市場の移転メカニズムにしたがって領有されたものではないということである。初期時点の貨幣Gは移転メカニズムによって移転されてはいないという意味で、その外部に存するのである。

つぎに、姿態変換終了時点のG′について同じ問いを発してみよう。この貨幣G′はどのようにして収集されるのだろうか。もちろん、それは商品の販売によってである。だが、これが本当に可能であるかどうかはわからない。これは、「資本論」のなかのマルクスが「拡大された規模での再生産」が行なわれる場合、貨幣源泉が「どこでわき出るのか?」と問うてから問題の俎上に載せられた(K II: 503)。問題を一般化してみよう。資本が増殖している過程のなかでは生産物たる商品が増えているから、当然取引額も増えているはずである。一方の貨幣はどうだろうか。増大する取引をクリアするために必要なヨリ多くの貨幣はどこからやってくるのだろうか。もしも貨幣が商品のように生産されるならば話は単純である。(17)しかし、貨幣は通例、資本の価値増殖運動に従って生産される生産物ではない。このことは、最大の利潤を獲得するように行動する資本の論理とはいささか違った論理で貨幣が増殖しなければならないことを意味している。さらに、この貨幣G′を入手するために貨幣を直接用いることができない。ヨリ多くの商品を手に入れるにはヨリ多くの貨幣を支払えばよいが、ヨリ多くの貨幣を手に入れるためにヨリ多くの貨幣を支払うことは無意味である。いいかえれば、貨幣による所有権移転請求権の行使によって貨幣を入手することにほとんど意味がない。市場の移転メカニズムを通じて貨幣を手に入れるために、貨幣を直接利用することはできないのである。

それではいかにして資本は市場の移転メカニズムを利用して貨幣を獲得するのであろうか。換言すれば、このような資本にとって外部である貨幣は、いかに内部化されるのであろうか。

答えは、信用貨幣によってである。そしてさらに重要な点は、それが請求権の商品化に密接に関連しているという点である。以下ではいささか論件先取ながら、銀行資本と産業資本との間の一連の取引を考察の対象にしてみよう。ここでも両者のバランスシートに着目するのが便利である。

最初に、信用貨幣が生成される局面、あるいは「生産」される局面を考えよう。まず産業資本の側では、将来時点で一定額の貨幣を（この産業資本に対して）請求することのできる権利を作成する。これを便宜的に「対資本請求権」と呼ぼう[18]。このとき、産業資本のバランスシートの資産の部にはこの請求権が、負債の部には同額の支払債務が、論理的にはそれぞれ記入されるはずである。もっともこれは自己宛手形を自分で保有していることと同じであるから、資産と負債でキャンセルアウトされてしまい、現実には記入されない。こんどは銀行資本を確認しよう。銀行資本は、現金との交換を（この銀行に対して）いつでも請求できる権利を作成する。これを便宜的に「対銀行請求権」と呼ぼう[19]。このとき、銀行資本のバランスシートの資産の部にはこの請求権が、負債の部には同額の支払債務が、それぞれ論理的には記入されるはずである。これも先と同様、現実的にはキャンセルアウトされてしまい現実には記入されない。

つぎに、両者の間での交換、いわば「流通」過程を考えよう。産業資本は対資本請求権を銀行資本に、銀行資本は対銀行請求権を産業資本に、それぞれ譲渡することで領有しあう。一方の銀行資本は、対銀行請求権と引き替えに、対資本請求権を資産として保有する。銀行資本にとっては、将来産業資本に請求できる金額の方が、請求される金額よりも大きくなければならない。もちろん、この差額が銀行資本の利潤の源泉となることは言うまでもない。他方の産業資本は、対銀行請求権を資産として保有することになる。この請求権はいつでも銀行に対し現金との交換を請求できることから、実質上貨幣と同じ機能を持つ。これこそ、産業資本にとってこの対銀行請求権を手に入れたかった最大の理由である。つまり、対銀行請求権は、貨幣と同じように機能する。いいかえれば、対銀行請求権は、貨幣と同様、所有権移転請求権をもつ。このときの対銀行請求権を信用貨幣と呼ぶ。ここに、信用貨幣が創造されるのである。

最後に、この両者の請求権が消滅する局面、あるいはこの請求権が「消費」される局面を考えよう。産業資本は、手に入れた信用貨幣をGとして用いることによって商品Wを購入し、資本の運動を開始する。そして運動が順調に進み、将来時点でG′を信用貨幣で獲得したとしよう。実際、販売相手が産業資本であれば、自己の対資本請求権と引き替えに銀行から対銀行請求権を取得して商品を購入しようとしているだろうから、G′は対銀行請求権の形式で、つまり信用貨幣で獲得することになるだろう。さて銀行資本は、然るべき将来時点において対資本請求権を行使する。この請求権は定義上、将来時点で一定額の貨幣を（この産業資本に対して）請求できる権利のことであったから、産業資本はこれに応じなければならない。ここで、G′が請求額を十分大きく上回っているとしよう。すると、産業資本は請求に応じて請求額を信用貨幣で支払うことができる。このとき産業資本は請求額の分だけ資産が減少し、同額の支払債務が減少する。他方の銀行資本は、信用貨幣を受け取る。すると、資産の信用貨幣と負債の支払債務が相殺され、信用貨幣が消滅する。

以上の考察から、本節の問題、すなわち資本はいかにして移転メカニズムを利用して貨幣を入手しうるかという問題に答えることができる。答えは信用貨幣を通じて、である。資本は対資本請求権を作成・「生産」し、それを銀行に「販売」する。この意味で対資本請求権は「商品化」されている。商品を販売することによって貨幣を入手することは、市場の移転メカニズムと整合的であるから、請求権の商品化によって市場の移転メカニズムと首尾一貫した形で初期時点のGを入手することができる。他方、銀行は対銀行請求権を作成・「生産」し、これをもって資本から対資本請求権を「購入」する。しかもこの対銀行請求権は、縷々転々と資本の間を「流通」しうる。この意味で、つまり対銀行請求権が所有権移転請求権をもっているという意味で、対銀行請求権は「貨幣化」されている。対銀行請求権は信用貨幣として流通し、信用創造によって増大する。ここに、どの資本もG′を入手することのできる理論的根拠がある。G′の分だけ信用創造が行なわれれば、市場の移転メカニズムと整合的な形で十分な額のG′を最終時点で入手することができる。こうして、資本は貨幣という外部を自己の内部に回収するのである。

六　おわりに

一般に、資本が領有不可能な領域を領有可能にするためのテクノロジーとして、その領域に請求権を設定することがあげられる。請求権を設定し、その請求権を商品化しさえすれば、市場の移転メカニズムの俎上に載せることは容易である[20]。

したがって、資本による万物の商品化は、商品化が容易であるような請求権を設定することに多大な努力が向けられる。これは外部を回収する局面で生ずる資本の運動である。一般に、何らかの資源に対してどのような請求権を誰に割り当てるかが、つまり請求対象と請求主体（あるいは被請求主体）が、請求権の商品化を考えるうえでの基本的な骨格となるだろう[21]。
それでは、請求権の商品化によって、資本は完全に外部を回収してしまうものなのだろうか。

答えは、もちろん否である。いささか逆説的な言い方になるが、たとえ資本が外部を回収しても、喉に刺さった魚の小骨のように、それは依然として思いのままにならない外部であり続けることがある。その外部とは、請求が請求どおりに実現できないかもしれないという可能性である。請求権の商品化によって市場の移転メカニズムの俎上に載せたとしても、請求を実行する段階は市場という場からこぼれおちてしまっている。つまり請求を実行する段階は市場という場ではなく、商品化された請求権を言わば「消費」する段階である。その段階においてはもはや市場は役に立たない。

さて、以上の立論から、ようやく資本にとって外部がどこにあるかを述べることができる。じつは本稿は、これまで意図的に「資本の外部」という言葉を避け、あくまで市場の外部を資本が回収するという言い回しを採用してきた。だが、ここに資本の外部がどこにあるのか正確に理解することができる。

資本の外部は二つ考えられる。それは請求権の商品化を以ってすら商品化が不可能な場合、請求権の実現化が不可能な場合、この二つである。前者は姿態変換の流れに組み入れることの不可能性であり、後者は姿態が変換することそのものの不可能性を帰結する。前者は資本の運動の流れの外部に存在するが、後者は資本の運動の流れの内部にありながら外部と呼ばれるに相応しい性格を持つ。そして資本は、この二つの不可能性の領域を可能領域に変換するように運動する。ここに資本は、こうした外部を内部化する運動という、もうひとつの意味での運動体として現れる。いいかえれば、資本は請求権の商品化というテクノロジーとともに、請求権を請求どおりに行使できるためのテクノロジーを開発＝搾取＝利用する運動体として現れる。実際、資本主義の歴史を記述しようとすれば、この二つのテクノロジーの開発の歴史がその過半を占めるであろう[22]。そしてもちろん、残りの過半は、このようなテクノロジーの導入に反抗する歴史が書かれるべきである。

「今日までのあらゆる社会の歴史は階級闘争の歴史である」という文章は、いまでは古色蒼然とした感があるが、しかしやはり今なお資本主義の歴史をある種の闘争の歴史として記述することの妥当性は、依然として古びてはいないはずである。

註

(1) J・G・K・ウィクセル『利子と物価』北野熊喜男ほか訳、日本評論社、一九三九年。

(2) 同前、三四頁。

(3) 同前。

(4) もちろん、カール・ポランニーが参照されるべきである。たとえば『経済の文明史』(玉野井芳郎ほか訳、ちくま学芸文庫、二〇〇三年)所収の諸論文を参照。

(5) K・ポランニー『人間の経済』I、玉野井芳郎ほか訳、岩波書店、二〇〇五年、九四頁。

(6) 先に得られた第一の教訓は、したがって、均衡価格の存在が必ずしも特定の所有権移転メカニズムを指定することはない、と言い換えることができる。たとえばそれは、均衡価格に従った直接交換が不可能であることもあれば、均衡価格に従った再分配や贈与が可能である、ということを意味している。

(7) ところで、自由の信奉者にして市場の守護神と考えられている近代経済学者ハイエクは、その思いを「社会における知識の利用」(一九六四年)という有名な論文のなかで情熱的に語っている。だが、注意深くこの論文を読んでみると、「市場」という言葉がほとんど出てこないことがわかる(正確には二度ほど用いられ、ひとつはシュムペーターの理論を紹介するセンテンスで、もうひとつはトロツキーの言葉の引用箇所で、である）。彼が語っていたのは、市場ではなく価格なのである。後代の経済学者の多くは、この事実を不用意にも見逃してしまっている。

（8）ただし、これはあくまで現実から類推されたイメージである。実際、ワルラス市場には貨幣を媒介とした間接交換はまったく想定されていない。またさらにウィクセルの三角形から明らかなとおり、ときにワルラス均衡解は、それを実現する直接交換すら存在しない場合を排除しない。ワルラス市場の場合はむしろ再分配による所有権の移転メカニズムが暗黙のうちに想定されていると考えるべきだろう。そこで暗黙に想定されている中央集権権力は、これまた暗黙に想定されている市場競り人である。

（9）この二つのメカニズムは、機能としては別物である。しかし、貨幣という媒介を用いた間接交換が移転メカニズムとして採用されている場合、何らかの対象が貨幣を通じて実際に移転されれば、その対象には必ず「価格」がつけられているはずである（価格とはその対象と貨幣との交換比率だから）。したがって、貨幣による移転メカニズムが採用されている場合は、かならず何らかの価格メカニズムが働いている（と事後的に）考えることができる。そこでの交換比率が均衡価格でなかったとしても、である。

（10）実際、価格メカニズムが健全に作動する条件として、企業が利潤最大化を行なっていることが前提とされている。

（11）宇野弘蔵『経済原論』岩波全書版、一九六四年、三九頁。

（12）もっとも、貨幣で買えないものは、論理的に考えれば、少なくとも一つ存在する。それは価格そのものである。価格が貨幣で買えたと考えられるようなケースは、じつは単に価格に関する情報を買っていたり、価格に関する決定権を買っていたりするだけで、価格を買っているわけではないのである。かりに、何らかの価格を買えたと考えることができたとしても、すくなくともその価格の価格は買うことができない。ここには、価格メカニズムと移転メカニズムとの違いが明白に現れているだろう。人が自分の背中を生涯見ることができないように、移転メカニズムが価格を移転することは論理的に不可能である。

（13）「労働力の所有者が労働力を商品として売るためには、彼は、労働力を自由に処分することができなければならず、したがって自分の労働能力、自分の人格の自由な所有者でなければならない」（K I: 182）。

(14) 労働請求権という言葉はすでに法学の分野で一般的であるため、それとの混同を避けるために労働力請求権という耳慣れない造語を採用した。

(15) さほど本質には関わらないが、ここでの想定がいわゆる賃金先払いであることには注意を喚起しておこう。もしも後払いの想定を採用するならば、労働力請求権の流通過程はもう少し複雑になる。まず、労働者の労働力請求権と資本家の「(後払い) 賃金請求権」とが交換される。ここで (後払い) 賃金請求権とは、読んで字のごとく、労働者が労働した後に賃金を請求することのできる権利のことである。つぎに、資本家が労働者に対し労働力請求権を行使する。そして最後に、労働者が資本家に賃金請求権を行使する。後払い・先払いいずれの場合においても、最終的に労働者が賃金を取得し、資本家が労働力請求権を行使して労働させることに変わりはない。

(16) したがってまた、本稿の考察は労働力を労働者が所有していると素朴に見なす立場を否定している。正確に言えば、労働力は労働者が結果として所有する対象ではなく (よって資産項目にはない)、労働者の所有する対象を生み出す原因であり源泉である (よって資本項目にある)。その原因は、結果のなかには不在である。「結果の存在ばかりを視野に入れるときには結果の中に構造がまるっきり不在である」とはアルチュセールの換喩的因果性の定義であるが (「『資本論』の対象」『資本論を読む』中、今村仁司訳、ちくま学芸文庫、一九九七年、二五五頁)、労働力を把握するには、このような換喩的因果性の概念は非常に有効である。

(17) たとえば民間の産金部門で生産された金塊がそのまま貨幣であるとしよう。このとき、貨幣は資本の価値増殖運動に従って生産される。貨幣に対する需要が増えれば、貨幣を生産するために資本が (参入・退出が自由な長期ならば) 産金部門に移動して貨幣が増産されるだろう。

(18) ここでの対資本請求権が証券化されたものが手形である。

(19) ここでの対銀行請求権は、さまざまな形態をとる。銀行手形や預金証書はそうした形態のひとつである。

(20) 実際、土地と株式は請求権の商品化によって市場の移転メカニズムの俎上に載せられている。『資本論』第三巻の領域の多くは、請求権の商品化によって外部が回収されるいくつかの局面を扱っていると再解釈することも可能である。

(21) たとえば労働力請求権の場合、請求主体は資本家、被請求主体は労働者、そして請求対象は労働力からの労働の実現化である。また、信用貨幣(預金)の場合は、請求主体が資本家、被請求主体が銀行資本家、そして請求対象は預金の現金化である。手形の場合は、請求主体が銀行資本家、被請求主体が資本家、そして請求対象は手形の支払いである。

(22) たとえば労働力請求権の場合、実際に資本家が労働者を思いのままに労働させることができるようなテクノロジーの開発に勤しむことになるだろう。

第3章　貨幣の〈際《きわ》〉、資本の〈窮《きわみ》〉(1)

大黒　弘慈

一　「枠組」への介入——フーコーの新自由主義的統治

社会の統治

ミシェル・フーコーが一九七〇年代後半からいわゆる「統治性」の問題に傾斜していったことは、一八世紀に登場する統治のための新たな合理性がその過程で「生政治」と命名されたこととともに、現在では広く知られている。とりわけ一九七八年から七九年にかけてなされた講義録『生政治の誕生』においては、一八世紀のこの新たな統治理性が、現代のドイツそしてアメリカの新自由主義にいかに引き継がれたかという問題意識のもとに、フーコーとしては例外的に現代の諸問題に多くの紙幅が割かれていて興味を引く。普遍概念から出発する発生論や歴史主義を批判し、他方でエピステーメー間の断絶が強調されがちな考古学的手法への反省をも踏まえつつ、そこでフーコーは統治実践の系譜学とでもいうべき視点から、自由主義的統治術から新自由主義的統治術にいたる道筋を詳細にたどるのであるが、読み進めるにしたがい、新自由主義がいかに巧妙であるか、新自由主義以外の道が果たしてありえたのか、あるいはフーコーは新自由主義にじつは同意署名しているのではないのか、という疑念がしだいしだいに募ってくるのである。どういうことか。

フーコーはその前年度の講義『安全・領土・人口』においては、統治実践という同様の視点から、国家理性の出現とその改良の経緯を詳述している。彼はそこで、中世的な司牧型モデルに基本的には拠る一七世紀の国家理性にかわって、政治経済学の誕生とともに経済的理性とでもいうべきものが新たに出現したというのである。彼によれば、一七世紀から一八世紀半ばまでの内政国家つまり重商主義は外交的にはパワー・オブ・バランスを宗とする一方で(外的な自己制限)、内政的には従順な臣下の群れに対して際限のない統治を行なっていた。これに対し、一八世紀に登場した新たな統治理性は、この無際限の内政を法的権利によって制限する代わりに、政治経済学という「真理の体制」によって自己制限をかける。つまり経済という不可視の領域の出現をまえに、新たな統治理性は、「つましい統治」、最小の統治術によって統治を行なおうとするのである(内的な自己制限)(2)。

しかしここで国家理性が消失してしまったわけではない。経済領域それ自体は引き受けられないにせよ、相互作用、循環的効果、拡散効果などを通じて内在的な「自然性」をもちえた「人口」であれば国家は引き受けられるのである。また国家は、人口に内在的な自然現象が法則性を逸脱し安全を損ねないように安全メカニズムを設置し、その相関項として「自由」が統治実践の領域内部に新たに書き込まれる(3)。新たな自由主義的統治にとって自由とは生産し組織化されるものであり、自由と安全を仲裁し危機を運営することこそが、自由主義固有の権力の核心をなすとフーコーはいう(4)。

こうして内政国家においては国家理性が従順な臣民の群れに対して司牧的な「教導《コンデュイット》」を行なっていたのに比し[5]、新たな統治理性は「人口」からなる「市民社会」の出現を拠りどころに国家の無際限の統治を停止させる。しかし国家理性は改良されただけで統治自体は新たな装いの下に継続しているのであり、市民社会による国家への「反教導《コントル・コンデュイット》」自体がもうひとつの「教導」でもあることをフーコーは示唆しているように思われる。

じじつ自由主義的統治は、自由と安全を仲裁し危機を管理する限りにおいて「規律的権力」を導き出したのであり、これが一九三〇年代の経済介入主義へとつながり、自由主義的統治に危機をもたらしたのであった。これに対し二〇世紀に現れる新自由主義的統治の特徴は、それまでの自由主義的統治が「自然の所与」と見なしていた純粋競争をむしろ「能動的に作り出されるべきもの」と見なした点にある。つまり自由主義的統治があくまで国家を前提したうえで国家による市場の監視を行なうのに対し、新自由主義的統治はそれこそが国家の肥大化を招いたという反省のうえに、国家の存在を非自明化し、逆に市場の創出から出発しそこから逆に国家の存在を保証しようとするのである。新自由主義的統治はまた、一八世紀の自由主義経済学者が交換と等価性を市場の本質と見なしたのに対して、むしろ競争と不平等をその本質として強調する。

新自由主義的統治への転換を果たしたのは、フーコーによればオルド自由主義と呼ばれるドイツの新自由主義者（オイケン、ベーム、ミュラー＝アルマックなど）であるが、彼らはナチズムへの憎悪からあらゆる国家の市場介入を批判し、逆に「市場によって国家を監視する体制」を新たに作り上げようとしたとひとまずはいえる。しかし新自由主義的統治においてもまた、統治による介入そのものはなくなるどころか、むしろ介入は能動的・恒久的になってゆくとフーコーはいう。しかしそれは、経済的プロセスそれ自体に介入するのではなく、むしろそうした公権力の不用意な市場への介入が独占を創出するのを防ぐために、つまり純粋な競争の領域を確保するために、市場の諸条件にのみ積極的に介入するというのである。たとえば、公共事業や特定企業への直接的支援はひかえ、金融政策や税制を通じて間接的に市場の諸条件を調整する。さらに人口・教育・法体系など市場を可能にする諸条件を創設する。こうした純粋な競争の領域を可能にする事前・事後の諸条件、いわば市場の「枠組」に対してのみオルド自由主義は積極的に介入すべきことを提唱する。(6) 意外にも、新自由主義的統治の統治実践の対象は「社会」なのであり、新自由主義者たちが望んでいるのは、経済的統治ではなく、「社会の統治」であり「社会本位の政策」であることをフーコーは強調するのである。(7)

貧困（絶対的貧困）と労働（人的資本）

新自由主義に対する以上のような規定は通俗的なイメージと大きく異なる。われわれはとかく新自由主義を、経済とは区別された社会の領域を自覚することなく、競争を自然なものと見なしたうえで、これをやみくもに一般化していこうとする粗野なイデオロギーと見なしがちである。あるいは経済と社会とを区別したとしても、社会を一方的に打ち棄てるのが新自由主義と考えがちである。しかしフーコーによれば、新自由主義は、経済とは区別された「社会環境」を統治実践の標的として明確に据え、競争の繊細なメカニズムを可能にする条件つまり「枠組」に細心の注意を払い、競争の作為性を十分に自覚したうえで社会を市場へと念入りに導く統治術にほかならない。こうした認識は、自由放任の作為性を強調し、市場経済と社会との境界に注目するポランニーの議論を彷彿とさせるばかりでなく、さらに市場経済から社会を防衛するための対抗運動（ファシズム・社会主義・ニューディール）が二〇世紀に起こるとした彼の議論と鏡像をなし、これを念入りに斥けようとする巧妙さをすらそこに発見することができる。(8)

もちろんフーコー自身は、ハイエクらによって領導された「国家嫌悪のインフレ傾向」に対し、二〇世紀の全体主義において実際に増大しているのは政党の統治性であって国家の統治性ではないとこれを批判している。ところが戦後ドイツで開始された新自由主義的政策が、その後フランスに伝播したときに採用された政策として紹介されるものは、なおもわれわれを途方に暮れさせる。そこで焦点化されたのは「社会的市場経済」であり「貧困」だというのである。

フランスの新自由主義者たち（ジスカール・デスタンなど）は、経済と社会とを切り離しながら、その接触面において巧妙にも追加的な規則を課す。それは経済ゲームの参加者の一人がすべてを失い、それによってもはやゲームを続けることができないという事態を避けるための「利益保護条項」なのであるが、それは、もともと経済ゲームに参加したいと望んだものなど誰もいないにもかかわらず、その内部に囚えられているものが誰ひとりとしてそこから排除されないようにするような「逆さまになった社会契約」であり「非排除の規則」なのである。そしてそれを象徴するのが彼らが繰り返し企図した「負の所得税」だとフーコーはいう。

負の所得税は、あらゆる人間には根本的必要があることを認めたうえで、そうした消費の閾にまで自力で達成することができない人に対してのみその不足分を社会が保障するという構想であるが、保障を受ける資格のある者は、よい貧者か悪い貧者かを問われる必要がない。そこで問題にされるのは貧困の効果のみであり、貧困の原因は調査する必要もなければ問いただされる心配もない。しかし彼が閾の上方にいるのか下方にいるのかを悟らせることが決定的に重要だとフーコーはいう。つまり貧者が追加的手当てを生活手段と見なし労働を放棄することのないように欲求不満が残る程度に受給額を調整し、のみならず閾のレヴェルを超えようという気を起こさせ閾の上方に戻ることを欲するように動機づけることが負の所得税のかなめだというのである。

フーコーは以上のことを踏まえたうえで、負の所得税が焦点化するのは下方の閾、つまり「絶対的貧困」のみであると喝破する。このような政策は絶対的貧困を撲滅するという陽表的メッセージに即する限り、たしかに受け入れやすい側面を持っている。しかし実際にそれが狙っているのは、貧困というカテゴリーを再導入することによって貧しい人びととそれ以外の人びととの差別を強調することであり、さらに貧しい人びとに労働意欲を植えつけて彼らを一人残らず不断に労働市場に駆り出すことであり、閾の上方に這い上がるための競争ゲームによって社会全体を満たそうとすることなのである。[9] フーコーも指摘するように、もっとも裕福な人びととともっとも貧しい人びとのあいだの所得格差に起因する「相対的貧困」に焦点を据え、その効果（格差）を緩和しようとするのが社会主義政策だとするならば、負の所得税はその正反対である。それは「絶対的貧困」を焦点化することによって、「相対的貧困」に付随する問題を逆に自明視し、競争の効果をあげることによって相対的貧困を座視、助長しているのだともいえる。

ところでこのようなシステムは、マルクスが一九世紀の資本主義を対象に描き出したシステムとどこか似ていないだろうか。「経済的最下層において閾にある可動的人口」、「閾の上方と下方の間を浮動する人口の貯え」とフーコーが記すものは、マルクスが原始的蓄積論において「相対的過剰人口」と命名したものを想起させないだろうか。しかし新自由主義者を解釈するフーコーは、このことに気づいたうえで両者はまったく別のシステムだという。新たなシステムにおける人口のプールはいわば「援助を受ける人口」であり、自由主義的であり規律主義的ならざるもの、望むにせよ望まないにせよ労働する可能性が残されているというかたちで、知らず知らず（労働イデオロギーを鼓吹されることによって）人びとを労働に引きずり込む巧妙なシステムであることを強調するのである[10]。

負の所得税はこうして、閾の下方においては規律によらずに貧者を絶えず労働へと駆り立てるのだが、他方、閾の上方に対しては、一人ひとりがひとつの企業であることを強いる。そしてこの後の点をことに強調したのが新自由主義のアメリカ的形態であるとフーコーはいう。その指摘はみたびわれわれを戸惑わせるものである。フーコーが念頭においているのはシカゴ学派、とりわけベッカーらの「人的資本」の理論であるが、その意義は、いままで経済学者が未探査のまま白紙にしておいた領域、つまり労働をはじめて具体的・質的に分析したことだというのである。フーコーによれば、古典派経済学は、アダム・スミスを別にすれば、労働を時間という量的可変項に還元することでニュートラル化したにすぎないのであり、労働そのものを分析したことはついぞなかった。その傾向はリカードに顕著であるが、彼の労働の非分析はケインズにまで引き継がれ、労働は資本が自由に使用しうる受動的な生産ファクターにすぎないままである。マルクスとて例外ではない。マルクスが示すのは労働者が売るのは労働ではなく労働力商品だということであり、搾取メカニズムにおいて問題にされるのは、人間的現実の全体から切り離された「抽象的な」時間にすぎない。資本の論理もまた、労働に関してその「力と時間」しか考慮に入れていないのである。たしかにマルクスの意図は、そうした労働の抽象化の原因を資本の論理に帰し、これを告発することにあったのだろうが、この抽象化は現実の資本主義の仕業でなく、（古典派）経済理論の仕業であると、新自由主義者を忖度してフーコーはいう。[11]

新自由主義者こそが経済分析の領野に労働を再導入し、労働者を労働力の需給の対象としてではなく、労働者の視点に身をおいた能動的な経済主体として扱っているという指摘は逆説的である。しかし注意しなければならない。その際経済主体の活動とは、希少資源を二者択一的な諸目的に対して割り当てるやり方についての戦略的プログラムのことなのである（ロビンズ）。労働者は、みずからの身体的・心理的なファクターつまり労働を、賃金という所得をもたらす「資本」として見なすのであり（フィッシャー）、みずからを労働力ではなく、「機械」と賃金の「流れ」[12]からなる「能力資本」と見なすのである（シュルツ）。そこでは労働者自身が自分自身にとっての一種の「企業」として現れるという点こそがかなめなのである。労働者の視点に立った労働主体の分析とは、そのじつ労働者がみずからを「機械」と化し、「資本」「企業」に同一化することにほかならない。

ホモ・エコノミクスと人口

興味深いことに、フーコーはこうした新自由主義的な人的資本の理論に、ある種のホモ・エコノミクスへの回帰が見られるとしながらも、両者の間には大きなずれがあると指摘している。古典的なホモ・エコノミクスは交換する人間であり、その理論は必要の問題系から出発した有用性の理論であるのに対し、新自由主義におけるホモ・エコノミクスは自分自身の企業家であり、その理論はベッカーに見られるように、個人の消費ですら企業の生産活動のようなものと見なすものである。経済分析への労働の再導入とは、遺伝学的人的資本の構成に関する投資の問題にすぎず、「ホモ・エコノミクスについての考え方がここでは完全に変化している」というのである(13)。

もちろん、当該講義録の最後二回が、一八世紀政治経済学におけるホモ・エコノミクスの分析に捧げられていることから推して、新自由主義的統治術が結局は自由主義的統治術と連続している面が強調されていると解釈することも可能であろう。つまり新自由主義者もまた自由主義者と同様に、経済領域を統治不可能な領域と見なす一方で、ホモ・エコノミクスからなる市民社会を統治可能な人口に変換し、自由市場に有利な環境の整備に徹しているのであり、個人の身体に規律的に働きかけるのではなく、集団としての人口＝生命に調整的に働きかける「生政治」は連続している、というわけである。しかし新自由主義は、そうした「つましい統治」を建前としながら、実際は統治の範囲をむしろ拡大していると考えざるをえない。

たとえばフーコーは、一八世紀に現れるホモ・エコノミクスはみずからの利害関心にしたがう自由放任の主体であり、権力の行使にとって「触知不可能な要素」であったのが、ホモ・エコノミクスはいまや環境の変容に対して体系的に反応する、すぐれて「統治しやすい存在」となったとし、これをホモ・エコノミクスにおける「逆説」と呼んでいるが(14)、この逆説は、まさにベッカーに代表されるアメリカ新自由主義の出現によって先鋭化しているように思われる。

アメリカ新自由主義は、たとえば犯罪対策の領域のような、伝統的に経済が入り込む領域ではなかった社会領域にまで経済学的格子を適用し、コスト・ベネフィット分析を徹底させる。そこでは犯罪行動への投資から得られる利益と処罰されるリスクを計算したうえで犯罪を供給する犯罪者の視点が導入され、それに対して刑罰政策は、犯罪市場における犯罪の負の需要を対置するのみで、犯罪の撲滅は最初から放棄される。犯罪問題に裁判官の視点ではなく犯罪者の視点を導入する新自由主義者の試みは、人的資本の理論において導入された労働者の視点と同様、当事者主体の側への視点の移動を謳いながら、そこで実際になされるのは、主体を理解可能なホモ・エコノミクスとしてのみとりあげることである。「個人が統治化可能となるのは、……個人がホモ・エコノミクスである限りにおいて」なのである。[15] もちろんそれは個人全体がホモ・エコノミクスであることを意味するのではないと留保を付しながら、ホモ・エコノミクスという格子を社会的行為者一般にも適用するこうした試みが、結局は目的性のあるすべての合理的行動を二者択一的目的への希少資源の最適な割り当てとして解釈し、経済学的対象として一般化することにつながる（ミーゼス）と、フーコーは指摘している。そしてベッカーにいたっては、経済分析の対象は合理的行動を超えて拡張すらされ、「現実を受容する」[16] ようなすべての行ないが経済分析の管轄に属すると考えられることになる。

新自由主義は、ホモ・エコノミクスの定義を微妙にずらすことで、本来統治不可能であった個人を統治可能な格子に変換するばかりでなく、ホモ・エコノミクスの膨張によって統治可能な領域をさらに拡大する。新自由主義は「つましい統治」ではなく、実のところ「統治しすぎ」を指向しているのではないのか、そう思われてくるのである。こうして新自由主義もまた、自由主義の轍を踏むまいと国家に対する市民社会の「反教導」を指向しながら、それ自体が「教導」になるという自由主義の行程を繰り返しているように思われる。のみならずこの「教導」は人口という集団的な塊《マッス》に対してだけでなく、ホモ・エコノミクスという個別的なものに対しても行使されることになったと解釈できるのであり、新自由主義的な生権力は、枠組みから全体的なレヴェル、さらに個体的なレヴェルにいたるまで統治を隅々にまで行き渡らせることによって、逃げ場のない統治空間を出現させてしまった。フーコーの展開から抱かざるをえないわれわれの印象はおおむねこうしたものであろう。[17]

少なくとも新自由主義的統治に対するフーコー自身の反教導＝抵抗の可能性は、当該講義に関する限り見えてこない。フーコーが最後にイギリス経験論（ヒューム）にまで遡り、ホモ・エコノミクス観念の源流に降り立とうとしたのは、あるいは反教導の可能性をあらためてそこから引き出せないかという期待があってのことかもしれない。一八世紀のホモ・エコノミクスにおける利害関心の収斂は、自分に起こる偶発事と、自分が意図せず他者のために産出する利益とからなる二重の無意志・無規定のもの、スミスの「見えざる手」の「見えざる」領域を必須の前提とするのであり、ホモ・エコノミクスは統治しすぎる内政国家の主権者の価値剥奪をその本質的な機能としていたからである。しかしこうした回帰のみによっては得られるものは少ないように思われる。フーコーの指摘するホモ・エコノミクスの「逆説」、「触れるべからざる」自由放任の主体が逆に「扱いやすいもの」として現れてしまうというこの「逆説」は、一八世紀のホモ・エコノミクスにそもそも帰せられるからである。問題は一八世紀のホモ・エコノミクスそのものを再考することにあるといわなければならない。[18]

ところでフーコーはここでもまたマルクスに多くを期待していないように見える。二〇世紀の初頭のドイツにおいてヴェーバーは、資本における「矛盾」というマルクスの問題をずらして、資本主義における合理的なものと非合理的なものとの「分割」問題に移行したが、オルド自由主義（フライブルク学派）はフランクフルト学派とともに、そもそもヴェーバーの問題を出発点としているというのである。オルド自由主義は、マルクス主義者のようにヴェーバー的な分割の問題をマルクス的な矛盾の問題に還元するのではなく、かえって「資本とその蓄積の論理には内的な矛盾はなく、……資本主義は完全に生き続けることができる[19]」ものと考える。資本とその蓄積の論理に全面的に依拠する分析がただひとつの資本主義を想定し、やがて歴史的袋小路によって資本主義の終焉を展望するのに対し、オルド自由主義は、制度的変容と歴史的特異性の強調によって、何がしかの資本主義が依然として可能であることを論証しようとする（新たな資本主義の発明）。競争市場の無矛盾性を説く経済理論と、経済史・経済社会学をめぐるヴェーバー的問題は「相補的」だというのである[20]。しかしこうした指摘は、新自由主義的統治から逃れる可能性として、資本とその蓄積の論理、資本における矛盾というマルクスの問題に立ち返ることの有効性を逆に証し立てているとはいえないか。逆に合理と不合理の分割というヴェーバー的な構えこそが新自由主義的統治に道を開いたともいえるのである。

二　資本主義の「窮乏化」と「無窮性」——宇野弘蔵と労働力の商品化

ところでサブプライム問題に端を発する金融危機以後、マルクスはふたたび注目を集めているらしい。しかし格差や貧困がそれ以前から社会問題化していたせいもあってか、それは正確には「絶対的貧困」

に関連する限りでのマルクスというべきであり、また投機にかまける金融や商業などの虚業ではなく、ものづくりなどの正業にたずさわる「労働」を称揚する限りでのマルクス、つまり通俗的なマルクス像ないしマルクス主義的な議論というべきかもしれない。たしかにマルクスは、有機的構成の高度化と相対的過剰人口の堆積、これらを通じた「窮乏化」を資本蓄積の絶対的法則と捉えこれを一般化しようとしている側面がある。これと平行して労働者階級の団結・闘争が進み、やがて資本主義の崩壊をマルクスがその延長線上に展望していたであろうことは、恐らく間違いない。現在のマルクス・ブームの背景には以上のようなマルクスの議論が暗黙裡に想定されているように思われる。

もとより現代の貧困をマルクスの時代のそれと混同することはできない。現象としてはたしかに一九世紀中葉の自由主義段階に似て階級分化が激しくなっているということもできよう。しかし現代は貧困層にも奢侈や金融が食い込み、労働者もまた企業と同様に投機に手を染める時代である。つまり低成長下において産業と金融が乖離し、産業資本が自己金融に向かうなかで、過剰な金融資本の資金運用先として労働者の家計が標的にされたわけである。消費者金融や住宅ローンという一見民主的な装いのもとに実際は略奪的な貸付がなされ、労働者が搾取の上に収奪もされているところに現代の貧困の特徴があるともいえる。サブプライム危機は、基本的には以上のような構図の上に、さらにそこで成立した住宅抵当権が束ねられて証券化され新たな金融商品として世界中に売りに出されたところに問題があった。それによってリスクが分散されると同時にリスクが隠蔽されたわけである。もとより金融危機によって貧困が助長されたわけだが、そもそも現代に固有の貧困によって金融危機が生みだされたともいえる。そうしたなかで「絶対的貧困」を焦点化し、金融と絶縁した「労働」を強調するだけでは、負の所得税や人的資本の理論を擁する新自由主義的統治に対峙するどころか、かえってそれを助長することにさえなりかねない。

さてしかし、窮乏化法則それ自体に関しても、これをマルクスは一面的に説いていたわけではなかった。有機的構成が資本蓄積とともに高度化すると同時に、ある局面では有機的構成が不変のまま蓄積が進むという点に当初から注意を促していたのである。宇野弘蔵はこれを拠りどころに、有機的構成が高度化して相対的過剰人口が形成される局面を不況期、構成不変のまま蓄積がなされ相対的過剰人口が吸収される局面を好況期と捉えて、蓄積論から窮乏化法則ではなくむしろ景気循環の法則を引き出したわけである。もちろん、格差・貧困の問題が浮上している現在、失業が吸収される好況期が相対的に強調されることになる以上のような解釈を強調することは、時代の要請に合わないように見える。

しかし宇野がここで強調したかったのは、資本にとって一見有利な好況においてこそ、その限界、つまり資本にとって思いのままにならないもの、資本が作り出せない唯一のものが明らかになる、それが「労働力商品」だということであった。資本は好況において構成不変のまま労働需要を増やすが、一般商品と異なり労働力だけは資本みずから作り出すことができないために、やがて供給制限にぶつかり労賃上昇を招く。それが恐慌につながるというわけである。もとよりこの労働力商品の供給制限を、資本はやがてまた相対的過剰人口を形成することによって解除し、その自己運動の基礎を確立するのであり、資本主義の矛盾の発現としての恐慌の周期的運動は、同時に労働力商品の矛盾の現実的解決の特殊の方式でもある。[21] それは資本主義が永遠に繰り返すかのようなイメージを抱かせるのだが、しかしそれは資本主義の磐石の不滅性を意味するのではなく、悪循環を公然と維持し、不安定な景気循環の軌跡を提示することによって、資本主義の病理をそこに描き出すのである。それを宿命づける根本的な矛盾が、資本によって本来商品化できないはずの「労働力商品化」の無理だと解釈するわけである。もちろんこうした解釈のみによっては資本主義を歴史的な袋小路に追い込みその終焉を具体的に展望することはできないが、「無矛盾ゆえに生き続ける」のではなく、矛盾ゆえに生き続けるというこの逆説的解釈は、企業に還元できない労働力の特異性の指摘とともに、競争市場の無矛盾性をつくろう新自由主義的統治の破れ目と、これに対する「反教導」のありかを依然として示唆しているように思う。

ところでマルクスもまた資本主義の終焉を展望しながら、資本を決して侮ってはいない。宇野は「労働力商品化」を扇のかなめに据えて資本主義が「あたかも永遠に繰り返すかのごとくに」説かなければその法則性を抽出することはできないと考えたが、そもそもマルクスは、資本とは何かという問いのもとに、その「無窮性」を強調していたのであった。「窮乏化」ではなくむしろ「無窮性」こそが資本の本性に沿うのである。

三　貨幣の「無際限」と「際」——左右田喜一郎と貨幣の限界効用

マルクスは『資本論』「貨幣の資本への転化」において、資本の本質として三つの属性を指摘している。第一に、「姿態変換」を繰り返しながら自己同一性を確かめる（自己保存する）という点（G－W－G）、第二に、自己保存だけでなく価値が「自己増殖」するという点（G－W－G′）（K I: 165）、そして第三に、この自己増殖体が「無窮の運動」を繰り返すという点（G－W－G′－W－G″……）である（K I: 168）。興味深いのは、マルクスがこの無窮性を「絶対的な致富衝動」、「情熱的な価値追求」とも言い換え、これを守銭奴（貨幣蓄蔵者）と資本家、双方に見いだしている点である。マルクスが強調したいのはもちろん共通点ではなく相違点、つまり価値の無窮の増殖を、貨幣蓄蔵者は貨幣を流通から救い出すことによって、資本家は貨幣を流通に投げ込むことによって成し遂げようとする点である。「貨幣蓄蔵者は気の違った資本家でしかないのに、資本家は合理的な貨幣蓄蔵者」なのである。実際、貨幣と資本の違いは重要な問題である。しかし同時に見過ごされてならないのは、同じ行動を何度もエンドレスに繰り返すという点では、いずれも「気が違っている」という点である。

この点を経済哲学者、左右田喜一郎は、「金持ちと灰吹きは溜まるほど穢なくなる」という江戸期の俚諺を引いて、ことさらに強調している。左右田は、若き宇野にも影響を与えた「貨幣論上の限界効用学説」という論稿のなかで、貨幣には限界効用説が成り立ちそうで成り立たないが、その理由は、貨幣が「凡ゆる方面に走れる目的の絲をたどって其の多岐多様の尖端に彷徨左右して遂に適帰する所を知らぬといふやうな心理状態[22]」に陥るからだと述べるのである。左右田経済哲学の方法的意義は、カント的な分析論理の立場を徹底的に追及したところにあるが、左右田みずから、カント的な分析論理の二元性は、われわれがいかに合理化の道を進んでも、出発点を非合理が基礎づけている以上、われわれに世界総体の認識を求めて「無限彷徨」を強いると述べるように、ほかならぬ貨幣にもこの「非合理」は貫かれている。合理的なホモ・エコノミクスが、限界効用逓減の法則と限界効用均等の法則からなる限界効用価値学説とかりに親和的であるとしても[23]、限界効用が逓増する、あるいは限界効用一定の貨幣に関しては、少なくともホモ・エコノミクス仮説は妥当しない。宇野が資本主義の無窮の運動の根底に、労働力商品という資本にとってはどうにもならない「外部」を見いだしたのだとするなら、左右田は、貨幣蓄蔵の無際限な運動の根底に、やはり資本にとってはどうにもならない（非合理性を払拭できない）貨幣という「外部」を見いだしたのだといえよう。[24] かつてポランニーは、一九世紀に出現した自己調整的市場は、本来商品ではない、労働・土地・貨幣という生産の本源的要素を商品と見なす「擬制」によってはじめて可能になったと指摘したが、[25] 貨幣は市場経済にとって意外にも「外部」なのである。

さて資本が無窮の運動を繰り返し、貨幣が無際限に追及されると述べたが、このことは恐らく貨幣の出自と深く関係している。それはまた市場ないし資本主義の成立の問題とも無縁ではない。マルクスは商品交換は「共同体の果てるところで」始まり（K I: 102）、それが反作用的に共同体内部にも浸透するとして、市場の外来性を強調したが、宇野は流通浸透視角とは一線を画しつつも基本的にはこの見方を引き継ぎ、最後の最後に労働力を商品化したところでこの行程が完成し資本主義が成立すると捉えたと見ることができる。[26] しかし経済学の常識は、商品交換は共同体の中から湧出し、資本主義は自然発生的に成立したという見方とむしろ親和的である。内から外へというこの市場観の根底に、アダム・スミスのいう「交換性向」を認めることには慎重でなければならないが、富を必需品・便益品のような消費財にかぎり、これを仲介する貨幣に重きを置かなかった彼の富観をそこに見いだすことに関しては、間違いないであろう。

逆にマルクスが商品交換の外来性を強調したときに念頭にあったのはむしろ「余剰物」であり、市場は共同体の「際」で、余剰物どうしの交換から始まったという点である。市場は部分で完結することなく絶えず拡大傾向をもつと考えるなら、こちらの市場観に信憑性があるといわざるをえない。なぜなら必需品など「必要」に根ざしたものには欲望に限度があり、ある水準が満たされるとそこで取引は止む。しかし奢侈的なものに関しては、直接消費するという動機を越えた不純な要素を含むために、この欲望はむしろ昂進してゆく傾向があるからである。一見緊急性の乏しい、疎遠なものほど、いちど触発されると節度を弁えず無限に広がってゆく傾向があるが、この奢侈性がいわゆる奢侈品のみならず必需品と通常みなされるものに関しても「余剰」というかたちで遍く行き渡る。このことが市場の拡大傾向の原因ではないかと考えられるのである。

マルクスは商品交換の発展につれて排他的に特別な商品種類にだけ貨幣形態が固着すると述べ、それは外来のもっとも重要な物品つまり光り輝く金のようなものか、譲渡可能な財産つまり家畜のようなものだとも記している(K I: 103)。これら緊急性に乏しく、疎遠なものが商品交換の発展とともに貨幣としてはじき出されたのだとマルクスはそのあとに続けるが、そもそもこうした外来の貨幣に触発されてはじめて商品交換が拡大していったと考えることも、あるいは可能かもしれない。

ポランニーは市場経済の特異性を暴くために、それが「利潤動機」と飢餓回避の「生存動機」のみによって担われているという認識を示したが、窮乏化法則を説くマルクス主義も、限界効用価値学説を説く新古典派経済学も、その意味では「生存動機」、つまり有限性の原理に強く引きずられている側面があるといえよう。しかし資本主義を駆動しているのは無限の「利潤動機」のほうである。しかもその利潤動機は、希少資源を二者択一的な諸目的に対して過不足なく割り当てるような技術的合理性によって満たされるのではない。そのような技術的合理性はむしろ飢餓回避を満たすのであり、利潤動機は無限の利得追及をもくろむ「商品経済的合理性」によってむしろ満たされる。しかもこちらの「合理性」は無限を志向する限りにおいて「気が違っている」。単なる利潤動機ではない無限の利得追及は、有限の生存動機からは決して導き出せず、非合理なものから外的に触発されてはじめて起動するのである。

四　価値増殖と勢力加速度——高田保馬と力の欲望

有限の生存動機を超える、無限の利得追及ということに関して、そもそもホモ・エコノミクスとは何か、ということについてあらためて考えてみる必要があるかもしれない。貧困問題が現代において前景化したことで（また社会の「持続可能性」という問題意識からの側圧を受けて）、われわれは生存動機を経済活動において優位に置きがちである。しかし悲しいかな、生存動機を超える無限の利得追及こそが資本主義の牽引力であり、それは無限を抱え込んでいる限り同時に非合理なものである。一般均衡理論を奉じる社会経済学者、高田保馬が、意外にも社会の根源には生存欲求を超える「力の欲望」がある、あるいは他者に対する相互承認だけでなく、さらに他者に優越しようとする「勢力意志」があると力説していることは、この点で興味深い。

先ほど、「姿態変換」、「価値増殖」、「無窮の運動」というマルクスによって与えられた三つの資本の属性について触れたが、しかしあらためて考えてみると、資本はなぜ価値を増やし続けなければならないのであろうか。無窮性にわれわれはある種の狂気を確認したが、これは「持続可能性」と解釈するなら合理的とも考えられる。しかし単に持続するのみならず（G－W－G－W－G……）、なぜ資本は無限に拡大し続けなければならないのだろうか（G－W－G′－W－G″……）。高田はマルクス主義に対して批判的ではあったが、マルクスを読みこなしたうえで、マルクスのいう資本の無窮の価値増殖は「力の欲望」を前提して初めて説けるというのである。つまり資本主義の中核には、単に生きてゆくというだけでなく（絶対的貧困）、他者に対して優位に立っていることをことさらに強調するという不純な動機がある（相対的貧困）。この非合理が無限の利得追及を衝き動かしているというわけである。資本蓄積が起こるのは、「将来の享楽に備ふるためではなく、一に勢力としての資産を増加せしめようとする」ためというのである[27]。

百冊を超える著作のなかの主著『勢力論』の、なかでも彼が心血を注いだ部分「勢力加速度の法則」において高田はいう。主体がいちど勢力をもつと、その勢力は他の勢力を呼び集めて急速に発展してゆく傾向をもつが、資本蓄積の法則はその特殊例にすぎないと。その説明が興味深い。高田によれば、新しい勢力が出てくるとき、そこには必ず中心となる人物に威光を見いだし彼に積極的に服従する中核メンバーがいて、これが第一の層を形成する。つぎにこの集団につられて反抗も献身もせず無関心な人びとがただ受動的・消極的な黙認の態度をとるが、これが第二層をなす。ところがさらにその外にいる者にとっては、第二層のこの消極的黙認が積極的な服従と誤解されるために、自身もまた消極的黙認によって心から服従しているように見せかける。これが社会的に擬態する第三層である。こうして勢力は加速度的に拡充してゆくというわけである。中核の第一層が内的勢力、第二、第三層が外的勢力を形成するのだが、黙従する第二層も、擬態する第三層も、自分自身はただ面従腹背しているつもりでも、客観的には勢力に巻き込まれ、勢力を補強してしまっているというメカニズムを、高田は見事に解き明かすのである。

しかし重要なのはその後の分析である。勢力が勢いを増しているときには加速度的に伸張するが、いちど停滞するとこんどは没落が加速度的に進む。そのときまず勢力から離反するのは、最後に勢力に加わった擬態する第三層で、つぎに消極的に黙認していた第二層が反抗的になる、こうわれわれは推論しがちである。勢力の獲得と喪失において「シンメトリー」が成立するという見方である。しかし高田は逆である。勢力の喪失過程において最初に離れるのは勢力の母体をなしていた中核勢力であり、最後に失われるのは外的勢力だというのである。しかも最後まで残った外的勢力が形骸化して「遺物」となっても、いずれそこに尊重（内的勢力）が補われて勢力復活の萌芽として作用するというのである。シンメトリーの〈破れ〉を、[28] 高田は指摘するのである。外的勢力が意外に執拗で、内的勢力は意外に脆い（第一層も最初から面従腹背であった）ということだけでなく、この指摘はまた資本の無窮性の解明にも示唆を投げかけているように思う。

この高田の議論はホモ・エコノミクスを再考するうえでもまた示唆的である。[29] 勢力の獲得も喪失も、いずれの場合も内から外に進むと高田は指摘したが、そこで重要な要素をなしていたのは、じつは外的勢力の「黙認」とか「擬態」という他律的・受動的な態度であり、また中核の内的勢力においてすらその服従は自発的でなく、やはり他律的・受動的だと高田はいうのである。また勢力が成り立つときに重要なのは、リーダーの勢力意志、優越要求ではなく、むしろそれを支える従属本能、自己卑下の本能こそがより本源的であるという認識を高田は示してもいる。資本蓄積という経済現象の根底には、勢力加速度の法則という非経済的な要因がはたらいているだけでなく、さらにその勢力は「力の欲望」よりはむしろ従属や模倣のような、より「非合理な」態度によってじつは可能になっている。こうしたことを高田の勢力論は示唆している。高田の勢力論、とりわけ勢力加速度の法則は、図らずも「ホモ・エコノミクス」仮説を根本から見直すことを要求しているのである。

ところで高田は勢力意志とは区別された従属本能を強調すると同時に、その議論の原型をガブリエル・タルドに見いだしている。そのタルドは社会を模倣から説明する試みのなかで、社会的な模倣の根源に「威信への渇望」（従属本能）を見いだし、さらにそれを自然界における「大型獣への恐怖」[30]にまで遡行させている。先ほど貨幣の出自を巡るマルクスの議論について触れたが、譲渡可能な家畜もまた人間社会に外から襲いかかる大型獣の名残をとどめているという意味で、金のような奢侈財と同様に、やはり外からやってきたものには相違ないのである。貨幣自体が外に対する非合理な恐怖の名残をとどめているのである[31]。

五　「境界」での啓蒙――反教導と嚮導概念

宇野弘蔵、左右田喜一郎、高田保馬と順に見てきたが、フーコーが新自由主義に対して示した態度と同様に、一見すると彼らはいずれも資本主義を擁護しているかのようである。宇野は無限の景気循環を強調し、左右田は貨幣蓄蔵の無際限を言い募る。高田もまたマルクスを意識して資本蓄積の根底に外的勢力の持続性を探り当てる。彼らはいずれも論理的な分析を徹底し、それぞれに独自の体系を構築するのである（純粋資本主義論・経済哲学・一般均衡理論）。しかしまたそれぞれに論理を突き詰めた果てに非合理な要素に行きついてしまう。資本主義の中核に、逆説的ではあるが、もっとも疎遠な外部を発見するのである。宇野は労働力商品を、左右田は貨幣概念を、そして高田は力の欲望のさらに根源にある大型獣（自然）への恐怖を。翻って、こうした非合理な外部こそが「合理的な」資本主義を駆動していると彼らは認識することになるだろう。

しかしここにとどまる限り突破口は見いだせない。依然としてわれわれは資本主義のなかで狂ったままでいるほかはないのである。非合理な外部が資本を駆動しているのなら、それを相対化するための極限概念が新たに対置される必要がある。この点を鋭く認識していたのは左右田である。左右田の功績は後進によって「カント的な分析論理を徹底的に追及し、その限界のもとで挫折することで身をもってこの限界を暴露し、そこに限界超越のための空間を開いた」（武藤光朗）と表現されることがあるが、左右田は限界超越のためには「嚮導概念」が不可欠であると認識していたのである。その認識は、個人と個人の関係からは貨幣を決して導き出すことはできず無限彷徨するのみで、個人に向かって方向を与える極限概念として貨幣はア・プリオリに前提されなければならないという彼の貨幣哲学において顕著である。しかしそれはまた、貨幣概念からは決して文化価値を導き出せず、経済学の認識対象を条件づける認識目的ないし「嚮導概念」として文化価値がア・プリオリに前提されなければならないという彼の文化哲学にも引き継がれていると思われる。左右田は新カント派社会主義者として勇名を馳せたが、彼の「嚮導概念」は、宇野の「消去作用としての社会主義」という考え方だけでなく、左右田に私淑した若き社会主義者、高田にもまた影響を与えたのではないかと推測される[32]。

さて、フーコーは晩年に、権力・知の問題から主体・真理の問題へと旋回したといわれる。その際、「自己への配慮」という古代ギリシア・ローマの倫理的ふるまいの形式を取り上げたことが、新自由主義的な統治に対する反教導＝抵抗の可能性たり得ているか否かと問うことに対しては慎重でなければならない[33]。しかしかりにそうみなせるとしても、自己への配慮を自己による自己の完全なる管理と見なし、それを通じて他者にも配慮し他者の支配を回避するような態度と捉えてはならないだろう。自己を投資対象として徹底的にマネジメントするよう自己統制を強いる新自由主義的統治の、それは戯画にすぎない。フーコーは権力諸関係においては必ず抵抗の可能性があるというが[34]、そのとき権力そのものを悪と見なしてはいないのである。権力関係それ自体は可動的・不安定な遍在する一種の戦略的ゲームにすぎず、それはまた自由の条件でもあるが、これが特定の統治テクノロジーによって固定化され、非対称化された一方的な支配状態に陥ることこそが問題なのだ[35]。したがって権力の根絶ではなく「最小限の支配」のためにこそ[36]、自己統治という別のテクノロジーが対置されていると見なすべきであろう。

したがって「自己への配慮」とは、あるがままの自分を受け入れたり、隠された真の自己を発見するというような完全なる自律、自己同一性を意味しない。逆に、自己の他者性を発見し、自己を困難な練り上げの対象と見なし、そのつど自分自身をみずから創出する「現代的」な「態度」と見なされるべきである[37]。他者を支配もしないし支配もされないような完全な自律、従属＝主体化によらない主体化などどだい不可能なのであり、高田もまたそのことに気づいていたというべきである。

新たな統治術はまた自己を変容させると同時に、世界を変容させる。しかしそれは〈現在〉を破壊するのではなく、〈現在〉がそうある在り方の裡に、〈現在〉を捕捉することによってそれを変形しようとする熱情、〈現実的なもの〉に対する極度の注意が〈現実的なもの〉を尊重すると同時に侵害する自由の実践[38]にほかならない。権力を拒絶するのではなく権力を組み替えようとするこうした態度を、フーコーはカントの啓蒙に擬えて、境界にたつ「限界的態度」と呼んでいる[39]。

さてしかし、倫理的な自己の練り上げを踏まえた他者への跳躍、啓蒙による「脱出」の回路[40]は、はたしていかにして見いだされうるのだろうか。フーコーは現システムを逃れ出ようとする「全体的プログラム」[41]や「非在郷《ユートピア》」に警鐘を鳴らしつつ、逆に、現実化しているにもかかわらずすべての場所の外部にある、鏡のような「混在郷《エテロトピ》」の存在を示唆している[42]。そもそもカントの啓蒙自体が、未成年状態から脱出するために後見人を必要としていたのであった。新自由主義的統治の「教導」に対する抵抗すなわち「反教導」は、「自己への配慮」という統治術のほかに、それを導く「嚮導概念」によって、つまり硬直化をまぬかれた柔軟な理念によって新たに補われることを必要としているように思う[43]。

註

（1）本稿は、平成二一年度京都大学大学院人間・環境学研究科公開講座「極みの世界」における講義内容をもとに、これを大幅に書き換えたものである。

（2）フーコーはさすがに、自由主義的理性は外的には無制限を指向するため、帝国主義と相関的であると指摘している（M・フーコー『生政治の誕生』慎改康之訳、筑摩書房、二〇〇八年、二九頁）。

（3）M・フーコー『安全・領土・人口』高桑和巳訳、筑摩書房、二〇〇七年、四三六頁。

（4）フーコー『生政治の誕生』八〇頁。

（5）〈conduite〉に対して「操行」という訳語が宛がわれることが多いが、ここでは「教導」と訳す。
（6）フーコー『生政治の誕生』一七三頁。
（7）同前、一八〇頁。
（8）ポランニーの命題を髣髴とさせる『社会は防衛されなければならない』と題された一九七五年から七六年の講義録において、自由主義が防衛の対象とする「社会」と見なされているのは市場のことであり、ポランニーの捉え方とは逆である。
（9）ベーシック・インカム構想は現代において諸派から支持されているだけに、給付対象と給付額しだいでは「負の所得税」のように新自由主義的統治にかえって道を開くことが注意されなければならない。
（10）これはマルクスの「二重の意味で自由な労働力」と本質的に違わないようにも思われる。
（11）『言葉と物』において、リカードとともに表象の限界に労働する主体（人間）が出現し、その後「人間の終焉」が予告されていたことを踏まえるならば、リカードにおいて労働が分析されず、新自由主義において労働する主体が前景化したというここでの指摘は、奇妙に思われる。しかし、リカードにおける労働は、『言葉と物』でも「有限性の人間学」と「線形の歴史」のもとに捉えられていたし、新自由主義における労働する主体とは、じつは労働者を企業に還元すること（人間の終焉）であると考えるならば、一貫しているとも見なしうる。
（12）労働する主体を「機械」と化し「流れ」と見なすという視点は、ドゥルーズの手法を想起させる。『アンチ・オイディプス』と新自由主義との親和性を指摘することには十分慎重でなければならないが、フーコーがここでこのことを意識していたか否かは気になる点である。
（13）フーコー『生政治の誕生』二七九頁。
（14）同前、三三三頁。
（15）同前、三一〇頁。
（16）同前、三三一頁。
（17）もとより、フーコーは当初から「生権力」を生命の調整的なテクノロジーと身体の規律的なテクノロジーとの複合物と捉え、さらに死なせる権力としての主権権力もまた完全に消失したわけではないとして、権力の諸形態の系譜学的な重層性を強調していた（M・フーコー『社会は防衛されなければならない』石田英敬ほか訳、筑摩書房、二〇〇七年、二五一頁）。

(18) スミスが『道徳感情論』において「歓喜への同感」あるいは「上位者への同感」を重視し（水田洋訳、上、岩波文庫、二〇〇三年、一六三頁）、さらに『法学講義』では、それが「効用の原理」だけでなく「権威の原理」をもたらすと捉えていることは（水田訳、岩波文庫、二〇〇五年、三二頁）、この際重要なヒントとなるかもしれない。

(19) フーコー『生政治の誕生』二一七頁。

(20) 同前、二〇五頁。多様な資本主義の可能性を探る制度派経済学の試み、原理論と切り離された類型論としての段階論という解釈もまた、新自由主義と相補的である。

(21) 宇野弘蔵『恐慌論』岩波文庫版、二一〇頁。

(22) 左右田喜一郎『経済哲学の諸問題』岩波書店、一九七二年、三〇三頁。

(23) ロビンズは、基数的効用の不可測性という視点から、限界効用逓減の法則に関してはこれを斥けている。

(24) マルクスは『経済学批判』のなかで、「貨幣は、致富欲の対象として現れるのと同じ程度に、その源泉としても現れる」と指摘している（MEW 13: 110）。

(25) K・ポランニー『大転換』野口建彦ほか訳、東洋経済新報社、二〇〇九年、一二五頁。

(26) 宇野は注意深くも、労働力の商品化は流通形態自身から出るものではなく、近代的無産労働者の大量的出現は近代的国民国家の統一過程の内に実現されるとしている（宇野弘蔵『経済原論』岩波全書、一九六四年、四四頁）。

(27) 高田保馬『勢力論』ミネルヴァ書房、二〇〇三年、三三九頁。高田のいう力の欲望はヴェブレンの「金銭的競争心」とも相同的とみなせるが、ヴェブレンがこれを未開社会において見られる、戦利品を巡る外部集団との闘争心にまで遡らせていることは興味深い。

(28) 勢力の獲得と喪失いずれにおいても内から外に進むことを、高田自身は「シメトリイ」（高田『勢力論』一二六～一二九頁）と捉え、シンメトリーの〈破れ〉とは捉えていない。

(29) 勢力論における人口の問題、勢力論と「第三史観」との関係は、ここでは論じない。詳しくは拙稿「模倣・勢力・資本──高田保馬とガブリエル・タルド」『思想』第一〇三九号、二〇一〇年一一月参照。
(30) G・タルド『模倣の法則』村澤真保呂ほか訳、河出書房新社、二〇〇八年、三六七頁。
(31) 高田の「勢力加速度の法則」は蓄積論よりはむしろ価値形態論により多くの示唆を投げかけている。またタルドの「模倣の法則」も同様である。詳しくは拙稿「模倣と経済学──タルド『模倣の法則』を手がかりに」『社会システム研究』第一二号、二〇〇九年参照。
(32) 高田の民族主義的側面が、若き日の社会主義的主張といかに関係しているかは別途検討される必要がある。左右田の「響導概念」と宇野の「消去作用としての社会主義」の関係については、拙稿「宇野理論形成の思想的背景──純粋と模倣」櫻井毅ほか編『宇野理論の現在と論点』社会評論社、二〇一〇年参照。
(33) 再度『言葉と物』で「人間の終焉」が予告されていたことを踏まえるならば、晩年における古代ギリシアの倫理的主体への遡行は、「類似《アナロジー》」のエピステーメーを「現代的態度」において再考する可能性を示唆しているかもしれない。
(34) M・フーコー『ミシェル・フーコー思考集成』X、筑摩書房、二〇〇二年、二三四頁。
(35) 同前、二四四頁。
(36) 同前、二四三頁。
(37) 同前、一五頁。
(38) 同前、一四頁。
(39) 同前、一九頁。
(40) 同前、六頁。
(41) 同前、二〇頁。
(42) 同前、二八〇頁。
(43) フーコーが、「ひとはなぜ真理の気遣いを通してしか、自己を気遣わないのか」（前掲『ミシェル・フーコー思考集成』X、二三八頁）と問うているのは、このことに関係しているかもしれない。

第4章　間という外部

沖　公祐

唯物論哲学者は、アメリカ西部劇のヒーローのようにいつも「走っている列車」に飛び乗る人です。列車は手のとどくところを通過していきます。彼は列車をやり過ごすこともできますし、そのときには彼と列車の間には何もおきません。そうでなければ、彼は走っている列車に飛び乗るのです。この哲学者は起源も第一原理も行き先も知りません。(1)

アルチュセールは、その晩年に、世界のはじまりを偶然の出会いから説く「偶然性の唯物論（出会いの唯物論）」に行き着いた。(2) アルチュセールによれば、偶然性の唯物論の伝統は、古代ギリシアの哲学者エピクロスにまで遡る。若きマルクスが学位論文で論じたことでも知られるこの哲学者は、デモクリトスの原子論に、一見すると不可解な——キケロに「子供じみた作り話」と嘲笑されることになる——修正を加えた。空虚のなかを平行に落下する原子に生じる無限小の偏倚、クリナメンがそれである。クリナメンは「一つの原子を空虚中の垂直な落下から『ずれ dévie』させ、ある箇所ではほとんどゼロに等しい程度平行性を崩し、隣の原子との出会い *rencontre* を誘発し、挙げ句、出会いに出会いを重ねる玉突き衝突を引き起こす。かくして世界は誕生する」(3)。

偶然性の唯物論、何とも奇妙な響きである。唯物論とは必然性を解明するものではなかっただろうか。実際、マルクス派（史的唯物論）は、歴史の必然性を論証しえたことをもってみずからの科学性の担保としてきた。必然性抜きの、偶然性の唯物論など、形容矛盾《オクシモロン》でしかないように見える。

こうしてみると、アルチュセールのこの異様な唯物論が、わずかな例外を除けば、マルクス派の経済学者からも歴史家からも一貫して無視されてきたのもある意味では当然と言える(4)。偶然性の唯物論の「地下水脈 courant souterrain」とマルクス派の正統＝地上の流れとは交わることのない河流であり、言わば、エピクロスの異なる原子であった。だが、エピクロスの原子には偏倚《クリナメン》が生じる。

私は本稿で、マルクス派におけるひとつの論争を採り上げる。幾度となく論じられ、もはや手垢に塗れた感もあるこの古典的論争について、屋下に屋を架そうというのではない。ここでこの論争を採り上げるのは、論争の一方の立場が、当事者の意図から「ずれ dévie」、我知らず偶然性の唯物論に出会っていたことを示すためである。それによって、これまでほとんど見過ごされてきた、マルクス派における偶然性の唯物論の伝統に光を当てるつもりである。同時に、十分に認識されているとは――アルチュセール自身によってすら――言いがたい、この異形の唯物論の理論的潜勢力《ポテンシャル》の一端を、宇野弘蔵の「間」の論理を経由しつつ、エピクロスにまで遡行することによって示したいと思う。

一　「移行論争」再考

マルクスの本源的蓄積論がアダム・スミスの「先行的蓄積 previous accumulation」からその着想を得ていることはよく知られている。スミスによれば、資本《ストック》の蓄積は分業に先行して行なわれなければならない。なぜなら、たとえば「職物工が彼の特定の仕事に専念できるのは、彼が彼の織物を完成するだけでなく売るまでのあいだ、彼の生活を維持し、彼の仕事の材料と道具とを彼に供給するにたりるだけの貯え《ストック》が、彼自身の所有物としてであれ、だれか他の人の所有物としてであれ、どこかにまえもって貯蔵されているばあいだけである[5]」からである。ここで注意すべきなのは、スミスの分業概念の多義性である。周知のように、スミスの分業概念には作業場内分業と社会的分業が混在しているが[6]、彼は、ここで分業に階級分化（いわゆる両極分解）という意味をも事実上含蓄させることによって、本源的蓄積に固有の問題をスキップする。すなわち、独立小生産者の社会的分業＝単純商品生産社会の必要十分条件が（自身の所有物としての）貯え《ストック》の蓄積であることの説明をもって、資本主義の必要十分条件が（他の人の所有物としての）資本《ストック》の蓄積であることの論証としたのである。この結果、スミスの先行的蓄積からは、プロレタリアートの形成という問題が完全に欠落することになった。

対照的に、マルクスの本源的蓄積論では、このスミスの欠落部、すなわち、プロレタリアート形成の問題にかなりの紙幅が割かれている。『資本論』原蓄章（第一巻第二四章）は七節から成るが、この問題を直接論じる第二節は、章全体の三分の一を占める。マルクスはそこで、プロレタリアートの形成を農民からの土地の暴力的収奪の過程として詳述する。具体的には、第一次エンクロージャー、宗教改革による修道院所領の没収、名誉革命における国有地の横領、第二次エンクロージャー、「地所の清掃 Cleaning of Estate」（K I: 756）である。[7] このような過程が、「都市工業のためにそれが必要とする無保護なプロレタリアートの供給をつくりだした」（K I: 761）とされるのである。[8]

もっとも、プロレタリアートを創出するこの同じ過程が、もう一方の極、資本家を生み出すわけではない。なぜなら、「農村民の収奪は直接にはただ大きな土地所有者をつくりだすだけ」（K I: 770）だからである。そこで、マルクスは、あらためて「もともと資本家はどこから出てきたのか？」（ibid.）という問いを立てる。

ところが、この明確な問いに対するマルクスの答えは必ずしも明快なものではなかった。問いの直後（第四節）ではベイリフ（領主の土地管理人）を端緒とする資本家的借地農の出現に言及するが、産業（工業）資本家ではないという理由でその検討は簡単に済まされる。次いで、いわゆるマニュファクチュア時代において農村民の収奪が国内市場を作り出すことを指摘（第五節）した後、第六節で産業資本家の生成が語られる。そこでマルクスは、産業資本家の生成に異なった二つの経路があることを指摘する。すなわち、第一に、独立の小工業者などが小資本家を経て文句なしの資本家になる「蝸牛の歩み」（K I: 778）であり、第二に、資本主義以前から存在してきた二つの資本形態、高利資本と商人資本が産業資本へと転化する道筋である。つまり、「もともと資本家はどこから出てきたのか？」という問いに対して、マルクスは、借地農、独立の小工業者、高利資本及び商人資本という三通りの答えを提示しており、とくに、産業資本家の原型としては、後二者を挙げているのである。

　このマルクスの解答の複雑さが、後に、封建制から資本主義への移行をめぐる論争、いわゆる移行論争を生むことになった。すなわち、産業資本の源流を独立小生産者に見る立場（以下、独立小生産者説と呼ぶ）と商人資本に見る立場（以下、商人資本説と呼ぶ）との間の論争である。[9] マルクス自身の真意がこのどちらにより近かったのかは分からない。たしかに、独立小生産者説を採る論者が指摘するように[10]、『資本論』第三巻第二〇章「商人資本に関する歴史的事実」では、「商人が直接に生産をわがものにする」道よりも、「生産者が商人や資本家になって、農村の現物経済に対しても、中世都市工業の同職組合的に対しても対立するようになる」道の方が「真に革命的な道」であると書いてあることは事実であるが（以上、K III: 347）、他方で、商人資本説が指摘するように[11]、このように解釈すると、先の当該箇所において、「この蝸牛の歩みは、一五世紀末の諸大発見がつくりだした新たな世界市場の商業要求に応ずるものではなかった」と述べていることが（K I: 778）、理解できなくなってしまう。

　マルクスの真意とは別に、このどちらが史実であるのか、という問いをめぐっても長い論争史がある。ここでは、真意の詮索以上に、決着がつかないであろう歴史家たちの争いに関わることはしない。それよりも、本稿で考えてみたいのは、それぞれの立場の理論的な問題構制《プロブレマティーク》である。

　独立小生産者説によれば、独立小生産者の両極分解、すなわち、生産手段を有する小《プチ》ブルジョアの、産業資本家とプロレタリアートとへの分化が資本主義生成の核芯とされる。封建制の弛緩によって簇生した、比較的自由で独立した小生産者が、相互に競争するなかで、一方は上昇して労働者を雇用する資本家となり、他方は没落して自分の労働力以外に売るものをもたないプロレタリアートとなる。つまり、独立小生産者のより大なる利潤を求める競争を通じて、資本・賃労働関係が作り出され、したがって、資本主義が成立したとされるのである。[12]

このことは、利潤最大化という同じ目的の追求が、資本家とプロレタリアートの双方を生み出すということを意味する。利潤最大化という行動原理はあらかじめ人間に埋め込まれており、この原理に則って独立小生産者が生産性の増進に努めた結果、必然的に資本主義が生み出される。もちろん、この立場においても、資本主義が歴史上の一時点に成立した社会であることは認められるが、それは、資本主義以前では、経済外的な諸制度が利潤最大化行動の発現を妨げていたからであって、そこから解放されれば、ただちに両極分解が作用し、遅かれ早かれ資本主義に到達するとされるのである。

これに対し、商人資本説にとっては、資本家とプロレタリアートとはその出自をまったく異にする異質の要素である。古典的な資本家、すなわち、商人や高利貸の歴史は、貨幣と同じくらい古い。[13] 蓄蔵貨幣（Schatz）としての貨幣が登場するや否や、一般的富の維持と増殖を目的とする資本の運動――商人資本と高利資本――が引き起こされるからである。他方、プロレタリアートも同様に古くから存在してきたが、[14] 封建制から資本主義への移行において問題となっている大量のプロレタリアートの創出は、農村民からの土地の暴力的収奪を通じてなされた。この収奪の主たる担い手は地主であり、その目的は土地の私有による（より大なる）地代の獲得にある。この目的も来歴も異なる二つの要素が出会うことによって資本主義は成立したとされるのである。

この二つの対蹠的な立場を暫定的に評価するとすれば、およそ次のようになる。独立小生産者説は生産諸力と生産諸関係の矛盾というマルクスの唯物史観の公式には忠実であるが、原蓄論に限って言うと、牧歌的な「経済学上の原罪の物語」を批判し、「暴力 Gewalt」こそがプロレタリアートを創出したと説くマルクスとの間に（K I: 741-42）、不協和音が生じる。[15] 独立小生産者説の移行論はむしろスミスの先行的蓄積に近く、マルクスの原蓄論に固有の「暴力性」を回避しがちである。[16] これに対し、商人資本説は、暴力的収奪としての本源的蓄積というマルクスの問題意識は共有しているが、移行を外的要因によるものと見る点で内的矛盾の発展という唯物史観の枠組からは逸脱してしまっている。[17] 商人資本説では、歴史の必然性を説明することができないのである。

二　二重の偶然性

かつてアルチュセールは、ヘーゲル的な矛盾の単一性に代えて「重層的決定」を置くことによって、唯物史観の公式を転覆することを企てた。[18] この企ては、初め、経済決定論を嫌忌するポスト・マルクス主義者や文化研究《カルチュラル・スタディーズ》者に喝采をもって迎えられたが、経済的要因に「最終審級」という余地を残していたことが明るみになるにつれて、彼／女らの間で大きく評判を落とした。[19]

後年になって、アルチュセールは、この初期の考えを改め――見方によっては、よりラディカルに推し進め――、「偶然性の唯物論」を唱えるようになった。[20] この「偶然性の唯物論」は、密かにマルクス派陣営の怒りを――あるいは失笑を――買ったに違いない。社会構成体の発展は「自然史的過程」であり、そこでは「自然法則」が「鉄の必然性」をもって作用する（K I: 16, 14）。このように考えるおかたのマルクス派にとって、上部構造の相対的自律性や土台と上部構造の相互作用を強調するまではよいとしても、一切の必然性を放擲することなど到底容認できるものではなかっただろう。彼／女らの目に、アルチュセールのこの晩年の思想がマルクスを完全に否定するものと映ったのも当然のことであった。

　ところが、アルチュセール自身の考えはまったく違っていた。アルチュセールは、エピクロスから始まる偶然性の唯物論の系譜にマルクスもまた連なると解釈した。もっとも、マルクスには二面性があって、その顕教的な部分、後に弁証法的唯物論として定式化されることになる哲学は、むしろ偶然性の唯物論とは対立する。一方、これとは異なる側面、マルクス主義の伝統においては遥かに注目を集めることが少なかった側面は、生産様式の移行の理論——とりわけ、封建制から資本主義への移行——のなかに見いだされる。

　アルチュセールによれば、封建制から資本主義への移行についてのマルクスの説明は次のようなものである。

> 資本主義的生産様式は、「貨幣《エキュ》をもった人間」と、自分の労働力よりほかになにももたないプロレタリアートの「出会い」から生まれた。「偶発的に」この出会いが起き、そして「固まった」。すなわち、出会いはなされるや否や解消されたのではなく、持続し、成し遂げられた事実になった[21]。

　前節で見たように、マルクスの封建制から資本主義への移行についての叙述は、アルチュセールの要約ほど単純ではない。だが、それよりもここで注目すべきは、アルチュセールの説明が移行論争における一方の立場、商人資本とプロレタリアートという異なる要素が出会うことによって資本主義が生まれたとする商人資本説に酷似しているということである。だからといって、アルチュセールの解釈が有り触れたものだと言うつもりはない。むしろ、ここで指摘したいのは、移行論争において、かの偶然性の唯物論の「地下水脈」が知らず知らずのうちに地表へ滲み出していたということである。偶然性の唯物論はアルチュセールひとりの「譫妄 delirium」[22]ではないのである。

商人資本説と偶然性の唯物論の関係を示すいまひとつの徴候がある。偶然性の唯物論はまた「空虚 vide の哲学」[23]である。エピクロスの原子は平行に落下運動する。このことは、原子の偶然の出会いによって世界が生成する以前に「空虚」があることを意味する。なぜなら、原子が運動するためには満たされていない空間、「空虚」が必要だからである。

封建制から資本主義への移行に関する商人資本説にもこの「空虚」が見いだされる。封建制と資本主義の間に存在する過渡期がそれである。一般に、封建制は一四世紀には解体したとされるが、それによってすぐに資本主義に移行したわけではなく、資本主義が成立するのは早くとも一六世紀後半になってからである。この間の時期の捉え方は、独立小生産者説と商人資本説とでは対照的である。独立小生産者説は、この時期が封建制でも資本主義でもない時期、すなわち、空虚であることを認めることができない。封建制の解体と資本主義の生成はメダルの両面であるはずだからである。その結果、独立小生産者説は、封建制と資本主義の間の二世紀が形式的には兎も角、実質的には未だ封建制であったという無理な解釈を施さなければならなくなる[24]。

これに対し、商人資本説にとっては、封建制の崩壊は資本主義の成立を意味しない[25]。両者はまったく異なる事柄である。封建制の崩壊がもたらしたのは、資本主義ではなく、何でもない時代、過渡期という空虚である。（商人）資本とプロレタリアートという原子の活発な運動が可能となるのは、封建制の崩壊が空虚をもたらしたからである。だが、二つの原子は出会わないかもしれなかった。封建制が崩壊したとしても、資本主義が生まれなかった可能性があるのである。

すでに指摘したように、移行論争において、商人資本説は、唯物史観の公式から逸脱しているとして批判された。唯物史観にもとづかないかぎり、封建制から資本主義への移行の必然性が説明できないと考えられたからである。しかしながら、商人資本説は必然性の欠如という否定形で評価されるべきではない。むしろ、この説は、歴史の必然性を否定し、歴史の偶然性を――自覚的にではないが、端無くも――説こうとしていたのである。移行論争とは、アルチュセール的に言い換えれば、ヘーゲル弁証法を転倒させただけの弁証法的唯物論（史的唯物論）――「観念論の一変態」[26]――と、偶然性の唯物論との間の争いだったのである。

史的唯物論ではなく、偶然性の唯物論によって封建制から資本主義への移行を理解するならば、資本主義の生成は必然ではなく、偶然であることになる。ここでの「偶然」の意味は二重である。すなわち、第一に、二つの要素――貨幣《エキュ》（資本）とプロレタリアート――の出会いの偶然性であり、第二に、この出会いが固まること＝持続することの偶然性である。

第一の偶然性は、非目的性と言い換えることもできる。商人資本説が述べたように、貨幣の蓄積とプロレタリアートの創出が行なわれたのは、資本主義を生み出すためではなかった。まったく別の目的をもった二つの原子がそのもともとの目的から逸らされ（偏倚《クリナメン》）、偶然に出会ったのである。それゆえ、資本主義の成立は、二つの原子の運動の必然的な帰結ではない。両者は出会わなかったかもしれず、したがって、資本主義をもたらさなかったかもしれないのである。

さらに言えば、両者の出会いすらも資本主義に帰結しない可能性がある。第二の偶然性、すなわち、「固まりprise」の偶然性があるからである。たとえば、「一三、一四世紀イタリア、ポー川流域の諸国家」に見られるように、「出会いは西洋に特有の仕方で固まる前に、すでに幾度となく起きていたが、一つの要素あるいは諸要素の配置を欠いていたため、そのときには『固まら』なかった[27]」。出会いは一度きりの奇跡ではない。むしろ出会いそのものは遍在的ですらある。困難は、出会いが固まること＝持続することにあるのであり、それゆえ、出会いがかりに持続したとしても、そこには「根源的不安定性 *instabilite radicale*[28]」がどこまでも付きまとうのである。

〈補論〉ブレナーの移行理論

移行論争における商人資本説が実質的には偶然性の唯物論に基づいていたことはすでに見たとおりである。しかし、商人資本説を採ることがつねに偶然性の唯物論と結びつくわけではない[29]。また、逆に、商人資本説だけが偶然性の唯物論にもとづく唯一の可能な見方でもない。ここで、商人資本説とは別の可能性を示しておこう。念のため繰り返すが、ここでもわれわれの関心は、史実か否かにではなく、その理論的な含意にある。

アメリカの経済史家ブレナーは、封建制から資本主義の移行について、独立小生産者説とも商人資本説とも異なる、第三の見方を提唱した。彼は、マルクスが原蓄論において、資本家の起源のひとつとして挙げながらも、深く追究することがなかった借地農に着目した。ブレナーによれば、資本主義は、先ずもって、農村における農業で成立・発展し（農業資本主義）、その後、産業化＝工業化されたのである。[30]

このブレナーの所説は経済史家の間に広範な論争を引き起こしたが、その（理論的）画期性はほとんど理解されてこなかった。ブレナー説の新しさは、しばしば誤解されているように、農業における資本主義の成立を説いたところにあるのではない。資本主義が工業に先行して農業で発生するということは、マルクスはもちろん、スミスにとってすら自明であった。[31] ブレナーの画期は、封建制から資本主義への移行における偶然性の契機を明示化したことにある。[32]

ブレナーは、独立小生産者説を、資本主義において一般化する利潤最大化を超歴史的な性向と見なすことによって「説明しなければならないこと〔移行〕を等閑にする」論点先取に陥っていると批判する。[33] 独立小生産者説は、封建制が崩壊すれば、それまで妨げられていた利潤最大化行動が起動し、資本主義が形成されると考えたが、ブレナーはこの解釈を明確に否定する。封建制の危機は必ずしも資本主義をもたらさない。むしろ、領主が農民に対する支配を強化しようとした結果、ヨーロッパのほとんどの地域では、封建制が強化されることになった（西欧の絶対主義や東欧の再版農奴制）。わずかな例外がイギリスとオランダであるが、この両地域は資本主義への移行の成功例ではなく、封建制の維持の失敗例である。資本主義の成立は、領主も農民も封建制を――より正確には、封建制の下での再生産のためのルールを――維持しようと意図していたにも拘らず、その意図から逸らされた（偏倚《クリナメン》）、偶然の結果なのである。[34]

ブレナーは、利潤最大化原理、あるいは、スミスのいわゆる交換性向があらかじめ人間に埋め込まれているという考えを退ける。市場交換には（社会的）分業が随伴するが、このことが封建制の下で農民が市場に全面的に依存することを不可能にする。たしかに、スミスが指摘するように、分業と交換は自給自足よりも大きな利得をもたらす可能性があるが、その失敗は「生存の危機 crises of subsistence」[35]に直結する。それゆえ、農民はみずからの占有する土地によって生存手段を直接生産することができるかぎり、利得の機会があったとしても商品生産に専門特化しようとはしないのである[36]。

また、ブレナーは、領主が「金ぴかもの baubles」[37]を手に入れるために従者を手放し、農民を追放したというスミスの筋書きを否定する。農民は領主の収入源であり、また、従者は農民を経済外的強制によって搾取するためや他の領主と競争するために不可欠な存在であり、これらを進んで放棄するということはありえない。

一四世紀の封建制の危機に際し、ヨーロッパのいずれの地域においても、領主と農民は依然として「封建制型の主体《アクター》として封建制型の仕方でみずからを再生産しよう」[38]と意図したが、イギリスとオランダだけがそれに失敗した。意図せざる結果——「過程の非目的論的性格」[39]——として、資本主義はまったく偶然に発生したのである。

三　間と空虚

……もろもろの世界も、また、われわれの世界でたえず観察される事物に似た形をしたいずれの限られた大きさの合成体も、すべて無限なもの〔原子と空虚〕から生成したのであり、それらは大きいものも小さいものも、すべて、特殊な原子集塊から分離したのである。そしてそれらすべては、ふたたび分解される、すなわち、或るものは速やかに、或るものは遅く分解され、また、或るものはこれこれの原因により、他のものはしかじかの原因によって働きを受けて、分解される、と信ずべきである。(40)

宇野弘蔵は、欧米の「移行論争」に触れた折、商人資本説に対する賛意を示した。(41) 宇野はすでに戦前において、この戦後の論争とはまったく独立に、産業資本の源流が商人資本にあるとする理解に到達していた。(42) 宇野のこの理解がどのようにして得られたのかは判然としないが、それが次のような視角と密接に関わっていることは間違いない。

もともと商品経済はマルクスのいうように共同体と共同体との間の生産物の交換から発生したものであって、それはいわば物によって人間の社会関係を拡大するものとして、漸次に共同体に分解的影響を及ぼしつつその内部に滲透していったのであった[43]。

いわゆる「流通滲透視角」であるが、ここで宇野は、「共同体と共同体の間」という外部から発生した商品経済が、共同体の内部に「滲透」するという論理を語っている。宇野は「マルクスのいうように」というが、厳密に言えば、マルクスはこのようには述べていない。マルクスが『資本論』交換過程論の周知の箇所で言ったのは、商品交換の発生する場所が、共同体の「果てる enden」ところ、共同体と他の共同体またはその成員との「接触《コンタクト》」する地点であるということであった（K I: 102）[44]。共同体と共同体の「間」という考え方はマルクス自身にはなく、宇野の独創《オリジナル》である[45]。

宇野のこの「間」は何を意味しているのだろうか。「間」は「あわい」とも読むが、「あわい」という語は動詞の「会う」に由来する。つまり、日本語の「間」には「出会う場所」という意味が含まれている[46]。宇野が「共同体と共同体の間」というとき、それは「共同体と共同体（の成員）が出会う場所」を意味していたのではあるまいか。

この推論が的外れでないとすれば、宇野の「間」はアルチュセールの「出会い」とただちに結びつく。「間」が「出会い」の場所であるならば、「間」とはエピクロスの「空虚」であるはずである。

「間」という言葉こそ使っていないが、マルクスもこのような理解に到達していたことを示す証拠がある。若きマルクスは、学位論文の主題に選ぶほどエピクロスに強い関心をもっていたが、『資本論』では、エピクロスへの言及はほとんどなく、全三巻でもわずか三箇所にとどまる。そのいずれにおいてもマルクスは同じことを繰り返し書いている。商人（商業民族）あるいは高利貸は「中間界

Intermundien」に住むエピクロスの神々に喩えられる（K I: 94, K III: 342, 612）、と。

　エピクロスの神々が住む「中間界《メタコスミアー》」とは何か。すでに見たように、エピクロスの原子が運動するためには、満たされていない「空虚」が必要である。そこで平行に落下運動している原子が偏倚《クリナメン》によって逸らされ、偶然に出会い、固まる。こうして世界は誕生する。ところで、世界が誕生した後、「空虚」はどうなるのだろうか。世界が隅々まで広がり、空虚は満たされて無くなってしまうのだろうか。そうではない。エピクロスによれば、空虚は無限であり、決して満たされることはない。さらにいえば、世界はひとつではなく、複数存在するのである。世界の生成によっても満たされることのない空虚、複数の世界の「間」にあるのが「中間界」であり、エピクロスの神々はここに住むのである。

　商人や高利貸の住処とされる「気孔 Poren」は、この「中間界」に喩えられる。「気孔」という表現から、ともすれば共同体の内側を想起しそうになるが、「中間界」に準えられるとすれば、それは共同体の外部、共同体と共同体の間と解されるべきであろう。商人資本と金貸資本は、正確には、「孔」に住むのではなく、「孔」から垣間見える外部に住むのであり、さらにいえば、その「孔」を通って内部にアクセスしてくるのである。

　こうしてみると、マルクスが前期的資本の住処とした「気孔」と、宇野が商品経済の出発点とした「共同体と共同体の間」がほぼ同じものであることが分かる。共同体と共同体の間は商品経済のたんなる端緒ではない。異なる共同体の成員が、共同体の外部で、共同体と共同体の「間」＝空虚な場所で、幾度となく出会うことによって、商品、貨幣、資本の流通諸形態は生み出されてきたのである。(47)

　共同体と共同体の間で発生した資本は、ある意味ではエピクロスの神々に似ている。エピクロスの神々はプラトンのデミウルゴスではない。エピクロスにとって、世界は神の被造物ではなく、原子の出会いによる偶然の産物である。同様に、共同体と共同体の間での流通形態の発展が、ただちに新たな世界（資本主義）を生み出すわけではない。実際、『共同体』的社会関係は、古代・中世を通して、それぞれに商品経済を部分的・補足的に利用しつつ、そしてその範囲をますます拡大しながらもその全面的滲透を用意には許さなかった[48]」のである。

もっとも、神々と資本の間には違いもある。神々が世界に関与しないのは無関心ゆえであるが、資本が共同体を分解しえないのはその滲透を共同体的社会関係が阻んでいるからである。むしろ、資本は世界に重大な関心を抱いており、何らかの要因によって形成されたプロレタリアートを運よく発見するや否や、中間界から降臨する卑俗な神なのである[49]。

有限な世界は、無限の空虚を満たすことはできない。資本とプロレタリアートが偶然出会い、偶然固まることによって資本主義という新たな世界が生まれたとしても、残余の空虚、中間界は決してなくならない。もちろん、資本はもはや中間界の住人ではない。資本は、堕ちた神として世界の只中に住み、世界をどこまでも拡大していこうとする。しかしながら、世界は無限の空虚を覆い尽くすことはできない。資本主義——そのもっともグローバル化した形態であれ——においても、空虚、間という外部はつねにすでに存在する。本源的蓄積を「原罪の物語」として追憶の彼方に追い遣ることによって、みずからの前提をみずから生産するという（擬似）完結性を獲得した資本主義は、その有限性ゆえに——完結したものは有限である——外部をもたざるをえない。そして、この外部、空虚の存在が、資本主義とは別の世界が生成する「必然性」を——だが、偶然性の必然性を——証すのである。

註

（1）L・アルチュセール『哲学について』今村仁司訳、筑摩書房、一九九五年、七七頁。

（2）偶然性の唯物論は、一般に、「事件」後の一九八〇年代にアルチュセールが到達した晩年の思想とされるが、市田良彦によれば、その大要はすでに七六年の草稿（未刊行）に現れているという。市田『アルチュセール　ある連結の哲学』平凡社、二〇一〇年、二七二～二七五頁参照。

（3）アルチュセール「出会いの唯物論の地下水脈」『哲学・政治著作集』I、市田良彦・福井和美訳、藤原書店、一九九九年、五〇一頁。強調は原文。

（4）偶然性の唯物論にもとづく歴史記述を試みた最近の研究としては、K. C. Kawashima, *The Proletarian Gamble: Korean Workers in Iinterwar Japan*, Durham: Duke University Press, 2009 がある。

（5）A・スミス『国富論』2、水田洋監訳、岩波文庫、二〇〇〇年、一六頁。なお、「先行的蓄積 previous accumulation」はマルクスの命名であって、スミス自身にはこの用語法はない。

（6）作業場内分業と社会的分業をともに分業と呼ぶことによって、作業場内分業（ピン工場）を社会的分業の効果の例証として用いるスミス分業論が可能になったのである。

（7）これら以外に、必ずしも暴力的収奪とは言えない「封建家臣団の解体」（K I: 746）もプロレタリアート形成の一因として指摘されている。

（8）こうして創出されたプロレタリアートは、ただちに賃労働者になったわけではない。「彼らは群れをなして乞食になり、盗賊になり、浮浪者になった」（K I: 762）のである。プロレタリアートを賃労働者に転化させるために法律が行なった規律・訓練《ディシプリーヌ》がどのようなものであったか、原蓄章第三節ではこの問題が論じられる。

（9）この論争は、ドッブとスウィージーとの間で、そして、後にラクラウ－アミンとフランク－ウォーラスティンとの間で、展開された。日本においても、大塚久雄と宇野弘蔵との間で同様の論点が争われた。

（10）大塚久雄「資本主義の発達・総説」『大塚久雄著作集』第四巻、岩波書店、一九六九年、二〇七頁、M・ドッブ『資本主義発展の研究』上、京大近代史研究会訳、岩波書店、一九五四年、一八一～八二頁参照。

(11) P・スウィージー「ドップ批判」『封建制から資本主義への移行』大阪経済法科大学経済研究所訳、柘植書房、一九八二年、五五頁参照。スウィージーはマルクスの「真に革命的な道」の意味するところは、手工業生産者層からの資本家の勃興ではなく、「前貸問屋制という中間段階を経ることなく、十分に成長した資本主義的企業を発足させるに足る利用可能な資本を所有した者」に関することであったと主張しているが、やや無理のある解釈である。

(12) ここで「利潤」というのは、むろん萌芽的な形態としてのそれである。独立小生産者にとっての「利潤」は、資本主義の下での「利潤」プラス「賃金」に当たる。

(13) マルクスは古代の商人と高利貸を「中間界」に住むエピクロスの神々に喩えている。K I: 94, K III: 342, 612 参照。このことの含意は後に検討する。

(14) プロレタリアートの語源がローマ帝国の最下層民（proletarius）であることを想起せよ。

(15) もっとも、原蓄章のなかでも、第七節は、第六節までの論調とは大きく異なり、「否定の否定」（K I: 791）、すなわち、自己労働にもとづく個体的私有→資本主義的私有→個体的所有の再建という唯物史観的な論理が語られている。

(16) たとえば、大塚（「資本主義の発達・総説」二四六頁）は、中産的生産者層（独立小生産者）の両極分解が「原始的蓄積過程の経済的核心」であり、暴力的な過程はその「周辺」に現れるにすぎないという。

(17) たとえば、次のような批判を見よ。「スウィージーは、所与の社会構成の解体を生産諸力の自己運動の結果としてとらえていない。そのかわりに彼は外部的な力に原因を求めている。……歴史の弁証法は、自己運動（内部構造の矛盾）なしには進展しえないのである」（高橋幸八郎「スウィージー＝ドップ論争によせて」前掲『封建制から資本主義への移行』八一頁）。

(18) アルチュセール「矛盾と重層的決定」『マルクスのために』河野健二・田村俶・西川長夫訳、平凡社、一九九四年。

(19) たとえば、E・ラクラウ＋C・ムフ『ポスト・マルクス主義と政治——根源的民主主義のために』山崎カヲル・石澤武訳、大村書店、一九九二年、一五七頁以下、S. Hall（1983）"The Problem of Ideology: Marxism Without Guarantees," in *Stuart Hall: Critical Dialogues in Cultural Studies*, eds. by David Morley and Kuan-Hsing Chen, London: Routledge, 1996, pp.27-46 を参照。

(20) ネグリは初期アルチュセールと後期アルチュセールの関係を「転回 *Kehre*」(A. Negri, "Notes on the Evolution of the Thought of the Later Althusser," tr. by O. Vasile in A. Callari and D. F. Ruccio, eds., *Postmodern Materialism and the Future of Marxist Theory. Essays in the Althusserian Tradition*, Hanover: Wesleyan University Press, 1996, p.58)と表現している。ネグリによれば、哲学的「転回」には連続性と革新の両面があるが、アルチュセールの「転回」においては後者がヘゲモニーを獲得しているという。

(21) アルチュセール「出会いの唯物論の地下水脈」五三一頁、強調は原文。

(22) G. Albiac, "Althusser, Reader of Althusser: Autobiography as Fictional Genre," tr. by Ch. Campbell, *Rethinking Marxism* 10 (3), 1998, p.88.

(23) アルチュセール「出会いの唯物論の地下水脈」五〇七頁。

(24) ドッブ「スウィージーへの反批判」前掲『封建制から資本主義への移行』六四～六六頁、高橋「スウィージー＝ドッブ論争によせて」八二～八九頁参照。ドッブは、過渡期の存在が認められない理由を、まさに史的唯物論によって説明している。「それ〔過渡期を認めること〕は、歴史的発展についての革命的見解――歴史変革の決定的なメカニズムとしての社会革命（一つの階級から他の階級への権力の移転という意味での）をともなう階級体制の継起を歴史とみなす見解――にとってはそぐわないであろう」（ドッブ「スウィージーへの反批判」六四頁）。

(25) 「私は、一五・一六世紀の期間に西ヨーロッパで広まっていた体制を簡単に『前資本主義的商品生産』と呼ぶことにする。そう呼ぶのは、この商品生産の発展こそがまず封建制を掘りくずし、次にいくぶんか遅れて、すなわちこの破壊作業が実質上完了してしまったのちに、資本主義発展の基盤を準備したということをさし示すためである」（スウィージー「ドッブ批判」五〇頁）。

(26) アルチュセール「出会いの唯物論の地下水脈」五〇〇頁。

(27) 同前、五三一頁。強調は原文。

(28) 同前、五二九頁。強調は原文。

(29) たとえば、鈴木鴻一郎は、商人資本説を採りながらも、原蓄について、その暴力性を否定し、「経済的過程」として処理しようとする。鈴木鴻一郎「『本源的蓄積』」鈴木編『マルクス経済学の研究』上、東京大学出版会、一九六八年参照。

(30) R. Brenner, "Agrarian Class Structure and Economic Development in Pre-Industrial Europe," in T. H. Aston and C. H. E. Philpin, eds., *The Brenner Debate: Agrarian Class Structure and Economic Development in Pre-Industrial Europe*, Cambridge: Cambridge University Press, 1985（ブレナーの論文は、当該論文も含めて、『所有と進歩』（仮題）として、日本経済評論社より近刊）参照。

(31) 櫻井毅は「スミスが対象にしていたのは産業資本主義ではなくて、その前の農業資本主義であった」（櫻井『資本主義の農業的起源と経済学』社会評論社、二〇〇九年、一五五頁）と指摘している。

(32) ブレナーの所説が歴史の必然性を説く史的唯物論と対立的なものであることは、彼の論敵によって証明されている。「ブレナーのアプローチは、あらゆる現実の実体から史的唯物論のもっとも有効な概念——すなわち、生産様式——を奪うことに帰結する」（G. Bois, "Against the Neo-Malthusian Orthodoxy," in Aston and Philpin, eds., *The Brenner Debate*, p. 116）。

(33) Brenner, "Property and Progress: Where Adam Smith Went Wrong," in Ch. Wickham, *Marxist History-writing for the Twenty-first Century*, Oxford: Oxford University Press, pp. 86–87 参照。かつてブレナーは、スウィージー、フランク、ウォーラステインといった商人資本説を「ネオ・スミス主義者」として批判したが（Brenner, "The Origins of Capitalist Development: a Critique of Neo-Smithian Marxism," *New Left Review* 104, 1977, pp. 25–92）、この点では、非スミス主義者であるはずの独立小生産者説を「現代の latter-day スミス主義者」と呼ばざるをえなくなっている。

(34) ブレナーはこの偶然性の契機を「意図せざる結果」と表現する。「北西ヨーロッパの限られた地域〔イギリスとオランダ〕では、領主と農民が中世末期の封建制の危機に封建制的な手段で対処しようとした結果、意図せざる結果として、資本主義的社会的所有関係がもたらされた」（Brenner, "Property and Progress," p. 95, 強調は引用者）。

(35) Ibid., p. 68.

(36) スコットは、二〇世紀前半の東南アジアを観察するなかで同様の事態を発見している。彼は、利潤追求よりも生存を優先していた、東南アジアの農民の行動原理を「モーラル・エコノミー」（E・P・トムソンの用語）と呼んだ。J・C・スコット『モーラル・エコノミー――東南アジアの農民叛乱と生存維持』高橋彰訳、勁草書房、一九九九年参照。

(37) スミス『国富論』2、二四一頁。

(38) Brenner, "Property and Progress," p. 89.

(39) アルチュセール「出会いの唯物論の地下水脈」五三三頁。強調は原文。

(40) エピクロス「ヘロドトス宛の手紙」『教説と手紙』出隆・岩崎允胤訳、岩波文庫、三四〜三五頁。

(41) 宇野弘蔵「過渡期の取扱い方について」『宇野弘蔵著作集』第九巻、岩波書店、一九七四年参照。

(42) 「……商人資本は資本として商品貨幣の流通形態を一般に資本主義の基礎をなす産業資本と共通にするものであって、その貨幣財産の蓄積は自らその旧社会の分解作用を通してその発生に助力する歴史的社会的条件の成立と共に容易に産業資本に転化することが出来るのであった。その点では寧ろ積極的に初期資本主義の基礎をなす資本の形態と看做すことが出来る」（宇野『経済政策論　上巻（一九三六年）』『宇野弘蔵著作集』第七巻、岩波書店、一九七四年、二八一頁）。ここでいう「転化」が文字どおり商人資本が産業資本に「成る」という意味ではないことに注意する必要がある。

(43) 宇野『岩波全書　経済原論』『宇野弘蔵著作集』第二巻、岩波書店、一九七三年、八頁。

(44) ほぼ同じ内容であるが、『経済学批判要綱』の説明の方が明快である。「……交換〔バーター〕は、ほんのわずかな場所で（最初は、自然生的な諸共同体の果てるあたりで、諸共同体が外部の者たちと接触するさいに）行われる……」（Gr.: 133）。

(45) マルクスが「間」という言葉を使わなかった理由は想像がつく。ドイツ語の「間 zwischen」には、語源的にいって「二 zwei」という意味が含まれている（英語の between と two も同様である）。つまり、「間」という場合には、「まず、二つあるいは二つ以上の数の事物がすでに与えられていて、『あいだ』というのは、それらの事物の欠脱している空白部を指している」（木村敏『自分ということ』ちくま学芸文庫、二〇〇八年、七二頁）。ドイツ語で「共同体と共同体の間」というと、間の両端が確定していること、すなわち、共同体が境界によって区切られた統一性をもつことを意味してしまうのである。これに対し、日本語の「間」の意味は異なる。もちろん、ドイツ語と同様の用法もないわけではないが、それだけにとどまらない。日本語の場合、間の両端の確定性は不可欠ではない。宇野の「共同体と共同体の間」における共同体も、おそらくは、確定した境界をもっていない。宇野の「間」が「両端を欠く〈間－性〉」であることについては、長原豊『われら瑕疵ある者たち』青土社、二〇〇八年、四三頁を参照。

(46) 坂部恵は、「あわい」が『あう』という動詞そのものを名詞化するところでできた言葉」であることを含意させるために、「あわい」を「betweenness-encounter」(「entreté-renconetre」)と英訳(仏訳)している。坂部「生と死のあわい」『モデルニテ・バロック——現代精神史序説』哲学書房、二〇〇五年、一七〇頁、参照。

(47) 「商品が共同体と共同体の間に発生したのと同様に、資本もまた流通市場と流通市場との間に発生するものといってよいであろう。商品、貨幣、資本の流通諸形態は、いずれもかかる外来的なるものの共同体内への滲透として展開されるのである」(宇野『岩波全書　経済原論』三〇頁)

(48) 宇野『経済学方法論』『宇野弘蔵著作集』第九巻、岩波書店、一九七四年、一四頁。

(49) 他方で、共同体の側もみずからの同一性を維持しつつ、余剰を処理するための代補 supplément ——しかし、同一性を転覆するかもしれない危険な代補——として外部(資本)を必要とした。なぜなら、共同体はその本性上増殖してはならないからである。この論点については、別稿を期したい。

第5章　公理的外部——置塩理論再読

佐藤　良一

一　はじめに

そのさまざまな種差を暫く措き、主流を形成する新古典派経済学に対抗する経済理論の構築を目指す者は[1]、現代の理論配置を総じていかに把握しているだろうか？　理論家にとって諸理論の整理は、新しい方向性を見定めるために自己の立脚点を確認する作業である。マルクス経済学がアカデミック・サークルでその存在が認められていた日本とは異なり、欧米では、マルクス的要素を組み込んだ経済学を構想する場合、新古典派的正統との対抗関係をつねに意識せざるを得なかった[2]。その意味で、日本のマルクス経済学者には新古典派との対抗意識が欠如しており、マルクス経済学内部の論争に終始していたと言ってよい。その理由としては、新古典派で用いられる分析トールである数学的手法を扱えない、あるいは数学的方法を用いることがみずからを否定するかのように考えるマルクス経済学者が多かったことがあるだろう。そうしたなか、早くから数学的方法を用いてマルクスの主張した諸命題を厳密に論証しようとしてきた置塩信雄（一九二七〜二〇〇三年）は、特異な存在であろう。[3] 数理マルクス経済学のパイオニアとして国内外にその名を知られる置塩は、その代表作の『蓄積論』を含め二五冊の編著書と二五〇編を超える論文を遺した。[4]

置塩の議論は、一般的には、置塩理論あるいは置塩経済学と呼ばれているが、置塩自身は決定版の原論を遺したわけではない。置塩が遺した数多くの著作から置塩の原論－理論体系を構築する仕事は、われわれに残されている。近代社会の経済的運動法則を明らかにすることを最終目的とした『資本論』を改めて引くまでもないが、経済社会の分析に必要とされるのは「抽象力」である（K I: 12-6）。原寸大の地図が地図としての役目を果たさないように、グローバル経済のもとにある市民一人ひとりの経済行動にかんするすべてのデータを蒐集（かりに可能であるとして）しても、国民経済の分析にはならない。とすれば、体系としての整合性の確立を目指す経済理論は、その理論としての自立性を担保するために、理論的前提を措くことによって当面の〈夾雑物〉を理論の外部に押しやらざるをえない。

置塩理論では、その理論の内部と外部を分かつ境界として、何が、またいかなる必要に導かれて、措かれているのか？ こうした視点からの置塩理論再読、それが本稿の課題である。

二　置塩経済学の課題

研究をもっぱらとする人生を歩むことになった者は、いかなる経緯でその専門領域を選び取るのだろうか？　言うまでもなく、自然科学であれ、社会科学であれ、かかる選択のための規準は、当事者が生きた時代の制約を免れない。一九四七年三月に兵庫県神戸経済専門学校（神戸高商、現在の神戸商科大学）を卒業した置塩は、神戸経済大学（現在の神戸大学）に進み、一九五〇年に同校を卒業した。敗戦を挟んで学生生活を送った置塩が、指導教員の勧めもあって取り組んだ対象は、ヒックス『価値と資本』であり、ケインズ『一般理論』であった。両著が青年の知的好奇心を満足させたことは疑いを容れない。だがそれは、「日本の社会全体が——労働者も農民も経営者も——資本主義・社会主義のいずれの体制を選ぶかという問題を、それこそ歯をむき出して問い詰めているような時代」にあって、歴史認識の深まりには繋がらなかったに違いない。この発言に、われわれは「知的パズル」とは異なる理論（マルクスの経済学）への関心を深める動機を見いだすことができるが、しかし、置塩は次のようにも書き記している。

学生時代にマルクス経済学の講義を受けたことは一度もありません。『資本論』は大学時代に一人で読みましたけれども、経済学の分析書としては、当時はそれほど感銘を受けなかったように思います。(5)

卒業後、助手に採用された置塩が独学で手掛けることになるのは、「社会全体の動きが分析できる基礎理論」の追究であった。彼はその参照枠としてマルクスを選び取ったが、しかし、それはいわゆる近代経済学の全棄却を意味しなかった。たとえ、反歴史的イデオロギーに満ちてはいても、「現実を反映し、論理的に整合的」であれば、その理論を学び、採り入れねばならない。これが、置塩の立場を貫いている。その処女作『再生産の理論』の序文を引いてみよう。

人類の歴史のある時代に生じてきた、「雇傭」という出来事はありふれて自明のものであるどころか、奇妙な、まさに科学的分析を必要とするものである。私は、このことに奇妙さを感じるかどうかということが、その人の社会科学者としての最小限の資格を試すものだと考えている。(6)

後年、数理マルクス経済学のパイオニアと称せられる置塩の根源的モチーフが、ここに表れている。それは謂わば、正統派マルクス経済学者としての情念（passion）にほかならない。経済現象には質的・量的の両面があり、量的関連の分析には数学的方法は不可欠である。たとえば、言葉のみで多数市場の相互依存関係は表現しえない。とはいえ、『資本論』の諸命題を数理的に書き改めることだけが、彼の目的ではなかった。むしろ彼は、過度の数理化には慎重でさえあったことは看過しえない。(7)置塩理論と呼称されるまでにその体系化が深化されていたにもかかわらず、ある特定の経済社会、たとえば資本制経済を分析するに当たっての置塩の基本は、単純かつ明快である。それは、事実にもとづいて、以下の七つの課題を理論化する必要性であった。(8)

(1) ある特定の生産関係が定着し、機能し得るためには、どのような歴史的段階に人間社会がなければならないか、そして資本制経済を特徴づける生産関係は何か

(2) その生産関係に規定されて、人々はどのような経済活動をおこなうか
(3) 人々のそのような経済活動の合成結果として、どのような経済現象（交換、貨幣、賃金、利潤、景気循環、失業など）が生ずるか
(4) もろもろの経済現象は、互いにどのような相互関連性をもつのか(9)
(5) これらの経済諸現象は、これらを引き起こす基礎であるこの社会を特徴づける生産関係を維持し、持続させるように、どのように作用するか
(6) その社会で生起する経済現象が人間の自然制御能力をどのように変化させるか
(7) これらの経済諸現象が、この社会を特徴づける生産関係を廃棄し、止揚して、新しい生産関係を生み出す諸条件を醸成するようにどのように作用するか

(1)が特定社会の存立根拠を、(2)〜(5)が社会の再生産のメカニズムを構成し、(6)(7)は他の社会形態に置き換えられるメカニズムを構成しているが、その視線は、要するに、存立の視点、再生産の視点、そして移行の視点という、三面から特定社会を把握かつ分析せねばならないという点に絞られている(10)。

私は経済原論においては、それぞれの固有な社会形態を貫く諸法則を明らかにし、しかる後に、各社会形態での特殊性や、一つの社会形態から他の社会形態に移行すべき法則性を明らかにする必要があるのではないかと考えるようになった。資本主義社会の解明ということに問題を限っても人間社会を貫く一般的法則を明らかにし、これが何故に、そしてどのように特殊的に運行されているか

という観点から、これを理解することによって、その理解を透徹したものにすることができる。(11)

こうした課題に照らして、置塩は「経済学者として何をやったか」を回顧し、それを以下の四点にまとめている。(12) それぞれの中心問題を確認する意味で、列挙しておく。

(a) アダム・スミスの問題——資本制の不安定性

資本制においては、経済は各私人の私的行動の合成結果として営まれる。そこには、社会全体を見渡す計画者はいない。にもかかわらず、諸商品や労働の需給が合致する均衡はなぜ成立するのか。また、均衡が破れたとき、均衡をふたたび回復する諸力が（なぜ）働くのか。

(b) 投下労働量と数学——労働価値論の解明

ある生産物にどれほどの労働が投下されているのかを辿るとき、単線的ではなく複線的構造がある。また歴史的にさかのぼらねばならないという見方もあった。しかし、問題の要点は、現在の生産技術のもとで商品を生産するのにどれだけの（直接および間接）の労働が投下されねばならないかを解明するには数学的手法が不可欠であった。

(c) 社会主義とは何か——所有と決定

ある人があるものを所有していることと、それにかんする決定の所在は同じであり、生産にかんする決定基準が異なれば、生起する経済現象も異なる。所有と決定の問題は、資本主義だけでなく、社会主義を構想するさいにも最重要である。すなわち「広範な社会的分業に基礎をおく大規模な社会において、生産手段の社会的共有に基礎をおく社会主義は可能なのか。社会の全構成員が生産に関する決定に関与することは可能なのか」が課題であった[13]。

(d) 資本制の行方——技術変化と資本制

ある特定社会で引き起こされる経済現象が自然制御能力を変化させてゆく。資本制においても新技術が導入されることをつうじて生産力を高めていった。問題は、その高まりが資本制の再生産を難しくさせる作用をもたないのか、という課題であった。さきの移行の問題である。

きわめて限定的とはいえ、さきの視点から置塩再読を目指す本稿の最後に、置塩自身が措いたこれら四点の達成度を評価することにしよう。

三　対象を切り取るための三つの境界

存立・再生産・移行という三つの視角から人間社会を分析する必要性という置塩の立場の核芯には、〈人間の存続可能性〉があった。資本制経済の分析に必要な経済理論を理論として自立させるには、理論の要請に従って人間社会を部分的に限定せねばならない。切り取るために設定される境界はけっして固定的ではないが、当面、三つの境界が考えられよう。

人類史の始原から今日そして未来の総体を記述対象とする一般理論が成立可能であるという夢想を措

けば、現前の資本制経済がその対象として切り取られねばならないことは、言うまでもない。資本制社会を他の社会と区別するために設定される境界によって排除されるものを、ここでは、理論にとっての「外部Ｉ」と呼ぶとすれば、置塩経済学では、自然制御能力の水準がこの働きを担う。それは資本制経済が存立するための自然制御能力の上限・下限である。

また資本制経済という〈切り取られた内部〉にとどまり、それがシステムとして再生産されるには、たとえば実質賃金率の上限・下限といった、越境不能の境界があり、これを基礎として設けられるものを「外部II」としよう。さらに〈内部〉のワーキングを解析するために単純化という操作が必要である。この操作によって理論の外に追いやられた内容が「外部III」をなしている。こうした、現実の運動・歴史を抽象し、経済理論として自立させるために設けられる境界と外部をイメージとして示せば、図のようになろう。

以下では、こうした〈境界ないし外部〉[14]という観点から、森嶋通夫のいわゆる「マルクスの基本定理Fundamental Marxian Theorem」、蓄積モデル、置塩定理を、実質賃金率が担う役割に注目しながら、採り上げ、置塩理論を読み直してゆくことにする。置塩の設定した経済学の課題に即して言えば、存立・再生産・移行の三つの次元を意識しながらの読み直しになるはずである。

三つの外部

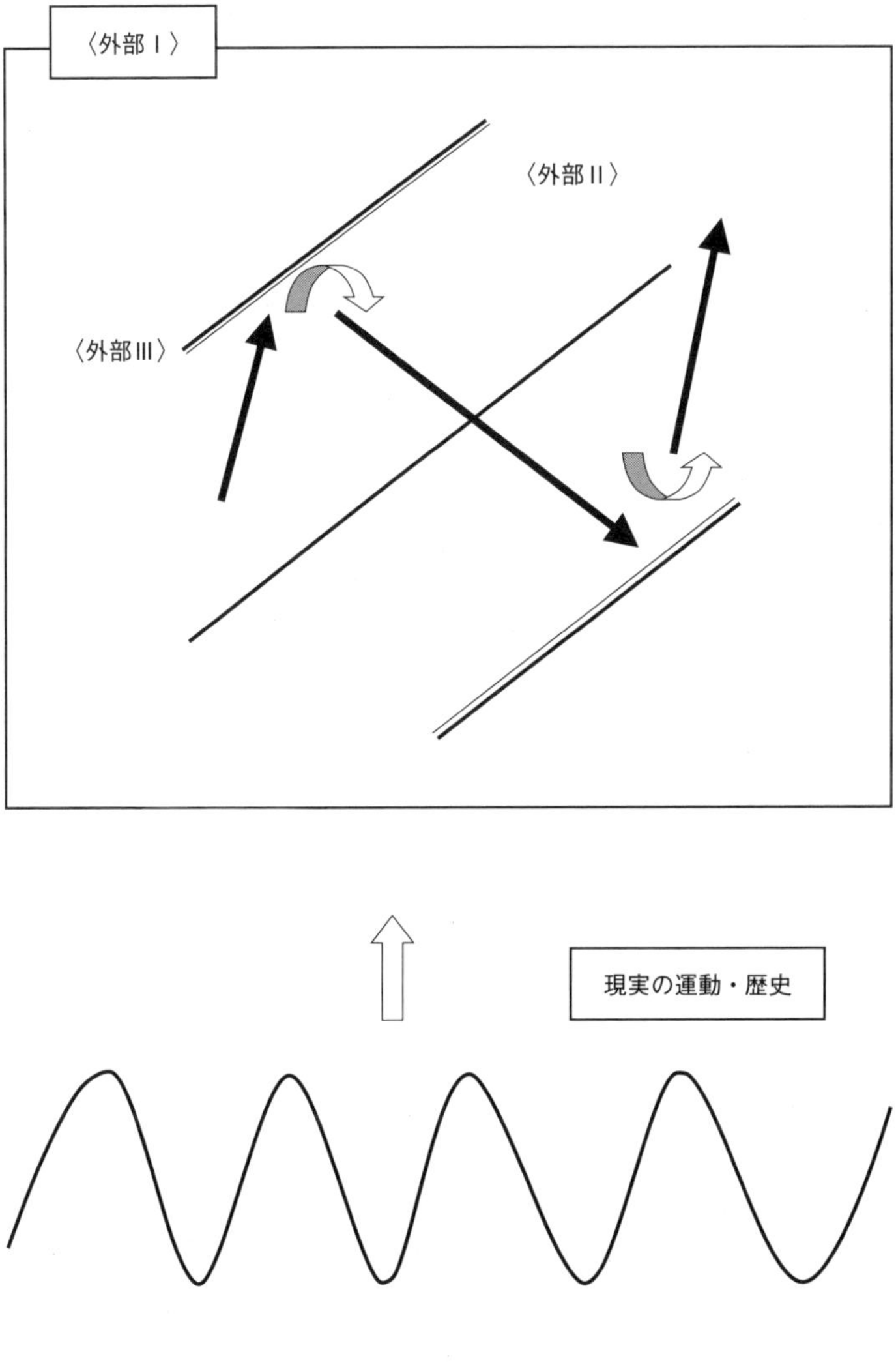

四　労働を担う人びとへの眼差し――マルクスの基本定理

資本制経済についての最小限の規定は、「商品生産が支配的な階級社会」である。利潤が資本家の存続を保証するがゆえに「利潤の源泉〔は〕資本家による労働者の搾取に基づく」という「マルクスの基本定理」は、ここでは最重要な意義を有している。この「基本定理」の読解に先立って、しかし、経済分析の出発点として「なぜ労働が選ばれるか」が確認されねばならない。この点について置塩は、次のように述べている。

特定社会の諸現象を、人間社会を貫く一般的法則にまでたちかえって分析しようとする場合、経済学における基本的測定単位は各種生産物の物量単位と労働時間であることが明らかになる。私は労働価値説の基礎をここに見た。(15)

こうして労働が、経済社会の歴史貫通的解析に当たって、選択された。そのうえで、資本制経済と他の社会との識別点は、労働力を含むあらゆる財の商品化とそれを通じた労働の搾取に、求められた。

利潤を問題にする限り、最小限、商品生産と賃労働の存在を前提しなくてはならないことを知った。

それだから、この二つの事情を捨象しないという限定の下で、できるだけ簡単なモデルを構成して、この問題を考えることにしよう。生産財、消費財はそれぞれ一種類だけであるとし、互いに社会的分業の一環をなしている[16]。

利潤の源泉を剰余労働の存在に求める「マルクスの基本定理」には、しかし、以下の前提が措かれている。

(A_1) 商品生産が支配的――［生産物が貨幣で測られ、したがって価格形態をもつ、生産財価格 P_1、消費財価格 P_2］

(A_2) 労働力の商品化――［労働力の価格、貨幣賃金率 w］

(A_2') 生産手段の不平等な分布ゆえに、「もたざる者」は労働力を売らざるを得ない

(A_3) 歴史・社会・文化に規定され、差し当たりは所与とされる、実質賃金率

$R\left(=\dfrac{w}{P_2}\right)$

(A_4) 生産技術――［生産財、消費財をそれぞれ一単位生産するのに直接間接に必要な生産財の量 $a_1(a_2)$ と直接労働量 $\tau_1(\tau_2)$］

とすれば、生産財と消費財の両部門で利潤が存在するには、連立不等式体系

$$P_1 > a_1P_1 + \tau_1 w$$
$$P_2 > a_2P_1 + \tau_2 w$$
$$w = P_2 R$$

が、正値解（価格、貨幣賃金率が正）をもたねばならない。またそのための条件は、

$1 - a_1 > 0$　［純生産可能条件］
$1 - Rt_2 > 0$　［剰余条件］

である。先の生産技術条件で、生産財、消費財をそれぞれ一単位生産するために直接および間接に必要とされる労働量 t_1, t_2 は、以下の連立方程式から求められる。

$$t_1 = a_1t_1 + \tau_1$$
$$t_2 = a_2t_1 + \tau_2$$

剰余条件は「労働一単位の報酬として得られる消費財（実質賃金率）に投下されている労働量（Rt_2）は、提供する労働（一単位）を下回っている。つまり両部門で利潤が存在するためには、剰余労働が搾取されねばならない。

このモデルは、（A₁）、（A₂）を措くことで資本制経済を前提し、換言すれば、いわゆる資本の原始的蓄積過程は「外部」に押しやり、さらに経済的・社会的な観点から開発・導入される生産技術についても、その過程を「外部」に押しやり、そうすることで「できるだけ簡単なモデル」を構成し、資本主義生産の秘密である搾取に迫ろうとしている。だが、実質賃金率を所与としている限り、モデルとしては完結しない。じつは搾取の存在証明も完結していない。なぜなら、実質賃金率が剰余条件を満たす範囲内にとどまるのかが、未決だからである。置塩は、この点に関わって、次のように記している[17]。

実質賃金率が資本制的再生産のための許容範囲に留まるかどうかの、資本制存立の根本にかかわる問題は、結局、資本蓄積率の循環運動ならびに、それを貫いて実行される傾向運動の問題に帰着する。……私見では、マルクスの搾取論の証明は、資本蓄積過程を扱った『資本論』第一巻第二三章にいたって完結する。

「外部」の視点から「マルクスの基本定理」を読む場合、さらに問われねばならない論点が残っている。搾取の存在それ自体は、特定の場を設定できれば、数学的同値関係の連鎖のなかで論証できる。ところが、搾取論をもって、資本制経済の〈不正義〉を告発し、したがって資本制経済に代わる新たな社会を構想すべきであるという論旨を進めることが可能か否かという論点は、未決のままである[18]。たしかに基本定理は、持たざる者の搾取のうえに資本制経済が成立していることを主張する。だが、そこから進んで不平等な資産分布は、不公正な原始的蓄積過程を通じて形成されたものであり、その不正義は質されねばならないという論理が、果たして貫けるだろうか？

労働者と資本家の取引は一見、双方「平等」な人格が、互いに「自由」な取引を行っているようにみえるけれども、はたして、平等・自由なものであるかということである。ここでも法的な関係が問題なのではなく、事実上の関係が問題である。……資本家と賃金労働者は平等な関係にはない。資本家は生産手段を所有し、かつ消費財のストックをも所有している。他方、賃金労働者は、生産手段を所有せず、消費財のストックももっていない。その結果、賃金労働者は、資本家に自己の労働力を販売せざるをえなくなる。……飢餓の強制が彼にこのことを強制する。(19)

ここで語られる「平等」「自由」は、しかし、深く掘り下げられることがなかった。平等が実質的に保証されていないシステムを、形式的自由・自発的契約にもとづいて経済取引が行なわれている限り、そこには何らの批判されるべき要素は介在していないと理解するのであれば、かかる理解は搾取される存在に対して市場とは異なる権力性を発揮していることになる。あるいはそれを、経済理論のイデオロギー性と表現してもよいだろう。さらに言えば、資本制の不正義を追求するのであれば、より平等な経済システムへの転換が求められる。社会が人間によって構成されるものである以上、転換する主体は人間でしかないが、その変革の主体をどのように形成されるのか、あるいはそもそも形成できるのかという論点もまた、浮上する。だが、かかる場合、経済学と政治学・運動論との境界がどのように引かれるべきかが、問われるほかない。変革主体の形成、あるいは労働者階級の力量に対する置塩の評価は、かなりナイーヴと言わざるをえない[20]。

五　不安定な世界に生きる——置塩モデル

資本制経済における労資対立を語るうえでも、またすでに確認したように、搾取論——「マルクスの基本定理」——を完結させる意味でも、実質賃金率の動きが明らかにされねばならない。そしてそれが、置塩蓄積論の中心課題となっている[21]。

蓄積論の外枠——本稿のいわゆる「外部Ⅰ」——に数え上げられる項目、あるいは資本制経済が存立するための生産力を限界づけるのは、かなりの剰余を生むにたる労働生産性、生産財の役割、協業規模、最低必要資金量、情報処理能力などの諸要素である。だが、これらを暫く措き、蓄積モデルがどのように特定化されているかという観点から整理することにしよう。モデルを分類する際の基準としては、以下を挙げることができる。

（B_1）閉鎖体系／開放体系
（B_2）国家の存在[22]
（B_3）産業部門／一部門／二部門（生産財・消費財）／多部門
（B_4）実物体系と貨幣（金融）体系

（B_5）「閉じた（コンプリートな）」モデル
（B_6）技術変化の内生／外生[23]
（B_7）労働供給の内生／外生

『蓄積論』で展開されるモデルを構成する与件は、（B_1）閉鎖体系、（B_2）国家の存在は明示されない[24]、（B_3）二部門（ときに一部門）、（B_4）実物体系、（B_5）閉じたモデル、（B_6）技術は変化しない、あるいは外生的技術変化（B_7）労働供給は一定率で増加、である[25]。

そのうえで、蓄積過程の分析に当たって、「順調な拡大再生産軌道」「均衡蓄積軌道」「現実の蓄積経路」というほぼ妥当な三つの軌道を想定する。生産物市場の需給一致と生産設備の正常稼働の二条件を満たし続ける経路が「順調な拡大再生産軌道」であり、そのうち持続性をもつ経路が「均衡蓄積軌道」となる。「持続性をもつ」とは、当該経路上を歩み続けても、モデル内部からシステムの存続を危うくする事態が生じないことを指している。具体的には、初期時点には失業が存在するが、その後、労働供給増加率と労働需要増加率が等しい、すなわち失業率が一定という条件を満たす経路となる。

言うまでもないが、現実の蓄積経路が均衡経路に沿って運動する必然性はない。現実の蓄積率が均衡水準を外れれば、つまり不均衡が発生すれば、ふたたび均衡水準に戻る力が働くのではなく、その不均衡は累積してゆく。『蓄積論』の数学付録で分析される一部門モデルでは、経済の振る舞いは、資本蓄積率（g_t）、実質賃金率（R_t）の動きを規定する次の二式に要約される（ただし、δ：設備稼働率、σ：正常資本係数、l：労働係数）。

$$g_{t+1} = g_t + \beta(\delta_t(g_t) - 1)$$

$$R_t = \frac{\delta(g_t)\sigma - g_t}{l\delta(g_t)\sigma}$$

資本蓄積率が均衡値（g^*）から離れると、その乖離の程度は、上方あるいは下方に累積してゆく。〈稼働率の利潤率に関する弾力性が一を下回る〉という条件のもとでは、実質賃金率は資本蓄積率と反対方向の運動を行なう。つまり、資本蓄積率が上昇するときに、実質賃金率は低下してゆく。かりに上の弾力性条件が満たされずに実質賃金率が資本蓄積率と共に上昇していったとしても、設備稼働率はいずれその上限に到達し、その時点以降は、実質賃金率は確実に低下してゆく。[26]

蓄積率、利潤率、労働需要増加率、実質賃金率は、上昇あるいは低下の一方向への運動を続けることになってしまう。不均衡が累積してゆく根拠は、どこにあるか。それは、(1)「資本制経済が商品形態による搾取社会であること」、(2)「労働者が搾取され、労働者の消費需要が制限されていること」、そして(3)「資本家が私的利潤のために生産の諸決定を無政府的に下すこと」にあり、それらは、結局のところ、「資本制の基本的矛盾」に行き着くことになる。[27]

しかし、不可避的に不均衡を累積してしまう社会システムであっても存続してきたという歴史的事実がある以上、それは理論的・整合的に説かれるべき経済学の課題である。

資本制にとっての外的な補完物なしには、資本制における蓄積は不可能とする見解は誤り〔であり」……資本制において蓄積は可能であり、かつおこなわれざるを得ない[28]。

本稿の〈舞台回し役〉である実質賃金率に、ふたたび注目しよう。上方への不均衡累積過程で実質賃金率は低下し続け、最終的には、みずからの生命も維持できないほどの水準に帰着してしまう。人間としての生命が維持できなくなってしまう労働者が労働市場に登場できるはずもなく、搾取にもとづいて存立する資本制経済では、したがって、搾取する対象が無くなれば、経済システムとしての資本制は維持できなくなってしまう。つまり、資本制経済は、そのシステムの内部に、みずからを否定するメカニズムをもっているのである。「外的な補完物の存在」を認めないとすれば、したがって、次のように論理を進める他に術がない。すなわち、資本制経済の存続を前提する限り、上方への不均衡累積過程は何らかの契機によって逆転されねばならない、これである。

先に置塩蓄積モデルを「（B_5）閉じたモデル」と断じた。たしかにモデルそれ自体は、未知数と方程式の数から判断して、閉じている《コンプリート》が、循環しつつ運動する資本制経済を記述するモデルとしては、閉じていない（*in*-complete）のである。したがって、不均衡を累積させてしまうモデルに、資本制の存続を保証するため、システム内部に押し止めるためのさまざまな契機を外部から付加することで初めて、置塩蓄積論は閉じることができるという仕組みのもとにある。この点において、置塩蓄積論はシステム内部から規則的循環運動を生み出すモデル（たとえば、グッドウィン・モデル）とは異なる[29]。形式的な類似性だけから言えば、むしろそれは「玉突き台理論」と呼ばれるヒックスの循環モデル[30]、あるいはハロッドの不安定性原理に近似している[31]。規則的循環という論点は、置塩理論と対比したときの宇野理論の評価にも連なっている。置塩は、宇野理論を「絶えず繰り返されるものとしての資本制の理解のみがあり、資本制を止揚する不可逆的な（irreversible）運動の契機を理論的に追求しない点で、非歴史的である」と見なす[32]。これに対して、伊藤誠は次のように応えている。置塩の指摘は「原理論と呼ばれる領域」に関するものであって、宇野理論は「商品経済を構成する価値の諸形態が、経済原則としての労働生産過程を包摂するところに、労働力の商品化による資本主義の歴史的特質があることを明確にし、その点を基軸に資本主義の歴史的な性格を理論的に明らかにすることをもっとも重要な課題としている」のであって、「非歴史的」という批判はあたらない[33]、と。この論点は、理論の歴史性の問題、置塩蓄積モデルが資本主義の〈いずれの発展段階〉を抽象して構築されているかという論点へも、波及してゆくだろう。

最後に実物体系と金融体系（B_4）に触れておこう。置塩モデルの因果性の方向は生産物市場から労働市場に向かっており、金融市場はこの過程で積極的役割を演じていない。たしかに上への不均衡累積過程を反転させる契機として「資金の枯渇」が挙げられている。しかし主導するのは実物であって貨幣ではない。ここにも置塩と宇野の分岐点がある[34]。

一般的過剰生産は資本蓄積率の低下なしには生じない。それゆえ資本蓄積率の一層の下落をひきおこすほどの利子率の上昇は、資本蓄積率の低下の結果であって、原因ではない[35]。

六　「基本」に還る

資本制経済には利潤の存在が必要不可欠であり、その一時的存在条件が「マルクスの基本定理」で明らかにされ、通時的利潤存在のメカニズムが蓄積モデルで解析された。周期・振幅が一定の閉軌道上を歩む場合は、規則的循環が〈絶えず繰り返される〉。そうでないとすれば、循環運動を通じて生まれる趨勢的変化を俎上に載せなくてはならない。ここでは、利潤率の傾向的低下法則の検討を通じて提示された命題、のちに「置塩定理」と呼ばれるようになった命題を手掛かりに、置塩理論を再読しよう。

マルクスの利潤率の傾向的低下法則を「否定した論者」として、しばしば置塩が採り上げられるが、それは誤解である。低下法則をめぐる置塩の議論は二つある。第一は技術進歩のタイプに関わるものであり、第二がいわゆる「置塩定理」である。

利潤率に関しては、次の関係が成り立つ。

$$r=\frac{M}{C+V}<\frac{V+M}{C}=\frac{N}{C}$$

ここでは、不変資本をC、可変資本をV、剰余価値をMと略記し、Nは「生きた労働」を表しているが、利潤率が循環運動していても、「生きた労働」の「死んだ労働（＝生産手段に対象化された労働）」に対する比（置塩の「生産の有機的構成」の逆数）が低下する限り、利潤率は低下せざるをえない。マルクスは、資本制における技術変化の特質を資本の有機的構成高度化（C／Vの上昇）と捉え、利潤率の傾向的低下を主張した。しかし、利潤率は、資本の有機的構成と剰余価値率（M／V）の二つの規定されており、C／Vの動向だけで平均利潤率の動きは定まらない。置塩はこの点を質しただけであって、傾向法則を否定したわけではない。付言すれば、生産の有機的構成として捉えられる「技術進歩のタイプ」が資本制の長期趨勢に与える影響の大きさを指摘したことになる[36]。

さて、「置塩定理」に移ろう。それは以下を指している。

消費財で測った実質賃金率が一定であることを仮定して、現行の価格と賃金率で測って単位費用を引き下げるような新しい技術が基礎部門に導入されるならば、新しい均衡に達したとき均等利潤率は必ず上昇する。ただし、新技術が非基礎部門（直接にも間接にも賃金財部門に投入関係をもたない部門）に導入される場合には、新しい均等利潤率は変化しない[37]。

このように、置塩定理は、「実質賃金率が一定である」および「価格が再び各部門に均等な利潤率をもたらす新しい均衡に達する」という二つの前提のもとで、論証されている。したがって、それは現行価格で評価したときに生産費用が低下するような新技術が導入される前後で成立する均衡状態の比較、つまり「比較静学」であって、それ以上でも、それ以下でもない。またしたがって、マルクスの利潤率低下法則を見据えて、「定理」を理解しようとするとき、そこには大きな間隙がある。上下運動を繰り返しながら進行する現実の蓄積過程において、利潤率がどのように推移するかを法則は問題にしているのであって、「置塩定理」はそれに答えていないのである。

ヒックスを徹底的に学ぶことから経済学を始めた置塩は、競争をつうじた均衡の成立に関して、一様に収束してゆくイメージで捉えていた。『資本制経済の基礎理論』の基本的アイディアは一九五〇年代に形成されたが、マルクス的枠組みで経済学を構想する立場にあっても、分析手法という点では一般均衡論の影響下にあった。その後、ケインズ、ハロッド、カルドア、さらには新古典派成長論を批判的に検討することをつうじて、みずからの蓄積モデルを構築していった。不均衡累積論を手にしてから、均衡と呼べるような状態は一時的にも実在するものではなく、循環運動をつうじて、いわば、長期・平均的に仮想されるにすぎない。『資本制経済の基礎理論』増訂版の序文で、置塩は次のように述べるにいたる。

第一版の第三章第一節平均利潤率の存在と成立の後段において、資本の各部門への流出入が自由であることを前提すれば、各部門の利潤率は『順調に』均等化することを示した。だが、筆者の現在の考えでは、この部分は正しくないと考えている。資本の流出入が自由であったとしても、各部門への流入自体が新投資需要に影響を与え、それが総需要への効果を通じて、利潤率の不均等をむしろ加速するかも知れない。利潤率の均等化は、不均衡の累積過程→その逆転→逆方向への不均衡の累積過程という景気循環を通じて行われるのである。(38)

「順調に」均等化しないとしても、景気循環を通じて長期・平均的に利潤率の均等化が実現されていると断じても、理論上の無理はなかろう。だが、循環を繰り返しながら行き着く先で、果たして利潤率は均等化するであろうか？「置塩定理」に沿って問題を立てれば、定理論証における二つの前提を外した場合に、果たしてどのような状態が出現するのか、それが問題なのである。晩年に置塩が取り組んだのは、この問題であった。

神戸大学を定年でお辞めになってから逝去される数年前まで続いたおよそ十年間の研究は、資本制経済の競争過程の研究であった。これは、マルクス経済学の視点からすれば、生産価格体系の理論的再検討であるが、別の表現をすれば資本制経済の基本的特徴である私企業の競争が、果たしてマルクスが考えたように、正の利潤率と生産価格をもたらすのかどうかという根本的な問題にかかわっている。また、資本制経済が存続するためには利潤の存在が不可欠であるが、それはどのようなメカニズムによって保証されるのかという問題でもある。(39)

置塩は数編の論文でこの問題を分析している。(40)「ケンブリッジ・ジャーナル」誌に掲載された論文は置塩の最期の作品であるが、そこで得られた結論は、「置塩定理」に否定的であった。それは、次のようなものである――「実質賃金率が資本家間の競争により変化するならば、資本家間競争は、その過程で技術変化が生じなければ、やがてゼロ利潤の状態に帰着する(41)」。

資本制社会が労働者の搾取にもとづくことの論証を課題とする経済学にとって、この結論がもつ意味は大きい。差し当たりは、「外部」から与えられた実質賃金率のもとで、「マルクスの基本定理」が示された。次いで、実質賃金率の運動が「閉じたモデル」で説かれたかに見えた。だが、じつは、ここでもやはり不均衡累積過程を逆転させる諸契機が「外部」から与えられて初めて循環理論として完結するという、その論証構造は変わらない。しかも、それは〈仮綴じ〉にすぎなかった。循環を貫いて成立すると思われる傾向法則の検討を通じて獲得された「置塩定理」は、「実質賃金率一定」という〈外部〉から措かれた前提のもとで初めて論証されるという問題を抱えていたのである。賃金率が労働市場の需給関係に規定されつつ変動することを許容し、労働供給が一定であり、かつ技術進歩が生じないとすれば、「競争によって均等利潤率が正となる生産価格体系に行き着く」という命題は、こうして、否定されてしまう。

たしかに労働供給が増加すれば、正の利潤率は維持される。だがそれは、「外生的」要因でしかない。結局のところ、利潤が正となるためには不断の技術進歩が必要なのである。新技術の開発・導入が資本の存続にとって死活問題であることを結論できたとしても、「内的」に技術の変容を説きえない限り、「置塩理論」も外に開いた穴を抱え込んでいることになるのである。

七　むすび

先の経済学の課題に即して言えば、再生産メカニズム（課題(2)〜(5)）であれば、かろうじて数学的モデル化にもとづいた解析が可能であったとしても、「爛熟・移行」といった過程を数学的形式にのせて描くのは無理であろう。しかし、存立・再生産・移行の三つの視点から特定社会を把握・分析せねばならないという置塩の立場、それは、基本的には、唯物史観に拠って経済社会を分析する立場とも言えるだろう。たとえ数理的方法を用いて、経済現象を定式化し、解析したとしても、置塩はこの立場を維持し続けたそうした意味で生涯マルクス主義経済学者であった。本論では、存立・再生産・移行の三つの次元を、「マルクスの基本定理」、景気循環モデル、置塩定理といった素材と対照させつつ、そして、実質賃金率が担う役割に注目しながら、置塩理論の再読を試みた。

社会を分析対象とする科学（社会科学）の一部を担うだけの経済学が、全体的な社会認識を担保できるわけもない。ひとつの理論体系で、社会のすべて——歴史的過程も含めて——を描ききることは、もともと不可能であり、何人もそんな企てを夢想だにしない。試みるべきことは、他者への〈継ぎ手〉をどのように作るかである。そこに理論がみずからを限定する境界という意識が生まれる。経済モデルを構築する際に措かれる諸前提を反省することの意義が、ここにある。たんに計算が容易になるためという実利的観点ではなく、他者との協力関係を築くことを通じて、より深い社会認識を獲得しようという企図を実現するためにも必要に作業となろう。

存立・再生産・移行を意識しつつ「三つの境界」を設定した。これらも決して、固定的なものではない。経済学は、最初に立てた公理を基礎に、順序立てられ、不可逆的に、単線的に議論が進んでゆくものでもない。循環しながら進行する資本制経済の動態を、資本蓄積率、そして実質賃金率の動きを、境界づけられた世界で描こうとしたが〈内的閉じた形式〉でコンプリートにはならなかった。その意味では必ずしも成功したと言えない。

資本制経済の現実を見れば、新たに技術は生み出され、労働供給量も増加してきた。しかし、それらを置塩理論だけでなく、他の経済理論であっても、〈内部〉に取り込んでコンプリートな体系を構築することには成功していない。たとえば、内生的技術変化の理論、誘発的技術進歩の理論が提示されたこともあったが、すべてを経済学のなかで閉じることはなかった。というよりも、そこに経済学から関連諸科学への〈継ぎ手〉の存在を認めるほかないのではないか。置塩は、経済学者としてなしえた仕事を四つ挙げていた。「(c)社会主義とはなにか——所有と決定」を除いた三つについては、再読を通じて、われわれがみずからの課題として引き受けねばならない内容も、朧げながらつかめたのではないだろうか。

現代は金融化されたグローバル経済であり、その技術的基礎は高度情報技術にある。経済学者として取り組んだ問題として、「資本制の不安定性」「労働価値論の解明」「技術変化と資本制」を挙げた置塩［理論］から引き継ぐべきは何になるのだろうか、あるいは果たして *a la Okishio Theory* はどのような形で生き続けられるのだろうか。われわれには依然として基本的な問い——「市場の不安定性の淵源はどこにあるのだろうか」——が突きつけられている。国境で閉じられた国民経済を超えて、たんにグローブ *Globe* でしか、そしてインターネットという仮想空間でしか、われわれの〈つながり〉を得られなくなっている現在。

マルクスは一九世紀の資本制経済に固有の敵対的性格を強調し、その基本性格にもとづく恐慌理論を展開した。ケインズは一九三〇年代の大不況に直面して、投資需要の重要性を指摘しつつ、資本制経済が自律的体系ではないことを示した。そしてハロッドは投資のナイフの刃的性格を明らかにした。置塩信雄はこうした伝統のなかに位置づけられる。不安定性の基礎にある資本制の基本的矛盾、人間社会の再生産の基礎にある労働、技術の変化なしに存続しえない資本制等々といった理論の要諦は棄却されるべきではないだろう。〈外に開いた穴〉をもつことは理論としての欠落ではなく、それは資本制が、絶えず取り繕わねばならない〈泣き所〉の反映でしかない、とも言える。

現実に破綻したにもかかわらず、多くの人びとは依然として市場メカニズムがスムーズに作動すると考えている。資本制経済が〈資本〉によって組織される社会であるという事実をけっして忘れてはならない。システムのワーキングの中心にあるのはあくまでも資本蓄積なのである。この観点からすれば、現代資本主義が金融化されたとしても、思考の出発点としておくべき理論の候補として、*a la Okishio Theory* は有資格であり続けるだろう。

註

(1) ここでは、新古典派に属さない経済理論として、マルクス派、ポスト・ケインズ派、レギュラシオン派、蓄積の社会的構造（SSA: Social Structure of Accumulation）派、制度派などを念頭に置いている。

(2) たとえば、S・ボウルズやH・ギンティスらとともに、URPE（Union for Radical Political Economics）の創設期からの中心メンバーであったD・ゴードンの述懐を見よ（Arjo Klamer, *Conversations with Economists*, Totawa: Rowman & Allanheld Publishers, 1983）。

(3) 置塩自身の述べるところによれば、出生届は一九二七年一月二日であるが、じつは一九二六年一二月一一日生である。彼は、その謂われを次のように述べている。一二月生まれだと正月には二歳になってしまう。生後一カ月ですぐに二歳になってしまうと、同一年齢の他の子どもに遅れをとるのではないかと心配したのだろう、と。A. Arestis and M. Sawyer, eds., "Nobuo Okishio (born 1926)," in *A Biographical Dictionary of Dissenting Economists*, Aldershot: Edwards Elgar, 1992 参照。

（4） 中谷武「置塩信雄教授の経済学」『国民経済雑誌』第一六二巻第三号、一九九〇年、一一五～三五頁。置塩信雄『経済学と現代の諸問題――置塩信雄のメッセージ』大月書店、二〇〇四年。

（5） 置塩信雄『経済学と現代の諸問題』大月書店、二〇〇四年、一二一頁。

（6） 置塩信雄『再生産の理論』創文社、一九五七年、二頁。

（7） 後年、彼は「数学の利用について、最近、一部にマルクス経済学の命題を、大変込み入った数学で表現し、その細目にのめり込んでいるような仕事が出てきています。この傾向はけっしてよろこばしいとは思っていません。現実の基本的部分を見失わないことが大切だと自戒しています」と書いている（置塩『経済学と現代の諸問題』一二三頁）。

（8） 置塩信雄『現代資本主義と経済学』岩波書店、一九八六年、八～九頁および同『経済学はいま何を考えているか』大月書店、一九九三年、七頁。これらにある七つの課題の関連図もあわせて参照。N. Okishio, "Problems and Methods of Economics," *Kobe Economic and Business Review* 34, 1989 も参照。

（9） この相互関連の「同時的および異時的関係の分析。そのための数学的手法の採用は不可欠である」（置塩『現代資本主義と経済学』八頁）。

（10） これは、表面上の類似性から、水平（Competition, or the horizontal dimension）・垂直（Command, or the vertical dimension）・時間（Change, or the time dimension）からなる三次元アプローチ（A Three-dimensional approach）を想起させる。S. Bowles, R. Edwards and F. Roosevelt, *Understanding Capitalism*, 3rd ed., Oxford: Oxford University Press, 2005 を参照されたい。

（11） 置塩信雄『再生産の理論』創文社、一九五七年、三頁。

（12） 置塩信雄『経済学はいま何を考えているか』大月書店、一九九三年、五～一一頁。

(13) 同前、七頁。
(14) M. Morishima, *Marx's Economics: a dual theory of value and growth*, Cambridge: Cambridge University Press, 1973. なお、置塩信雄『マルクス経済学』筑摩書房、一九七七年も参照。
(15) 置塩『再生産の理論』三頁。
(16) 置塩信雄『蓄積論』第二版、筑摩書房、一九七六年、四三頁。
(17) 同前、八九、五七頁。
(18) 価値決定方程式で、労働に代わって「商品(たとえば、鉄)」をニュメレールに選べば、労働価値とまったく同様に鉄価値を得る。マルクスの基本定理を鉄価値で展開できるのである。これが「一般化された商品搾取定理」であるが、こうした言説に対して、人間社会の存続が経済学の基本問題であるというだけで十分かどうかという論点が残されている。S. Bowles and H. Gintis, "Structure and Practice in the Labor Theory of Value," *Review of Radical Political Economics* 12, 1981, pp. 1–26 参照。
(19) 置塩『蓄積論』第二版、五三頁。
(20) たしかに下方への不均衡累積過程が労働者に失業を強制し、場合によってはその生命の存続すら危うくするが、このことがただちに変革主体の形成につながるものでもない。置塩はこのことを弁えてはいるが、ややもすると主体形成の見通しは楽観的と言えよう。たとえば、置塩『現代資本主義分析の課題』四〇頁を参照。
(21) 置塩『蓄積論』第二版、参照。
(22) 置塩の国家観は伝統的マルクス主義者そのものである。たとえば「国家はイデオロギー装置、法的装置、暴力装置を総括する機関であり、生産関係のために不可欠な上部構造である」と断ずる。置塩『現代資本主義と経済学』一四六頁。『蓄積論』では「現代の国家独占資本主義の分析」は行なわれていない。国家の経済過程への介入が生じてくる根拠を説明するにとどまっている。
(23) 置塩は「資本制のもとで導入される新生産技術は、生産関係とは独立的で中立的な性格をもつものでは決してない」と書いている(置塩信雄・伊藤誠『経済理論と現代資本主義』岩波書店、一九八七年、一七三頁)。

(24) 置塩は「国家は、社会を構成する構成員の一部が他の構成員に強制を加えるための公的な機関である」としたうえで、「(資本制的) 生産関係を維持・再生産するためには、(1)商品交換の安定性を維持すること、(2)貨幣の制度的整備を行うこと、(3)賃労働者を資本の規律に服せしめること、(4)失業した賃労働者の救恤を行うことが必要であり、国家がこれを行う」と書いている (置塩・伊藤『経済理論と現代資本主義』一八八～八九頁)。

(25) 置塩『蓄積論』第二版、三一五～一七頁。

(26) 同前、三一五～三一七頁。なお、数学モデルの展開および異端派のなかでの置塩モデルの位置づけについては以下を参照のこと。Y. Sato, "Okishio's Theory of Accumulation in the Tradition of Heterodox Economics" 法政大学比較経済研究所、Discussion Paper #04E003, 2004.

(27) 置塩『蓄積論』第二版、一九九～二〇〇頁。

(28) 同前、一二八頁。

(29) R. M. Goodwin, "A Growth Cycle," in C. H. Feinstein, ed., *Socialism, Capitalism and Economic Growth: essays presented to Maurice Dobb*, Cambridge: At the University Press, 1967; Y. Sato, "Marx-Goodwin Growth Cycles in a Two-Sector Economy," *Zietschrift für Nationalokonomie* 45, 1985, pp.21-34.

(30) J. R. Hicks, *A Contribution to the Theory of the Trade Cycle*, Oxford: Clarendon Press, 1950.

(31) R. F. Harrod, *Towards a Dynamic Economics*, London: Macmillan, 1948.

(32) 置塩『現代資本主義と経済学』一〇頁。

(33) 置塩信雄・伊藤誠「資本主義認識の射程」『思想』一九八六年四月号。

(34) 生産物市場、労働市場、金融市場の規定関係にもとづくマクロモデルの分類については、たとえば、T. I. Palley, "Conflict, Distribution, and Finance in Alternative Macroeconomic Traditions," *Review of Radical Political Economics* 31 (2), 1999, pp. 102-31 を参照せよ。

(35) 置塩『蓄積論』第二版、二三二頁。さらに同頁では「資本間の相互信用授受は、全般的超過需要状態のなかでは増大してゆく。これらが増大し得なくなり、相互信用授受が崩壊するのは、一般的過剰生産によるものであり、一般的過剰生産は資本蓄積率の低下による」とも記されている。

(36) 単純な場合を想定すれば、生産の有機的構成は資本係数に等しくなる。生産の有機的構成が上昇しない、あるいは一定にとどまるという事態は資本係数が一定と捉えられる。それは経済成長論のなかで「ハロッド中立型」の技術進歩にあたる。荒憲治郎『経済成長論』岩波書店、一九六九年などを参照。

(37) N. Okishio, "Technical changes and the rate of profit," *Kobe University Economic Review* 7, 1961 (M. Kruger and P. Flaschel, eds., *Nobuo Okishio – Essays on Political Economy*, New York: PETERLANG, 1993). 置塩信雄「『利潤率傾向的低下法則』について」同『資本制経済の基礎理論』増訂版、創文社、一九七八年（第一版一九六五年）、一二八～七六頁。

(38) 置塩『資本制経済の基礎理論』増訂版、七頁。

(39) 中谷武「編集にあたって」（置塩信雄『経済学と現代の諸問題――置塩信雄のメッセージ』大月書店、二〇〇四年、iii頁）。

(40) 置塩信雄「利潤と競争の関係――『資本論』第一巻第二三章第一部の検討」『大阪経大論集』第四七巻第四号、一九九六年一一月、同「剰余価値と新技術導入」『経済』一九九七年一〇月号、同「マルクスの利潤率循環」『大阪経大論集』第四七巻第五号、一九九七年一月。

(41) N. Okishio, "Competition and Production Prices," *Cambridge Journal of Economics* 25, 2001, pp. 493–501.

第6章　女の交換・空隙・無限連鎖

足立眞理子

一　「幕引き」はいるのか

交換するものが互いに自分たちの商品を同じ割合でより高価に売りあい、互いに同じ割合でだましあうことによって、利潤がいったいどのようにして発生するのか、ということは理解が困難である(MEW 26: 44)。

マルクスは、この重商主義的「難問」の解決を、資本家相互間、資本家－賃金労働者間の交換のほかに、「なお、買い手から成る第三の階級－神の力 deus ex machine[1]が付け加えられれば解決される」と考えるのがマルサス価値論の要諦であると述べ、マルサス価値論批判の骨子とした。マルクスは、この第三の階級が、G－Wは通過するが、G－W－G′は通過しない階級、すなわち売ること無しに買う階級であること、したがって「買い手ではあっても同時に売り手ではないという者は、消費者であっても同時に生産者ではないもの、——不生産的消費者——でなければならない」として、この問いへのマルサス的解決が、不断に増大する不生産的消費の必要性を説く一方で、生活手段の不足による労働者の貧困に対しては人口抑制を説いたことへ、皮肉をもって、応答している。

マルクスは言う。この第三の階級の年々の支払い手段は、どこから出てくるのであろうか？　マルサスは、土地所有者階級とその随伴者たちの擁護者として、「地代」から、と応えている。資本‐賃労働関係における、賃金労働者側の不断の労働力の価値の切り下げによる貧困の恒常化を前提としたうえで、一方では、奢侈が奢侈として、「地代」による資本の過剰生産の解消の必要＝解決という回答をテーブルの上に差し出す。このマルサスの転倒した回答に対して、そうであればと、マルクスはなおも問う。その「地代」はどこからきたのか。すなわち、そのような不生産階級が消費する地代は、あらかじめどこからきたのか。あたかも資本主義的生産関係の基礎である資本‐賃労働関係とは区別できるような、この剰余の源泉は一体どこからきたのか。この問題は、ひとたび資本主義的生産が開始され、それが社会の全領域を覆いつくしたと想定しうるのであれば、つまり、土地所有の地代を介した脱コード化が完成しうるとみるのであれば、地代とは資本‐賃労働関係を基礎とした剰余価値分配に関する、資本と土地所有の闘い、すなわち、「資本の平均利潤を越える超過分としての地代」という分配的定義が与えられる。[2] そうであれば、源泉は賃金労働者の投下した労働である。

しかしながら、よく見るならば、実のところマルサス的不生産的消費とは、そのようなものではない。あたかも、社会が、二つに、つまり一方には資本‐賃労働と、他方には、つまるところ「主人と下僕の、寄食者、無為徒食ののらくら者からなっている巨大な部分」としての土地所有に分けられているかのようである（MEW 26: 47）。そして、マルサス的にいえば、生産の外部にいる階級の過剰消費こそが、労働者階級の人口増大を抑制しつつ資本の過剰生産を回避する唯一の手段であり、最良の治療法であり、過剰生産の不均衡は享楽的富の過剰消費によって解消されるのだという。

マルクスは余程マルサスが嫌いだったようだ。「アダム・スミスの短所のみ拠り所とした子供じみた空威張り」と断罪する（MEW 26: 48）。マルクスは、この後に、リチャード・ジョーンズからリカードへと続く古典学派地代論を詳細に検討し、リカード地代論の骨格を、基本的には受領する。

しかしながら、マルクスの口を極めた怒りの裏には、何よりもここに、労働価値説に潜む最大の難点、亀裂があることを認識している。しかも、この亀裂は歴史的現実に委ねられるとするのみでは不充分である。なぜなら、ここには、資本主義認識の、したがって経済「学」の、外部の生成とその内部化にかかわる認識論的転回が存在しているからである。

この点をフーコーは、古典主義時代と一九世紀的思考の切断局面があり、この切断局面における変化の経済学的表出を次の三点にみている。すなわち、第一には労働価値説を前提とする均質な生産系列の誕生という認識であり、第二には、必要が欠乏において勘案されるがゆえに生じる、人間の自然的有限性の言説と欲望・必要の主観化であり、第三には、自然の収穫逓減の法則下における生産力の増大と相俟って増大する労働人口に対する、古典派人口理論による定常均衡状態への収斂である。すなわち、切断面にあらわれた三つの認識論的変化は、労働そのものではなく労働の等質性による系列化であり、人間を含む自然の有限性、欲望が過剰ではなく欠如と結びつけられること、そして、〈停止する歴史〉としての均衡と言い換えることができよう。

しかしながら、フーコーのいうスミスとリカードのあいだ、古典派定常均衡論すなわち経済学の閉鎖体系としての成立には、マルサスの倒立した「子供じみた空威張りの古い世界の代弁」が差し挟まれている。その代弁は、何より、重商主義段階から自由主義段階への展開を、共同体からの労働力の暴力的切断としての労働力商品化の析出という、通常の本源的蓄積過程理解によってのみでは処理しきれない「過剰」に対する言訳としてなされているのである。

ここでは、この重商主義的過剰とその処理は、どのように縫合され、収斂する過程としての運動として、経済学の学的閉鎖体系を成立させたのか、この縫合における「失敗」、そしてその「失敗」が再度何をもたらしているのかを、交換、商品－貨幣、資本の生成にかかわる単線的必然性という束縛から切り離し、「異種混淆性の編み込み」という視点から検証していきたいと思う。もちろん検視鏡のみを手に携えて。

二　女たちの交換

交　換

私たちの知っている社会、私たちのものである文化は、女の交換を基盤に成立している。(3)

女、記号、商品、貨幣は、常に、ある男から別の男へ回る。(4)

しかし、もし、《商品》が《市場》へ行くことを拒否したら？　自分たちの間で、《他の》取引を行ったら？(5)

女は女と交易 trade されているのか、あるいは等価物が存在しているのか。(6)

リュス・イリガライは〈女－商品－交換－市場〉に繋留されたまま抵抗している。それにたいしてゲイル・ルービンは、簡潔に、婚姻システムが女性を交換（exchange）しているのかどうかという問題以外に、他の問題が存在し、それは性の政治経済学においては異なる課題を指し示している、とあらかじめ答えた。(7)

だがルービンは、それ以降、バトラーのインタヴューへの応答から知れるように、一九七〇年代後半の時代的要請によっても必要とされた関心へ移行したようにみえる。(8)そうであれば、ここで開示された問題系は、今日においても依然としてそのまま取り残されていると言わねばならない。

それは、フェミニズム理論における問題系である、女性たちの交換（exchange of women）として示唆される共同体と共同体の間《はざま》に発生する市場における商品交換（exchange）と、交易（trade/traffic）、不正取引（trafficking）といった語法において〈暗示される〉、〝家父長制〟共同体間取引の様式とのあいだにみられる、ある種の長きにわたる混融として、顕在化している。

これは、イリガライにおける、決定的な錯認、すなわち、女を母、娘、娼婦の三位一体として把握することの過ちでもある。ルービンは次のように記す。

ラカンは、家族間そして家族内で交換される象徴的な対象としてのファルスについて語っている。こうした観察を未開における婚姻取引（transaction）と交換（exchange）のネットワークという観点から考えてみることは興味深い。これらの取引では、女たちの交換は、普通は交換の多くの流通－循環のうちのひとつである。一般的には女たちと同様、流通－循環する他の対象が存在している。……ある意味でエディプス・コンプレックスとは、家族内の交換におけるファルスの流通－循環に与えられた表現であり、家族間の交換における女たちの流通－循環の反転である。

ここでルービンは「ファルスが性的分割以上のものである」ことを認めてはいるが、それを「男性へのある種の権力付与」へと着床させてしまう。(9) それは、ルービンにあっては、婚姻取引（transaction）と「女性の交換 exchange」と呼ばれていることにおける言語の意味作用がもつ多義性、とりわけ流通浸透視角においては明確な、市場交換（exchange）と共同体間取引（transaction）との論理的切断が、ルービンもまた分節化できていないことを端的に表している。実のところ、ルービンはイリガライと同様の錯認に、いわば反対側から陥っているのであり、「流通－循環」と呼ぶことで、いっそう、市場交換と「婚姻取引」との、市場における／対する関係の決定的な違いを見落としている。すなわち市場交換とは貨幣の買いの権力の下にあって、債権債務の繋がりにおいて最終的には支払い手段としての貨幣が登場することにより終止符の打たれる（打たれないならば、恐慌へと転ずる）一連の関係の連鎖であるのに対して、婚姻取引とは、それがどれ程空間的・時間的隔たりがあると感じられる場合であっても、それは、呼び覚まされた対抗贈与の一連の連なりである互酬となること、したがってこの連鎖は「醒めるまで終わることを知らない」という点を見落としているのである。(10)

同時に、通常の経済理論における問題系である、交換過程における所有〈している「主体」〉とその〈顚倒〉の挟み込みと、商品－貨幣生成のメカニズムである価値形態論の展開における商品所有者間の交換として認識されている系列とは、問題の位相自体が異なる。すなわち、共同体間の非市場交換である「交易――時間を含む互酬あるいは『対抗贈与』の連鎖」のもつ政治経済的意味と市場交換は、その起源において異なっているのである。

この両者の混融は、フェミニズム理論が、資本主義市場経済を、現在においてもなお、親族システムによるセクシュアリティの統治におけるファルスの位置が婚姻システムと言語＝交換のネットワークを〝繋ぎ止めている〟と見なすレヴィ＝ストロース・フロイト／ラカンの位相において理解している、ことを意味している。そして、このことは、フェミニズムによる資本主義市場経済の理解が、一九八〇年代にあっては一国主義的「家父長制資本主義」へ固化し、資本主義的な社会再生産を前提とする、すなわち、構造的再生産を自明の再生産可能性の層においてのみ把握していることを示唆している。つまりフェミニズムの資本主義理解には恐慌論が欠落するのである。

これは資本主義を閉鎖体系として、閉じられた円環構造として、捉えることにほかならず、たとえそれを批判する身振りを示したとしても、すなわち九〇年代以降から今日のグローバル資本主義、資本主義世界システムにおける中心－（半）周辺構造の変動といった開放系の資本主義分析にその場を移行させたとしてもまだ、あくまで資本の本来的／本源的蓄積過程の二重性を現状分析のダイナミズムにおいて、つまり現状分析の局面で把握しているにすぎない。つまり、フェミニズムは、その振る舞いとは裏腹に、いまもなお、商品－貨幣－資本生成に関する資本主義把握においては、閉じられた系としてのファルス中心主義的な資本主義認識、あえていえば循環－均衡を遡及的に仮説する純粋資本主義（論）に拘留されている。このことは、フェミニズムが、根源的には今もなお、資本主義批判の思想として生成しきっていないことを意味すると私には思われる。

そうであれば、フェミニズムはこの円環を描く閉鎖体系としての資本主義認識、純粋資本主義（論）のもつ開口部はどこにあるのか、それはいかにして封鎖され、またそれゆえいかにして構造の再生産の不可能性が自明性へと置き換えられたのか、それを問わねばならないであろう。それは、〝母－娘〟の家父長制共同体における抑圧――ここでは、女の不在は自明である――とは、異なる系列にある〝娼婦＝ヘレイラ〟たちの系列、すなわち、資本の欲望における「女の非在」を問うことである。

ルービンは、したがって、このような混融にたいして、「（商品たちが）自分たちのあいだで行なう《他の取引》」は、性の政治経済学における《他の課題》」だとして、水路を塞がずに放置したとも言えるであろう。そして重要なのは、「女たちの交換（exchange of women）という概念によって曖昧にされているセックス／ジェンダーシステムを分析するための経済学と政治学」に関わる問題であると述べ(11)――つまりルービンにおける問題はあくまで家父長制共同体内・間システムである――いわば「市場交換における女」という、イリガライの最大の問いの、かがり縫いをしたともいえるであろう。

商品－貨幣

それゆえに、再度、イリガライの問いはその深部から捲り返されなければならず、商品－貨幣－資本の生成過程すなわち価値形態論における欲望と所有にその舞台を設置しなおさなければならないのである。それは、「商品たちが市場へ行くことを拒否し、商品たちのあいだの《他の》交換＝交歓」が可能となるための、性的交換の分析でもある[12]。

第一に、イリガライにおける、交換過程論への直裁な記述における、商品所有者間すなわち（男から別の男）へと交換される商品（女）という前提を棄却し、商品そのものを規定することから始めねばならない。財と商品を区別しうる唯一のもの、それは所有する者にとって、財はみずからの欲望の対象にもなる有用性をもつが、商品は、みずからの欲望においては無関心な、みずからには有用ではない、ただ他者にとってのみ有用性をもつもの、すなわち「他者のための使用価値をもつもの」と定義できる。したがって、ここでは、この商品は、偶然の取得、盗掘・盗奪であっても一向に構わないのであって、労働生産物である必要はない[13]。すなわち、流通論における、欲望と所有において規定されるのであって、労働－生産論の位相とは区別される[14]。

付加するが、この意味は、マルクス主義フェミニズムの問題系である、資本主義市場経済における産業資本成立以降の労働力商品化の無理の裏側に設置される「不払労働 unpaid labor を含む女性労働」の位相、――これが労働と階級へのジェンダー分析の主要課題をなすのであるが――とも厳密に理論的局面が異なることを明記しておこう。

つまり、イリガライの問いを引き受けられる舞台の設定には、女を〝母－娘〟に置換するいかなる家父長制的強制‐同意も効かない「市場」、その意味で、いかなる出自かが判明不能な「移動する女たち」を措定する必要がある。[15] この挟み込みは、スピヴァクが『ネイティブ・インフォーマント』としての社会化された女性がテクストに嵌入 invaginate してくる」と述べると同時に、[16]「選択せずに役割を演じるという行為遂行体としての〈agency〉という語のもつもっとも強い意味である、集合的な彼女たちの歴史をつくる」ことに対応している。したがって、この位相においては、一方でイリガライの問いにすでに仕込まれている、フロイト的フェティシズムの混入——商品所有者が商品を所有するものとして措定されるにあたっての性的差異の密輸入——をはずすとともに、もしこのような、重商主義的な市場、共同体と共同体の果ての果て、「市場」という外側に出ていること、「逢わい」としての市場における他者との交換がつねに開かれているとすれば、女たちはつねにみずからがその身体を商品として領有‐所有する商品交換者（ここでの所有者は「主体」である必要はない）として、交換の自由を行使するために市場に出かけるということなのである。ここには、再度「顚倒」の問題が残るとはいえ、それは、すでに、「母の去勢」の否認‐再認の物語ではなく、「〝母‐娘〟の去勢の失敗」として記録されている。

そこに暴力と恐怖と恫喝があろうとも、何ら問題はない。イリガライの設定にある女が所有される商品である仮説の必要などない。女はすでにつねに領有‐所有しているし、交換可能性に開かれている。他者にとっての使用価値を持つ商品体の所有者として。その意味で、〝母‐娘〟とは、共同体内に権力＝暴力によって押し込められているもの、家内に囚われているもの、遁走・移動において「不自由」であるものの意である。[17]

イリガライの誤認は、この市場交換の規定のなかに、あらかじめ、共同体間の財の交易関係としての

「母－娘」を「娼婦＝ヘレイラ」との三位一体の分離不能性において見たこと、つまり、財の位置と、商品所有者の位置を「取り違え」として再認したことである。〃母－娘〃は家父長制共同体内財として互酬的共同体間交易の対象の別称であるが、〃ヘレイラ〃は厳密に共同体の外、市場での移動し続ける商品領有＝所有者である。このことの意味は、今でもしばしば間違われる、〃ヘレイラ〃が労働者であるという誤解との切断線でもある[18]。これはクロソウスキーを悩ませたニーチェの誤解でもある[19]。

さて、それでは〃ヘレイラ〃は何を売るのか。この市場交換は何を売って何が買われるのか？

もちろん、みずからが所有する他者のための使用価値である。身体そのものが商品なのではない。それは単に縁取りにすぎない。みずからを所有するものは、みずからを売ることはできない。代金の受け取り手が居なくなってしまう[20]。それでは何を。何を商品として所有しているのか。

この市場交換の、一般商品（非物質的サーヴィス労働を含む）の交換から区別しうる特異点があるとするならば、それは、何も売らないで買わせる、その一手にある。それは決して詐欺瞞着ではない[21]。商品交換の、つまり商売上の秘密＝技芸《アート》である。技芸《アート》そのものはサーヴィス労働ではない。つまり非物質的労働あるいは非労働と誤解してはならない。技芸《アート》は商品における使用価値である。もっとも技芸《アート》の技が拙ければ労働に転じる。労働を行なってサーヴィス効果という使用価値によって交換価値＝代金を得る、通常のサーヴィス取引となる。この際《きわ》は曖昧である。

この市場交換が特異なのは、G－Wがあって、W－Gがないものと、W－GがあってG－Wがないものとの取引に開かれているという点である。ここには、前述した「過剰の消費G－W」と呼ばれているものの隠蔽された水路W－Gがある。すなわち、不生産的消費＝購買の反対側には同時に非生産的販売があるが、この販売は何も買わずに何回でも売れるのであり、原理的には過剰をすべて吸収することもありうる。この水路W－Gは塞ぐこと、外界に流出することを妨げることはできない。移動する女たちは、移動先の内側で生きなければならない謂れは無い。まさに嵌入するのみである。ここに流出・堆積される貨幣Gは、皆がよく知っている床下の壺に溜め込まれる、金貨幣への無限欲求に突き動かされた、貨幣蓄蔵－準備金－資金として、やがて来る貨幣の資本へ転化に向けて用意された「吝嗇による蓄蔵貨幣」ではない。吝嗇とは正反対の極・悦楽においてこそ、このGは流出・滞積されてゆく。

退蔵貨幣と奢侈

マルクスは、第一篇「商品と貨幣」第三節「貨幣」のなかの「蓄蔵貨幣」において、かの有名なシェークスピアからの引用を挿む。

黄金？　黄色い、ギラギラする、貴重な黄金じゃないか？　こいつがこれくらいありゃ、黒も白に、醜も美に、邪悪も正に、賤も貴に……変えることができる。……やい、うぬ、罰当たりの土塊め。どの人間をも魅惑して、諸国の無頼漢どもの争闘種を蒔く淫売め。（K I: 147）

この「詐欺師まがいの不埒な女たち」の手に渡った貨幣Gをいま、ここでは、未来のための合理的準備金となる蓄蔵貨幣とは区別して、流出・流入・滞積さえ不確かな貨幣として「退蔵貨幣」と呼んでおく。まさに貨幣は、それ自身が商品であり、どんなものの私有財産ともなることができる、共同体の掟には属さない、外的なものである。

シェークスピアに続いてマルクスは、ソフォクレス『アンティゴネー』を引用する。それは、葬送を禁じたはずのポリュネイケスの遺体に埋蔵を施された跡がありそれを知らせにきた番人に向かって、クレオンが怒りに充ちていう次の台詞である[22]。

まったく世の決まりとなったものに、黄金ほど人間にとって禍いなしろものはない。国は攻め立てられ、男どもは家から追い立てられる。また往々にしてまともな心をまよわせ、恥ずべき所行へと向かわせる。それは人々に奸智にたけたあつかましさを、いかなる悪行にも恥じない不敬な業を教え込むのだ。(K I: 147)

貴金属は、直接に他の商品と交換される。ここでは売りは買いなくしておこなわれる。そしてその後の売りは、これに続く買いがない場合には、単に貴金属は、すべての商品所有者の間に、さらに分配されるのを媒介するだけになる。このようにして交易のすべての点に、種々の規模をもった金と銀の退蔵が成立する。(K I: 145)

この水路をここでは、退蔵貨幣への引込路と名づけよう。「市場における女の交換」は、イリガライ的な、そして頑強にそう思い込まれている、一般商品交換における単純商品の位相にはない。「女の交換」とは、一般商品の位置に置かれているように見えつつ、金属貨幣が貨幣へと生成する一歩手前、なお金属貨幣がそれ自体で使用価値としてありつつも、貨幣という取引の迂回が直接取引を結果してしまうがゆえに、奇妙な「売りがあって買いの無い」交換の特殊な位置に置かれている。このことは、貨幣それ自体の生成においても、なお、金属貨幣にまとわりつく貨幣それ自体の使用価値という奇妙な孔が開いていることを意味している。

それゆえ、まさにこの場において、資本主義生成にかかわる「過剰」に関する開口部がその口を空けているのである。

これは、資本主義生成における過剰＝奢侈の外への抜け道であり、かのゾンバルトを悩ませた孔である。ゾンバルトは問う。それではどうやってこの流出＝孔を塞ぐのか。それよりどうやって、不埒な女たちから取り戻すのか。これがゾンバルトにおける過剰＝奢侈からの資本主義生成を首尾よく理解するための隠された命題であった。ゾンバルトは、当時横行したと彼自身が思い込んでいる「マルクス以来の不幸な観念」である「資本主義は地理的な販売網の拡大、とりわけ十六世紀における植民地の開発によってうながされた」という説への反証として、マンデヴィル、デフォーを引き合いに出しつつ「奢侈（＝過剰）はたしかに害悪であり、罪であるけれども、産業を促進することによって全体には利益をもたらすものである」という回答を用意する。(23)

奢侈は近代資本主義の発生を、各種各様の面でうながした。たとえば奢侈は封建的な富を市民的富（負債）に移行させるうえに、本質的な役割をはたした。それとともに……奢侈の市場形成力を考慮に入れなくてはならない。(24)

しかし、ゾンバルトは実に重要な点をわざと忘れている。ゾンバルトにおける市場形成力とは、国民経済を単位とする内的資本蓄積への還流‐循環においてのみ言いうることである。彼の「高等娼婦」も「宮廷恋愛」も「愛妾が支配する経済」も、それがただ「国民経済の範囲において市場形成力をもつ」限りのことである。女たちが、いわば拡大された共同体の内部で過剰消費するのであれば構わない。それは市民的富への移行を促すから、というわけである。つまり、ゾンバルトにおける「高等娼婦」は、実のところなお、共同体にとどまる〝母‐娘〟たちが「別の食い扶持」をあてがわれたにすぎない。このゾンバルトの「回答」、そして、当時の重商主義者たちからアダム・スミスの「片身」に至るまでは、重商主義的過剰を必要悪として、それをいかに合理的産業資本主義の生成へと還流‐蓄積させるかが課題だったといえる。つまり、ゾンバルトの隠された回答は、女たちを再度、近代市民的家内性の内側に囲い込み〝母‐娘〟の節度ある「贅沢」へと馴致しなおすことによってしか解決することはできないとしたのである。そして、ここでは、イリガライの「女の交換」の命題における、〝ヘレイラ〟へ渡ってしまったかもしれないものは、棒引き（帳簿から削除）されると共に先送りにされ、「外国貿易の利益」が改めて議論されるに至ったのである。すなわち、遺漏の縫合は失敗しており、しかも「失敗したこと」そのものにも「失敗している」。いうまでもなく、これが今もなおその変奏曲はさまざまあるが、古典派経済学以来の「国民経済」の学としての経済学の成立と、国民国家間貿易理論としての国際経済学、すなわち「過剰の処理論」と比較生産費説の誕生を意味している。

「余分なこと」ではあるが、近代における「資本の欲望」の非在の対象、むしろ欲動そのものを突き動かす「表象としてのモダン・ガール」は、つねにどこか異国趣味を漂わせ、忘れたはずの古い記憶を喚起させる。[25] 念のために付け加えるが、これは「母」ではない。これは「名付けられぬヘレイラである」。ここには、当時の歴史において、国民経済学はいうに及ばずコミンテルン、正統派マルクス主義のすべてから敵視された、ローザ・ルクセンブルグへの根強い批判として甦る「すべての謎＝空隙」が込められている。ちなみに、歴史的現実は、「東洋」に阿片を売ることによって感染させて治癒＝取り戻し、然るべき「植民地政策」と呼んできたのである。ローザの声は今も木霊している。[26]

三　金貨幣とファルス

使用価値の抹消

重商主義的市場と退蔵貨幣の水路が明かされる、まさにこの地平で、イリガライの問いは、もうひとつの旋律――イリガライ的には、ファルスが個々の女を尺度することが混融すること――をファルセットで奏ではじめる。

すなわち、買いの権力が、したがって貨幣の権力が、排除され象徴化された第三項となるためには――それゆえイリガライの「ファルスによる女たちの尺度」が可能となるのであるが――それ以前の抹消、「貨幣の身体の抹消」を必要としているという問題である。

すなわち、イリガライにおける「女の交換」をめぐる問いへの応答とは、イリガライの想定したように、女が、男に所有される一般商品の位置にあるのではなく、女が、抹消されるものとしての貨幣の身体、すなわち貨幣体の位置にあることを、捲り返して凝視することである。また、それゆえ、貨幣の身体の抹消が、価値－商品－貨幣－資本の生成における、女の非在を問うフェミニズムの決定的な閾をなすことを知らしめている。このことを通して初めて、資本はG－G′という自己増殖する価値の運動体、すなわち父－息子の無媒介的・自己同一的増殖過程（父による息子の出産）として、その最高度のファルス中心主義的姿態転換が可能であるという仮構をみずからに対して与えるのである。

スピヴァクは、ジャン＝ジョセフ・グーの貨幣論を引用しつつ、次のように述べた。

> グーの貨幣論は、商品－貨幣形態の単線的発生の経路と性器的セクシュアリティの出現におけるフロイト的説明に異種同型的な類比関係が存在することを強調し、そのうえで一般的等価形態にある商品が他のすべての商品から等価として排除される経路（いわゆる第三項排除――筆者）を、ラカンの超越的シニフィアンとしてのファルスの出現との異種同型的な類比関係として、了解している(27)。グーは「金とファルスの規範的至高性への到達を握るのは、同一の発生論的過程であり、非連続的かつ進化的な構造化への同一の原理である。金が生産物の普遍的等価物であるように、ファルスは主体の普遍的等価物である」と述べるが(28)、金とファルスという観点からグーが打ち立てたマルクスとラカンとの関係性は、鏡像現象としての交換というグーの読解に基礎をおくものであり、したがって、ラカンの鏡像段階に《価値》の起源を把握するものである(29)。

スピヴァクは、グーの異種同型的な類似性、とりわけ金・貨幣とファルスとの異種同型的な類似性の強調にたいして、中心化された記号－編成のそれぞれに、単旋律的な一般的類似性がみられるのは疑う余地がないにせよ、このように示される編成にあっては、記号－編成それ自体を異種混交的で非連続なものにしてしまう力の領域が排除されている、と批判する。またこのような捉え方は、自我／ファルスと貨幣の間における、類似性ではなく、属性的かつ補完的・支持的な関係を排除するとしたうえで、続けて「たとえば、貨幣－形態と、ファルスの弁証法における自我－形態が、相互に支持しつつ、主体にたいして階級－ジェンダー・アイデンティティを賦与するような領域」の存在を指し示している[30]。

スピヴァクによるグー批判の要諦は、逆説的に言えば、異種混交的で非連続な力の領域の排除に言及していながら、しかし同時に、金・貨幣とファルスが異種同型的な類似性を保持する領域で構築されることを暗黙に承認していることにあるだろう。彼女は、このような領域の構築可能性をみすえながら、使用－価値のみが、価値－決定システムの外部と内部にまたがることによって、価値の発生論的連鎖全体を疑問に付するものであると主張するのである[31]。そのうえでスピヴァクは、マルクス『要綱』から、交換－価値は使用－価値の過剰分あるいは寄食者であることを指摘する次の一文を引用する。

交換の性格は、まだ全体としての生産を支配する力をもたず、その過剰分にだけ関わりをもつ。それゆえ、（交換は）それ自体が多かれ少なかれ過剰なものであり……満足や享楽の領域が偶発的に拡張されたものである。……したがってそれは数少ない地点でのみ生起する（元来は自然発生的な共同体間の境界線における、部外者との接触において生起した[32]）。

ここでのスピヴァクが交換を流通浸透視角において捉えていることは明らかである。そこには、イリガライの誤解とは無縁の、価値／交換／資本の理解が存在している。

だからこそこの地点に、スピヴァクは部分と全体の《顚倒》を見いだすのである。すなわち、寄食者としての交換‐価値は、全体を表現したものとして、したがって、主人として、使用‐価値にたいして規範的な内部の位置を与えると同時に、「価値」が定義されるために、控除されるべきものとして、使用価値を抹消するのである[33]。

しかも、スピヴァクのここでの読解＝批判における射程が、同時に、二つの方向に向けられていることは喚起されるべきであろう。すなわち、第一の方向は、単線的かつ労働‐価値‐交換の位相にある、価値実体論的、連続的発生論（スピヴァクによるいわゆる主流派）に向けられた批判であり、ここにおいて、リカード的定常均衡論に至る古典学派的実体論を払拭している。同時に他方では、グーにみられる類似性の強調による単旋律的である生成論にたいする批判として準備されている、異種混交性による力動の折り込みである。スピヴァクはグー批判として、ここでの使用価値の越境性の指摘によって、いわば、その力そのものを顕示化するのである[34]。

しかしながら、この戦略は、グーの貨幣論における金・貨幣／ファルスの類似性をその直裁な対象として措いたものでなく、いわば、使用価値の越境性を突きつけることで、グーの幹を根本から薙ぎ倒しているようにみえる。いうなれば、スピヴァクは、金・貨幣／ファルスの類似性とそれ自体がもつ不安定性そのものについて言及しているのではない。

むしろスピヴァクは、グーの貨幣・ファルスの異種同型的な類似性論を単旋律的なものとして批判し、そこに使用‐価値の越境性を挟み込むことで、すなわち、非連続を顕在化させることによって、根元から薙ぎ倒してしまおうとしているのである[35]。「女の交換」に対する根源的批判、そして《他なる》交換＝

交歓への開口部を、価値－形態の発生史的局面において見いだすためには、交換過程における《顚倒》をフェミニストの言述に編み込まなければならない。そして、この編み込みが、スピヴァクにおける「異種混交性」にほかならないが、このことは、それじたいとして、単旋律的発生論にたいして、非連続な輻輳する旋律をもつ異種混交的資本生成論の覚醒を目指すものであることは言をまたない(36)。

貨幣という形態の危うさ

しかし、ここでの「女の交換」の文脈における、商品－貨幣－資本生成のかかる茎路にあって、フェミニスト的読解において換骨奪胎しつつ吊り上げることを試みるのであれば、使用価値の越境性という、拡大された価値形態の地平においては決定的に不十分である。スピヴァクにあっては、貨幣形態は、それが金属貨幣という危うい位置にあるものかどうかに関わりなく、一般的等価形態生成過程としての第三項排除それ自体を、単旋律的であると批判しているのであり、それゆえ、茎をかえりみることなく根扱ぎするのである。たしかに使用価値の多義性においては、女はファルスによって繰り返し尺度されることはない。実のところ、ファルスの不安定性などどうでもよいというわけである。

だがそれは、なお、イリガライの誤読、すなわち一般商品交換のレヴェルでの「女の交換」の読解をスピヴァクもまた継承し、したがってその異なる経路を探っているのであろうと私にはみえる。しかし「女の交換」という問いによって導かれた、交換の特異な位相は、前述した、形式が形式として排除されるための繋留点であり、いわば仮構された「本質」であるところの「身体」が登場する、すなわち、「価値」の形態がそれ自体《姿態》であるところの結節点である。それゆえ、この結節点において、貨幣は一般的等価物をこえうるものとして生成し、「統一とその持続性」とされるファルスの「安定性」を、その身体において担保しうるのである。したがって、「女の交換」における最大の問題は、交換価値生成における使用価値の控除－抹消においてではなく、むしろ、一般的等価形態としての貨幣として生成するに当たっての、貨幣の身体の控除－抹消、その不可能性なのである[37]。

スピヴァクは、この亀裂、すなわち、重商主義から自由主義への移行における女の位置が、いかに重要であるかについて充分理解している。と同時に、この亀裂を、貨幣と貨幣資本の相同性にみるという過ちをおかしている[38]。

①貨幣資本の循環について論じている章は、貨幣と貨幣資本とは同一のものではないという事実を終始一貫して強調している。しかし、両者はともに貨幣形態という形態を取っているものだから、ブルジョワ経済学者がこの事実を隠蔽し、産業資本を貨幣の神秘的な再生産以外のなにものでもないかのように描き出すのは、容易なことなのだ。

②しかしながら、植民地においては「価値の全体的または拡大された形態」がなおも機能しているからである、と示唆するのを可能にしてくれる。

③ばらばらで相互に不連続な価値表現の……諸連鎖……〔あるいは〕無限の列でもって構成されたこの形態は、価値形態という表現の経済的以外の現われ方を分析使用とするうえで、とりわけ示唆に富んでいる。

④貨幣形態という形をとった価値が全体的または拡大された形態においてひそかに機能しているこ

の空間において私たちのネイティブ・インフォーマントの視点を描き出すためには、わたしたちは価値の諸形態の更新を歴史的な進化の道筋から解きほどいてやらなければならない。

⑤そのときには、「アジア的生産様式」という便利な名称をあたえられた異種混淆的で不均等な社会的な編成物は、アミンの帝国的形成体という解読格子をつかって解読してみるならば、一般的価値形態と全体的または拡大された価値形態のあいだの類似する対立が個別的に差異化された場所であるというように見ることができる。

すなわち、スピヴァクにおいては、問題は貨幣という形をとってはいるが、なお一般的等価形態としての貨幣形態が生成する一歩手前、全体的または拡大された価値形態のもつ差異化されているが非統一な体系において、源泉を貢納におくアジア的生産様式を措定することにより、開こうとしているのである。

しかしながら、私には、この戦略は、究極において、イリガライの「女の交換」に応えているのではなく、むしろ、ルービンの問題意識に添った回答を与えているかのようにみえる。それは、スピヴァクにおける唯一つの過ち、すなわち、貨幣と貨幣資本の相同性に、その根源を見いだそうとしているためである。その理由を論じていこう。細かくはなるが、「女の交換」に関わる岐路《クライシス》である。

スピヴァクの貨幣資本概念は実のところ概念化されてはいない。この貨幣資本概念を、とりあえず、スピヴァクのテクストから精密に読解するのであれば、スピヴァクの言う「貨幣資本の循環について論じている章」とは、『資本論』第三巻第五篇以降の利子生み資本と信用制度を経た第三〇章「貨幣資本と現実資本」における貨幣資本に関する記述を指すと考えられる（引用①）。ここでスピヴァクは興味深い注記を加える。デリダが「今でも貨幣と貨幣資本は同一のものではないという見解にしがみついている」と非難し、アリストテレスのおける貨殖論とプラトンの題材を経済的論述であるとみているデリダが、なぜ相変わらず、貨幣と貨幣資本の概念的区別にしがみついているのかと批判している。つまり、ここで貨幣論と貨幣資本の間に、あらかじめ論理的階梯上の差異はないという前提にたっているのである。

そして、直後に価値形態論における「全体的な、または展開された価値形態の欠陥」における「この連鎖はばらばらな雑多な価値表現の多彩な寄木細工である。……この展開された形態で表現されるならば、……無限の価値表現列である」（引用③）を引用し（K I: 78）、ここから「貨幣形態という形をとった価値が全体的または拡大された形態においてひそかに機能しているこの空間」で「私たちのネイティブ・インフォーマントの視点を描き出す」（引用④）とするのである。もちろん、まさにこのばらばらな記述から読み取れる問題は、そして最大の課題は「わたしたちのネイティブ・インフォーマントのこの空間」、つまり空隙＝価値表現の無限連鎖である。この連鎖は、まさに無限に開いているのであって、終ることを知らない。にもかかわらず、この空隙＝無限連鎖において、スピヴァクは、途端に、貨幣／蓄蔵貨幣／貨幣資本の区別を一切放棄し、貢納に源泉をもつアジア的生産様式論で、その隙間を塞いでしまう（引用②および⑤）。

これを、あえてスピヴァクにできうる限りより添って読み込んだ場合でも、イリガライの「女の交換」で突き出される重商主義的過剰・享楽・詐欺瞞着と見なされている退蔵貨幣G／商人資本W－G（＝W′）・金貸し資本G……G′の地平にひらく孔＝空隙と、前述した資本のもっとも「純粋な」ファルス中心主義的形態としての貨幣資本（金融資本）G－G′の差異の分別は不可能となる。このように指摘することは、スピヴァクが述べるように、貨幣と貨幣資本の差異／相同性に「しがみついている」のではない。貨幣の身体が憑依しつつもなおも抹消できずにある空隙＝無限連鎖と、純粋なる「虚」であるファルスとしての貨幣資本の世界では、使用価値の越境性のみならず、交換価値の成立の（不）可能性における身体の控除＝抹消において、女たちはまるで異なる位相に置かれていることを言っているのである。つまり、これでは、「女の交換」は、再度、貢納地代－貨幣蓄蔵－貨幣資本という結局のところ、過剰の共同体間互酬・信用の問題として、過剰は資本蓄積の原資として還流－循環してしまい、空隙は埋め込まれてしまうのではないだろうか。

これをグローバル資本主義の現状分析・中間理論の局面に移しかえれば、「ネイティブ・インフォーマント」は貨幣地代・リスクと暴力の金貸し資本G……G′そして、元植民地自国通貨体系ではなく、元宗主国・国際基軸通貨体制においてのみの世界に実質的に生きており、他方、移動して国境を跨いだ女たちは、ただ元宗主国・国際基軸通貨のもとにおいて、女の身体をすでに削除されたものとして、元宗主国文化帝国主義的新自由主義の秩序にそって生きているということになる。これでは、新植民地主義の（ポスト・コロニアリズムといってもよい）の最大の問題点、パクス・アメリカーナとその終焉における、国際基軸・決済通貨としてのアメリカ・ドル支配体制とその弛緩、グローバル金融資本による非資本主義的社会層への本源的蓄積過程の継続的介入・遂行、生存維持経済への金融的介入の意味が、スピヴァク自身が再三にわたって指摘する「途上国女性を対象とするマイクロ・ファイナンス」すなわち国際金融／非近代金融の同時並行的介入による生存維持経済の解体・温存と包摂という問題が、分析不能に陥るであろう。実のところ、私から見ると、スピヴァクは奇妙なことに、「移動」を政治経済学の理論対象とすることができていない。だがこの問題は、ここでは決着が尽きそうもない。なぜなら、これは、さらに地代－土地所有と女に関わる問いを招き寄せてくるからである。しかしながら、ここではこれで、かがり縫いをしておこう。

そしてまさに、ここにおいて呼び醒まされるもの。それは非連続で異種混淆的な経路を開こうとするとき、「女の交換」として差し出された道程は、共同体の果ての果ての「あわい」へと続いており、偶然の出逢いと詐欺瞞着の、つねに繰り返しによる尺度の不能な交換が交錯する「市場」としての空隙＝すきまである。それは、共同体をして、貨幣と重商主義的商人資本のもつ無政府性による富の流出・流入を警戒させる。また同時に、その起源など、とうにわからぬ収奪した富を「取戻す」として、外部に置かれた彼の地を、外国貿易と植民地政策の名の下に固化＝再配置させる。そのときこそ、女たちの命運が、起源においてばかりではなく、再度、生きながらも囲い込まれることへの真の警鐘を鳴らさなければならないのである。これを現代のグローバル資本主義において語るのであれば、移動する女たちの集団性における歴史の書き込みにおいてこそ、黄昏の鐘は鳴らされるのだということである。

スピヴァク自身、ニーチェへ言及するとき、それは端的に現れる。始まりに一度、それから、現在の開始に当たっていま一度、贖罪の山羊の分離とその身振りへの慈悲の代償があることを。(39)

註

（1）　神の力（deus ex machine）は、機械仕掛けの神の含意を持ち、この重商主義的過剰の処理に際して出現する、幕引き役を背負う、道具（機械）としての神である。ここでは、幕引きは居／要るのかを二重に問うている。

（2）いうまでもなく土地所有の地代による脱コード化は完成しない。むしろ、この脱コード化の不可能性こそが、土地所有を現在もなお「資本主義的土地所有」ではなく、そのアルカイックな記憶をとどめる「近代的土地所有」としてしか措定しえないことの意味である。「近代」とは、資本による脱コード化の運動に対する掣肘である土地所有の地代を介した脱コード化の不可能性においてこそ現出し、したがって国家の不断の再コード化による再領域化のもとにある。あらかじめ原国家の措定が不可避であることの指摘については、長原豊「瑕疵の擬制」同『われら瑕疵ある者たち』青土社、二〇〇八年参照。

（3）L・イリガライ「女の市場」同『ひとつではない女の性』棚沢直子ほか訳、勁草書房、一九八七年、二二三頁。

（4）L・イリガライ「商品たちのあいだの商品」同前、二五一頁。

（5）同前、二五七頁。

（6）同前。

（7）G. Rubin, "The Traffic in Women: Notes on the 'Political Economy' of Sex," *Toward an Anthropology of Women*, New York and London: Monthly Review Press, 1975, p. 207.

（8）G・ルービン＋J・バトラー「性の交易」（川口和也＋K・ヴィンセント訳）『現代思想』第二五巻六号、一九九七年、二九〇～九三頁。

（9）以上引用は、Rubin, "The Traffic in Women," pp. 191–92.

（10）贈与の逆説、（不）可能性については、P・ミロウスキー「贈与を拒む」同『経済学と知』長原豊監訳、御茶の水書房、二〇〇七年。

（11）Rubin, "The Traffic in Women," pp. 204–05.

（12）Ibid., p. 205.

（13）いかなる意味においても労働生産物ではないということは、フェミニズムにとって独特の意味がある。伝統的マルクス解釈に従う限り、冒頭商品は（遡及的な場合も含めて）労働生産物であり、しかも資本主義的商品である。

労働生産物である限りはイリガライの提起する「市場における女の交換」というテーマ自体が考察の対象外になるが、資本主義的商品における重商主義的商人資本の無政府性においては、その領域をほどくことができる。スピヴァクの理解における貨幣‐貨幣資本の問題点と重なっている。

(14) 宇野弘蔵「経済原論Ⅰ」『宇野弘蔵著作集』第一巻、岩波書店、一九七三年。

(15) ここでは、女を、所有論の領域から移動論の領域に理論的に移行させる。共同体から外れる「逸脱する女たち」の系譜は、「ファウスト」のなかのヘレネたちから、興行師の女性たちの物語、一九二〇年代に世界同時多発的に生成したモダンガール、現代のグローバル資本主義における「移動する女性たち」など、枚挙にいとまはない。ただ、そのような存在として認知されるたびに、見せしめをともなう弾圧と憐憫が繰り返されたことは歴史の現実が示している。

(16) G・スピヴァク『ポストコロニアル理性批判』上村忠男・本橋哲也訳、月曜社、二〇〇三年、一一三頁。

(17) 今日のグローバル資本主義は、移動の女性化と共に、不自由賃労働の増大を生んでいる。「不自由賃労働」に関しては足立眞理子「グローバル資本主義と不自由賃労働」『POSSE』(二〇〇九年一二月号)参照。

(18) ここでの〝ヘレイラ〟と区別しうるセックス・ワーカーは、労働力商品化以降の労働者であり、拘束‐制限のもとにある不自由賃労働から派生するさまざまな就労形態の一形態である。不自由賃労働の系譜は、むしろ〝母‐娘〟が共同体内秩序に拘束されたまま、国際移動をしているという逆説のなかにある。

(19) P・クロソウスキー『生きた貨幣』兼子正勝訳、青土社、二〇〇〇年。

(20) 商品奴隷との区別は、ここでは「支払い手段の受領者」によっている。現状分析の水準でいえば、たとえば、現代のグローバル化における「移動の女性化」では、送り出し側が女性に前借金を課して受け手が本人以外の場合と、移動先の受け入れ側での稼得の結果が本人以外にわたる場合などは、商品奴隷に近似しており、転売の有無において区別される。すなわち、現代のグローバリゼーションにおいて、自由賃労働、不自由賃労働、サーヴァント、奴隷と「自営」のすべてが存在するのであって、「資本の文明化作用」などどこにもない。

(21) 売らずに買わせるということは、信用を介した金融商品取引において見られる形態であり、それ自体として珍しいものではない。

（22）ソフォアクレス「アンティゴネー」に関するマルクス的読解――金貨幣・鋳貨・紙幣における磨耗と身体をテーマとしたものとしては、足立眞理子「クレオンの相貌――アンティゴネーと退蔵貨幣」『現代思想』第三二巻五号、二〇〇四年参照。

（23）W・ゾンバルト『恋愛と贅沢と資本主義』金森誠也訳、論創社、一九八七年、一八六～八七頁。

（24）同前、一九〇頁。

（25）足立眞理子「奢侈と資本とモダンガール」タニ・バーロウ＋伊藤るり＋坂元ひろ子監修『モダンガールと植民地的近代』岩波書店、二〇一〇年参照。ここでは「表象としてのモダンガール」を、資本の欲望の「非在＝不在」の対象として扱っているが、厳密には、『非在』であり、資本の欲動そのものである非在の女が、共同体内母－娘に転移し、女の不在へと転換するその過程を描いている。

（26）R・ルクセンブルグ『資本蓄積論――帝国主義の経済的説明への一寄与』上中下、長谷部文雄訳、岩波書店、一九三七年、参照。

（27）G. Spivak, *In Other Worlds Essay in Cultural Politics*, New York: Routledge, 1988, p. 156.

（28）*Ibid.*, p. 156.

（29）*Ibid.*, p. 156.

（30）*Ibid.*, p. 156. スピヴァクの議論におけるグー貨幣論批判は、交換価値の発生における過剰の存在を指摘しながら、使用－価値を取り扱わない点に向けられている。

（31）*Ibid.*, p. 162.

（32）スピヴァクがここで『要綱』を引用するのは、『要綱』段階での流通滲透視角の強さ――流通過程における交錯命題の提示――のためであろうが、さらに、『資本論』においてはこの視角が弱められていること、および、本源的蓄積過程を、貨幣の資本への転化における資本と賃金労働者の偶発的な出逢い＝事件としてとらえる視座が、マルクスのオリジナルなテクストでは「見いだせない」ためであろう。私は、それゆえ、本源的蓄積過程を、資本－

賃労働関係成立を歴史的偶然、出逢い＝事件として把握する、宇野学派の了解をここでは共有している。また、最晩年期のアルチュセールにおける偶然の唯物論理解にも通じるものである。ルイ・アルチュセール『哲学について』今村仁司訳、筑摩書房、一九九五年、三三～四〇頁参照。

（33） Spivak, *In Other Worlds*, p. 162.

（34） *Ibid.*, p. 165.

（35） したがって、私はここで、マルクス・ルネッサンスにおける、アルチュセール以降の、古典学派的単線的・連続的・実体主義を認識論的に切断＝断絶する、非連続的かつ異種混交的な資本生成論にたつフェミニズム理論を、ネオ・マルクス主義フェミニズム理論と呼び、とりわけ、年次的には後発する、主にアメリカ合衆国における、古典学派的残滓をもつ、いわゆるマルクス主義フェミニズムとのあいだの混融を回避する。このことは、たとえば、同一著者によるひとつのテクストにあって、この切断における混在がみられるようなときに、方法的に解析することを可能とするであろう。そして、この非連続的資本生成論にたちつつ現代のグローバリゼーション＝グローバル資本主義分析までを階梯とするフェミニズム理論を、フェミニスト政治経済分析の射程としておきたい（足立眞理子「グローバル資本主義＝グローバリゼーションへのフェミニスト政治経済分析」『アソシエ　グローバル資本主義下の世界経済』No.13、二〇〇四年四月号参照）。

（36） Spivak, *In Other Worlds*, pp. 98–100, 115–17. 資本生成論の試みとして、長原前掲書を参照。長原論文では、この異種混交性の編み込みを「三つの端緒」を指し示すことによって行なっている。

（37） 貨幣の身体については沖公佑「資本主義のマテリアリティ」『現代思想　マルクス』第三二巻五号、一二七～三〇頁、二〇〇四年を参照。ただし、沖論文では、貨幣の身体性は紙幣による抹消可能性としてとりあえず措かれており、〈退蔵〉の時間的・空間的越境性に関しては、いわば、仮止めされている。したがって、嵌入－控除－抹消の位相における象徴化の不可能性は、まさに、資本－賃労働関係成立における本源的蓄積過程の『深さ』にかかわって、ふたたび再・現前せざるをえないであろう。貨幣の身体の抹消を、退蔵貨幣と結合させて論じたものに、足立眞理子「二重のヴェールを剥がす――アンティゴネーと非連続なる資本」『現代思想』第三二巻七号、二〇〇四年七月号、一〇六〜一一六頁、参照。
(38) 以下、スピヴァクからの引用は、前掲『ポストコロニアル理性批判』一五五〜五六頁および一六一〜六二頁による。
(39) Spivak, *In Other Worlds*, p. 165.

第7章　起源における所有と交換——フロイトの「糞学」

比嘉　徹徳

一　肛門愛の抑圧と吐き気——「糞学」1

フロイトは、起源についての「物語」あるいは「神話」を倦むことなく紡ぎ続けたが、ここでは糞便が中心的な位置を占めている二つを見てゆく。端的に「糞学」とフロイトが呼んでいる企図は、精神分析における「外部」さらには「もの」の問題を捉え直す契機を与えてくれる(1)。

フロイトは精神分析の揺籃期に、われわれの欲動編成にはある「痕跡」が憑きまとっていることを論じている。欲動がたどる運命、その諸段階は乗り越えられた後にも決して破壊されずに遺っている。ただし、それらはいつでも使用可能なものとしてそこにあるものではなく、教育と文化とによって禁止され、抑圧された欲動充足の痕跡としてある。友人ヴィルヘルム・フリースに宛てた手紙（一八九七年一一月一四日付）でフロイトは、性器と肛門の臭気に対する感覚の変化が、抑圧を生み出すと述べている。かつては性的に興奮をもたらしたはずの臭いが、いまや吐き気の対象となる。吐き気という情動を中心にした欲動編成の組み替えは、同時に「道徳の起源」についての仮説となっている。それは、抑圧が生まれるプロセスを物語っている。

……鼻が地面から持ち上げられる直立歩行は、地面に張り付いていた、かつて興味をそそった感覚の数々を嫌悪を催させるもの（widerlich）にする……。（彼は鼻を高く持ち上げる＝彼は自分を特別高貴なものと感じる。）正常で成熟した人間では性的解放がもはや生じない領域は、肛門部と口周辺であるに違いない。(2)

人間が四足歩行から直立歩行へと進化＝上昇することによって、性器や肛門周辺の臭い（臭覚刺激）の役割が変化する。かつてそれは性的興奮をもたらしたが、鼻を高く持ち上げ、「高貴」になることで、いまや吐き気を催すものとなる。フロイトは欲動の前－歴史的な「記憶痕跡」を問題にしている。それは、肛門や排泄物に性的興奮を感じた記憶であり、臭う記憶である。下半身の臭気と結びついた記憶、いやさらには記憶そのものが悪臭を発するために、抑圧されねばならないのだ。フロイトにとって、抑圧の原モデルは、臭いものから顔（鼻）を背けるという行為である。さて、この進化の結果、下半身の臭いは一転、嫌悪の対象となる。この上昇過程は、動物から人間を隔てるものであり、かつ「高貴さ」の証でもある。動物のように下半身の臭いに性的興奮をおぼえるのではなく、吐き気を感じることが人間の高貴さの徴である。この「動物的」セクシュアリティのあり方に固執する人間がいるなら、その者は「倒錯者」である。このことは、たとえば嗜糞、スカトロジーを想定すればわかるであろう。

フロイトによれば、幼児は多型的に倒錯している。すなわち、性欲動はあらゆる対象を充足対象として持つことができ、あらゆる目標において欲動は充足しうる。そしてこの幼児における欲動の多型倒錯のなかで、厳密に制御され禁止されねばならないものこそ、糞便愛である。肛門愛は、それそのものとして具体化させてはならず、別の方向へ向けられねばならない。『性愛生活の普遍的貶しめの傾向について（性愛生活の心理学への寄与2）』（一九一二年）では、文化と糞便愛との本質的な相容れなさが次のように述べられている。

……性欲動は最初、一大系列をなす諸成分に分解されることが知られており、……その成分のすべてが、その後の形態の性欲動のうちに受け容れられるのではなく、それ以前に抑制されるかもしくは、他へ仕向けられなければならない。そうされるのは何より、われわれの美を追い求める文化と相容れないことが明白な食糞愛の欲動成分（koprophiler Triebanteil）である。それは多分、われわれが直立歩行によって嗅覚器官を地面から離して以来のことであろう[3]。

先のフリースへの手紙に戻れば、「道徳や恥」といった、知性にとっての基盤となる情動は、このような「滅びてしまったセクシュアリティ」の「犠牲 Kosten」の上にあるとフロイトは述べる。低いものから価値あるものへの上昇過程は、カントが『実践理性批判』で述べた天空の星辰にまでつながる[4]。そして、高貴さと美を求める文化のプログラムは、「一大系列をなす諸成分」を持つ性欲動の断念を強いる[5]。

フロイトがフリース宛の手紙で述べた先の仮説から三〇年以上たった『文化の中の居心地悪さ』(一九三〇年)においても、直立歩行――「人間の大地からの離反」――と臭覚刺激の価値の低下が繰り返し述べられ、フロイトが一貫してこの仮説を維持していることがわかる。嗅覚刺激の価値が下がることで、視覚優位のセクシュアリティが生み出される。同時に、この星辰にまで到達しようとする人間の上昇過程は、何より肛門愛を抑圧するとフロイトは解説する。

フロイトよれば、糞便を臭いと感じること、それに吐き気を催すことは決して生物学的反応ではなく、文化(=教育)が総力を挙げて幼児に教え込まねばならないものである。というのも、幼児にとって、糞便は吐き気を催すものでも、嫌悪すべき対象でもなく、むしろ愛着の対象だからである。それは価値ある(wertvoll)対象にほかならない。「解剖学的なものは運命である」とフロイトは言う。この言葉は、性差についての生物学的決定論を肯うものとして了解されることが多い評判の悪いものである。しかしこの文脈では、二足歩行への移行によって否応なく肛門の「器官抑圧」、つまりは肛門愛の抑圧(「かつての性感帯の放棄 Auflassung」)が生じることを意味している。

ここで教育が糞便を、価値のない、吐き気を催す、嫌悪すべきもので、非難すべきものとする発達段階の促進を強力に要求する。このような価値転換は、身体から分離した物質(Stoffe)が、強い臭気によって、人間が地面から直立して以来嗅覚刺激に残されたのと同じ運命を辿るよう有罪判決を受けていなければ不可能である。だから、まず第一に肛門愛が「器官抑圧」を被るのであって、それが文化への道を拓くのだ(6)。

レオ・ベルサーニは、直立歩行による肛門愛の抑圧とセクシュアリティにおける嗅覚刺激の低下というこの議論が、まさにテクストの本文＝上半身ではなく、脚注＝下半身で為されていることに注意を促している。この議論は「この上なく不可解」であり、「テクストの体裁のよい……人間学的な想像力が脚注へと降りてゆく瞬間である。そのとき想像力は四つん這いになって人間の臭いを熱烈に嗅ぐという、身体的存在における神話的で前歴史的な幻想をわがものとする」のである。(7)

「文化への道」に歩みを進めるために、肛門愛の抑圧という犠牲が払われる。そして文化（文明）が「清潔であること」を要求するのは、「後付け」であって、それは、肛門という器官に関わる欲動が抑圧された結果でしかない。多型倒錯にある幼児において、肛門愛が享楽される。かつ、糞便は分離しうる「価値ある」身体部分であり、それに触り、弄び、あるいは貯め、他人に与えるという糞便を用いた快がそこで満たされる。ところが文化への「敷居 Schwelle」において、糞便は「価値のない」、「吐き気を催す」ものとして「価値転換 Umwertung」されねばならない。(8) もちろん、ここでフロイトは肛門愛を抑圧することの不当や、その「解放」を訴えている訳ではない。この器官抑圧は「運命」である。さらには、この欲動の運命、抑圧されたものの回帰をフロイトは語ることになる。

二　倒錯者の「健康」

直立歩行の結果としての「器官抑圧」という壮大な仮説は、しかし、多型倒錯にある幼児が、恥と吐き気によって道徳を身につける教育過程を説明する「お話」であるといってよいだろう。しかしながら、それはどこまでもついて回る「神話」、「前歴史性」（ベルサーニ）である。肛門愛を初めとする幼児期のセクシュアリティが、恥の情動をもたらし、吐き気を催すものへと「価値転換」する様をこそ、フロイトは論じようとしている。「正常」な大人の性道徳の側から見るとき、幼児は多型的に倒錯している。あるいは、フロイトならこう言うだろう。「正常」＝神経症とは、性対象と性目標における「倒錯の拒絶」である、と。ここでの倒錯とは、近親姦、動物や死体を相手にした性行為、さらには糞尿を弄んだり、性愛の対象を見ることを最終目標とする性行為（窃視症）等々である。

フロイトはつねに「正常」の側からセクシュアリティを語ったと考えられている。とりわけ、彼自身の性観念を反映したその異性愛主義と性器中心主義の告発において、そう考えられてきた。しかしフロイトによれば、神経症とは倒錯の「ネガ」でしかない。「〔神経症的〕症状は、一部、異常なセクシュアリティの犠牲において構築される。神経症は、いわば倒錯のネガ」なのである。[9]

さらに付け加えれば、倒錯者こそ「健康」なのである。「文化の中の居心地悪さ」とは、何より文化（教育）による性欲動の抑圧に起因するものであった。そこで人は性欲動が充足されないことを嘆き、神経症たらざるをえない。[10] 文化は性欲動に対する「抵抗」を教え込む。「驚くべき仕業」――糞尿を弄び、死体を乱用するといった――を成し遂げる性欲動に対して、恥を感じ、吐き気を催すという「抵抗」である。他方、神経症の「ポジ」たる倒錯において、人は恥を感じることなく、さらには吐き気による制限を超えて、性欲動の為す「驚くべき仕業」を味わい尽くす。もし文化の下で性的に「幸福」でありたいのなら、みずからが倒錯しているということを承認するほかない。ところが、倒錯者として健康かつ幸福に生きようとすること、この倒錯者の自由には「パラドクス」が付きまとう。倒錯者の自由には、アイロニーが含まれていることをフロイトは見逃さない。性欲動をありとあらゆる倒錯的手段を用いて充足させようとすると、「心的不能《インポテンツ》」と「性的対象の貶め」が生じるとフロイトは述べている。

性愛生活において実際に自由になり、それゆえまた幸せになろうとするなら、女性への敬意に打ち克ち、母親や姉妹との近親相姦という考えに馴染んでいなければならない。これは品の良いことではなく、その上逆説的に響くだろうが、言わねばならない。この要求に応じて真剣な自己吟味に服する者は、疑いなく、彼が性行為を根本的に卑しむべきもの、身体を汚し、不潔にするものと判断していることを見いだすだろう[11]。

フロイトに言わせれば、人は倒錯者に「なる」ことはできない。幼児はそもそも多型的に倒錯しているのであって、いわゆる倒錯者は、発達の制止した状態にとどまるアナクロニズムに陥っている。

倒錯者は、あらゆる「制限 Schranke」を超えているかもしれない。種の制限（人間と動物の差）や近親相姦の制限、同性性の制限、そしてなにより吐き気の制限を、である[12]。倒錯者は自由であり、性欲動の命じるままに文化的制限を侵犯することで、快を得ようとする。しかしそこで経験されるのは情動の著しい低下である。十分な性的快楽が得られるのは、性目標に倒錯的要素が入り込むときであって、もしこの倒錯的要素に忠実であろうとするなら、性的行為の相手に何の配慮もしないこと、あるいは相手を「貶められた性的対象」にすることが必要である。フロイトがここで考えているのは、倒錯的に、したがって自由に快を求める男と、その男が心の底では軽蔑している娼婦という組み合わせである。そこでこの男の情愛は、真に愛する者のために取っておかれるが、この相手に対して彼は倒錯的行為をしようなどとは思いもよらない。したがって、性欲動の非充足を不満に思っている神経症者と倒錯者は、むしろ文化の下にある一対と考えるべきである。「愛の欲動は教育しがたく、この教育は時にあまりに多くの結果を、時にあまりに少ない結果をもたらす[13]」。一方には、欲動の教育から（あまりに）多くを得た神経症者たちがおり、他方には、それに反発し従わない倒錯者がいる。すなわち、文化が強いる抑圧のなかで「居心地悪く」過ごす者たちと、それを意に介さない一見「健康」な、しかしアイロニカルに行為に没入する者たちである。両者とも、文化の枠内にいる点において変わらないのである。

『終わりのある分析と終わりのない分析』で、教育は「不可能」な事業だとフロイトが述べるとき、その不可能性は欲動教育が「あまりに多く」の結果もしくは「あまりに少ない」結果をもたらすことに由来する。そこに程よい結果、思い通りの成果はありえない。それはコントロール不能である。W・メニングハウスによれば、フロイトにとって「ノーマル」なセクシュアリティは定義しえない消失点としてしかない。「『余りに多い』、そして『余りに少ない』二極の間で、『ノーマル』なセクシュアリティという幻影は磨り潰される[14]」。

精神分析家とて、「ノーマル」な立ち位置からこの文化のプロセスを記述している訳ではない。フロイトが精神分析を開始する地点は、フロイトがみずからを倒錯者の場所に移動してゆくときであるとメニングハウスは論じている。すなわち、「吐き気の制限」を乗り越えた、倒錯者の場所に精神分析家は立っている。分析家は「器官抑圧」を自覚的に把握し、記述できる場所に居なければならない。

フロイトは、冒頭で引用したフリースを宛先にした自己分析のなかで、ここまで見てきた「器官抑圧」という仮説に辿り着いている。その自己分析のなかで、フロイトのベビーシッターであった女性(Monika Zajik、もしくはResi Wittek)がそこで大きな役割を演じている。[15] 彼女は、精神的な意味でフロイトの「生みの親」であったと述べられる。幼いフロイトに知的な手ほどきをし、性的な事柄を教えた聡明なこの女性は、しかし、フロイト家の金品を盗んだ廉で告訴され家を去っている。フロイトは、この事実にも関わらず、その女性を愛し、自己分析をしていたときのみずからの苦境をこの女性に同一化して理解していることを発見してゆく。成果のない治療に対して報酬を受け取る「泥棒」、「無能な治療者」としての自身を、自己分析のなかで見いだす。さてフロイトは、このベビーシッターが使った後の浴槽にいる場面に自由連想を通じて辿り着き、その水が赤かったこと、それが月経の血であることにそのとき思い当たる。文化プロセスにおける「アブジェクト」たる月経血が、動物＝子どもにおいて「性的に興奮しうる」対象であることをフロイトはここで事後的に発見し、同時に、分析家としてのフロイトは、吐き気の制限を知的に乗り越える。[16]

三　交換《コミュニケーション》の原器としての糞便

フロイトが問題にしているのは、幼児期における肛門愛の抑圧であり、この性欲動の「固着性Fixierbarkeit」もしくは「取り憑きHaftbarkeit」である。[17] 欲動のこの前史的「取り憑き」は、先にわれわれが

「痕跡」と呼んだのと同じ問題系に属する。以下では糞便を中心にした欲動編成を見ることによって、肛門愛の回帰あるいはその取り憑きの行方を追跡しよう。

フロイトは、『ある幼児神経症の病歴より』において、糞便を中心に心的モデル（その発達論）を構築している。糞便／贈り物／ペニス／子ども／金という精神分析が見いだした系列は、この「狼男」症例において分節化されている。

狼男ことSergej Konstantinowitsch Pankejeffの苦しみのひとつは、腸の機能障害である。世界がヴェール（Schleier）で覆われている、もしくは彼自身がヴェールに覆われていると彼は訴える。自発的な便通がないためにつねに浣腸を用いており、それを使うことでヴェールが破られ、ようやく世界が鮮明に見えるようになり、健康を（一時的に）回復するのだと狼男は語る。ここで糞便が彼と世界との接点であり、コミュニケーションの原点、さらにはリアリティの源泉であるとフロイトは解釈する。

まず糞便と金銭との関連性が指摘される。狼男の振る舞いは、浪費家のそれなのか吝嗇なのかわからない。そこには「非合理な」振る舞いが常につきまとう。父親からの遺産をいくらすでに使ったのか、あとどれくらい残っているのか彼はわかっていない。いとこへの金銭的支援、学校の試験をめぐる小使いの「買収」など、金の支払いをめぐる後悔、自己非難に彼は苛まれている。「お金は彼の意識的な自由処理から逃れて」いる。この金銭への「リビドー的かつ非合理的」な関心は、糞便の快に遡りうる。(18)

フロイトは、狼男の腸機能障害（便秘）をその受動的・同性愛的な態度と結びつける。そこで糞便が、去勢との関係で大きな役割を演じている。「糞便の新しい意味は、去勢コンプレックスの討議への道を拓くはず」である。患者が示す父親への愛着は、母親との同一化によるものであろうとフロイトは推測する。両親の結合像という原光景の加工において、彼はみずからを母親の場所に置いている。その際、肛門という器官が女性との同一化において用いられる。彼が受け容れないのは、女性は去勢されているということだとフロイトは述べる。ここでフロイトは、後にジャック・ラカンが練り上げることになる「排除 verwerfen」という言葉を用いている。排除は抑圧といくらか異なると、フロイトは注釈している。単なる去勢の嫌悪という浅い段階から、みずからが女性的立場を引き受けること、さらには去勢の「排除」というもっとも古くかつ深い段階が想定される。女性におけるペニスの不在を認めない（＝排除する）ために、狼男は、腸から子どもが生まれるという「排泄腔理論」を、そして肛門（腸）による性交という考えを、性についての一応の知識を得てからも維持し続ける。ここでわれわれにとって重要なのは、フロイトにとって糞便が去勢の原型となっていることである。「糞便を他者のために（愛から）手放すことは、去勢のモデルとなるのであって、それは愛する他者の好意を得るため、自身の身体の一部を断念する最初の事例なの」である[19]。

ペニスへのナルシシズム的愛着には、肛門愛が関与しているとフロイトは述べる。肛門愛とは、具体的には糞便を溜め込むことに関わる。「子どもが肛門の性感的刺激を利用していることは、彼らが、強い筋肉の引き締めを誘い、肛門からの便通の時、粘膜に強い刺激を感じることができるまで排泄物を溜め、それを押し留めるということから明らかになる」[20]。排泄するという生物学的な条件と、その性愛的な意味とを橋渡しするのは「依託 Anlehnung」という概念である。セクシュアリティは生物学的・生理的な条件に「もたれかかって」、そこから機能を果たす以上の「付随的収益 Nebengewinn」を引き出す。糞便を腸粘膜の自体愛的刺激として用いることで快を得ると同時に、この自体愛的快をもたらす糞便が、特定の好きな人物に対する贈り物として機能するという二重性がここで重要である。糞便は、みずからの一部を他者に受け渡す交換の素材となる。そこには自体愛的な快の断念が含まれる。狼男と世界を隔てているヴェールは、彼がコミュニケーションの回路に参入するのを妨げられていることを表現している。彼がヴェールに包まれた自体愛的満足を断念するのは、父親と一緒にいる母親に対する嫉妬からであり、そのとき排泄が為される。[21] 父親にすでに子どもを与えている母親に対する嫉妬から、彼は、糞便という贈り物をようやく手放す気になる。フロイトは、排泄によってヴェールを破ることとは、狼男にとって子どもを産むことと同義であり、母親に対抗して父親へ贈り物を与えること意味していたと解釈している。この意味で排便は、狼男にとって過剰な「性的興奮」をともなっていた。[22]

彼は糞便を交換の原器《プロトタイプ》とすることに失敗していると、フロイトは示唆している。「原器」とするとはすなわち、もはやそれ自体を道具としては用いないということ、それと等価な象徴を見いだし、使いこなすということである。狼男において、糞便は所有のための所有物である。そして糞便を溜めるという強烈な自体愛的快に憑かれるあまり、それは象徴化に失敗する。つまり、対象はアンビヴァレントに引き裂かれて、神を思い浮かべると糞便となり、糞便は神を連想させるという強迫が生じる。象徴として同定されず、それは転義的な意味を受け取ることができない。さらに、この身体からの分離の範例であるところの、糞便的コミュニケーションの失敗が、去勢の否認（排除）につながる。

この点についてラカンは、正しくもと言うべきか、フロイトにおいて糞便とのアナロジーを引きずるペニスを「ファルス」と呼び直した。象徴としてのその地位を純化させることによって、つまりは不在のペニス、その場所の象徴性を概念化したのだった。すなわち、ファルスは想像的なものではないし、器官でもない。それは、すべての意味作用に影響するシニフィアンであるといった具合に象徴として純化されるのである。そのことで、性差のモメントがフロイト以上に強調されることにもなる。

四　糞の中の「もの」

さて、こうして排泄物は、単なる物質（Stoff）から、身体から分離可能な対象へと、イマーゴもしくは象徴へと変わる。よく知られているようにフロイトは、いくつかの対象の等価性を論じている。「……無意識の産物（思いつき、空想、症状）においては、糞便（金銭、贈り物）、子ども、ペニスという三つの概念は区別しにくく、相互に混同されやすい印象」を与える。[23] もちろん、肛門愛の抑圧の結果としてそれは象徴となり、吐き気を催す物質そのものではなく、その代理が選ばれる。糞便を弄ぶ代わりに、砂や粘土が用いられ、糞便を溜め込む欲動は、金銭を対象に行なわれるようになる、といった具合である。しかし、ここでのわれわれの関心は、糞便＝ペニス＝金銭といった滑らかな対象の変換にはない。われわれはもう一度、素材から象徴（対象）への移行について詳細に見ることで、糞便の中にある「もの das Ding」性を抽出したい。

糞便、子ども、ペニス、そして金は、身体から分離された小対象という「単一性」を持つとフロイトは述べる。[24] しかし、この対象が決して分割不能な対象ではないということをフロイト自身が別の場所で語っているのだ。

原初的な対象をめぐって、フロイトは『心理学草案』において「隣人 Nebenmensch」という語を用いて論じている。「隣人」は、最初の充足の対象であり、かつ、敵対的でもあり得る対象と仮定されている。「隣人」は、一方では「人」と名指されながら、その例に挙がるのは乳房といった対象であり、さらには、知覚する側を主語〔主体〕としたときの「述語 Prädikat」として論じられている。したがって、「隣人」は、経験的な対象というより、抽象化された思考モデルということができる。

フロイトは、この「隣人」が乳児に知覚される際、そこにすでに「判断」が生じていると考える。この判断（Urteil）は、知覚における分解であり、根源的な分割（Ur-teil）である。つまり対象は、「像」としての可視的部分と、そこから乖離した異質な部分としての「もの das Ding」に分かれる。「もの」は、知覚を逃れた部分であり、欠損部分である。したがって、知覚の対象は、理解できる部分と「もの」から成る「知覚複合体 Wahrnehmungskomplex」と呼ばれる。

興味深いのは、後に快の状態を再生するのに役立つ「像」の部分だけではなく、「もの」に対しても備給が行なわれているとフロイトが考えていることである。しかし、「もの」への備給は「実用的な目的」には役に立たないために「排出される」（「判断〔根源的分割〕に際して、異質な部分〔＝もの〕への備給は排出されるように思われる」[25]）。再生的思考が持つ「根源的関心」、つまりは、快の知覚対象を再現し、充足状況を再体験しようとするとき、もはや「もの」はその役に立たないにもかかわらず、それに通道（Bahnung）した痕跡とともに異物として残り続ける。

対象が「隣人」と名づけられていることに関わるが、『心理学草案』のこのモデルにおけるフロイトのもうひとつの目論見は、対象の似姿としての「主体」を記述することにある（フロイトが「主体

Subjekt」という言葉を用いるのはかなり稀である）。主体による知覚は、対象を「模倣 Imitation」し、あるいは対象への「同情 Mitleid」をもたらすと述べる。対象が泣き叫べば、主体は自分が泣き叫んだことを想起するのみならず、苦痛を感じる。この原初状態において、主体と対象の「相似性」は、もっとも基本的な対称性（等価性）を含意しているように見える。しかしここで記述されている事態は、最初から知覚の対象が分解されており、「もの」が関与していることによって、主体と対象の対称性に還元できない[26]。知覚の対象が「もの」を含む「知覚複合体」であったのに対応して、主体も「主体複合体 Subjektkomplex」と想定されていることに着目しなければならない。再現可能な対象の動きのみならず、不可知の「もの」の部分も主体は写し取っている。

　この時点のフロイトには口唇愛や肛門愛といったアイディアはまだ存在しないが、これは、愛する対象の「取り込み Introjektion」や「体内化 Inkorporation」として後に記述されるのと同じ過程である。目の前の対象に吸い付き、食べることによって、対象＝「隣人」に「似たもの」として主体が形成される。愛する対象が知覚複合体であり、さらには主体が主体複合体であるなら、主体は対象からその「もの」をも取り込んでいる。それは「実用的な目的」には役立たない、主体の内奥にある異物であり、これこそ糞便の核となるものである。文化が原コードとして教えこむ、糞便の「素材」から象徴への移行において、糞便に含まれる「もの」性もしくは「物質性」が排除され忘却される。しかし「もの」は、単に知覚を逃れる残余、その否定性においてのみ把握されるべきものなのだろうか。

　ラカンは、フロイトの言う「もの」とは「失われた対象」であると述べている。それは失われているがゆえに、欲望の対象であり、この喪失を埋めるべく、欲望が駆動する。「『もの』が中心にある理由は、それが排除されているという意味において」である。「もの」は「外部」にある。[27] それは、再発見されねばならない。一九六〇年の時点で、ラカンは「もの」が大文字の他者であり、メラニー・クラインに倣いつつ、それが禁止された欲望の対象たる母親（乳房）であるとしている（「もの」が法的次元、象徴界の秩序に関わるとラカンが言うのはこのためである）。ラカンは、フロイトを読みながら、「もの」の否定性を倍加させてゆく。「もの」は「意味の彼岸」であるとされる。[28] それは、端的には「無言のリアリティー」であり「不在」である。そして、その周りに表象のありとあらゆる動きが従属することになる。人が否定神学と呼ぶかもしれない構えがここにはあるだろう。

しかし「もの」の不在を論じるより、ここでのわれわれにとって重要なのは、むしろ「もの」の「物質性」の方である。それは、糞便の「素材 Stoff」とは区別されるところの、いつまでも滞留し続ける糞便の特性である。「もの」は単に知覚を逃れ、あるいは不在としてあるのではない。フロイトは、原初的対象に含まれる「もの」と主体との間に、情動的つながりを認めているように思われる。「もの」は言葉によって表現されないにしても、情動を喚起する対象である。

五　便秘としてのメランコリー——「糞学」2

冒頭で予告した第二の「糞学」は、原始ホルドにおける原父殺害を記述する『トーテムとタブー』にある。通常それはそのように読解されることはない。

この「幻想のように見えるかも知れない仮説」は、嫉妬深く暴力的な原父が、息子たちによって殺害される様を上演する（vorstellen）。息子たちは、「ある日」蜂起し、原父を倒した後、その身体を食べる。後のトーテム饗宴において禁忌の対象を食べることは、この原父殺害とその身体を平らげたことを反復するものであるとされる。この殺害によって、暴力が廃絶され、共同体の平等が達成される。しかし原父殺害は、それに加担した者たちに「矛盾した感情」をもたらすことになる。すなわち、彼らはついに暴君を排除し満足を得たにもかかわらず、同時に後悔と罪責感を抱くことになる。「死者は生きていたときよりも今や強力」になる[29]。この死者への「事後服従」によって、殺害行為は否認され、忘却される一方、共同体は罪責感という紐帯によって結ばれることになる。「汝殺すことなかれ」という共同体の掟がそこで初めて生まれるとされる。

しかしこの神話の記述には、大きな矛盾が含まれている。すなわち、原父殺害のシナリオは、行為の後の罪責感によって死んだ父親に服従する様を描いていた。さて矛盾は、掟が未だ存在しないところでなぜ息子たちは罪悪感を抱くことができるのかというものである[30]。いくら事後性を強調したところで、なぜ息子たちが、死んだ父に服従するのかは説明されない。共同体の掟が最初から存在するなら、それに背いたことで後悔と罪責感が生まれると言うことができるが、掟の誕生を語ることこそ、このフィクションの目的なのだ。こうして、掟への（事後）服従の瞬間は決して特定されない。フロイトは法の起源を名指すことに失敗している……。

しかし、これは単なる「失敗」なのであろうか。シャンドール・フェレンツィは、フロイトに宛てた手紙のなかで、この『トーテムとタブー』が「亡霊的・宗教的父親イマーゴ」を扱うものだと評している[31]。では「亡霊」性は一体どこにあるのか。それは、掟の誕生を物語るはずの仮説において、じつは「すでに」掟が存在しているものとして、その論理構成のなかに紛れ込んでいる点にある。起源の起源にまで遡っても、「すでに」という時間性が付いて回ることこそ、『トーテムとタブー』が示していることである。すなわち、この「すでに」の時間性がこの話の亡霊性にほかならない。事はすでに起こっていたのだ（だからこの論文の締め括りは「初めに行ないありき In Anfang war die Tat」というゲーテの引用なのだ）。

同じ問題を別の角度から見てみよう。『心理学草稿』においては、快の対象の知覚複合体を模倣することによって自我複合体が生まれると述べられていた。他方『トーテムとタブー』は、同じ過程をわざわざ物語にし、羨望の対象（原父）を殺して「食べる」という筋立てにしている。息子たちは、その死体を食べることで父親に同一化すると述べられる。カニバリズム的な口唇愛の満足がそこで述べられるが、この死肉は決して排泄されることがないことに着目しなければならない。原父の身体に含まれる「もの」の部分は、消化されずに腐ったまま息子たちの体内に滞留し続ける。この滞留する「もの」こそ、まさに取り憑いて離れることのない亡霊性の源泉である。すでに死んでいる原父は、息子たちの身体に異物として残り続ける。この異物は排泄されない糞便として、いつまでもとどまる。

論理的には単に矛盾でしかない掟への事後服従は、フィクショナルな枠組みを額面どおりに受け取るなら、取り込まれた後で決して排泄されない原初的対象がもたらす作用として理解することができるだろう。原父への羨望からそれを食べることは、同一化をもたらすはずだが、そうはならない。さらに付け加えなければならないのは、『心理学草稿』においては知覚の盲点としてしか記述されなかった「もの」が、『トーテムとタブー』においてはなにより情動の対象として捉えられていることである。初めは嫉妬（これは原父の側の性格に帰されているが）と恐怖、さらには罪責感の対象として「もの」はある[32]。

フロイトは、喪の失敗、終わらない喪としてメランコリーを定義したが、もし原父の身体が消化されずに糞便として体内にとどまるなら、原父は決して死なないし、息子たちをメランコリーにするほかない。どういうことだろうか。フロイトによれば、メランコリーとは「対象選択」から「対象への同一化」への退行である。すなわち、愛する対象を「持つ」ことからそれに「なる」ことを意味しており、同一化とは何よりもっとも原初的な口唇愛的なもの（食べること、貪ること）である。たとえば愛する対象によって侮辱されたり失望させられるという経験は、その対象への備給を撤退させるが、ときに欲動が別の対象に移らずに自我をその対象と同一化することに使われる（対象の「亡霊 Schatten」が自我に取り憑くとフロイトは表現している）。メランコリカーの自己卑下は、じつはこの知らずに失った――いまや自我の一部と化した――対象への非難である。取り込まれた対象の「亡霊」性、自我の一部の異質性を、フロイトは「もの表象 Dingvorstellung」もしくは「事物表象 Sachvorstellung」という言葉で説明している。取り込まれた対象は、「事物表象」としてある。「事物表象」は、他の無数の印象（痕跡）によって代表されており、喪の作業とは、この「事物表象」を代表している個々の印象からリビドーを分離することである。フロイトは失敗した喪としてメランコリーを定義しようとしているにもかかわらず、その違いの説明は明瞭ではなく、むしろその境界線の曖昧さを強調する結果に終わっている。「この「メランコリーの」リビドーの引き離しの遂行は、瞬間的な過程ではなく、喪と同じように時間のかかる緩慢で漸次的なプロセス」である[33]。

師の曖昧さは弟子にも引き継がれている。カール・アブラハムは、首尾よく行った喪の作業とは、失われた対象をそれとして保存し、いつまでも体内にとどめることだとしている。喪の作業を完遂することは、もはや対象は失われないという安心を生む。「愛の対象は喪われていない。なぜなら私は今や私のなかにそれを持っており、それを二度と喪うことはないからだ！」[34]。対象の死が現実であることを知っているかどうかの違いはあれ、悲哀のなかにある者もメランコリカーも、対象を体内化して持ち続ける。前者が墓標と共に死者を弔うのに対し、後者は地下納骨堂《クリプト》の名のない死者をそれと知らずに自分と取り違えて非難し続ける。

ただし喪とメランコリーの原理的な曖昧さのなかにも差異はある。アブラハムは、喪の終了が排泄として表現されることを指摘している。「私の患者の一人は、抑鬱の消失が明白になったとき、生き生きとした開放感の下で肛門に挟まっていた詰め物が排泄される夢を見た。この排泄過程で太古的な喪の過程は終わりを告げる。われわれはメランコリー疾患を、このような太古的な喪の過程と見なさざるを得ない。メランコリーの経過において、愛の対象はいわば患者の心的性的な（psychosexuell）新陳代謝を通過すると言ってよい[35]」。仮に喪の作業が、取り込んだ対象を糞便として排泄することとして表現され、その糞便を象徴化する能力（すなわち、不死の対象として産み直すこと）であるとすれば、メランコリーにおいては、決して対象は排泄されずに体内にとどまるだろう。それは名を持たず、だから特定されないまま取り憑き続ける。原父殺害が後に残したのは、原父の代理たる禁忌の対象（トーテム動物）を食べるという行為の反復であって、それを排泄する行為の反復ではなかった。受け摂る（食べる）ばかりで返さない（排泄しない）こと、それこそ罪責感（Schuld）＝負債の原因である。

こうして原父殺害のフィクションは、排泄されることのない糞便としての負債を暗に物語る。そして糞便に含まれる「もの」は、肛門愛の抑圧にもかかわらず、情動を喚起する外部の記憶としてとどまり続けるのだ。

註

（1）「糞学 Drekkologie」は、「汚物学」とも訳すことのできるフロイトの造語である（Sigmund Freud, *Briefe an Wilhelm Fließ (1887–1904)*, hrsg. von J. M. Masson u. M. Schröter, Frankfurt/M: Fischer, S. 316)。以下、引用文は既訳を参照しているが、本文に合わせて字句を変更し、煩瑣を避けるために原著頁数を略した。

（2）Ebd., S. 302.

（3）S. Freud, *Über die allgemeinste Erniederigung des Liebesleben*（1912), GW VIII, S. 90（以下、*Erniedringung* と略記).

（4）J. Derrida, "Préjugés," in *La faculté de juger*, Paris: Minuit, 1985, p. 112.

（5）フロイトは、完成した最後の著作『モーセという男と一神教』において、一神教のもたらした文化的飛躍 Aufschwung が特殊な快を含む「陶酔」という情動をもたらすことを論じている。この点については拙論を参照せよ（比嘉徹徳「『歴史小説』における真理」『思想』二〇一〇年六月号)。

（6）S. Freud, *Das Unbehagen in der Kultur*（1930), GW XIV, S. 459.

（7）L. Bersani, *The Freudian Body*, New York: Columbia University Press, 1986, p. 17.

（8）この「価値転換」という言葉にはニーチェの残響がある。『夢解釈』において、夢における像の強度、その移動について述べる際、フロイトは「あらゆる心的価値の転換 Umwertung aller psychischen Werte」に言及する。検閲の結果、「夢思想」における強度は、「夢内容」においては「価値転換」を被っている、と（GW II/III, S. 335. なお R. Gasser, *Nietzsche und Freud*, Berlin: W. de Gruyter, 1997, S. 38 も参照)。いずれの場合も「価値転換」が完全に遂行されることはなく、そのほつれがノイズとして回帰する。

(9) S. Freud, *Drei Abhandlungen zur Sexualtheorie* (1905), GW V, S. 65. 以下〈*Drei Abhandlungen*〉を『三篇』と略記する。

(10) 他方、原理的な問題として、性欲動の完全な充足は不可能である。「私が思うに、どんなに奇異に響こうが、性欲動それ自身の内には何か完全な充足の生起に不都合なところがどうやらあるようだ」(Freud, *Erniedrigung*, S. 89)。

(11) *Ebd.*, S. 86. われわれは、サドの諸作品において倒錯的行為を行なう者のアパシーを想起してよいだろう。

(12) S. Freud, *Vorlesungen zur Einführung in die Psychoanalyse* (1917), GW XI, S. 213. 欲動の対象における倒錯である同性愛について、フロイトは、顕在的な同性愛とほとんどの者が持つ潜在的同性愛を区別することには、実際的な意味はあっても理論的な意味はあまりないと述べている (ebd., S. 318)。

(13) Freud, *Erniedrigung*, S. 90.

(14) Winfried Menninghaus, *Ekel: Theorie und Geschichte einer starken Empfindung*, Frankfurt/M: Suhrkamp, 1999, S. 309 (M・メニングハウス『吐き気——ある強烈な感覚の理論と歴史』竹峰義和・矢野ゆり・由比俊行訳、法政大学出版局、二〇一〇年).

(15) 彼女はチェコ語を話すカトリック信徒であった (M・クリュル『フロイトとその父』水野節夫・山下公子訳、思索社、一九八七年、一六九頁)。

(16) Menninghaus, *Ekel*, S. 306. さらにメニングハウスは、精神分析家の倒錯性とは、みずからを、患者を拷問にかける媒体と化すことにあると述べている。すなわち分析家は、みずからの「倒錯的自由」を求めて分析を開始する、と。「精神分析の理論と実践は、……吐き気の解放というプロジェクトに、つまりは四本足－幼児の吐き気ならびに『倒錯的自由』の再獲得というプロジェクトに専念している」(S. 324-25)。しかしながら、「解放」が幻想にすぎず、「倒錯的自由」がアイロニカルな行為への没入でしかないと述べたのはフロイト自身ではなかったか。フロイトが精神分析へと向かう過程は、治療への意志によってでも「倒錯的自由」によってでもなく、「大義 cause」のための「運動」としか呼びようのない非常に錯綜した欲望によって駆動されている (比嘉徹徳『フロイトの情熱——精神分析運動と芸術』二〇一一年、未刊行、一橋大学提出博士論文)。

(17) Freud, *Drei Abhandlungen*, S. 144.

(18) S. Freud, *Aus der Geschichte einer infantilen Neurose* (1918), GW XII, S. 104. 後に経済的に破綻した狼男は、フロイトやその他の分析家たちによって経済的援助を受けている。

(19) *Ebd.*, S. 116.

(20) Freud, *Drei Abhandlungen*, S. 87.

(21) Freud, *Aus der Geschichte einer infantilen Neurose*, S. 112.

(22) フロイトは弟子のS・フェレンツィに宛てた手紙のなかで、狼男とのセッションの一部を語っている。それによると、狼男が最初に語った願望とは、フロイトを後ろから襲い、その頭に排泄したいというものだった(Freud/Ferenczi, *Briefwechsel*, hrsg. von E. Brabant, E. Falzeder, P. Giampieri-Deutsch, Wien: Böhlaw, Bd. I/1, 1993, S. 214)。

(23) S. Freud, *Über Triebumsetzungen, insbesondere der Analerotik* (1917), BW X, S. 404.

(24) Freud, *Aus der Geschichte einer infantilen Neurose*, S. 116.

(25) この「放出する abführen」に当たる言葉が「下痢を催す」の意味を持つことは見逃せない(Freud, *Entwurf einer Psychologie* (1895), GW Nachtragsband, S. 427)。

(26) 『心理学草案』から三五年後の『文化の中の居心地悪さ』で、フロイトは「隣人」ならびに「隣人愛」の問題に立ち戻っている。言及されることはないにせよ、隣人を自分自身のように愛することを妨げているのは、対象＝他者の「もの」性であることは見やすい。すなわち、他者を自己と同じ愛すべき者と見なそうとすることを「もの」が妨げるのである。

(27) J. Lacan, *L'ethique de la psychanalyse* (1959–1960), Paris: Seuil, 1986, p.87.

(28) *Ibid.*, p.67–68. ラカンは「もの」が情動を喚起する対象であることにも実は触れている。「もの」と情動について次節で論じる。

(29) Freud, *Totem und Tabu* (1913), GW IX, S. 173.

(30) 「息子たちは、未だ法が存在しないとき、どうやってその行為を罪あるものと感じるのか? 実際、フロイトが『事後服従』と名づけたものは、知らぬ間にどこからか姿を現すのだ。……父殺しにおいては、未だ存在していないはずのものの事後作用が問題となっている」（M. Turnheim, “Über die innere Spaltung der Freudschen Geste und die Frage der Rückkehr,” in *Freudlose Psychoanalyse?*, hrsg. von O. Knellessen u. P. Schneider, Wien: Turia＋Kant, S. 100）。

（31） Freud/Ferenczi, *Briefwechsel*, Bd. I/2, S. 229.

（32） 「もの」が呼び起こす情動が、恐怖や罪責感に限定されるのか注意深く検討する必要があるだろう。

（33） S. Freud, *Trauer und Melancholie*（1917）, GW X, S. 443.

（34） K. Abraham, “Versuch einer Entwicklungsgeschichte der Libido auf Grund der Psychoanalyse seelischer Störungen”（1924）, in Gesammelte Schriften, Bd II, Frankfurt/M: Fischer, 1982, S. 49.

（35） Ebd., S. 71.

Ⅱ 〈臨界－外部〉の表象

第8章　欲望機械[1]

ジャネル・ワトソン

フランスの哲学者たちは、ジル・ドゥルーズとフェリックス・ガタリの『アンチ・オイディプス』の位置づけをめぐっていまだ分断されたままである。『アンチ・オイディプス』が哲学作品なのか、それとも真っ当な哲学者《ドゥルーズ》が気が振れた活動家《ガタリ》によって彷徨った挙げ句に生まれた作品なのか。エリック・アリエズは、『アンチ・オイディプス』は「現代哲学と哲学ならざるものとの本質的関係性を規定している。……六八年の思想は、哲学者の非哲学者への生成を扇動している」と論じた[2]。かりにアリエズが正しいとすれば、現代フランス思想はその外部に依存していることになる。それは、ガタリがドゥルーズに発見させた使用可能な外部である。その副題「資本主義と分裂病」そのものが、フランス哲学にとっての二つの外部を喚起する。それは政治経済学と精神医学である。ガタリの出自はこれら二つの領域だが、哲学との関わりは周縁的でしかなかった。ドゥルーズは哲学領域をその出自とし、政治経済学と精神医学とは周縁的にしか関わっていなかった。『資本主義と分裂病』の哲学的ならびに政治的な端緒は、その精神医学的基盤に較べて詳細に探求されてきた[3]。本稿では、ガタリが通過したラカンからドゥルーズへの道を辿りながら、この第三の視点に焦点を当てたいと思う[4]。本稿は、制度を用いた精神療法（制度分析とも呼ばれている）におけるガタリの初期の仕事——それはラカンの下での養成分析と時期を同じくする——を出発点とする。これは、横断性と欲望機械についての彼の理論の臨床的起源である。一九六九年、これらのアイディアの魅力がドゥルーズをガタリとの協働作業に誘ったが、それはフランス哲学の既存体制を驚かせ、落胆もさせた。

一　制度分析

長じて後の人生を通じてガタリは、フランスのロワール河流域にある実験的精神医療施設であるラ・ボルド診療所で、職業的な精神療法家として働いていた。ラ・ボルドは一九五三年に精神医学者のジャン・ウリによって設立され、第二次世界大戦後のフランスにおける精神医学改革運動と結びついていたが[5]、それは、ガタリが述べているように、「精神疾患に対する新たな取り組み、新たな戦闘的アプローチ」の先駆者であり「実践的にも理論的にも革命」をもたらした。改革運動におけるガタリの先達は、当初、〔ボーイ・〕スカウトやユース・ホステル、共産党の青年部、あるいは（その対極にあったモデルである）ナチの強制収容所における彼らの体験から、制度の内的作用について学んでいた[6]。ガタリ自身は、フランス共産党の青年支部、ユース・ホステル運動、学生の社会保障運動に関わっていた[7]。「制度分析」は、制度を用いた精神療法のなかでガタリとその仲間たちが、制度を用いた精神療法や制度教育、さらには他の開放を目指す社会運動によって緩やかに共有された分析の枠組を識別的に表示するために用いた言葉であった（GR: 121）[8]。

精神的健康の管理を再政治化することは、ラ・ボルドで実践された「制度を用いた精神療法」もしくは「制度分析」の当初からの基本目標であった。ガタリは、制度分析についての見解の大枠を彼の仲間と共有していた。ガタリは、看護士と医師との関係を工場における労働者と経営者との関係に比較しながら、精神科の従事者への関心を口にしていた（PT: 7-8）。彼は「制度を用いた精神療法」を「精神疾患の研究をその社会的ならびに制度的文脈から決して分離しない決意」という観点から定義した[9]。したがって制度分析は、左派の政治党派と労働者の組合を含む、あらゆる社会的・政治的な制度をその裡に含んでいた。ガタリは、運動の設立者であるトスケルが唱道した――病んでいようと健康だろうと、学校から家族、近所づきあいなどといった形で、いくつもの制度の間を行き来している人びとが造り上げるものとして――「制度」という広い意味での定義を受け容れていた[10]。ガタリは、精神医学の制度を、個々の医師が患者たちを分析する空間以上のものと見なすようになった。むしろこれこそが制度分析の本質を形づくっているのであって、ガタリと仲間は、手続きや基礎構造、多元的な個人間の出会いから成る一箇の集団的な分析する行為体は素より、制度そのものが分析の対象だと考えていた（PT: 40, 46, 63, 87）。一九六〇年代におけるガタリの著作に反映しているが、彼は理論的かつ実践的、社会的かつ政治的である批判的分析のプロジェクトに積極的に関与していた。彼は、制度分析を「都市、学校、病院、刑務所など」を含む「主体性－生産の制度的実践の潜在的拡張」として描いていた[11]。制度の内部と制度そのものについての分析が社会と政治の次元を含むべきであるとガタリが主張するときですら、彼は急進的政治運動に対して、心的なもの、とりわけ欲望と主体性の問題にもっと注意を払うよう勧告していた（PT: 47, 91; MR: 208/PT: 230; MR: 184/PT: 183）。ガタリは、より広い「社会の革命的変化の枠組」の下にある制度の革命を構想していたのである（PT: 65, 66, 91）。

戦後の精神医学の活動家たちが提起した改革の基調は、精神分析を精神医学の道具立てへ再導入することだった（PT: 39-40）。精神医学と精神分析ははるか以前より別個の分野として〔独自に〕進展していたのであって、ラカン自身が精神医学者としての訓練を積み、精神分析家ではなく精神医学者と名乗っていたことを忘れてしまうのは余りに安易というものである[12]。その始まりから、制度的精神療法はその方向性においてラカン的であった。ラ・ボルドにおける治療はフロイトとラカンの方法論を取り入れていた。それは、当時、病院における実践としてはかなり稀なものであった（PT: 60）。ラ・ボルドのある分析家は次のように回想している――「私が最初ラ・ボルドに到着した頃、ラカンを入念に読んでこなかった者には発言する権利がなかった」と[13]。ガタリもまた「病院でフロイトの方法論を用いることが不可能だとは考えなかった」と述べている（PT: 87）。ラ・ボルドの創設者であるウリは、一九五五年から八〇年までの期間、ラカンとは分析関係にあり、ラカンがパリで毎週開いていたセミネールに参加するようガタリを説得したのだった。ガタリは、一九六二年にラカンとの養成分析を開始し、一九六四年にラカンが立ち上げた新しい学派――彼は生涯にわたって構成員であり続けた――に参加した。

大学を中退したガタリにとって、このメンタル・ヘルスの舞台は彼にその知的編成の大部分を授けた。

制度的精神療法は、当初より、シュルレアリストやフロイトに関心を持つ医師たち、マルクス主義の活動家たち、作家、大学教授といったフランスの知識人を魅了した（PT: 39）[14]。ガタリはまた、サルトルやメルロ＝ポンティの作品、さらには文学作品を含む大量の本を独力で読んでいた[15]。一九五〇年代初め、ガタリは、事実、ソルボンヌでいくつかの哲学の授業に出席していたが、ラカンのセミネールが彼の好みであり、哲学科の学生は、ガタリがあまりにラカンのアイディアに熱中するので、彼に「ラカン」と渾名を付けたほどであった[16]。たとえばジャン・イポリット（ヘーゲル『精神現象学』のフランス語訳者）のような著名な哲学者も出席していた初期のセミナーでプラトンやヘーゲルを用いたことにも現れているように、精神分析に哲学を導入したのはラカンだった。

とはいえ、制度的精神療法はおそらく決して正統的なフロイト－ラカン主義ではなかった。ガタリと彼の仲間は、精神病と集団生活という精神医学の制度が抱え込む二つの難問に精神分析を適用する挑戦をみずからに課した。主流の精神分析がその対象を過度に神経症に据えているというガタリの見解は『アンチ・オイディプス』に明瞭に表れているが、一九六〇年代のガタリは、むしろフロイトの臨床的伝統を制度的枠組――多くの患者が食事と衛生を含めて昼夜ぶっ通しでさまざまなスタッフと交わり会い続ける場所――における治療の集合的性質という観点から再考することに、焦点を絞っていた。病院における生活の集合的性質はラ・ボルドにおける反省と批評の対象となったが、そこでガタリは患者とスタッフが交流する「クラブ」を創設するために雇われたのである[17]。こうした視点からガタリは、さらに進んで、社会的交流を促進するだけでなく、職員間の序列関係を固定化し、患者とスタッフとの、あるいは患者同士の分離といった制度が有する危険に対する警戒を促す機能をもつクラブと委員会を絶え間なく作り出しては解体し、さらにまた作っていった。ガタリは、制度の硬化に対するさらなる安全装置として、少なくとも一週間で交替する当番の「グリッド」を維持する任に就いていた。このグリッドは、ラ・ボルドの方針を「科のすべてのスタッフの仕事は医療の仕事と統合されていなければならず、またその逆に、医療スタッフは掃除や調理、皿洗い、保守管理などといった仕事に選出される」と定めている(CY: 190)。序列関係に対する不断の闘いは、政治的かつ治療的であった[18]。

ガタリは精神病治療には制度の集団的性質が不可欠であると感づいていた。したがって彼は、分析家と被分析者という二人組《デュオ》がバリケード封鎖された居心地よいオフィスの扉の向こうの私的な談話室に閉じ籠もって行なわれる、一対一の治療セッションに焦点を絞る精神分析の傾向に、しだいに懸念を抱くようになった。ラカンはそのキャリアを精神病院で開始したにもかかわらず、セミネールでは、一対一の治療を前提とする分析技法を奨励したのだった。一九六〇年代最末期以前にガタリが書いた批評は、直接にはラカンは素より、ラカン主義者さえもその標的にしていはないが、ガタリはラカンにエコール・フロイディアンヌでの養成分析の一部として精神医学のインターンを含めるよう促した多くの制度的精神療法家のひとりであった[19]。ガタリは、「治療者の養成は、今日、完全に個人的観点から把握されており、このため彼らは将来協同作業を行う準備がほとんどできていない」と書いて、分析家の養成方法に対する不満を漏らした(PT: 62)。ガタリは、「伝統的な方法で養成された精神分析家が、精神病理に関わる事柄に関してその技法のみならず、理論的目標を根本的に変更しなければ病棟における治療を引き受けることができない」というところまで、古典的な治療法と理論的枠組の両方が変更される必要があると考えていた(PT: 87, 60, 89)。彼が強く主張したのは「神経症、精神病、倒錯への接近はこの種の二者関係以外の道筋を要求する」という点に絞られ、彼はまた「精神病は、適切な制度における、この病の周囲で発展した集団生活においてのみ、その真の顔を見せる」と付け加えた(CY: 204, 189–189)[20]。この点については、次節で立ち戻ろう。

ガタリには、精神分析が療法的にも政治的にも限定されているように思われた。同僚の精神分析家たちが政治を度外視することを好み——そうしようと思えば彼らは容易にそうできた——、私的なオフィスに温々と身を沈めているのを、彼は目の当たりにしていた。これに対して制度的な精神療法家たちは、多くのスタッフと国家のヘルスケア・システム、「〈歴史〉に幻覚を起こさせる」精神病患者によって不可避に制度の扉の内部に持ち込まれる政治的かつ社会的問題と日常的に対峙しなければならない(PT: 155)。政治と仲間《ソキウス》は制度の内部からは到底無視することができず、それは私的なオフィスのバリケード封鎖された避難所をもたらしえない。ガタリは、精神分析の脱政治化と、「現実は診療室の前に留めておかねばならない」という個人臨床家にままあると彼が見ていた態度を嗤った(CY: 217)[21]。

ここまでの私の議論を要約しておこう。制度分析の療法家は、精神分析治療を集団化し、それを精神病に適用すること、さらにはその社会的・政治的な重要性を認識する必要性を感じていた。これらの目標を、ガタリは制度的精神療法の同僚たちと共有してはいたものの、彼はこれらの問題に対する洗練された理論的アプローチを発展させるためにさらに遠いところへ向かったのだった。

二　サルトルと横断性

すでに述べたように、ガタリとその仲間たちは、「制度」概念をメンタル・ヘルスの領域を超えて、調査集団、労働組合、政党、軍事機構――わずかな事例を挙げれば――などにまで拡張した。分析領域の精神病院の垣根をはるかに越えた領域への拡張は、「無意識の編成を分析することが、古典的精神分析の二人の主役に関わるだけでなく、別のより広大な社会の部分を包摂しうることを示唆して」いた(CY: 195, 27–29)[22]。ガタリは、あらゆる制度が固定的な序列関係と隔離、惰性に傾きがちであることを看て取っている。こうした苛立ちによって、彼は治療と理論の両面にわたる解決策を求めて動いた。彼はみずから発明した概念にその解決策を見いだしたが、それが「横断性」と呼ばれる戦略であった。ゲーリー・ゲノスコが示したように[23]、「横断性」という語は多くの新しい次元を有しており、これに続くガタリの本でも使われているが、ここでは、転移という精神分析における古典的概念との関係において元来発展させられたところの、もっとも初期の定式に焦点を合わせたいと思う。

「横断性」概念を用いてガタリは、精神分析的治療における二つの支柱――転移と言語[24]――に取り組んだ。それは、「解釈と転移という超越的な経路によって『象徴的秩序』」を徹底操作する「個人相手の治療」(ラカン)に対する制度的対案の追求であった(CY: 204)。解釈とは症状 - 徴候と欲望を言語に許に措くことである。しかし、ラカン自身が教えたように、単なる言語化、しかも分析家によって供されるそれは、必ずしも治療を進展させはしない。転移は、その根本で、分析家と被分析者が形成する関係が孕むさまざまな複雑性を吟味する、分析状況の研究に関わっている。一九六〇年から六一年のセミネールでラカンは転移を中心的に講じたが、一九六三年から六四年のセミネール『四つの基本概念』の一章もまた転移に充てられた[25]。

ガタリは転移が制度的配置でいかに働くかを問い、新しい概念が必要であると考えるに到った。その決意をガタリは、専門的な精神療法を担う仲間たちに宛てた「転移」と「横断性」という一九六四年の二つの論文における結論として、提示した[26]。この二つの論文は、たとえば武装的な政治集団といった別タイプの集団性への言及を多く含むものであった。ガタリは制度の許での治療を多様な集団性を含意するものとして理解していた。したがって、二つの論文は彼の集団概念に議論の多くを割いていた。たとえば、制度を用いた精神療法では、患者、看護士、インターン、経営陣、医師、調理師、施設管理人、さらに訪問者の集団などが〔看過しえない集団として〕存在している。ガタリは、単なる集団化によっては、同一化に至る転移、個人主義、エリート主義といった問題や、精神医学的制度の治療集団には臨床的かつ政治的な問題を生じさせる序列化をもたらす否定的な傾向があることに起因する治療者の政治からの退却傾向という問題が解消されないと考え、集団の類型論《タイポロジー》（以下を参照せよ）を発展させた（PT: 40-41, 47, 61-4）[27]。したがってガタリは、「患者と介護者、看護士と医師、医師と患者家族との新しい関係性」を求めて、精神医学改革で共に闘う同志に仲間に加わるよう強く迫った。彼は、現存する制度内のカースト的序列関係は、社会一般の階級的圧迫を映し、伝導しさえすると警告したのである（PT: 40, 64-5）。

集団編成を理論化するに当たって、ガタリは、人類学におけるトーテムと文明史を扱ったフロイトの集団心理学、『弁証法的理性批判』において展開された、サルトルによる集団の人間実存についての壮大な普遍的歴史に依拠している。[28] ガタリは、実存主義の時代の終焉という当時流行っていた判決を敢然と撥ねつけて、「サルトルは歴史と真の社会的参加《アンガージュマン》の人間である」と書いた（GR: 40; CY: 168）。ガタリが、ラカンによる優雅で単純な分析家－被分析者－シニフィアンの三角形モデルに差し挟もう――あるいはむしろ、取り囲んで乗り越えよう――と腐心したのは、歴史と社会参加の次元である。ラカンが一対一の分析の本質を転移の取扱い《マネージメント》にあると教えたのに対して、ガタリは制度分析を集団内部と集団間の横断性の取扱い《マネージメント》と定義したのである。

ラカンにとっても、転移はつねに陽性的なものではない。主流派の精神分析に異を唱えて、ラカンは、彼が臨床における転移の「もっとも粗雑な」使用――「転移を患者が分析家に対して持つ陽性もしくは陰性感情の継起あるいは総体」としてしまうアプローチ[29]――と考えるところのものを描いている。この事態は、分析家が一切を人格あるいは自我としての自己自身に帰するときに起こる。最近ある註釈者が、ラカンの註解によって簡潔に説明しているように、これは「象徴的な転移を想像的なものに引き下げること」に相当する。「この種の分析家たちは『自我の健康な部分』に訴えかけている……それをラカンは皮肉って、自我を『われわれと同じように考える部分』と呼んだ。彼らはみずからの自我をモデルに患者の自我の部分になろうとしている。ラカンはこうした考えを隅から隅まで批判した。このような分析家は、自己の複写という自己愛的な目論見に現を抜かしている」のだ、と。[30] ラカンが想像的なものに安住しているこの種の分析を批判するのは、被分析者が新しいシニフィアンを産み出すことを抑止し、分析を堰き止めるからである。感覚《フィーリング》への拘泥や同一化への没頭は想像的な関係に固着したままでいることだが、ラカンにとって分析の本質は、主体とその他者たちとの構造的関係におけるシニフィアンの戯れを促すことにこそある。(31) 有名な〈シェマL〉で彼が定式化したものがこれであった。(32)

同様にガタリも、分析家がみずからをモデルとして設定するこの種の想像的転移に異議を唱えたが、彼の不満は、主要には、社会－政治的なものであった。私設オフィスで一対一のセッションを行なう分析家は「オフィスに避難し、転移の後ろに隠れるので、治療は孤立して展開されることになるし、外部からは何も入り込まない」という点にあった(GR: 78; RM: 285)。他方ガタリは、主流の分析家たちが転移の背後に身を隠してカウンセリング・ルームから政治を閉め出すときでさえ、この同じ機制が、政治の回帰を可能にする開口部を作り出すということを看て取っていた。彼は、転移についての論攷で、次のように述べている。

> 精神分析の特殊な教育課程の如何に依らず、正常性についての予め決定されたモデルが、この枠組のなかで暗黙の内に参照され続けている。原理的に、分析家は、この正常化が分析家への被分析者の純粋かつ素朴な同一化の産物であるとは思っていないが、しかし、それにもかかわらず……、被分析者が現存する社会秩序と共存しうる人間的な横顔に同一化する過程として、正常化は確かに作動しているのだ(GR: 65-66; PT: 56–57)。

ラカンは不適切に取り扱われた転移を新たなシニフィアンの産出を押し殺す想像的な同一化の徹底操作

と見なしていたが、ガタリは、分析家が、必然的とはいえ多くの場合不承不承、現存する支配的秩序の社会的規範を伝達することを前提としたうえで、同一化的転移に現状の保守的再生産を見いだした[33]。ガタリにとって、同一性の相互的な転移に拘泥している分析家－被分析者という一対は大文字の他者に向かって影響を及ぼすのではなく、より具体的に、振る舞いや期待、現実の社会的・政治的な帰結をもたらす諸価値を転移しているのである。こうして寝椅子は、現代の消費者資本主義の巨大な機械の歯車に取って代わる用意のできているブルジョワ的個人を（再）生産している（MR: 85; RM: 245-6）。このように理解すれば、寝椅子での個人化を促す同一化による現状強化は精神分析家の尊大な俗物根性と選り好みしたブルジョワの顧客に対する階級的忠誠心と連んでいるのであり、私的な精神分析は、実質的には、金に余裕があり、週に複数回のセッションを受けられる時間のある裕福な患者——したがって、大部分は神経症的で、必然的に御しやすい患者——に限定されている（PT: 60, 83）。

ラカンにとって、また一九六四年のガタリにとっても、発話《パロール》は悪い分析を良い分析に変容させる鍵である。まずはラカンから。転移が分析関係において想像的諸効果は素より情動にも関わることが疑いを容れないことを認めながらも、ラカンは同時に、つねに分析家が象徴的秩序のなかで転移を取り扱うべきであると強く主張した。その事例としてラカンは、フロイトの有名なドラ症例研究を挙げている。フロイトに拠れば、ドラは、母親の大切な愛人（K氏）と分析家（フロイト）に対する攻撃的な感情を示しながらも、両者にみずからを同一化し、またその語りのなかでは、K婦人に対する偽りのないレズビアン的欲望を分節化できない。ラカンは、フロイトが白状したドラ分析の失敗を注釈しながら、転移が同一化と情動に足を取られて想像的領域に滞留可能だとすれば、「治療の方向」は妨げられるであろうと警告している。もちろん、ドラや他の多くのヒステリーについて言えば、この種の想像的転移が語り《パロール》を要件とすることは確かだが、この語りは、しかし、「空っぽの語り」あるいは「空虚そのものの召還であって、他者が仕掛けた誘惑の曖昧な裂け目のなかにある。それは主体が放縦さを露わにし、主体が彼のナルシシズムの記念碑を賭けている手段による」ものである。分析家はこうした誘惑の罠に落ちてはならず、必要とあらば沈黙を守って、この裂け目を充填することに抵抗せねばならない[34]。ラカンは、この個人間の弁証法が、談話室の外を含めて、どんな言語行為にも含まれることを示唆しているのである――「ここで問題になっている有効な転移は、その本性上、まさしくパロールという行為です。真に、また充実した仕方で他者に話しかける度ごとに、本当の意味での転移、すなわち象徴的転移が底に存在するのです。つまり、向かい合っている二人の存在者の本性を変えてしまう何かが生起しています[35]」。充溢した語りと空っぽの語りの区別は、一方が本当のことを表現し、他方がそうではないという点にはない。というのも、分析の枢要は空っぽの語りに現れた潜在的真実を突き止めることだからである。したがって、ラカンにとって「充溢した語り」は、真実を述べる語りでは必ずしもなく、むしろ「行為遂行《パフォーム》する語り」である[36]。解釈が真実か否かはさほど重要でなく、想像的転移を象徴的転移に移し替えることによって、分析を前進させる（あるいは前進させない）という役割こそが重要である。

ガタリは、ラカンの教えを制度的枠組の許で用いるために改変するなかで、満ちた語りと空っぽの語りの区別を二つの集団――主体集団と隷属集団――を弁別するために借用している[37]。以下は社会集団に関するガタリの理論の意訳による概要である。ガタリは、おおかたの制度が隷属集団によって支配され、その結果遺憾にも、あらゆる種類の問題の原因となっている悪い転移が起きている、と示唆している。

隷属集団はサルトルの「実践的惰性態」に属している。いいかえれば、隷属集団は先行する実践の沈殿を体現している。なぜなら、そうした隷属集団は「硬直した図式、日常の儀式化、責任の規則的で最終的な序列関係化にしたがって、理解される」からである（CY: 191-193）。これらの儀式と序列関係によって、集団構成員は無を回避し、その〔集団〕参加《アンガージュマン》の究極的意味をはぐらかし、孤独や超越性の標を纏ったあらゆるものに対して身を護ることができる。精神分析用語で言い換えれば、ひとは、欲望や死から身を隠し、集団的な神経症的強迫に耽るために、隷属集団に属する。隷属集団は儀式を通じてその症状－徴候を涵養するのである。ガタリは、弁証法によってサルトルとラカンを結合することで、こうした集団が同時に彼ら自身の言明の主体であり客体であることを見いだした。集団の無－意味、換言すればその死は、外部から到来する。というのも、この種の集団はその法－掟を外部から受け取り、またその集団の幻想は外部への間違った窓として機能する。こうした集団は、他の集団から疎外され、この他集団にみずからを馴致させることで、その序列関係を堪え忍ぶのである。隷属集団は欲望を分節することができない。この集団は、言説から疎外されているがゆえに、無－意味に直面するという危険を冒そうとせず、合理性の見せ物を上演してはみずからを慰め、スローガンの背後に隠れてしまう。ラカンの用語で言えば、隷属集団は、空っぽの語りに固着したままなのである。

『横断性』でガタリは精神医学的な制度が支配されがちな隷属集団の典型について論じている。以下は、それが何を実際に語っているのかという点と同様、そこで用いられている語彙（強調された言い回しを見よ）についても興味深い一節だろう。

集団（たとえば、伝統的な病院での支配的集団）の無意識的欲望は、死の欲動という表現と同じく、おそらく発話のなかで述べることができるようなものではなく、その代わりに、あらゆる種類の症状を産み出すであろう。これらの症状は「言語のように分節化されて」おり、構造的文脈のなかで記述可能かも知れないとはいえ、この症状が主体－主題としての制度を覆い隠す傾向を持つ程度に応じて、この症状は支離滅裂な言葉――集団内の真の発話の現れが不可能になるまさにその瞬間に建てられる対象（『トーテムとタブー』）が解読するために残されている――でしかうまく表現されないであろう（MR: 15–16; PT: 77）。

フロイトの「死の欲動」やラカンにおける「真なる語り」の不可能性には、無意識的欲望の得も言われぬえ言語を絶した様といった意味で、サルトルの実践的惰性態にも似た何ものかがある。隷属集団は、その欲望のいかなる分節化をも阻止するために、一箇のトーテム的対象を構築し、そうすることで、真の（もしくは充溢した）語りをどうにか遁れようとする。症状－徴候として現れる表現されない欲望――それはしばしば、抑圧された欲望であるが――ほど、フロイト的なものはない。無意識的所産と同様、症状－徴候は、ラカンが言うように、「言語のように分節化されている」と考えられる。ガタリは、「機械」や「群体《アセンブラージュ》」といった、社会体制を分析するための自身の言葉をいまだ産み出してはいなかった。ただ、ガタリの基本的な問題設定は、すでに看て取ることができる。すなわち、肯定的な社会編成につながる変化をもたらす生産的創造性の解き放ちを阻む障碍をいかに撤廃するのかという問題意識である。

対照的に主体集団は、みずからの有限性、消散、死だけでなく、他集団との関わりという究極性〔限界〕をはっきりと受け容れるので、勇敢であり、効果的かつ自発的に登壇して発言し（*prend la parole*）、果敢に討論に加わる。ガタリの主張をさらに私なりに要約すれば、主体集団のこの明快さは、ただし犠牲をともなうものである。というのも、他集団への開放性は痛みをともなうからである。主体集団は、したがって、その構成員に対してわずかな安心や庇護しか与えない。不誠実（*mauvaise foi*）や自己欺瞞といった安易な手段と比べ、重い責任が自由にはついてまわるという実存主義的説明を想い出すなら、これはまさにサルトル的展望にほかならない。主体集団は、「集団の責任を進んで引き受けるが、しかし、仕事への関係……や個の実存を再び単独化することにもとづくある種の諸活動を促進すること」によって産み出されるのである（CY: 191-193）。したがって、主体集団は、みずからの無意味を怖れることなく引き受けるが、そうすることによって、その無意識を表現し、欲望の対象を白日の下に曝す危険を引き受ける可能性を開きもするのである。言葉を換えれば、主体集団は、充溢した発話もしくは真の発話が不可能となるまさにその場所に立てられた、先に述べた解読不能のトーテム的対象の存在を認める。言葉で表現しえない対象によって塞がれている裂け目は、集団の創造性が湧き上がる場所そのものであり、またしたがって、空の発話の無意味は、それによって有効な言明を産み出すために、集団によって引き受けられねばならない。そうした集団の編成は特異である。というのも、そうした集団への帰属は一箇の特殊で束の間の（永遠の不安あるいは死の欲動からではなく）問題を引き受けるためだからである。主体集団――理路整然とし、交通的《コミュニカティヴ》、責任応答的、実効的な――は、横断性の構造にしたがって、何とかみずから組織しようとする集団である。ガタリは、主体集団の発展を促すための手段として横断性を発案したが、それは集団の従属の回避を意味している。主体集団は、隷属関係に逆戻りすることがあり得るのと同じように、ガタリの考えでは、主体集団はつねに隷属集団から現れうるのだ。

ラカンが精神分析において適切に取り扱われた転移の使い方を全霊を傾けて提唱したのに対し、ガタリは制度における転移の使用を全面的に退けた。ガタリは、その経験から、「精神病の転移はときに深刻な惨事に到ることがある」ということを理解していた。精神病院におけるスタッフ間とスタッフ－患者の典型的序列は、医師が頂上にいて患者が底辺近くにいるような、「特定の役割やステレオタイプへの強制的で、決定済みの『領土化された』転移」を作り出す。ガタリは、この社会的転移こそ、「分析への抵抗」よりも治療に害悪をもたらすものである、と見ている（以上、MR: 17; PT: 79）[38]。彼は、序列関係が制度のスタッフと患者に（馬のように）「遮眼革をつけ」、スタッフと患者との相互作用と交通関係《コミュニケーション》を遮断するという隠喩を用いて、こうした状況を描いている。なぜなら、遮眼革が互いをはっきり認識することを妨げているからである。遮眼帯は序列関係の底辺にいる者の声と創造性を封じ込めるのである（MR: 16–17; PT: 78–79）。その結果、精神病院は、患者と看護士の間に進行している密な相互作用を見落とすことで治療のチャンスをしばしば逃すだけでなく、患者と病院で働いている者たち、清掃スタッフや患者仲間の間の関係を無視してしまう[39]。横断性は、制度的精神療法が、他の患者を含めた制度内のあらゆる人びとを積極的に巻き込んだ、集団的企てとして定義される理由を説明する（PT: 89）。

ガタリは、精神病院における横断化された個人間の関係を記述するに当たって、発話に関わる二種類の争点を挙げている。第一は精神障碍であり、第二がスタッフ間の交通関係《コミュニケーション》の重要性である。第一の型である発話問題に関わって言えば、精神病は社会的な交通《インターコース》が極度に困難であるという特徴を有しており、その結果、たとえばそれがシーツ交換をする人間との陳腐で意味のない単なる会話交換ですら、彼らが生産するいかなる発話にも重要性が付加されてしまうといった具合に、精神病患者とのどんな個人間の遣り取りも重大で意味ありげなものに変えてしまう。ガタリの観察に拠れば、制度――ガタリの定義に拠れば、それは「言語的交換のネットワーク」だが――の中では、実質的には何も交換されていない。しかし、診療所は、最終的には、「空虚な言葉の機械」であるにしても、このような恣意的な無－意味の非－交換によって、患者は自分自身から逃げ出し、自分を認識・理解することができるようになる（PT: 37）[40]。これは、その実効性が空虚な発話を行為遂行的な発話もしくは充溢した発話に変容させるもうひとつの事例である。入院患者による集団で運営されたこの種の治療は四六時中生じうるものであり、通常の患者と医師とのセッションに限られるものではなかった[41]。ガタリが指摘するように、病棟の患者は実効的な解釈を供給することができるのである（MR: 17; PT: 79）。また制度内の発話の第二側面について言えば、すべてのスタッフ間の交通関係《コミュニケーション》は、重度の健康障碍を患っている患者のあらゆる相互作用が問題となっている以上、さらなる重要性を担っている。したがって、全患者を介護する部門と交代勤務に就いている従事者は、介護に当たって患者と議論するための会議をもつことが、きわめて大切である。横断性は病院が有する序列のさまざまなレヴェルを貫く交通関係《コミュニケーション》を最大にするように促進することをその目的にしており、またしたがって、横断性は「役割を問い直し再定義する原理」と定義することができる（MR: 18/PT 80; MR: 21/PT: 83）。

三　ラカンと欲望する機械

ガタリは、主体集団と従属集団という概念を放棄することになるとしても、生涯を通じて社会的集団について考察し続けることになる。[42]「欲望機械」こそ、集団概念の最初の大幅な変更である。早くも一九五七年には、ガタリは、ラ・ボルドで患者とスタッフが組織する委員会に、「巨大な社会 - 治療的な言語機械」という特徴を与えている（PT: 35）。最晩年になってガタリは、事のついでに、そもそもラカンが欲望する機械の理論の「口火を切った」張本人だと述べている。[43] 欲望機械が『アンチ・オイディプス』を根底で支える概念であるにもかかわらず、この言明はほとんど人目を引かない。この節の目的は、ガタリが、当初ラカンに宛てられた『記号から他者へ』と『機械と構造』を書きながら、いかにラカンから欲望機械という着想を引き出したかを示すことにある。ガタリは、一方で制度分析と横断性という概念を標準的なラカン的臨床への代案として発展させながらも、他方で同時に、記号と構造という核芯的概念で始まるラカン理論について困難な問題を提起することに勤しんでいた。ラカンのためだけに書かれたこれら二つのテクストの何れも、所期の目的に達することはなかった。というのも、ラカンがそれらのテクストに格別関心を示すこともなかったし、ガタリが期待していたらしい激励を与えることもなかったからである。

『記号から他者へ』は、一九六一年一二月にラカンに宛てた実際の手紙をその出発点としている。それは一九六六年の『ルシエルシュ』誌に発表されたが、その一部が『精神分析と横断性』に再録されているだけである。[44] 管見では、それはまた、詩的濃密さのためか、いまだ英訳されていない。ガタリは、ラカンによる一九五五年四月二六日の「『盗まれた手紙』についてのセミネール」に応答して、この論文的な手紙を書いたと説明している (DS: 33/n. 1)。[45] 興味深いことに、彼は、ポーの短編についてのラカンの有名な読解ではなく、むしろフロイトのフォルト／ダーの遊びや子どもの丁半遊びから着想を得た一連の数学における数列を紹介する序文部分を論じている。偶然にも、ウリとガタリはこの種の組み合わせゲームを創って遊ぶのが好きで、ラカンの講義にもとづいた彼ら独自の丁半ゲームを創作していたと、ウリは回想している。[46] 私が思うに、ガタリは、フロイトの『快原理の彼岸』を集中的に論じたラカンの一九五四年から五五年のいくつかの講義もまた参考にしている。ラカンはこの通年のセミネールを、現代における機械科学であるサイバネティックスで締め括っている。ラカンを註釈した他の者たちがポーの置き忘れた手紙に強い関心を抱いてきたのに対して、ガタリは数学ゲームとサイバネティックス機械がかなり気に入っていた。

その年のセミネールの冒頭でラカンは、自動症的反復の性質、快の追求の彼岸にある死の欲動というフロイトの仮説の起源となった反復強迫概念を解説するための「ちょっとしたモデル」——ある「像《イマージュ》」——を構築しながら、サイバネティックスを最初に取り上げている。彼が選んだモデルは加算器であるが、彼はそれが「本質的に象徴的創造物」であると主張している (S2: 88)。ラカンは、すでにフロイトが器官を一箇の機械と把握しており、「脳は一箇の夢を見る機械」であることを発見していたと、述べている (S2: 79, 76)。ラカンにとって機械モデルは「人間の反復欲求の意味」を示しており、「すべては象徴領域の侵入」にある（S2: 88）。『盗まれた手紙』についての続く講義はその証明の一部をなし、それは「機械は人間活動の最も根底的な象徴的活動を具現化している」という考えにもとづいている（S2: 74）。この象徴的秩序という機械が持つ性質の証明で問題になっているのは、人間の選択の自由と、外在的決定論に捕らえられたその存在という対項である――「機械が動物よりも自由であるということを証明するのはたやすいでしょう。動物とは動きの取れない機械」です（S2: 31）。精神分析の治療は、人間が従属している外部的決定因を前提とし、またそれによって可能になる。ラカンは「分析技法の根底にある決定論の性質は何なのでしょうか」と問う。ラカンは次のように答える。分析家は「主体が意図せずに彼の考えや彼の言葉や彼の言説を話してくれるように、言い換えると、意図的に可能なかぎり偶然に近づくようにしてもらい」ます（S2: 296）。また当然のことながら、コンピュータが普及した時代においてわれわれがよく知っているように、単純な計算機ですら記憶を持っている（S2: 88）。記憶のお陰で、一九五〇年代のそれだけでなく一七世紀のパスカルの計算装置でも、機械は偶然のゲームを行なえるものとなる――「サイバネティックスで何が問題かを理解するためには、われわれにとって焦眉のテーマである偶然の意味〔作用〕というテーマの近くに、サイバネティックスの起源を探らねばなりません（S2: 296）。

これらの原理は、ポーの盗まれた手紙の決定的な置き換えにおいてのみならず、架空の探偵デュパンが物語の語り手に解説する丁半ゲームにおいても、実演されている。デュパンは、想像的秩序に属する一箇の心的機制である同一化という技術を用いて、対戦相手の手にあるビー玉の数（二個あるいは三個）当てることで、つねにゲームに勝利する小学生の話をする。この少年は、対戦相手の表情を取り込んでは、そこに自分と一致する考えや感情を嗅ぎ分け、対戦相手の半／丁の選択を正確に模倣することができることを会得する。この同一化の技術は丁半ゲームができる機械には利用できない、つまり、機械は完全に象徴的な水準でゲームを行なっている、とラカンは記している（S2: 180, 181）。丁／半、現前／不在、フォルト／ダー、電気回路のオン／オフ、コンピュータ化されたメッセージの0／1、パスカルの賭け計算機、こうしたサイバネティックスは、連続性の許にあるさまざまな象徴を厳密に操作することによって小学生の言い当てゲームを行なう、機械の科学である。「象徴的次元にあるものはすべて、このような継起によって表すこと」ができる（S2: 185）。ラカンはセミネールを聴講していた二人の参加者を選び出して丁半ゲームをさせ、彼が編み出した一連の組み合わせの規則に従って、結果を記録し、書き換え、コード変換する。[47] 最初にラカンは、丁と半の予想をプラスとマイナスとして記し、それを三つの集団に分ける。次いで彼は、このパターンをさらに二度、最初は1、2、3へ変換し、次いでそれをギリシア文字に変換する。すべては厳密な変換規則に従っている。彼は、最終的に得られたパターンがいくつかの組み合わせ可能性の数学的に限定された数によって決定されていることを指摘している。ラカンは、ゲームの規則に従属している象徴の限定された軌跡を示すために点を連結する。短いとはいえ複雑な実演が意味しているのは、シニフィアンが主体間の対人関係を決定する機械的な方法を明示していることである。ラカンは、この実演と、主体とその（大文字の）他者との関係を示す有名な〈シェマL〉との「相似性」に言及している。[48]

ラカンは、人間と機械の双方が偶然ゲームをすることができるのは、双方がともに記憶し、反復することができるからだと論じているのである。とはいえ、記憶することと反復することは、すでにフロイトが詳細に示したように、思考することではない。ラカンは「よく知られているように、機械は考えません」と付け加えている。しかし「機械が考えていないとしても、われわれ自身も何かを操作している最中には考えていないことは明らかです。われわれは機械とまったく同じメカニズムに従っています。ここで重要なのは、出会いの可能な組み合わせ連鎖があらゆる主観性から独立し、厳密さにおいて存続する一つの次元として研究できるということに気づくこと」なのです（S2: 304）。主体（観）性から独立して存続するこの厳密な「秩序」こそ、象徴的な秩序そのものである――「自然の秩序から文化の秩序への人間の移行は、分類し説明するのに用いられる同じ数学的組み合わせに従って」いるのである。ラカンは、レヴィ＝ストロースが「数学的組み合わせ」を親族の基本構造と呼んでいることも付け加えている――「人間はその存在全体が、数の行列の中に、想像的表象とは異なる原始的象徴体系の中に組み込まれて」いる（S2: 307）。人間――たとえ「原始」人であっても――は、サイバネティックス機械のように作動するのである。

一九五四年から五五年にかけてのラカンの記号は、彼の構造主義が記号を数学素《マテーム》と代数的トポロジーに従属させた後にそう見えるよりも、ずっと戯れに満ち、開放的で興味深い。論攷に様変わりしたガタリの手紙の内容は、この初期の記号に喚起されたものであり、その記号に関してラカンは、象徴の伝達、ゲームをするサイバネティックス機械に関連づけて、次のように書いている。

フロイトは次のことに気づいた最初の者です。患者が無作為に選ぶ数字は、妹と寝た時のことや、さらには当日の朝マスターベーションをしたために大学入学資格試験に落ちてしまった年のことを患者に思い出させるものだということです。もしわれわれがこのような経験を認めるなら、偶然は存在しないと言わねばならなくなります。主体がそれについて考えていない間に、象徴たちがまぐわい合い、交接し、増殖し合い、繁殖し合い、飛びかかり合い、引き裂き合うのです（S2: 184-5）。

ガタリは、これらの暗号や象徴が抑圧された情動や記憶の諸断片に沿って動く力をもつとしても、それらが依然としてシニフィアンではないということを認識している。交接し、闘争的で、列挙された記号を支配する機械的組み合わせは、リビドー的欲望の関与を妨げるものではない。これらの多型的に倒錯した原記号は、一箇の厳密な論理に捕捉されていることによって貧弱なものになるということは決してない。

『記号から他者へ』でガタリは、性的に再生産する記号についての関連する仮説を発展させているが、それを彼は戯れに充ちた小点や文字、プラスやマイナスを用いてモデル化している。彼のゲームは、「ありとあらゆる創造をそれ自体で説明する原型の記号」を追い求める（DS: 38.）、起源についての野心的な探求となっている。こうして彼の野心は、ラカンのプロジェクトの野心をはるかに超えている。ラカンが言語に基礎を有する主体の本性を具体的に説明しようとしているのに対して、ガタリは普遍性の起源を探し求めている。ガタリは記号の構成諸部分への分解からその論攷をはじめ、そうすることで、フロイトの〈一つの特徴 *einen einziger Zug/trait unaire*〉——英語では「間断なき線 unbroken line」「一撃 single-stroke」「単一素から成る特性 unary trait」など、さまざまに訳されている(49)——についての一九六一年六月のラカンの講義に依拠して、議論を進めている。この講義は転移に関する一九六〇年から六一年のラカンのセミネールだが、このセミネールでラカンは、一対一の分析治療における間主観的関係を図式化しようと骨を折っていた。ラカンはフロイトの〈*trait unaire*〉をいまだシニフィアンではない「最小記号」と定義し直している。フロイトは〈*trait unaire/einen einzigen Zug*〉を愛と競争の部分的同一化を論じる際に導入していた。フロイトは、愛や競争の関係に囚われている主体が、たとえば誰かが他人の症状‐徴候を選び取る場合のように、誰かの「単一素から成る特性」に同一化している可能性がある、と仮定していた。ラカンは、愛と競争を想像的同一化として再分類し、また彼にとっては象徴的同一化の本質はシニフィアンへの同一化にあるとしていた。したがって彼は、想像的同一化の本質は、〈*trait unaire*〉という部分的シニフィアンだけの自己への取り込みにあるのだという結論を導いている（S8: 417-8）。

　この〈*trait unaire*〉の価値は、ガタリにとっては、完きを得た記号との関係においてその「始源」の地位にある（S8: 418）。しかし、〈*trait unaire*〉は、ガタリにとっては、十分に始源的ではない。ガタリは、斑（あるいは染み）・〔横〕棒・標・点は、それらが別の体系で用いられるまで「意味する素材」にはならないと記している。彼は最小記号が現実にいかなる契機で生まれるのかについて、思案しているのである。ガタリは、斑点の偶然と言ってよい創造とラカンの最小記号あるいは〈*trait unaire*〉の発展にいまだ到らないものとの間《あわい》に、唯一無二かつ不可分の「空虚から生じた二つの母斑点によって産まれた」ものとして、「記号‐突端 sign-point」もしくは「突端‐記号 point-signe」を定義している。いまだ斑点は意味を成さないが、それらは番《つがい》となって、子どもを産み出すのである。次いでガタリは、新しく生まれた記号‐突端を、それが偽の内部といくつかの偽の部分、一箇の空洞と複数の反空洞をもってい

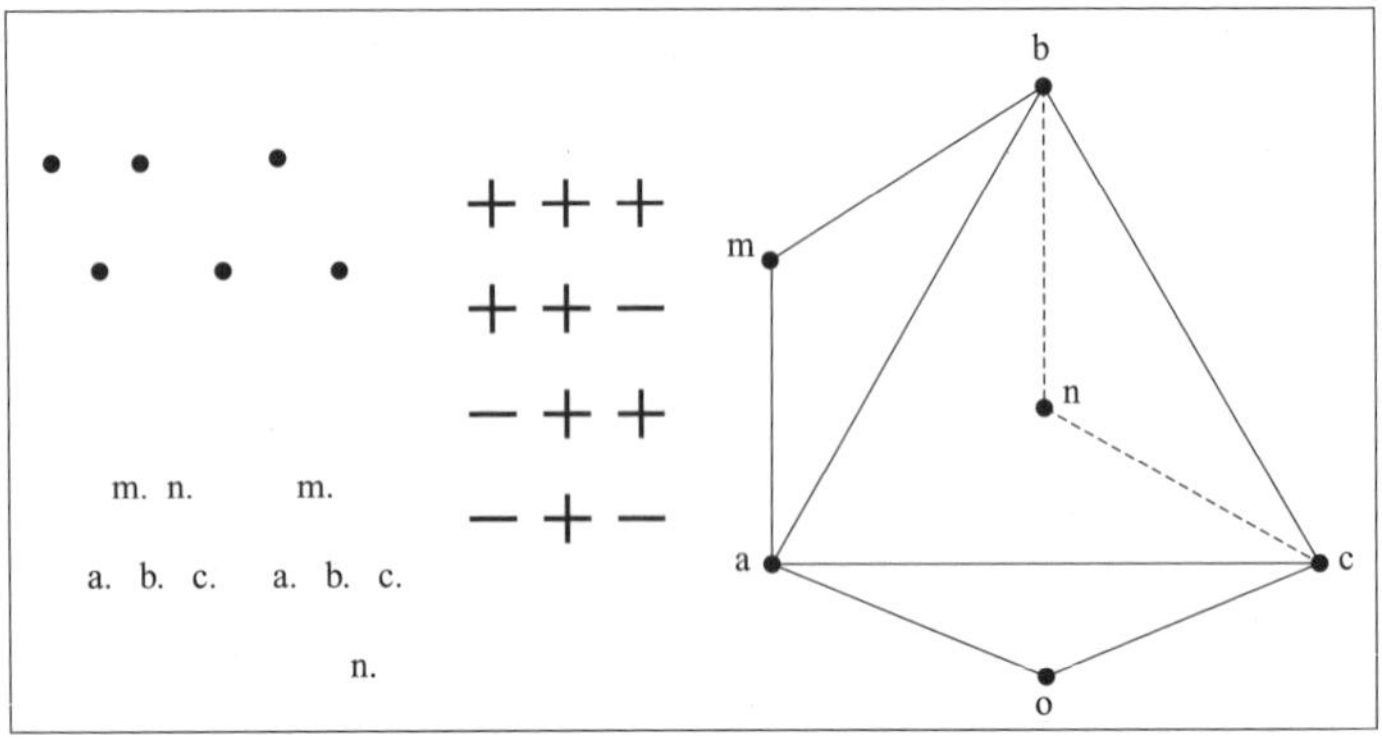

ると仮定することによって、分解する。この奇妙な記号－突端は「記号の生《なま》の素材であり、それ自体シニフィアンではない」(DS: 33, 35, 43)。とはいえ、記号－突端は連鎖を形成することができる。二つの記号－突端が代わる代わる番《つがい》となるとき、それらは〈*trait unaire*〉というラカンの「根源的象徴項」を創り出す。この記号の創世は、ガタリがその論攷でモデル化したものである。三つの記号－突端が「基本記号 *signe de base*」を編成し、厳密な規則に従った基本記号の一箇の連鎖化が、プラスとマイナスへ書き写すことのできる種々のパターンを産み出すのである（図参照）。こうしてガタリは、ラカンの丁半ゲームからいくつかの要素を借用しているが、しかし、同一化や偶然といった問題には関心を寄せているようには見えない。ガタリのパターン操作は、幾何学的線描と結びつけることで締められるが、最終的には記号－突端に彼を連れ戻すが、ふたたび彼はこの記号－突端を、こんどは陰性もしくは陽性に負荷をかけられた基本分子へ解体するのである。

　ガタリは、退屈な組み合わせに数頁を費やした後、具体的な応用に向かう。彼は、詩や音声体系、音符に、二項連鎖が作動していることを発見する。彼のゲームプレイの一線分は音声体系にもとづく二項的なコード化をその裡に必然的に含んでいるが、それは、プラスとマイナスに書き換える「仕組み」がリズムや音の抑揚、音調、文字、音韻、形態素、意義素などに関するあらゆるタイプの曖昧さを二項の鎖に「分節化」できることを証明するためである（DS: 50）。ガタリは音楽を事例として取り上げている。良い音楽家は、アマチュアの聴き手による演奏中のバスドラム、シンバル、トライアングルが作り出す音の注意深い写譜――もちろん、聴き手が豊富な情報を充分に転写することが前提だが――を研究するだけで、曲名と協奏曲の作曲家を認識できるだろう。次いでガタリは、「転写」と「コード化」という意味論的問題を現代の技術社会における「機械的」プロセスという遠大な帰結に結びつける。ラカンは、技術進歩が機械とその人間との関係という考えそのものを根底から変えつつあると何気なく述べながらも、象徴界秩序にとってのモデルとしてサイバネティックスに強い関心を抱いた（S2: 31–2）。このラカンとは対照的に、ガタリは、機械と意味作用との相互連結の増大によってもたらされつつある歴史的変容に、その論攷の重要な箇所を割いている。彼は、資本主義的生産と大量消費への機械的プロセスの挿入について、また「意味作用する合理性」がとくに大量消費の商品化された領域をがっちりと摑むことを看て取りながら、その人間主体への潜在的影響について語っている。生産に関してガタリは、機械が流れ作業労働での人間の動作を意味作用する分節に急速に置き換えつつあると示唆している。彼は、現代の歴史的条件の悲哀の要約として、問題は技術の進歩それ自体にあるのではなく、社会秩序が主体と主体性を効果的に向き合えない扱うことにある、と論じている（DS: 50-53）。

ガタリは、その関連領域を分析家と被分析者との個人間関係性をはるかに超えて拡張するという唯一の目的を携えて、ラカンの〈*trait unaire*〉を解体する。ガタリは、ラカンによる〈シェマL〉のサイバネティックス的解釈よりも広大で、より良いモデルを構築しようとしている。こうして弟子《ガタリ》は、師《ラカン》のモデルをバラバラに分解し、その部品をありとあらゆる場所に撒き散らしてゆく。もっとも微細な部品たちこそ、彼をもっとも面白がらせる。師《ラカン》のさまざまな部品をよりよく理解するために、弟子《ガタリ》は師《ラカン》のサイバネティックスの遥か向こうに理論物理学の最新の発見を引く。ガタリの見るところでは、物理学者たちは、象徴だけでなく物理の素粒子を生産し再生産するために、象徴界の素材を機械的に操作している。こうした観察によってガタリは、原子的かつ宇宙的な世界の意味論的理論を提起する。

> 理論物理学の集合的な記述は……、機械そのものとシニフィアンが分かち難く絡まり合った巨大な意味作用する機械を止むことなく構築しては再構築している。意味作用する機械は、素粒子の理論的には常軌を逸したあらゆる現れを途中で遮り、解釈することができる。これらの素粒子は、その振る舞いに尤もらしい説明を与えることができないばかりか、最近の研究から言えば、その実在性が技術的理論的な企図そのものに依存しているようにさえ見える（DS: 53）。

要するに、物理学者のいわゆる素粒子について言えば、理論的言明が物質的実在に先立っているのであって、こうした理解は、七〇年代のガタリの著作にふたたび顔を出すことになる。

主体の逸脱が精神分析ではよく知られているにもかかわらず、ラカン理論のずっと限定された射程内では、記号は、主体を従属させる効果においてのみ重要である。しかしガタリは、主体はシニフィアンの連鎖という牢獄に完全に閉じ込められる訳ではないと公然と主張し、その結果、少なくともいくつかのラカンの解釈から逸脱する。ガタリは、主体が「基本的に倒錯」しており、「主体が記号に完全に順応する訳がない以上、記号は主体に対して遺恨を抱いている」と考えている。弁証法そのものは「あらゆる類いの意味作用する規定が成す一箇の巨大な身体」から現れる「無価値、偶然、無意味の吹き出物につけ込んで利用する」のである。ラカンの主体も、同様に倒錯的に反抗的だが、ガタリは主体の非社会的側面にむしろその関心を寄せているように思われる。ガタリは、ラカンが丁半ゲームから発見した「意味作用する決定」を論駁しようとするわけではないが、偶発性、無意味、技術の地政学により大きな興味を示すのである（以上、DS: 58, 54, 61, 51–52）。

主体性と機械の関係は、ラカンに宛てられた一九六九年のテクスト『機械と構造』までは、探求されることがなかった。そのテクストでガタリは、「欲望機械」という着想を初めて導入した。ラカン自身が彼の雑誌「シリセット」のために『機械と構造』に掲載を願い出たということだが、それはドゥルーズの最新刊に対する応答をガタリに求めてのことであった。ラカンがこの文章を掲載しなかったので、ガタリはこれをドゥルーズの許へ持っていった[50]。彼らの共通の友人に拠れば、これが彼《か》の哲学者と例の戦闘的分析家が初対面した状況である[51]。ガタリは構造の存在とその機能を否定しなかった。彼はむしろ、構造の概念をその裏面である機械によって補う議論をしている（MR: 111–19; PT: 240–48）。ガタリは構造と機械は相互に依存しているがゆえに不可分であるという点に拘泥した。機械と構造が会合する場で人間は捕縛される、と（MR: 114; PT: 243）。ラカンのために書かれたのであって、決してラカンに背くものではなかったこの論攷は、ラカンが構造に精通しているだけでなく、機械についても何事かを知っているということを明らかにしている。先に示したサイバネティックスについてのラカンの議論を読めば、ラカンが機械に精通していることはもはや明らかだが、ガタリはラカンの無意識についての基本理論がある種の機械的側面を有していることを明らかにしたのである。小さな対象「*a*」(*objet petit "a"*)は「ちょっとした偽装爆破装置のように個人の構造的平衡へ侵入する」(MR: 115; PT: 244)。ガタリは「欲望機械」を「幻想身体の表層に回帰する『小さな対象「*a*」』」と等置する(MR: 116; PT: 245)。「対象『*a*』」は、それ自体が、欲望機械なのである。であればこそ、先に引用したように、ラカンが欲望機械という「秘伝を伝授した」と述べたのである[52]。

同じ論攷でガタリは、彼がまだ会っていなかったドゥルーズにも機械を発見している。ドゥルーズは『意味の論理学』(一九六八年)と『差異と反復』(一九六九年)を出版したばかりであったが、『機械と構造』のある脚注で、ガタリは、自分の機械と構造の区別を解説するに当たって、そこにドゥルーズの二冊の新著を配置し、ドゥルーズの思考の大胆な加工に挑んでいる(MR: 111 n. 1; PT: 240 n. 1)。非常に興味深いことに、ガタリはドゥルーズ『差異と反復』における心的反復に関する精神分析理論の詳細な議論には触れず、ドゥルーズの反復理論の核芯に直接迫っている。ガタリは、ドゥルーズにおける――それにはいかなる交換物も代替物も存在しえない――単独性の「反復」に彼自身の機械を認めている。同じくガタリは、彼の構造という範疇を、特殊性と取り替え可能あるいは代替可能な領域と定義されるドゥルーズのいわゆる「一般性」に相当する、と考えている[53]。こうして『差異と反復』の最重要の命題を一つの文章に呑み下しながらも、同一の脚注でガタリは、『意味の論理学』における「構造」の記述に異議を申し立て、実質上これを訂正している。この戦闘的精神分析家ガタリは、「一般に構造を決定する最小限の条件」は二つの異質な系列の存在を含んでおり(構造の条件一)、その項は互いの関係において存在する（条件二）という点で、ドゥルーズに同意しながらも、[54] 哲学者ドゥルーズによる構造に関する第三の条件を次のように書いて、再分類する。すなわち、ガタリは「『複数の系列を差異化するべく作用する一箇の逆説的な要素に収斂する二つの異質な系列』は、その反対に、専ら機械の秩序に関係している」と書くのである（MR: 111 n. 1; PT: 240 n. 1）。ガタリの見解では、ラカンと同様に、ドゥルーズは機械を知悉していた。ラカンとは異なり、ドゥルーズはガタリの機械概念に魅せられ、自身の基本理論を修正するためにその概念が使われたことに意を介さず、自身の考えにその修正を喜んで取り容れた。このようにドゥルーズは哲学の「外部」に開放的であったが、ラカンは分析関係の「外部」に開放的でないばかりか、みずからの教えの「外部」にすら開放的ではなかった。

ドゥルーズは、ガタリの欲望（する）機械だけでなく、その精神分析批判にも魅了されていた。ドゥルーズは後に、あるインタヴュアーに「フェリックスを精神分析から救い出したのは私ではなく、彼こそ私を救い出してくれたのです」と語っている。[55] ドゥルーズは、『差異と反復』や『意味の論理学』、そしてマゾヒズム論で、フロイトとラカンの種々な側面を広範に論評しているが、その無意識へのアプローチでは、二〇世紀の知的主流に必ずしも従わなかった。それは、フロイトと同様、ライプニッツやジャネ、ベルクソン、ユングにも多くを負っているからだと言ってよい。[56] ドゥルーズはラカン正統派からの離脱をガタリに帰したが、一九六九年以前のドゥルーズの著作は特段にフロイト的でもなければ、ラカン的でもなく、精神分析的ですらなかった。それでも彼には、ガタリに会うまでは、フロイトやラカンの理論を塡覆する動機など感じていなかったのである。[57]

ガタリが、彼をドゥルーズへと導いた機械という道を辿って、ラカンの教えから徐々に遠ざかっていったときですら、ラカンは精神医学からも精神病の治療からも遠ざかっていった。忘れてならないのは、ラカン自身の訓《おしえ》、臨床、理論化は、犯罪性パラノイアについての彼の初期の仕事からしだいに遠ざかり、不可能な享楽へ、そして最後のセミネールを支配するに到るトポロジーに移動しながらも、当時展開し続けていたということである。ラカンは、一九三二年にパラノイアについての博士論文を執筆・出版し、一年間（一九五五〜五六年）を精神病についてのセミネールを費やしたが、総じてラカンは精神病の精神分析的治療についてはほんのわずかしか指導していない[58]。一九六四年から六九年の間、ラカンの関心の移行は彼のセミネールを構成する聴講者の変化と平行していた。ラカンは、サンタンヌ精神病院の講義室を奪われ、アルチュセールの招きで権威ある高等師範学校で講義しはじめた。そこでラカンは哲学的に訓練されたアルチュセールの学生たちの人気を博した。これらの若くてお金持ちの学生たちが、ラカンを誘惑し堕落させたと言われてきた。なぜなら、彼らは初期のラカンのセミネールを構成していた多忙な専門医とは違って、本を読む時間がたっぷりあったからである[59]。一九六九年、ふたたびラカンは、セミネールをラテン地区の中心にあるパンテオンから渡った法学校の講堂へ移さざるを得なかった。聴講者は、規模においても、雑多さにおいても、ずっと増していた。いまやラカンは活気あるパリの知的舞台のスターであった。一九六九年から七〇年以降、彼の講義は際立って定式化され、数学的になった。この年のセミネールは、数学的組み合わせ論にもとづいて話す主体の間主体的関係を配置する可能性を論じ尽くすという意図をもつ「四つの言説」に、その焦点を合わせていた[60]。数学的要素はすでに戦前期のラカンの仕事にも散見されるが、ラカンは、一九七一年になって初めて、ガタリを煩わせた無意識の概念化である「数学素《マテーム》」という観念を導入した[61]。

一九七二年、ラカンは初めてボロメアンの結び目を提示し、あれやこれやのトポロジー的図形にますます魅了され、追随者たちを困惑させた[62]。こうしてラカンは構造を選択したが、ときおり彼の小さな機械は顔を覗かせるのであって、それが彼の作品をいまだ読むに足るものにしている。

精神分析は、「一九六八年の思想」に囚われた人びとにとって、影響力ある哲学の「外部」であった。ラカンは哲学ならざるものの形式を、最初はイポリットに、それからアルチュセールとその学生たちに、もたらした。同じくガタリは、哲学ならざるものをドゥルーズにもたらしたが、彼の貢献は、政治化された精神分析、制度を用いた形式をもつ精神分析であった。この「政治的」かつ「制度論的」外部、それがラカンが無視することを選択した外部にほかならなかった。

註

（1）私の主眼は、ガタリ単独で書き上げた作品を緻密に吟味し、その特異な思考が何かを特定し記述することである。とりわけ、一九七〇年代以降のガタリによる著作の特徴のひとつに、線画、図、図式、図表の激増がある。かつてドゥルーズは、ガタリについて、「彼のアイディアは線画であり、図表でさえある」と述べていた。その概念〔の創造〕を指向するドゥルーズの思考は、ガタリが不断に生産し続けた、図表に似た新しいアイディアに奇妙に惹きつけられている。「フェリックスのダイアグラムと、私〔ドゥルーズ〕の分節された概念とを組みあわせて、いっしょに仕事をしようという欲望を私たちはいだいた」（G・ドゥルーズ『狂人の二つの体制 1983-1995』宇野邦一ほか訳、河出書房新社、二〇〇四年、三九頁）。図表であるアイディアを持つ――図表において考える――とは、何を意味するのか？ さらには、ガタリがそのもっとも理論的な単著に多くの線画を付加したのか？ 何がドゥルーズをこの思考に惹きつけたのか？　ガタリは師であるラカン――種々の精神分析的グラフや数学素、トポロジーを生み出した人物――に何を負っているのか？　本稿は、ラカンと濃密に関わっており、またドゥルーズに出会う前に出版された初期ガタリの作品について論じたものである。

（2）E. Alliez, "Anti-Oedipus – Thirty Years On," *Radical Philosophy* 124, March-April, 2004, p.11.

（3）P. Patton, *Deleuze and the Political*, London: Routledge, 2000; E. W. Holland, *Deleuze and Guattari's Anti-Oedipus: Introduction to Schizoanalysis*, London: Routledge, 1999; N. Thoburn, *Deleuze, Marx and politics*, London: Routledge, 2003 が典型である。

（4）C. Kerslake, *Deleuze and the Unconscious*, London: Continuum, 2007 を参照せよ。

（5）この運動はサンタルバン病院のフランソワ・トスケルによって主唱された。ラ・ボルド診療所は一九五三年にジャン・ウリによって設立されたが、百床超ほどの入院患者用ベッドを持ち、外来患者が利用できる部局をいくつか備えていた。当診療所は、いまもなお、フランスのシュヴェルニー村にあるロワール城を本拠地としている。ガタリは、一九五〇年代初めから彼が亡くなる一九九二年まで、ラ・ボルドでジャン・ウリと活動をともにした。精神医学の仕事に従事するために、ガタリに薬学の研究をやめるよう説得したのが、ジャン・ウリであった。ウリは、当時のガタリには正規の訓練がまったく欠けていたにもかかわらず、彼を診療所運営の右腕にしたのだった。G. Genosko, in Félix Guattari, *The Guattari Reader*, ed. by G. Genosko, Oxford: Blackwell, 1996, p.9（以後「GR」と略記し、本文中に頁数とともに挿入する）および J. Oury and M. Depussé, *À quelle heure passé le train ... Conversation sur la folie*, Paris: Calmann-Lévy, 2003 , pp.198, 204 参照。

（6）F. Guattari, *Psychanalyse et transversalité: Essais d'analyse institutionalle*, Paris: Maspero, 1972, pp.40, 68〔F・ガタリ『精神分析と横断性――制度分析の試み』杉村昌昭訳、法政大学出版局、一九九四年〕（以後「PT」と略記し、本文中に頁数とともに挿入する。また参照における煩瑣を避けるために、邦訳に準拠するものの、すべて原著の頁数だけを表示する。また邦訳がある他の文献についても、同様の処理を行なう）。

（7）G. Genosko, *Félix Guattari: An Aberrant Introduction*, London: Continuum, 2002, pp.4–11; Oury and Depussé, *À quelle heure passé le train*, pp. 193–207; J. Oury, “La psychothérapie institutionelle de Saint-Alban a Laborde,” Laborde Clinic, http://perso.orange.fr/cliniquedelaborde/la%20clinique/Presentation/texte2.htm（二〇〇七年九月二五日アクセス）。

（8） F. Guattari, *Soft Subversions*, ed. by S. Lotringer, New York: Semiotest（e）, 1996, p. 268 および J. Oury, F. Guattari, and F. Tosquelles, *Pratique de l'institutionnel et politique*, ed. by J. Pain（interviewer）, Vigneux, France: Matrice, 1985, p. 47 をも参照。制度を用いた精神療法の概念的枠組みについては、Oury, Guattari, and Tosquelles, *Pratique de l'institutionell et politique* を、教育については A. Vasquez and F. Oury, *Vers une pédagogie institutionelle*, Paris: Maspero, 1967 を参照。ガタリは「制度分析」という言葉が剽窃され、意図せざる使われ方をされたと不満を漏らしている〔訳者――〈psychothérapie institutionelle〉をいかに訳すべきかについては、多賀茂・三脇康生編『医療関係を変える――「制度を使った精神療法」の実践と思想』京都大学学術出版会、二〇〇八年を参照した。基本的にここでは、三脇の提案に従い「制度を使った精神療法」という訳語を採用している〕。

（9） F. Guattari, *Molecular Revolution: Psychiatry and Politics*, tr. by R. Sheed, Harmondsworth: Penguin, 1984, p. 208（以後「MR」と略記し、本文中に頁数とともに挿入する）. なお PT, p. 230 も参照。

（10） Oury, Guattari, and Tosquelles, *Pratique de L'insititutionnel et politique*, pp. 132–33.

（11） F. Guattari, *Chaosophy*, ed. by S. Lotringer, New York: Semiotext（e）, 1995, pp. 193–94（以後「CY」と略記し、本文中に頁数とともに挿入する）.

（12） J. Oury, P. Babin, and J. P. Lebrun; *Il, donc*, Paris: Union générale d'éditions, 1978, p. 40.

（13） J.-C. Polack in Félix Guattari et al., “La Borde: Un lieu psychiatrique pas comme les autres,” *Quinzaine Littéraire* 250, 1977, p. 21（G. Genesko in GR, p. 9）.

（14） あるガタリの同僚は、彼を「リバータリアンの独学者」と評している（J.-C. Polack, “Félix Ante Félix,” in *Gilles Deleuze, Félix Guattari et le politique*, eds. by M. Antonioli, P.-A. Chardel, and H. Regnauld, Paris: Sandre, 2007, p. 131）.

（15） J. Oury in Oury, Babin, and Lebrun, *Il, donc*, p. 27; J. Oury and M. Depussé, *À quelle heure passé le train*, p. 198.

（16） インタヴューにおけるガタリの発言（C. J. Stivale, *The Two-Fold Thought of Deleuze and Guattari: Introductions and*

Animations, New York: Guilford Press, 1998, p. 203; F. Dosse, *Gilles Deleuze et Félix Guattari: Biographie croisée*, Paris: Découverte, 2007, p. 51)。

(17) Oury, Babin, and Lebrun, *Il, donc*, p. 13; Oury and Depussé, *À quelle heure passé le train*, p. 205.

(18) 一九九〇年代初めの仕事で、ガタリは社会的治療的「メタモデル化」の例として、制度をつねに再調整するこれらの方法を未だに引き合いに出していた（F. Guattari, *Chaosmosis: An Ethico-Aesthetic Paradigm*, tr. by P. Bains and J. Pefanis, Bloomington: Indiana University Press, 1995, 69–71/*Chaosmose*, Paris: Galilée, 1992, 99–101)。ラ・ボルドでのグリッドは、頻繁に問題が持ち上がったとき、膨大な議論と再折衝にかけられた。「物事をこのように頻繁に問いに付すことは、不毛で混乱しているように見える……がしかし、責任を個人あるいは集団で引き受けることが制度化されうるのは、この活動を通してのみであって、伝統的な序列体系によって生み出された官僚的規範と受動性に対する唯一の治療である」（CY 191)。

(19) Oury and Depussé, *À qeulle heure passé le train*, pp. 252–53.

(20) この指摘は、主に、当時の典型的な精神病院に向けられていた。精神医学を改革しようとしていた者たちには、それが監獄のように組織されていると思われた。患者たちが制服の寝間着を着て、循環と社会的相互関係を遮断されて自身の部屋に隔離されている監獄である。

(21) F. Guattari, *La revolution moléculaire*, 1st ed., Fontenay-sous-Bois: Recherches, 1977, p. 23（以下 RM と略記し、本文中に頁数を記す)。なお MR, p. 257 をも参照。さらにガタリは、主流派の分析家がその臨床を「ある種の神経症」に限定し、心的にではなく官僚主義的に診ること、あるいはまだ増しだが、同僚の精神分析家だけを精神分析することを望んでいることを非難した。彼はこの種の分析が、精神医学の制度においては度し難く場違いなものだと見なしていた――「精神分析家の首根っこを摑んで精神病院に置くことは、中世の牧師を捕らえて工場か、あるいは水泳プールに入れるようなものだ！」（PT: 49)。最終的にガタリは、フロイト主義やラカン主義の精神モデルが、その主要目的として、私的診療を保護することに資するものと見ていた。「すべてのこの忌まわしい装置」――たとえば、自我の分裂、欠如、去勢、父の名、象徴秩序への参入――は、「寝椅子の安楽を保護するためにそこにある」と（CY: 216/RM: 22; MR: 257）。

（22） F. Guattari, *Les années d'hiver*, 1980–1985, Paris: Barrault, 1986, pp. 80–81 も参照。

（23） Genosko, *Félix Guattari*, 66–121.

（24） J. Dor, Introduction to the Reading of Lacan: *The Unconscious Structured Like a Language*, eds. by J. F. r Gurewich and S. Fairfield, New York: Other Press, 1998, p. 2.

（25） J. Lacan, *Le séminaire de Jacques Lacan*, vol. 8, *Le transfert*, 1960–1961, ed. by J.-A. Miller, Paris: Seuil, 1991, pp. 123–200（以下 S8 と略記し、頁数は本文中に記す）. J. Lacan, *The Four Fundamental Concepts of Psycho-Analysis*, ed. by J.-A. Miller, tr. by A. Sheridan, New York: W. W. Norton, 1977.

（26） これらの論文は、ラ・ボルドにおける治療実践の原理の理論的提示を公式に表明したものとして読める。その見解はラ・ボルドの設立者であるジャン・ウリに支持されている。ウリは、横断性についての論攷の著者がガタリであることと十分認識しながらも、それが病院での共同作業を反映していることから、あたかも共著であるかのように感じられると語っている（Oury and Depussé, *À quelle heure passé le train*, p. 230）。

（27） F. Guattari, *Écrits pour l'Ante-Oedipe*, ed. by S. Naudaud, Paris: Lignes et Manifeste, 2004, p. 135 も参照。

（28） S. Freud, *Group Psychology and the Analysis of the Ego*, tr. by J. Strachey, New York: Bantam Books, 1971; do., *Civilization and its Discontents*, ed. by P. Gay, tr. by J. Strachey, New York: W. W. Norton, 1989; do., *Totem and Taboo: Some Points of Agreement Between the Mental Lives of Savages and Neurotics*, tr. by J. Strachey, London: Routledge, 2001; J-P. Sartre, *Critique of Dialectical Reason*, tr. by Jonathan Rée, London: Verso, 1982.

（29） J. Lacan, *Écrits: The First Complete Edition in English*, tr. by Bruce Fink, New York: W. W. Norton & Co., 2006, 2002, p. 503.

（30） B. Fink, *Lacan to the Letter: Reading Écrits Closely*, Minneapolis: University of Minnesota Press, 2004, p. 8; *Lacan, Écrits: The First Complete Edition in English*, p. 494.

（31） Lacan, *Écrits: The First Complete Edition in English*, p. 184.

（32） J.-A. Miller in *ibid.*, p. 859〔訳者――〈シェマL〉については、J・ラカン「《盗まれた手紙》についてのセミネール」同『エクリ』I、宮本ほか訳、弘文堂、一九七二年、図L、六四頁参照〕。

(33) 「転移」と「横断性」の両方に関してガタリは、ベルギーの精神医学者で精神分析家のジャック・ショット（Jacques Schotte）に言及している。彼の転移についての論攷は、ガタリの論攷が掲載された雑誌の同号に掲載されている。ショットは、フロイトの転移概念を彼の時代の科学的思考の文脈に置き、最終的には一つにまとまる二つの意味の流れを記している。より大きな意味をもつ第二の意味は、情動的関係 *affective relation*、とりわけ分析家と分析を受ける者との関係である。ここでガタリは、主に、輸送、転置、置換といった第一の、より字義的な、意味を参考にしている。価値の移転－譲渡、それがフロイトの時代にこの語が持っていた意味のひとつであった。最終的にフロイトは、彼が格闘していた現象を記述するために〈Uebertragung〉という語を選んだ。このドイツ語が有する多様な意味と連想をショットは記している。すなわち、輸送、通信、転置、贈与、〔財産権の〕移転、翻訳、隠喩、婚約、条約、協定である（J. Schotte, "Le transfert dit fondamental de Freud pour poser le problemè: psychanalyse et institution," *Revue de psychothérapie institutionelle* 1, 1965, http://www.balat.fr/article.php3?id_article=356〔二〇〇七年九月二二日アクセス〕）。

(34) 以上、Lacan, *Écris: The First Complete Edition in English*, pp. 181, 183–84, 206, 207.

(35) J. Lacan, *The Seminar of Jacques Lacan*, vol. 1, *Freud's papers on technique, 1953–1954*, ed. by J.-A. Miller, tr. by J. Forrester, New York: W. W. Norton, 1988, p. 109.

(36) *Ibid.*, p. 107, n. 1における〔オースティンの〕引用。なお、語りの行為遂行の概念については、J. L. Austin, *How To Do Things With Words*, Oxford: Clarendon Press, 1962 参照。

(37) ガタリによる集団の類型論は、じつは、執筆時期が異なるいくつかの異なる論攷で展開されている（PT: 42–5; GR: 61–8/PT: 52–8; MR: 14–7/PT: 76–9; CY: 191–3）。これについて私は以下で、ガタリが決して十分には与えていない一貫性を集団の類型論に与えてしまう危険を冒して、手短に述べてみたい。

(38) ドゥルーズと出会う五年前に、すでにガタリが「領土化」という考え方を用いていることに注目せよ。

(39) Polack, "Félix Ante Félix," p. 133; J. Oury, "La psychothérapie institutionell de Saint Alban a Laborde," La Borde Clinic,

http://perso.orange.fr/cliniquedelaborde/la%20clinique/Presentation/texte2.htm〔二〇〇七年九月二五日アクセス〕。

(40) 日常活動のための下部委員会（SCAJ）は、院内でも社会性と言語にもっとも障碍がある患者の多くを傘下に置いている。会議では、課題の多くが結論に達成しないにしても、その議論には患者の半分が参加し、相互作用と社会的接触を産み出すに当たって、とても優れた役割を果たしている（PT: 35-8）。

(41) そのうえ、より重い精神病を病んでいる入院患者は、身の回りの社会的差異を認識しない。ウリの観察に拠れば、分裂病者は世間的な評価に無頓着である（Oury and Depussé, *À quelle heure passé le train*, p. 172）。ラカンの用語で言えば、精神病者には、父性的構造が排除されている。神経症者が権威や序列関係（ラカン派の分析家にとっては転移の有効性）に過剰に適応するのに対し、精神病者はそうではない。というのも、ラカンの定義に拠れば、精神病者は大文字の他者を知らないからである。ガタリは、一九七〇年代には、「父の名」という簡潔な表現を論難し、この精神病の理論を退けている。

(42) 「ドゥルーズは、私が持っていた集団についてのある種の神話を丁寧に軽やかな手つきで解体してくれた」とガタリは書いていた（CY: 30; Guattari, *Les années d'hiver*, 1980–1985, p. 87）。

(43) Guattari, *Chaosmosis*, p. 95; *Chaosmose*, p. 132.

(44) F. Guattari, "D'un signe à l'autre," *Recherche* 2, 1966（以下DSと略記し、本文中に引用頁を記す）. なお、PT: 131–150も参照。

(45) 『盗まれた手紙』についての講義は幾度か出版されてきた。最初に出版されたフランス語版についてはJ. Lacan, "Le séminaire sur 'La letter volée'," *Psychanalyse* 2, 1957を参照。英語版ではLacan, *Écrits: The First Complete Edition in English*, pp. 6–48およびdo., The Seminar of Jacques Lacan, vol. 2 *The Ego in Freud's Theory and in the Technique of Psychoanalysis*, 1954–1955, eds. by J.-A. Miller and J. Forrester, tr. by S. Tomaselli, New York: Norton, 1988, pp. 191–205に収録されている（以下S2と略記し、本文中に引用頁を記す）。デリダによる論攷を含め、多くの註釈を付したテクストの再収録を参照のこと（J. P. Muller and W. J. Richardson, eds., *The Purloined Poe: Lacan, Derrida & psychoanalytic reading*, Baltimore: Johns Hopkins University Press, 1988）。ガタリとウリは、ポーの話にあるゲームについてラカンが

話した元の講義に出席していたと思われる。その講義から彼らはノートを採り、それからおそらく、一九五七年にセミネールが出版された雑誌のコピーを手にしたに違いない。

(46) Oury and Depusé, *À quelle heure passé le train*, pp. 199, 203.

(47) 訳者——前掲「《盗まれた手紙》についてのセミネール」五六〜六〇頁にある、〈+、−〉についての記述（五六頁）、網I-3（五七頁）、「四分法」（五九頁）、図Ωおよび図Oを参照されたい。

(48) Lacan, *Écrits: The First Complete Edition in English*, pp. 31, 39–41.

(49) ガタリは明示的にこの講義を引用してはいないが、ラカンの〈trait unaire〉にはしっかり言及しており（S8: 405–22）、本稿は私が発見したこれに関するもっとも拡張された議論を提供するものである。この語の翻訳については、D. Evans, *An Introductory Dictionary of Lacanian Psychoanalysis*, London, New York: Routledge, 1996を参照せよ。

(50) 「フェリックスは、彼が『欲望機械』と呼んでいたものについて私に話してくれました。彼は、機械としての無意識、そして分裂的無意識の理論的・実践的概念の全体を持っていました」（G. Deleuze, *Negotiations, 1972–1990*, tr. by M. Joughin, New York: Columbia University Press, 1995, pp. 13–14）。

(51) 『機械と構造』は、一九六九年に、ラカンのエコール・フロイディエンヌ・パリに提出された論文である（PT: 240 n.1）。ドゥルーズとガタリの共通の友人ジャン゠ピエール・フェイエは、ラカンがガタリに「シリセット」誌のために論文を書くよう求めた、と説明している。最終的にフェイエは、そのテクストを彼の雑誌『シャンジ』に掲載した（J.-P. Faye, "Philosophe le plus ironique," in *Tombeau de Gilles Deleuze*, ed. by Y. Beaubatie, Tulle, France: Mille sources, 2000, pp. 92, 97）。歴史家フランソワ・ドスはやや異なった説明をしている。『シリセット』誌のために文章を求める前に、ロラン・バルトの雑誌『コミュニカシオン』ために文章を書くという最初の約束があったが、掲載されなかったというものである。ドスとフェイエのいずれの説明でも、テクストは最終的にはドゥルーズへ送られ、それがドゥルーズとガタリの最初に会話をする出発点を与えることになる（Dosse, *Biographie croisée*, pp. 92, 268–69）。

(52) 一九六九年におけるガタリの語彙的・理論的な支柱は、依然として、ラカン的であった。たとえば彼が「一箇のシニフィアンの連鎖において克服される分裂としてのこの無意識的主体性が諸個人と人間集団から機械の世界へと転移される」と書き、あるいは、別のシニフィアンのために主体を表象しているシニフィアンというラカンの定式に「機械を表象する代表として活動するのは、無意識の構造的連鎖から分離されたシニフィアン」と変更を加えるときなどに、それは明らかである。彼によれば、これが機械の本質である（MR: 113, 114; PT: 242, 243; MR 114; PT 243）。

（53）G. Deleuze, *Difference and Repetition*, New York: Columbia University Press, 1994, pp. 96–115, p. 1.

（54）G. Deleuze, *The Logic of Sense*, ed. by Constantin V. Boundas, tr. by M. Lester with C. Stivale, New York: Columbia University Press, 1990, p. 48.

（55）Deleuze, *Negotiations*, pp. 144, 15, 13.

（56）Kerslake, *Deleuze and the Unconscious*, ibid.

（57）A. Roger, "Gilles Deleuze et l'amitié," in *Tombeau de Gilles Deleuze*, ed. by Y. Beaubatie, Tulle, France: Mille sources, 2000, p. 44.

（58）D. Nobus, *Jacques Lacan and the Freudian Practice of Psychoanalysis*, London: Routledge, 2000, pp. 140–43.

（59）Oury and Depussé, *À quelle heure passé le train*, pp. 250, 253.

（60）J. Lacan, *Le séminaire de Jacques Lacan*, vol. 17, *L'envers de la psychanalyse*, ed. by J.-A. Miller, Paris: Seuil, 1991. 通時的なこれらの概念の発展を文脈的に俯瞰するには、M. Marini, *Jacques Lacan: the French Context*, New Brunswick, NJ: Rutgers University Press, 1992, pp. 62–70 を参照。

（61）B. Burgoyne, "From the Letter to the Matheme: Lacan's Scientific Methods," in *The Cambridge Companion to Lacan*, ed. by J.-M. Rabaté, Cambridge: Cambridge University Press, 2003, pp. 81, 82; A. Cochet, *Lacan géomètre*, Paris: Anthropos, 1998.

（62）C. Clément, *The Lives and Legends of Jacques Lacan*, New York: Columbia University Press, 1983, p. 33; S. Schneiderman, *Jacques Lacan: The Death of an Intellectural Hero*, New York: Other Press, 2000, p. 73.

（比嘉徹徳 訳）

第9章　主体性の生産——横断個体性から〈共《コモン》〉へ

ジェイソン・リード

一　はじめに

現下の複合状況は、政治という問題にいかに関与するかという点から観ると、根源的な膠着状態という特徴を帯びている。これは部分的には次の事実に負っている。すなわち、市民、労働者、軍人といった政治に関与するさまざまな登場人物がその意味を枯渇させるにいたったという事実が、それである。市民は利益団体に、労働者はそれ自身の人的資本に投資する投資家に、軍人はテロリストに、取って代わられてしまった。アラン・バディウは次のように書いている。

この政治的主体はさまざまな名称の下に歩んできた。従来それは「市民」と見なされてきたが、それは有権者あるいは町会議員といった意味では決してなく、一七九三年のジャコバン派に由来するそれであった。従来それは「職業的革命家」と呼ばれてきた。それはまた、「草の根に根差す闘士」と呼ばれてきた。われわれは、そうした呼称が留保され、新たな呼び名を発見せねばならない時代に生きているように思われる[1]。

政治的主体のために新たな呼称を発見するという、バディウが示唆する方向で作業するよりもむしろ、私は「主体性の生産」に焦点を絞ることにしたい。「主体性の生産」とは人間が言語と力の諸構造を通じて主体として構築されるあり方のことであるが、そのような哲学的視座は、しばしば、政治的行為主体を根刮ぎ否定し、あらゆることが力の効果‐帰結であって、行為主体や行為など存在しえないと表明するに等しいと見なされてきた。本稿で私が提起しようとする論点は、主体性の生産が、政治にとっての理論的袋小路どころか、その再生のための条件であるという点である。主体性が生産されるそのあり方を検討することによってのみ、異なった主体性の生産可能性を理解することができるだけでなく、究極的には、主体性そのものを変容させ、受動的条件を能動的過程へと転回させることが可能になる。マルクス主義者のプロジェクトの根幹に横たわる仕事と政治との関係は従来以上に妥当な視点であるが、生産は工場現場を踏み越えて〔社会全体における〕主体性の生産を含んだものへと拡張される必要がある。

「主体性の生産」についての議論は、哲学的視点あるいは探求の筋道からすれば、根本的にその方向性を失っている。その主要な理由は、われわれが、原初的と考えられているものを生産されたものとして、つまり諸行為の原因や起源をそれ以前の生産の効果‐帰結として、論ずるように強いられているからである。われわれの視点は、原因と帰結、物的条件と内的状態、主体と客体といった対概念を混淆させることで、哲学的思考における既存の対概念を切り裂くものである。

まずここで、私が提示する方向性を示しておこう。主体性の生産は、少なくとも暫定的には、以下の二つの軸に沿って定義されうる。第一の軸は上部構造と下部構造であり、第二の軸は構造と主体である。よく引き合いに出される下部構造と上部構造の図式では、位階的構造に従って諸物の生産と主体性の再生産にそれぞれの所定の位置や一定の実効性が与えられることになるが、こうした図式を通じてマルクスの著作を理解するよりもむしろ、生産様式と主体〔的隷属〕化様式との交差を通じてマルクスの著作を看取する方がはるかに興味深いと思われる。この主張には文献的根拠がある。マルクスは、多くの箇所で、資本主義の前史、すなわち封建制の崩壊と先行する生産様式を議論している。資本主義にとって、みずからを経済的に構成し、富と労働の流れを搾取〔利用〕するだけでは不充分である。資本主義は、主体に関しても同様にみずからを構成し、みずからを永続させるために必要な欲望と慣習を作り出さねばならない[2]。マルクスが述べたように、「資本主義的生産が進むにつれて、教育（*Erziehung*）や伝統や慣習（*Gewohneit*）によってこの生産様式の諸要求を自明な自然法則として認める労働者階級が発展してくる」ようにせねばならない（K I: 765）。

したがって、主体性の生産は、観念と欲望が構成される相と諸物が生産される相という社会的現実の二相が、互いに位階的に構造化されたものとしてではなく、同時にかつ同一の場で生ずる完全に内在的なものとして思考されねばならないということである。これは、しかし、「主体性の生産」がひとつの純粋な主体〔的隷属〕化だと言っているわけではない。主体性は、それ自体に特種な因果性と諸効果－帰結を欠いた単なる経済構造のひとつの効果－帰結ではなく、経済構造の要請に敵対的ですらあるような諸効果－帰結である。

こうした主体〔的隷属〕化と主体性の混淆は、「主体性の生産」という表現が孕む二つの意味に焦点を当てることによって、以下のように理解可能となる。すなわち、主体〔的隷属〕化と主体性の交錯とは、厳密な意味での価値あるいは富という視点ではなく諸効果－帰結を生産する一般的力能という視点から観て、主体性が生産される様態と主体性が生産的である様態との同時的非同一性である。主体とは構造の効果－帰結であると同時にかかる場にとっての過剰でもある。これは、労働過程から労働日をめぐる闘争に到る、マルクス『資本論』における敵対的論理を構成するものと見なすことができる。労働過程から労働日をめぐる闘争に到るどの階梯においても、資本が訓練・教育・慣習を通じて生産する主体が、主体性の剰余、すなわち欲望と必要の剰余を生産し、それが翻って、諸主体が構成される場それ自体に対する闘争を構成するのである。マルクスが『ルイ・ボナパルトのブリュメール一八日』に記した有名な言い草、「人間は、自分で自分の歴史をつくる。しかし、人間は、自由自在に、自分勝手に選んだ事情の下で歴史をつくるのではなく、あるがままの、与えられた、過去から受け継いだ事情の下でつくるのである」(MEW 8: 115)。

最後に、後にも立ち返って論ずるが、次の点は認めざるをえない。それは、私の議論には、時間性についてだけでなく、生産様式と主体性の生産との同時生起的な同一性と非同一性に関わる歴史性についても、曖昧な点が残っていることである。主体の生産は、概念としては、マルクスのあらゆる記述を通じて追跡可能であり、とりわけそれは〔前資本主義から資本主義への〕画期的変容の時代を論ずる記述にもっとも色濃く表れている。しかし、それが問題設定として論じられる場合の特殊な誘因は、今日的複合状況、すなわち文化と経済を分割する描線を引くことがますます困難となっている実質的包摂の現状に即して現在を摑み取る試みから汲み取られている。

二　類的存在から横断性へ

私がこれら二つの側面をやや手短に概括したのは、主体性の生産によって導入される他の二つの問題を導入するためである。他の二つの問題、それは個人と社会の関係と政治的主体化という問題である。これらの問題は、既存の思考方法に対するわれわれの挑戦、またそうした挑戦が提示する展望や、思考に異なった方向性を与える力能といった、本稿の方向性が抱える困難に、密接に関わっている。社会的存在論と政治というこれら二つの問題は、一見すると、前者が思弁的であり、後者が実践的であるといった具合に、相互に別個であるだけでなく距たりがあるように思われるだろう。だが両者は不可分であり、集団性が採る諸形式を想起しそれに可視性を与えるという厄介な問題によって結ばれている。ここでの任務は、新たな思考様式の創出と個人主義的な存在論の解体を要請している（個人主義的な存在論は主体性の生産と構成にまつわる理論に重く圧しかかっている。というのもそこでは、主体性の生産が、生産諸条件から皮肉にも距離を置き、審美的に自己形成する個人主義的な企図として想起されているからである）。

主体性の生産を議論の端緒とするということは、まずは主体や個人を生産された存在、すなわち効果－帰結と見なされるべきであって、またしたがって、個人を所与、存在論・認識論《エピステモロジー》・政治の還元不能の基礎として特権化できないことを意味している。さらに〔主体性「の」生産という〕属格が孕む二つの意味合い〔方向性〕、すなわち主体性が生産的でありかつ生産されるそのあり方が示す同時的非同一性を主張することは、主体が単なる社会の効果－帰結と見なされてはならないことをも意味している。したがって、個人と社会の関連を理解するための以下の二つの方法は、あらかじめ禁じられている。二つの方法、それは、所与の個人から出発し、社会を個人の総計そのものと理解する方法と、社会から出発し、諸個人をより大きな構造の効果－帰結そのものと見なす方法である。エチエンヌ・バリバールが論じたように、個人主義と全体主義（あるいは有機体論）と呼ばれうるこれら二つの考え方は、西洋哲学における社会と個人の問題に関する思考を長きにわたって構成してきたものである[3]。政治学と存在論におけるこの問題は、同一ではないにせよ、少なくとも類似していることは明白である。いずれにせよ、個人性と集団性の双方が出来する生産的結合関係を把握するには、個人と社会の対立関係を超えて思考するという、これらの出発点そのものの超出が争点となる。

　マルクスの思考はこれら二つの選択肢との決別をときおり試みている。ここで私がときおりと言うのは、マルクスが含意する社会存在論は方法論的個人主義と有機体的（あるいは機能主義の亜種的）全体主義の双方に対して首尾一貫した批判を加えていると論ずることが可能だが、マルクス自身は、しかし、みずからの基礎にある哲学的方向性に省察を加えるという瞬間にときおり、これら二つの視座に明示的な反論を加えることに終始しているにすぎないからである。マルクスが屈することなく繰り返し批判してきた論点は、政治経済学の「ロビンソン物語」の基礎を構成する原子的個人主義の観念であったが、同時に彼は、精神、国家、あるいは人口といった集団性の叙述が、それらの構成的な関係や区分から切り離されて考察されれば、抽象であることも論じている（Gr.: SS 17ff.）。疎外についての初期テクスト群から『資本論』に到るまで一貫しているマルクスの政治経済学批判の核芯には、資本は諸個人を搾取するだけでなく、個人に先立つ一般的な主体性の条件、すなわちマルクスが類的存在（*Gattungswesen*）と呼ぶものを搾取するという考え方がある。しかし、マルクスは、哲学的というよりも歴史的な理由から、この包括的本質を労働の何を措いても第一の本質と捉え、労働をとりわけ身体と手による仕事を通じた諸物の生産と理解していた。労働は〈共〉《コモン》である。というのも、労働が、部分的には、主体性の生物学的基礎を、社会的あるいは心的な個体化に先立って生物学的個人を構成する物的欲求の領野を、包含しているからである。労働は、人間と自然との物質代謝関係を規定する人間学的定項であるだけでなく、歴史と社会的諸関係の所産である技術・道具・知識を包含している。労働は、自然とその組成である第二の自然との人類が織りなす不可避的な関係である。労働は、諸個人を横断する習慣・実践・操作図式を構成し、またそれらによって構成され、またその過程で、知識の共同的な貯蔵庫や社会関係が生み出される。

主体性の集合的条件の資本主義的な搾取に関してマルクスがもっとも明快に述べているのは、『資本論』の協業についての章である。マルクスは、相当数の人びとが工場などのような一箇所に集められると、人びとの生産活動の総計は、個別の諸個人の同数の労働の総計を上回るようになる、と論じている。マルクスは「他人との計画的な協働のなかでは、労働者は彼の個的な限界を抜け出て彼の類的能力を発揮する」と書いている（K I: 349）。搾取とは個人に関わるものではない。つまり、搾取は、個人に本来的なものの疎外〔－譲渡〕ではなく、個人にとって非本来的であり、関係性においてのみ存在すること の領有〔－横取り〕である。

マルクスは主体性の集合的諸条件のこうした搾取を『資本論』の核芯に措いているが、それにもかかわらずマルクスは、その諸条件を理論的に展開していない。マルクスは、この社会的剰余の根拠、すなわちなぜ共に働く集団はその部分の総計よりも必然的に卓越しているのかという理由に関しては、さまざまな観点から観ても、単なる唯名論者にとどまっている。マルクスは次のように書いている。

与えられた場合に結合労働日がこの高められた生産力を受け取るのは、それが労働の機械的潜勢力を高めるからであろうと、労働の空間的作用範囲を拡大するからであろうと、生産規模に比べて空間的生産場面を狭めるからであろうと、決定的な瞬間に多くの労働をわずかな時間に流動させるからであろうと、個々人の競争心を刺激して活力を緊張させるからであろうと、多くの人々の同種の作業に連続性と多面性とを押印するからであろうと、いろいろな作業を同時に行うからであろうと、生産手段を共同使用によって節約するからであろうと、……どんな事情の下でも、結合労働の独自な生産力は、労働の社会的生産力または社会的労働の生産力なのである。この生産力は協業そのもののから生じる。他人との計画的な協働のなかでは、労働者は彼の個的な限界を抜け出て彼の類的能力 Gattungsvermögen を発揮するのである（K I: 348–9）。

マルクスは、さまざまな協業の原因について、軽重の分なくざっくばらんに、活力から集団の順応性に到るまで、ありとあらゆる原因を列挙している。マルクスにとっては、人間は社会的動物であると言うだけで十分であり、あとは附言の要を認めていない。とはいっても、マルクスが集団的存在の基本に関してまったく沈黙していると言うわけではない。マルクスは、彼のより思弁的あるいは理論的な議論では、主体性の基本として非有機的身体についても言及してはいる。一見すると、この非有機的身体は自然そのものであり、人間は自然との物質代謝的相互作用の只中につねに措かれている。それは、しかし、生産の前提条件として機能するさまざまな道具や社会諸関係といったあらゆるものを包含してもいる。そうしたもの一切は、新たな発生にとっては、生産されたものというよりも与えられたものとして現象する。したがって、非有機的身体は自然と歴史が識別不能になる一点に位置づけられている[4]。さらには、こうした諸条件は、さまざまな道具や自然条件という形態においてただ物理〔-身体〕的なものにとどまるのではなく、生産の精神的な前提条件をもまた含んでいる。〔たとえば〕言語は、マルクスが指摘するように、何よりもまず社会的産物である。したがって、還元不能な精神的構成要因が、「最悪の建築師と最良の蜜蜂」の分離を含めた、あらゆる労働をともなうとすれば、この精神的構成要因がさまざまな習慣や実践に化体している共有知識から成る協働的なものであるほかない（K I: 193）。

バリバールとパオロ・ヴィルノは、マルクスが「非有機的身体」という形象を以て指示している事柄を把握するために、横断的個体性（*transindividuality*）という用語を、異なっているとはいえ関連した方法で、提起している。この用語は、西洋思想が個体化原理に帰してきた特権を審問に付してきたジルベール・シモンドンの著作から、採られている[5]。シモンドンにとって個体化は、ひとつの過程として、把握されるべきであり、この過程では、個人は、究極的終局でもなければ絶対的始原でもなく、絶え間ないひとつの活動の効果－帰結である。物理－身体的・生物的・心的、そして集団的な、多重的かつ逐次的な個体化が存在し、個体化のひとつひとつは他が提示する諸問題を解決し、関係性の基本的な項を変容させる。シモンドンの理解の基礎には、マルクスが示唆し（ヴィルノが強調）した、存在に関する次のような基本的事実がある。すなわち、われわれの主体性、われわれの感覚、われわれの言語、われわれの習慣といった、われわれの個体性の核芯と基礎を形成している諸物そのものは、定義上、諸個人としてのわれわれにとって唯一無二のものではありえない(6)。これらの諸要素は、前個体的なものとして、すなわち主体性の前提条件としてのみ、描くことが可能である。ある意味ではそれらは、少なくとも個体的諸物としては、存在すらしていない。むしろそれは、メタ安定条件を形成する、潜在性の流れである。

ヴィルノは、シモンドンに倣って、前個体的な特異性の三つの異なるレヴェルに概観を与えている。第一のレヴェルは主体性の生物学的基礎を形成する諸感覚と諸欲動であり、第二のレヴェルは心的かつ集団的な諸関係を構成する言語であって、最後に第三に、前個体的な存在の歴史的分節化を構成する生産諸関係というレヴェルが存在する(7)。こうしたさまざまに異なる諸活動や諸関係を前個体的なものとするに当たっての問題は、言語という特種な事例を見ることによって、もっとも鮮明となる。言語は個体横断的であるほかない。しばしば言われるような私的言語などというものは存在しない。言語は基本的に前個体的であり、個人的な事物や言葉から構成されているのではなく、示差的諸関係から構成されているのである(8)。言語は、差異の体系としてしか存在しない。あるいはそれは、あらゆる分節化、あらゆる個体の陳述あるいは発言にとっての前提条件となる、メタ安定状態としてしか存在しない。したがって、一般的には、前個体的な特異性は、諸関係の、あるいはありうべき諸関係の示差的に節合されたひとつの集合として存在している。これらの前提条件は単なる主体性の原材料ではなく、またひとつの主体に完全に変容されるのでもなく、主体に寄り添う未決の潜勢力として執拗に存在する(9)。われわれには、われわれが個体として想定する自己同一性以上のものがつねに存在するのであり、またこれを唯一の根拠として、集団性や社会諸関係といった何事かが可能となる。完全に自律的で自己充足的な個体はいかなる諸関係にも参入しえない(10)。

社会は個体から遊離して立っているわけではない。社会と個体とは二つの切り離された存在ではない。両者にとっては、関係性がつねに基本的問題である。シモンドンにとって個体横断性は個体を睥睨するものではなく、むしろ個体の分節的節合にほかならない。諸個体は集団的なものを構成する諸個体であり、特定の社会的諸関係と諸構造を構成する諸個体である。それはちょうど、諸集団がそれを構築する諸個体の反照以外の何物でもないのと同様である。個体横断性は、構成された二項間の、すなわち個体と社会との関係性ではなく、諸関係の関係である。かかる諸関係には、個体が切り結ぶそれ自体との関係、精神的な個体化の過程、さらには個体間の関係、異なる諸集団が結ぶ関係をも含んでいる。個体横断性は、さまざまな習慣、言語、さまざまな情動や知覚が共有された文化の基礎を形成するように、多くの面で、前個体的なものの分節的節合である。主体としての個体は、前個体的なものと個体横断的なものとの、特異なものと共的なものとの、交差として、理解されねばならない(11)。主体性の生産、また個体横断性や前個体性といったその系概念は、個体的なものと集団的なものとの二律背反の単なる再考ではなく、主体に関する新たな存在論と思考の論理を必然的にもたらすことになる。主体は一箇の「社会的個体」だが、それは、単に彼あるいは彼女が社会に棲まっているという意味で「社会的個体」であるということではなく、個体性が社会の内部でのみ分節的に節合され、生産されるという意味で「社会的個体」なのである(12)。

三　横断性から共的なものへ

資本の変容は、前個体的条件と個体横断的条件という二つの視点から、資本の下への主体性の生産の増大する編入あるいは包摂と見なすことができる。資本は労働力の形式的包摂から始まるが、それは資本が直面する技術的かつ社会的な発展の伝統的な構造を所与のものとして受け容れる。だが、資本主義は、その発展につれて、知識と労働との有機的連関を分断することによって、この基本的関係を変容させる。頭脳労働と肉体労働が結びつけている有機的に発展してきたさまざまな習慣に取って代わって、資本主義は社会の結合知識に介入し、それを機械に外部化する。この場合、資本は、もはや労働を単に搾取〔－利用〕し、その剰余を搾出しているのではなく、資本が社会総体を包摂するにつれてその技術的かつ社会的な諸条件を根本から改変している。包摂は、この場合、言語や精神そして情動の作業をも必然的にともなうに到る労働だけでなく、商品形態をも包含する、市場関係の両側面〔労働と商品〕を覆い尽くすことになる。感覚や言語、習慣や知識が主体性の前個体的背景を構築するとすれば、われわれが感じ、議論し、行動する物事の多くが商品形態を採ってわれわれに到来することを認めざるをえないだろう。こうした観点からすれば、『資本論』の最初の一節を顚倒させ、その存在論的次元を把握することができるだろう。すなわち、〈現象する如何なるものも商品として現象する〉と。[13] 現象する物事のこうした変容は主体性に影響を与える。マルクスが指摘しているように、生産は主体にとっての対象を創造するのみならず、対象にとっての主体を創造するのである。[14] 商品生産、すなわち私有財産制の生産の下では、これは対象の意味の巨大な削減を必然的にもたらすことになる――「私的所有はわれわれを酷く愚かで一面的なものにしてきたので、対象がわれわれの対象であるのは、ただわれわれがそれをもつ場合においてのみ」である（MEW 40: 540）。

資本による主体性の実質的包摂は、それぞれが異なった経済部面で規定される、主体性の二つの異なる生産によって、分節的に節合される。生産という観点では、職人労働のような孤立した試みという仕事から人間の知識や欲望一般に従事する仕事への移行が見られる一方で、それと同時に消費の側では、欲望の広範囲にわたる私的個別化といった、この世界を所持・所有可能なものへの切り縮めが出現することになる。実質的包摂とは、個体横断的なものの搾取と前個体的なものの商品化の増大を指している。生産と消費とのこの分割は、現代資本主義の下での社会存在のパラドクスを一定程度特徴づけている。これまで人類は、その存在において、これ以上に社会的であったこともなければ、その存在把握において、これ以上に個体化され、私的となったこともなかったのである。いわゆる『経済学批判要綱』でマルクスは、資本主義の初期段階における個体・集団のパラドクスに関するおそらくもっとも簡潔な定義を与えている。彼は次のように書いている。

一八世紀になって初めて、つまり、「市民社会」において初めて、様々な形態の社会的関連は、個々人の私的目的のためのたんなる手段として、外的必然性として、個々人に対立するようになる。しかしこのような立場、つまり、個別化された個々人の立場をつくり出す時代こそ、まさにこれまでのうちでももとも発展した社会的な（この立場からすれば一般的な）諸関係の時代なのである。(15)

人びとの結合と分離が同時に進行するという傾向がよりいっそう増大したのは一八世紀以降だけである。機械に集団的知性が物質化されることによって、孤立化の新たな効果が生み出された――「社会の行為者をそれぞれの自動車やモニターに個別化する」とはこの事態を指している。(16) 多種多様な精神、さまざまな身体や機械の協働である個体横断的関係が固体化・孤立化された知覚を生み出すことになる。

現状についてのこうした寸描から、主体性の生産をめぐる政治の意味に詳細な特徴を与えることができる。政治は、主体性の前個体的で個体横断的な諸条件に直結しており、それは諸条件の分配、表出、分節的節合という問題に関わっている。これらの諸条件は、放牧に供された共有地といった古典的事例に観られるような、単なる受動的所与や自然条件と理解されるそれとしてではなく、主体性によって生産されると同時に主体性を生産的に変える何物かとして理解される限りにおいて、(17)〈共〉《コモン》と呼ばれうるものを形成している。すでに見たように、資本主義では、〈共〉は、さまざまな機械や構造に物象化されている労働と受動的に消費される私的対象に切り縮められている消費に分断され、引き裂かれている。政治の任務は、ある意味で、〈共〉の現働化あるいは顕現化でなければならない。問題は、諸主体がみずからを鋳固める諸条件によって形成されるというよりもむしろ諸条件を変容することができるようになるために、個体横断的かつ前個体的な主体性の条件である〈共〉を、経験をめぐる不完全な背景以上の何事に変え、それを能動的に把握されうるものへ転轍する方法を見いだすことである。乱雑な言い方をあえてすれば、個体横断性を実体ではなくむしろ主体として思考する必要があるのである。言語・感覚・知識の根底に存在する複数性として後景化されていたものを前景化させること、つまり、受動的条件を現働的生産へと変容させること、これが課題なのである。主体性の生産の政治学は、主体とそれを支える生産的な諸条件との関係性への問いである。

この政治プロジェクトを個体化・孤立化された実存に主体性の集団的形態を対峙的に構築することと解釈してもよい。この闘争が帯びる傾向はマルクスにも見いだされる。それは二つの主体性の生産をめぐる闘争である。第一は、世界を所有物として生産するだけでなく、諸個人を所有者あるいは消費者として生産する、市場あるいは消費である。その諸関係は「自由、平等そしてベンサム」という虚構によって支えられている。第二は、個体横断的な集団性を生産し搾取する工場である。市民社会の「利己的」人間を批判するマルクスの一般的議論は、政治経済学と自由主義的政治思想の根底にある社会的存在論についての本質的な何事かを捉えてはいるが、個人対社会の止め処ない二項対立に終始している。マルクスは、あたかも「個体性」と「集団性」との選択を個人主義と連帯との選択をめぐる倫理的価値観として選び取ることができるかのように、事態を表現している。しかし、事はそれほど単純ではない。主体的隷属化における悪い形態に善い形態を対置するのと同じにように、個人に対して集団を対置するだけでは、不充分である。第一に、すでに論じたように、存在論的には、個人や主体は前個体的諸条件と個体横断的諸関係の様態変化にほかならない。社会的個人は、集団性に対置されるのではなく、その内的な条件である。第二に、そうした二項論に対するより複雑な反論がある。個体横断性を集団性と等値することは、前者を代理的表象することが可能であると仮定することに等しい。『ドイツ・イデオロギー』で展開されたマルクスの初期の国家批判は、主体性を生産的にする諸条件とそれら諸条件の代理－表象とのズレを解明していた。国家とは、肉と血、言語、労働の分割といった現実的紐帯にもとづいた「幻想の共同性」である（MEW 3: 33）。主体性を生産的にする諸条件とそれら諸条件の代理－表象との亀裂は個体横断性と主体性との結びつきにその根拠をもっている。個体横断性を形成する諸関係は、生産しつつ生産される流れとしてのメタ安定状態にある前個体的諸条件にほかならない（たとえば「或る言語」はあらゆる分節化や文体にとっての条件にほかならないが、それと同時に、さまざまな隠語や俗語による変容に晒されていると言うことができる）。あらゆる個体横断性の代理－表象、あらゆる集団性の代理－表象は、瞬間的で不完全な生産物を目標とするだけでなく原因ともする、この生産的流れの閉鎖である(18)。

個体横断性が代理－表象されえないとすれば、それはどのように現働化されうるのだろうか？　こうした疑問に答えるには、政治と代理－表象との暗黙の結託を不要にするだけでなく、さまざまな対象や構造における社会的諸関係やその物質化を議論するためにこれまで用いられてきた語彙そのものを精緻化することが避けられない。ヴィルノは、シモンドンの存在論によって、疎外・物象化・物神性といったマルクス主義の根本的だがしばしば曖昧で漠然としてもいた概念を再定義することが可能になると論じている。ヴィルノは次のように論じている。

物神性とは、私の謂わゆる前個体的な現実性がそれを通じて外的な物——一つの明白な現象、公的諸制度の集合として現れるモノ（*res*）――になる過程である。私が理解する疎外とは、前個体的なことが主体の一つの内的構成要素であり続けながらも、主体が指令することができない状況を指している。潜在的状態に留まっている前個体的な現実は、われわれに条件を課すとはいえ、われわれが把握することができない前提条件と同様、疎外されているのである[19]。

ヴィルノが部分的に依拠しているのは、前個体的なものの外部化としての物象化、前個体的なものの一連の諸物・諸構造・諸機械との分節的節合としての物象化、こうした意味での物象化をふたたび価値実現－創造させるという論議である。中心的論点は、この場合における「物」がそれ自身に措いて関係性を支え、それが公的な、あるいは少なくとも潜在的には公的な、またしたがって、変容や再分節的節合化に晒されているものだということである。ヴィルノが挙げている根本的事例（というよりは挑発）は、依然として、「一般的知性」にとどまっている。それはマルクスの用語では集団的知識に当たり、機械に内部化されると同時に知識・慣習・行為というさまざまな形態を採って社会的空間全体に分解的に消散しもするものである[20]。この場合、社会的次元は避けて通ることはできず、またこの社会的次元を完全に排除してしまうこともできない。これが、マルクスの古典的な定式化を繰り返せば、人間相互の社会関係は諸物相互の諸関係の形態を採るといった、社会的存在が採るさまざまな特質や属性は一箇の物に起因すると考えられている物神性との根本的な違いである。この点についてヴィルノは、「物神性とは、何ものか――たとえば貨幣――に、人間の精神に属する特徴（社会性・抽象能力・交通《コミュニケーション》能力など）を付与することを意味する」と表現している[21]。こうしてヴィルノは、物神を初期マルクスの貨幣に関する議論に差し戻している。すなわち彼は「金《かね》〔の本質がじつ〕は疎外された〔ところの、手放し〔外在し〕、譲渡される人間の類的本質にほかならぬところにある。それは〕外在化された人類の能力である」という論点に回帰している（MEW 40: 565）[22]。私にいかなる本質や属性が欠けていようとも、知性・魅力・権勢などは購買可能である。貨幣は、主体性の基本的要素であるさまざまな前個体的な特異性を一緒くたにし、購買可能な諸物に変容させてしまうのである。貨幣の「存在論的」力に関するマルクスの議論は、シモンドンの存在生成概念と交差する。したがって、ブルジョワ社会における貨幣の権力についてのマルクスの記述が個体に関する議論で終わっているのも、何ら偶然ではない。貨幣の世界が取替不可能な個体の世界と併置される。こうした取替不可能な世界では、さまざまな社会的特質はそれと類似の特質を有するものとだけ交換可能である。もしも愛されたいなら、愛することができなければならない、といったように。「きみの人間にたいする――および自然にたいする――どんなあり方でも、それはきみの現実的個人的な生き方のある特定の、きみの意志の対象に見合った表現でなければならない」のである（MEW 40: 567）。

　先に述べた近代的実存が抱えるパラドクス、すなわち社会化された孤立化、あるいは個体横断的なものの搾取と前個体的なものの商品化の同時性と私が呼んだものに、話を戻そう。この関係は、疎外という用語によってわれわれが理解してきたことをヴィルノに従って変容させるという但し書きのもとで、ある種の新しい疎外を構成している。疎外とは、少なくともヘーゲル的マルクス主義のさまざまな解釈《ヴァージョン》にとって包括的な標語と理解されるに当たってその根拠となっていた方法に準拠すれば、自己《セルフ》の喪失あるいは対象に対する主体性の喪失と理解されてきた。そうした概念自体が、マルクスがその著作で総力を結集して反対している個人主義的な存在論をしばしば無批判に再生産している。しかし、すでにわれわれが指摘したように、そうした方法でマルクスが疎外概念を理解していたかどうかは定かではない。疎外は、対象の喪失、行為の制御の喪失にとどまることのない、主体性の前個体的かつ個体横断的な構成要因と見なしうる、人類の普遍的性質としての類的存在からの疎外でもある。ヴィルノが論じているように、疎外とは主体性の生産を支えるさまざまな条件からの分離である。それは、もっとも唯一無二で個性的なことの喪失ではなく、もっとも包括的で分け持たれているものとの繋がりの喪失である。フィッシュバックは、スピノザとマルクスの読解を通じて、型に嵌った疎外概念が逆立ちされねばならないと論じている。疎外は主体や主体性の喪失ではなく、対象の喪失、世界との結びつきの喪失と理解されるべきである、と。すなわち、「疎外されているとは、或る一つの主体的状態に切り縮められ、対象世界総体から隔てられ分離されているという事実を指している」のである。[23] 前個体的なものの商品化とは、われわれの主体性にとって根幹的な構成要素である言語・慣習・知覚といったものが、あらかじめ型を嵌められた形態の許、受動的にのみ消費可能な諸物として、われわれに到来するという事実に起因する、そうしたものとしての疎外－外化である。われわれの存在する環境である前個体的で個体横断的な状態が、われわれが受動的に従属する何か、消費される何かになる。それは決して、われわれが働きかけ変容させることのできる何かであったり、条件づけられることのできない条件であったりすることはないのである。

疎外〔という表現〕が前個体的なものの商品化を活写する（前個体的なものの商品化が疎外を活写する）とすれば、個体横断的なものの搾取を活写しうるものは何か？　というのも、それは個体横断的なものを提示する二つの方法としてヴィルノが示した物神性と物象化との区別を貫いているからである。物神性と物象化は、ともに、社会性と諸物との関係性を論じている。ただし、ここでの諸物とは、個体の構成である主体性に対立するものではなく、主体性の条件である。物神によって諸物は関係を代理的に表象し、物象化の許で諸物は関係となる。ヴィルノによる物神化の問題の一般化を通じてマルクスの国家批判への回帰が可能になるが、それは、基本的には、一見するに外部的に見える迂回を通じた集団性・社会性それ自体の代理‐表象に対する批判であり、またドゥルーズとガタリによるマルクスの資本批判の改作でもある。ドゥルーズとガタリは、マルクスの独創的読解において、国家批判をすべての社会がその歴史的諸条件を再現前させるあり方の検討へ一般化した。あらゆる生産様式、あらゆる主体性の生産には、社会的生産力を領有する、非生産要素、社会的秩序そのものの再現前、ドゥルーズとガタリのいわゆる充実身体が、存在している。それは原因として現象する効果‐帰結である。ドゥルーズとガタリは次のように書いている。

> 社会的生産の諸形態もまた、生み出されたものではない非生産的な停止、過程に連結した反生産の要素、社会体として規定される充実身体といったものを含んでいる……。この充実身体は、大地の身体、あるいは専制君主の身体、あるいはまた資本でもありうる。マルクスが、まさにこれについて語っている。それは労働の生産物ではなく、むしろ労働の自然的な、あるいは神的な前提として現れる。実際に充実身体は、単に生産力そのものに対立することに留まるものではない。それは、あらゆる生産の上に折り重なり、生産力と生産の担い手が分配される表層を構成する。これによっ

て、この身体は剰余生産物を領有し、生産過程の全体と各部分を意の儘にする。このとき、全体と各部分は、いまやこの充実身体から、まるでそれが一つの準原因であるかのように、発言するかに見える。(24)

ドゥルーズとガタリの社会体《ソシウス》概念は、マルクスの「非有機的身体」概念をさらに展開させている。すなわち、どちらの場合も、所与として現象する物質的・知性的・社会的な諸条件といった生産の前提条件が、問題となっている。しかしながら、ドゥルーズとガタリが強調したことは、充実身体が所与として現象し、社会体が生産諸条件の再現前であるという点である。この歴史的に生産された生産諸条件、政治的構造をも含み混んだ技術的で社会的な諸条件は、生産されたものというよりもむしろ所与の何かとして、すなわち天賦の前提条件として、現象する。この充実身体は、血縁集団を規定する出自あるいは血統、文化を規定する慣習と伝統、あるいは一箇の種族を構成する言語と出生といった、帰属条件を根拠とする、共同体の特定の代位的表象‐再現前を構成している。社会それ自体は一箇の物神として存在する。あるいはむしろ、それは、専制君主などの生産されたものが、生産の効果‐帰結というよりもむしろ生産の原因として現れる程度に応じて、物神化される。ドゥルーズが書いたように、「物神は、共通感覚〔常識〕あるいは価値再認としての社会意識の自然な対象」なのである。(25)

こうした一連の充実身体のなかで、資本は例外的なものとして機能する。マルクスが『経済学批判要綱』で論じたように、資本主義は、資本主義下の生産は特定の存在様式の再生産に従属していないがゆえに、それ以前のあらゆる生産様式と根本的に異なっている。資本主義以前の生産諸様式では、生産すなわち富の創出は、権威が帯びる特定の諸構造や主体性が担う特定の諸形式の維持・再生産につねに従属していたが、資本〔主義〕では、富は、より多くの富の生産、すなわちそれ自体にのみ従属する。マルクスが記しているように、「ブルジョワ経済学――またそれが対応する生産の時代――では、人間の内奥のこうした完全な表出（Herausarbeitung）は完全な空疎化として現れ、こうした普遍的対象化は総体的疎外として現れ、そして既定の一面的目的の一切を破壊することが、まったく外的な目的のために自己目的を犠牲に供することとして現れる」のである。(26) これをヴィルノの表現を用いて言い換えれば、もはや物神は一箇の特定の充実身体、社会への帰属の特定の条件ではなく、貨幣や資本それ自体といった一箇の抽象的対象になっている。すでにわれわれが見たように、貨幣は人類の潜勢力が外化‐疎外されたもの以外の何物でもない。それは、この抽象的な潜勢力そのものの物質化にほかならない一箇の普遍的等価性という一箇の対象という形態をもって表象される、人類にとって可能なことの一切、人類が欲望しうることの一切にほかならない。したがって、構成的諸条件からの分離とその対象への投影、すなわち疎外と物神化は結びついているのである。マルクスが書いているように、「労働のすべての力が資本の力として映し出されるのであって、それはちょうど商品のすべての価値形態が貨幣の形態として映し出されるようなもの」なのである（K I: 634）。この傾向は社会の実質的包摂とともに増大する。生産は、社会全体に行き渡るにつれ、資本自身が生産的であるかのように現象するのである。

資本を理解するには、物神性という曖昧な領域に立ち戻る必要があるが、しかし、資本が、専制君主の物神化と商品の物神化との根本的な差異という関係を変容させる方法についても理解する必要がある。一方では懸案の対象が社会の諸生産力を表象‐再現前し、専制君主が社会のさまざまな労働の前提条件として君臨するが、他方では対象は、社会の諸生産力を表象‐再現前するというよりも、むしろかかる社会の諸生産力に充実身体という具体的な審級を賦与し、それを通じて機能している。貨幣はいかなるものも表象‐再現前しない。むしろ貨幣が表象‐再現前しているのは、純粋な抽象的な潜勢力、抽象における社会的力だけであって、何でも買え、何にでもなれる能力、社会的力なのである。ドゥルーズとガタリは、この差異を、表象的充実身体と機能的充実身体、コードと公理との差異として表現している。諸コードは、さまざまな行為と欲望、さまざまな行為と知覚との関係、ドゥルーズとガタリの用語で言えば「さまざまな流れの諸関係」を組み上げるのである。ここでわれわれが展開している社会的存在論に事寄せて言えば、次のように言えるだろう。すなわち、コードは、主体性にとっての前個体的諸条件の特有の分節的節合、個体横断的なものの特有の組織化である。本質的なことは、みずからを一箇の特定の充実身体に配置するこれらのコードは、ある宗教、ある民族、ある文化、ある特定の生活スタイルの内部にみずからを位置づけることで、特定の意味をこれらの諸実践に起因するものと理解させるという事実である。ここでの諸コードとは、伝統、つまり財貨・威信・欲望の生産や分配に影響を与えるさまざまな規定や規則と考えてよい。それら自体は、過去との特定の関係、すなわち反復の関係から切り離すことができない。これが、質的というよりもむしろ量的なものである公理との根本的な相違である。資本主義では、一箇の物、一箇の実践、一箇の欲望といったものは何事も意味しない。むしろその意味は、どれくらい金を稼げるのかという根本的問題に従属している。ドゥルーズとガタリが言うように、「おまえの資本、またおまえの労働力〔が刻印されるのであって〕、その他は重要ではない」のである(27)。公理は過去を反復したり崇拝したりはしないが、根本的に柔軟であり、システムに新たな諸公理を付け加え、さらなる市場を開設することがいつでも可能である。何れにせよ、個体横断的なものである人類の生産諸力は物神化され、一箇の対象の属性へと変容される。しかし、基本的な違いが存在する。前資本主義的対象、一箇のコードの支配に従属している充実身体は、個体横断的なものを帰属・伝統・部族・国民といった特有の条件に結びつけているという意味で、より制約的であるが、資本は根本的に開かれており、社会的諸関係の生産力が展開するが、しかしその展開は一箇の対象すなわち貨幣あるいは資本の属性として展開するのである。

ドゥルーズとガタリによるコードと公理についての理解（またコードと公理が必然的にもたらす関係的な社会存在論）によって、資本主義に関するマルクスの根本的な弁証法的要点に接近することが可能になる。資本主義では、根本的に個体横断的な人類の生産力が、それ自体としての姿を現しつつあるという点が、それである。マルクスは、『共産党宣言』の有名な件で、次のように書いている。

生産のたえまない変革、あらゆる社会状態のたえまない動揺、永遠の不安定と変動、これが、以前のあらゆる時代を以前と区別されるブルジョワ時代の特徴である。あらゆる固定した、錆びついた関係は、それにともなう古びて貴い観念や見解とともに解体し、新しく出来上がった関係はみな、固まる暇もなく古臭くなる。身分的なもの、恒常的なものはすべて煙となって消え、神聖なものはすべて汚される。こうして、ついに人びとは、自分の生活上の地位や互いの関係を、ひややかな目で観る他なくなる（MEW 4: 465）。

資本は、生産諸条件の絶え間ない革命のなかで、社会性の生産された特質それ自体を剥き出しにする。バディウの表現を借りれば、資本は社会的紐帯の脱神聖化を惹き起こすのである。[28] しかしドゥルーズとガタリは、この過程に、マルクスが資本主義と絶え間ない近代化を同一視することで把握しなかったものを付け加えている。新たな領土の生産、帰属の新たな島や表象である。かつてコードとして、集団的な信条や評価の対象として、一箇の充実身体として存在したものが一箇の私的対象として生まれ変わるのである。この世界における諸宗教・諸文化・諸実践は、消費の一箇の私的対象として再生するのである。仏教やアメリカ先住民の精神世界などといった、あらゆる世界の諸文化・諸信条が満喫できるのは、我が家という私的空間での話である。ドゥルーズとガタリが論じたように、資本主義は「これまで信じられてきたあらゆるものを寄せ集めた雑色の絵」である。[29] こうした私的信条が可能となるのは以下の事実に拠っている。すなわち、主体性は、文化の諸コードではなく商品を通じて、生産される。この過程は、その生産における労働を覆い隠すことで、構成的諸条件から、定義的に、切り離されると同時に隠匿されている。これらの諸条件がひとたびさまざまな異なるコードや文化から切り離されると、同一の市場空間を占拠する異なった諸文化・諸信条・諸価値・諸観念の間にはいかなる矛盾も存在しなくなる。P・スローターダイクは、こうした無差別の物質化を次のように描いている。

『資本論』入門には、毎日、テレビの前に何時間も座り込み、残りの時間はラジオを付けっ放しにして何種類もの新聞・雑誌に目を通すのを日課にする、これに限るのではなかろうか。……しかし自分たちの生きている世界が、物事を偽りの等式で結び一切合財を偽りの一様性、偽りの等価性

（エセ等価性）で括るせかいだというのを、自分の経験から納得し、自分の考えや感じ方の内に吸収したのでない限り、決定的なことはけっして理解したことにならないからだ(30)。

こうして世界は、我が家という私的閉域《プライヴァシー》で消費されるべき私的な秘事《アフェア》になる。個体横断性は物神化され、貨幣の抽象的にして無差別〔－無関心〕な量という形態を採って出現することになり、それが翻って、個体横断性を人格を欠いた力に形態変容させると同時に、増殖する一連の私的諸対象に商品化されるのである。

この見地によって、われわれはヴィルノによる〔疎外・物神性に続く〕第三の再定義である物象化を余すところなく把握することができる。個体横断性は、それが一箇の公的な物になったとき、物象化の相貌を帯びる。ヴィルノが挙げた事例は、すでに見たように、マルクスの「一般的知性」概念である。それは社会的空間において諸機械と諸主体に万遍なく分配される知性の集団的力であり、現代的生産はかかる力に依拠しているのである。貨幣あるいは資本と同様、「一般的知性」もまた社会の集団的力を化体しているが、それは、貨幣のような一箇の対象に置き換えられているというよりもむしろ、根本的に異なったやり方でそうする。一般的知性によって社会の集団的力は、社会の生産関係を構成する諸機械や諸慣習といった一連の諸物や諸関係に置換される。ヴィルノが論じているように、一般的知性の規定的特徴のひとつは次のようなものである。集団生活を支配するさまざまな規則や規範は、新たなコード・知識・スタイルなどに絶え間なく書き換えられ変更され、公的存在の偶然性と人為性を剥き出しにする。この偶然性は以下の二つの道筋を切り開く。第一にそれは、個体横断性を固定化された一箇の対象という過去の反復から解き放ち、個体横断性は一箇の純粋な微分的に差動する力になる。この力は貨幣あるいは市場を通じてのみ出現し、「公共領域なき公共性」（ヴィルノ）を構成する。市場は、集団的存在を構成する諸構造を提供するという意味で、完全に公的なものであるが、それは諸構造が作用を受け変調を来さないという条件の許でである。市場の諸法則はあたかも自明の自然諸法則であるかのように作用する。市場は、第二に、また正反対の方法で、人類の行為をいかなる規範や基準からも引き離す。貨幣を一箇の物神、人類の行為や諸力の疎外、現実抽象として糾弾することは容易いが、それは依然として異種の諸行為や諸実践に対して、同じものは同じものと交換されねばならないという等価性を強要している。一般的知性が生産過程の前面に移動し、諸々の規則と運営手続きの偶然性と無根拠性が支配的になると、等価性の基準が消失してしまう。これが根本的に両価的な状況を生じさせることになる。ヴィルノは次のように書いている。

人間存在にとって基本的な諸ハビトゥス〔思考・言語・自己省察・学習能力〕が前面にやってくる場合、それは、不安を誘う抑圧的な局面を見せる場合もあれば、また、主権の神話や儀式から懸け離れた一つの未聞の公的領域、すなわち、一つの非国家的な公的領域を生起させる場合もあるということです(31)。

諸個人が、単なる労働力の販売というよりも、むしろ、自己の諸々の才能・知覚・知識さらには（前個体的特異性を含んだ）主体性を販売するようになるにつれて、個人の依存的従属という形態が復活する可能性が出現し、その結果、単なる労働能力だけでなく個人のすべてが支配に従属するようになる。思考し、創造し、相互交流する能力を活用する実質的包摂は、ある一定の時間や空間に極限されることなく、搾取に存在そのものと同一の拡がりを与えることになる。もはや搾取は労働や貨幣といった抽象的諸存在の周辺に組織化されるのではなく、存在のすべてを包含する。だが同時に、知識や行為に関する諸規範を集団的に生産することによって、新たな政治が可能となる。この政治は、集団的なものを表象―再現前しようと企むさまざまな充実身体から集団的なものを解放するが、それをヴィルノは、非政府〔国家〕的な公共空間と呼んだ。それは、しかし、歴史的には〈共《コモン》〉として知られていたものだ。個体横断性の物象化、その諸実践、諸機械および諸習慣《ハビトゥス》への物質〔身体〕的な具体化によって、集団性に関する新たな理解が可能になる。つまり、集団性を表象―再現前されるべき無定形の大衆《かたまり》としてではなく、その行為と不可分に行為するマルチチュードとして理解することができる。

政治的課題は、かつての現存社会の墓掘り人とされたプロレタリアートが行ない得た役回りのような、現存する政治的諸条件を変容することができる「主体」を探すことが問題なのではない。そうではなくむしろ、主体性の生産に目を向けてみよう。つまり、主体性を構成する前個体的諸条件と個体横断的諸関係に着目しよう。そうすれば、現在を構成する多様な主体的隷属化を認識できるようになる。それは貨幣形態を採った人類の変革的な抽象的潜勢力の物神化であり、われわれの日々の存在を構成する商品への主体性の疎外である。さらには、主体性の生産にとっての現代的諸条件に、もはや国民や国家といった物神化された充実身体を軸としては構成されず、それ自身の刷新と生産的な変容に開かれた、一箇の公的なものの可能性といった、解放の道筋を発見することができるだろう。

註

（1）A. Badiou, *Metapolitics*. tr. by J. Barker, New York: Verso, 2005, p. 102.

（2）これら二つの軸については、J. Read, *The Micro-Politics of Capital: Marx and the Prehistory of Capitalism*, Albany: SUNY, 2003 が詳細に論じている。

（3）E. Balibar, *Spinoza: From Individuality to Transindividuality*, Rijnsburg: Eburon, 1997, p. 6.

（4）F. Fischbach, *La production des hommes: Marx avec Spinoza*, Paris: PUF, 2005, p. 56.

（5）G. Simondon, *L'individuation à la lumière des notions de forme et d'information*, Grenoble: Edition Jérome Millon, 2005, p. 23.

（6）P. Virno, "The Multitude and the Principle of Individuation," *Graduate Faculty of Philosophy Journal*, 24（2）, 2003, p. 137.

（7）P・ヴィルノ『マルチチュードの文法』廣瀬純訳、月曜社、一三六頁以下。

（8）P. Virno, *Multitude: Between Innovation and Negation*, New York: Semiotexte, 2008, p. 50.

（9）シモンドンの用語法における「主体」という用語は、個体と前個体的な特異性や個体横断的な諸条件との共存を指すために用いられている（Simondon, *L'individuation à la lumière*, p. 310）。

（10）*Ibid.*, p. 298.

（11）P. Virno, "Reading Gilbert Simondon," *Radical Philosophy* 136, March/April, 2006, p. 35.

（12）マルクスは「この変容のなかで、生産と富との大黒柱として現れるのは、人間自身が行う直接的労働でも、彼が労働する時間でもなく、彼自身の一般的生産力の取得、自然に対する彼の理解、そして社会体としての彼の定在を通じての自然の支配、一言で言えば、社会的個人の発展である」と書いている（『マルクス資本論草稿集　1857–58年の経済学草稿　II』2、大月書店、一九九三年、四九〇頁）。

（13）訳者——これは「資本主義的生産様式が支配的に行われている社会の富は、一つの『巨大な商品の集まり』として現れ、一つひとつの商品は、その富の基本形態として現れる」の顛倒を指している（K I: 49）。

（14）『マルクス資本論草稿集　1857–58年の経済学草稿 I』1、大月書店、一九八一年、三八頁。

(15) 同前、二六～七頁。
(16) M・ハート＋A・ネグリ『帝国』水嶋一憲ほか訳、以文社、二〇〇三年、四一〇頁。
(17) A・ネグリ『革命の秋』長原豊ほか訳、世界書院、二〇一〇年、三四九頁。
(18) Simondon, *L'individuation à la lumière*, p. 295.
(19) Virno, "Reading Gilbert Simondon," p. 38.
(20) Virno, *Multitude*, p. 41.
(21) Virno, "Reading Gilbert Simondon," p. 40.
(22) 訳者――著者は、Karl Marx, *The Economic and Philosophic Manuscripts of 1844*, tr. by Dirk Struik, New York: International Publishers, 1964 を用いており、たしかに同書の一〇四頁では〔 〕部分を除いた訳となっているが（*ibid.*, p. 104）、ここでは大月全集版を用いて、全文を引いておく。
(23) Fischbach, *La production des hommes*, p. 96.
(24) G・ドゥルーズ＋F・ガタリ『アンチ・オイディプス』上巻、宇野邦一訳、河出文庫版、二九頁。
(25) G・ドゥルーズ『差異と反復』財津理訳、河出書房新社、一九九二年、三一四頁。
(26) 『マルクス資本論草稿集　1857-58年の経済学草稿II』2、一三八頁。
(27) G・ドゥルーズ＋F・ガタリ『アンチ・オイディプス』下巻、宇野邦一訳、河出文庫版、七一頁。
(28) A・バディウ『哲学宣言』黒田昭信・遠藤健太訳、藤原書店、二〇〇四年、五七頁以下。
(29) ドゥルーズ＋ガタリ『アンチ・オイディプス』上巻、七〇頁。
(30) P・スローターダイク『シニカル理性批判』高田珠樹訳、ミネルヴァ書房、一九九六年、三一四頁。
(31) ヴィルノ『マルチチュードの文法』六一頁。

（佐藤　隆　訳）

第10章　人間の境界を超えて進む?

ケネス・スーリン

一　はじめにかえて

驚くべきことでもないが、おおかたの解放理論は、主体、主体性、同一性《アイデンティティ》、行為主体《アクター》、行為者《エージェント》といった類いの言葉への言及に満ち溢れている。さらに言えば、いかなる解釈のマルクス主義あるいは社会主義も、「人間」と呼ばれる存在が機能しうるような（自然を含む）いくつかの秩序に人類が占める場の意味を供給する人間学あるいは人間についての何らかの説明なしに済ませることなどできないように思われる。私見によれば、こうした類いの解放理論は、（社会闘争に力点を置く人間活動の無数の形態と帰結を――必ずしも唯一ではないが――主要な焦点とする）唯物論と（その存在と活動が超自然的な原理に根本的に依拠するような力と実体に訴えることを避ける）内在論を同時にその前提とする、存在論に左右されざるをえない。いかなる人間学や人間観にも憑き纏うここでの問題提起は、思想がいわゆる「人間の時代」を乗り越えて進んでいるという広く受け容れられている考え方によって、ここ数十年、厳しい批判に晒されてきた仮定に、依拠している。したがって、解放理論がこの一連のポスト人間学の思想に交錯するのは避けられない。

私も、今日の解放の政治学が、旧いタイプの政治学の死、すなわち、大雑把に言えば一八世紀のアメリカ革命〔独立戦争〕とフランス革命に始まった表象の政治学の死の受容を前提せざるをえない、と考えている。一九六〇年代末の政治的大変動に端を発する、表象の政治学の一般的な死滅をともなう過程は、この表象の政治学の主体の終焉でもあった。

ミシェル・フーコーは、理論モデルとしての解放と一連の実践としての解放を明示的に結節してみせた最初の哲学者だっただろう（フーコーは、モデルと実践との内的な繋がりがよりいっそう厳密に維持されるという目論見を携えて、両者を区別した。この点は強調されて然るべきである）。またより重要なことは、フーコーが、ここでの実践のいかなる彫琢も、それ自体は精査されることなくかかる考察を導いている陰に陽に受容されてきた人間の本性の概念から守られねばならない、と主張している点である。この点については、フーコーからの長い引用が必要である。

私はずっと解放という一般的な主題には疑いの目を向けてきました。この主題を論じる際には、十分に用心を重ね、ある限界を設けた上でないと、何か人間の本性や根底のようなものがある、という考え方に陥りかねないからです。さまざまな歴史的・経済的・社会的な過程を通して、人間の本性や根底なるものが、抑圧のメカニズムによって、そのメカニズムのなかに隠蔽されたり、疎外されたり、閉じ込められたりしてしまったのだ、というような考え方です。……私の考えでは、検証もなしにこんなふうに解放の主題を認めることはできません。解放が存在しない、ある具体的な解放が存在しない、などと言うつもりはありません。被植民者が植民者から解放されようとするとき、もちろん厳密な意味での解放の実践があります。しかし、よくご存知の通り、こうした限定的な例の場合にも、解放の実践だけでは、自由の諸実践を十分に定めることはできません。しかし、解放の後でその民族、その社会、その個人が必要とすることになるのは、この自由の諸実践なのです。それによってこそ、彼らが受け入れ、容認することができるような生活形態や政治的な社会形態を自ら明らかにすることができるのです。だから私は解放の過程ではなく、自由の諸実践ということを強調します(1)。

解放の出来事は、実効性と制度化を持続させるために、力と権威を調和をもって統制するためのその社会に特有の諸様式に関与する、一箇のまったく特種な形態を必要とする。こうした力の流れが解放の過程を促進あるいは阻碍するそのあり方は、解放の主体が構成されるそのあり方に決定的に左右されると同時に、それとは逆の関係も働いているのであって、〔したがって、〕解放の主体と人間が纏うある種の形態との同一化〔という問題〕についての考察こそ、焦眉の課題であることは疑いを容れない(ここではフーコーの定式化のいくつかが出発点として用いられる)。

「神の死」の裏面であり、その必然的な随伴物と見なされる「人間の死」を最初に宣言した人物がニーチェであることは言うまでもないが、フーコーは、正しく承認されねばならないことだが、他方で同時に、「人間の死」という考え方を誰よりも画期的重要性を有するひとつの哲学素として掲げ掛けた思想家である。その著『言葉と物』でフーコーは、一九世紀初頭この方支配的となった〈近代〉において、人間が思考の統治原理に祭り上げられた結果生じた「人間学的眠り」を告発している。したがって、「人間の死」、人間学的休眠の終焉は、したがって、フーコーにとっては、「ふたたびそこで思考することが可能となる、空間の開示」を告げるものであった。[2] こうして「人間の死」は、フーコーによって、〈近代〉取って代わって優位を占めるエピステーメー（*epistēme*）の始まりに、明確に結びつけられた。このエピステーメー、ポスト現代《コンテンポラリー》のエピステーメーと呼ばれて然るべきエピステーメーでは、（古典主義のエピステーメーではそうであったように）存在が完全な形態に近似することもなければ、そこから出立することもなく、（人間主体における純粋思惟的《ノエティック》で言語的な強靱さを制圧・超克するために、それを理解可能で「首尾一貫した」ものにする知識と真実の言説が、この構成的強靱さにもとづく抵抗を踏みしだいてなおも、創出されねばならなかった〈近代〉のエピステーメーでは、そうであったような）存在が認識的《エピステミック》な強靱さを執拗に保つことも、必要とされなかった。それどころか、現行のエピステーメーでは、道徳的で純粋思惟的な活動を可能にし正当化する超越論的支柱として措定されるような意識あるいは行為体といった中心を欠く存在は〔一定の計算の規準を決定するための一連の規則の集合として〕アルゴリズム的に配置された諸力の総体《アンサンブル》と見なされている。こうした力の相対的布置連関を標しづける「無制限の有限」は、「有限数の構成要素が事実上無制限な組み合わせの多様体を与えるような力の状況」を出現させる。[3] それゆえに、「無制限の有限」の様式における回帰‐再帰性は、「紋章的には」、画期的《エポック》時代の、わが時代画期に固有の働き方（*modus operandi*）なのであり、それは多くの人の目には近代性を継受するものと映ったのである。

言うまでもなく、フーコーは、人間という形象というその枢要をなす創造物とともに、近代性が置き換えられる、あるいはその職を解かれることに説明を与えるために、一箇の物語《ナラティヴ》を携えていた。人間は波打ち際に描かれた顔の画を波が洗い流すように消去されるだろう——これがフーコーの有名な隠喩《イマージュ》である。さらに彼は、人間学的三幅対の三つの構成要素——生命、労働、言語——にあって近代性と人間に取って代わるエピステーメーを準備することになるのは言語であると考えていた(4)。人間は、言葉という「謎めいた心許ない存在」、すなわち言語によって拭い去られ、打ち負かされるだろう。これがフーコーの考えであった。ドゥルーズが論じたように、この点ではフーコーは誤りを犯した。あるいは、少なくとも彼はどこかで道を踏み外したのだ。後にフーコー自身が、新たなエピステーメーを形づくるさまざまな実践と形態が、言語というよりもむしろ生命と労働の領域で発生することを支持する生権力の概念を特定しはじめたころには気づくことになるように(5)。生起しつつあるポスト現代の体制の実践に対するドゥルーズの立場は、以下の引用から明らかである。

> 人間における力は、外の力と関係する。炭素に取って代わる硅素の力、有機体に取って代わる遺伝子的な要素の力、シニフィアンに取って代わる非文法性の力などである。これらすべてに関して、超襞 superfold の作用を探究する必要があるだろう。「二重螺旋」は、そのもっともよく知られた場合である。超人とはいったい何であろうか。それは、これらの新しい力と結びついた、人間における力の組み合わせの形態である。それは、力の新しい関係から出現する形態である。人間は、自分自身において、生命と労働と言語を解放するのである(6)。

換言すれば、いまや人間にとっては「外部性」が存在する。なぜなら、人間そのものがあらゆる新奇かつ未聞の方法で他の力のアレンジメントと交わっているからであり、この方法は、フーコーとドゥルーズにとっては、人間そのものがその任を最終的に解かれるからである。

二　模造人間《パラヒューマン》

時代画期的な変遷と姿態変容の性質、あれこれの時代精神の性質についてのあらゆる宣言には、それが、フーコー、ドゥルーズ、ヘーゲルなど、誰に由来するものであれ、注意しておくことが肝要である。結局のところ、フーコーでさえ、言語の中心性とポスト現代のエピステーメーの出現に関して自分が謬っていたことを納得するに十分な時間を生きたことを、われわれは承知している。しかし、以下のドゥルーズの仮説は、受け容れておきたい。生命と労働の領域において出現し、また依然として出現しつつある新たな実践は、ポスト現代的と思しきこれらの知と力についてのいかなる理解にとっても明らかに意義深い、という点がそれである。かかる仮説で武装したドゥルーズは、ポスト現代のエピステーメーの始まりを一箇の「超人」――この「超人」を命名するに当たっては「模造人間《パラヒューマン》」の方が適切であろうが――の出現をもって特定できるという結論に達した。引用しよう。

超人は……動物〔性〕すら負荷されている人間である（側面的あるいは逆行的な進化という新しい

図式におけるように、一箇のコードは他の様々なコードから様々な断片を捕縛することができる)。それは、まさに鉱石あるいは非有機的なものすら負荷されている人間である(硅素《シリコン》の領域)。それは——形式を欠き「口も利けず、いかなる意味作用も示さない、言語」が、その言わんとしていることからの「自由」さえ見出すことができる——言語の存在を負荷されている人間である。フーコーは言うだろう。超人は存在する人間の消滅などでは決してない。超人は一つの概念の変化などではない、遙かに重大なものである、と。それは、神でもなければ人間でもない新しい形態の到来であり、この形態が以前の二つの形態に較べて劣悪ではないことが望まれる(7)。

したがって、今日では破棄されてしまった〈近代〉を規定していた「人間学的眠り」の終焉は、「神でもなければ人間でもない一箇の新しい形態」の可能性をわれわれにもたらしている。フーコーと(基本的にフーコーを解釈する)ドゥルーズは、この新しい形態が出現する閾を労働と生命の領域における時代画期的な転換と結びつけている。この転換は抜き差しならない一箇の技術的次元——この変移の形而上学的含意を登記した最初の人物がハイデッガーであろう——を有しているが、この転換は同時に、存在論的《オントロジー》、認識論的《エピステモロジー》でもあり、それ全体としては、神学、理性、さまざまな本性や本質、主体性と間主体性といった「創設的」なものへのいかなる訴えも追放している。そうした「創設的」なものへの喚び掛けは、フーコーがまさしく「人間学的な時代」のものと見なした当のものであり、フーコーにとってかかる時代の終焉は、認識的で形而上学的な根拠づけという企て、ときに「創設」と呼ばれるものの探究の消滅と重なり合っている。であればこそ、人間の死は必然的に人間学的形而上学と(人間的、またしたがって、神聖な）判断をめぐる理論の死をともなうのである。また、〈近代〉に基盤を与えるという企て－約束が形而上的かつ認識論的な基礎工事という企てに起因する問題の解決策を見つけ出すことをめぐっていた以上、わが時代、ポスト現代のエピステーメーが抱える問題にとっての解決策は、〈近代〉といった一箇のもはや過ぎ去ってしまった時代に提示された諸問題に見いだすことはできない(8)。だが、この創始的な根拠づけという企てが永遠に破棄されてしまった現代《いま》、この〈近代〉の後には何が到来するのか？

伝統的な意味における形而上学と認識論はいわゆる超越論的場を構成する三幅対――主体、客体、意識――によって定義され、また、人間の時代の終焉によってともにその実質的に終わりを迎える。カントからフッサール、そしてサルトルへと到る物語《ナラティヴ》、この人間主義の必須要請に支配されたこの物語《ナラティヴ》に拠れば、超越論的なものとしての意識は、それに応接する超越論的なもののひとつ、すなわち一箇の主体が、意識をこの超越論的なものの三幅対の第三項、すなわち客体に回付することによって意識を反映することができる場合にのみ、現れることができる。意識は、したがって、超越論的領野と同一の拡がりを有し、主体の客体とのこの関係における活動によって偸閑《あからさま》にされる場合にのみ、顕現する。主体と客体は、超越論的なものとして、必然的に内在性の領域の外部にあり、この哲学的な物語《ナラティヴ》によって描き出されるものとしての主体は、ちょうど客体が客体一般に生成するように、普遍的主体に生成する。その結果、内在性は、つねに超越的なものの一箇の単なる反映あるいは随伴現象として措定されねばならないことによって、歪曲されることになる。内在性は、結局は、諸現象の綜合の先験的基礎である一箇の普遍的主体によって、あるいは経験の場を先験的《ア・プリオリ》に一箇のものとして統合している一箇の客体一般によって、定義され、包含されることになる。したがって、人間学の奇妙な逆説は、その存在理由《レゾンデートル》は一見したところ内在性であって超越性には見えないが、その不可避的な公理的前提としては、むしろ超越性であって内在性ではないという点にある。内在性の支柱を破壊してきた、この人間学とそれによって強固に支えられている形而上学と認識論は、最終的には、脱神聖化された神学の一形態であるにすぎず、フーコーとドゥルーズは、したがって、神と人間のそれぞれが相互に打ち遣ったというニーチェの洞察を実質的には肯定しているのである(9)。超越性が内在性の一機能となり、内在性が超越性の一機能にならないという結果をもたらすように内在性の領野を復位するには、したがって、人間学の放棄が必要とされるのである。こうした運動が作り出されるとき、超越論的領野は、なおも存在し続けるとはいえ、旧来の超越論的なものとして構成されてきた主体・客体・意識ではなく、内在性のなかで、内在性を通じてのみ把握されうる。実際、超越性(transcendence)と超越的であること(*the* transcendent)には重要であると同時に看過しえない差異があり、また〔だからこそ〕わが批判者たちも、主体・客体・意識が必要とするのは(存在論的内在性と両立しうる)一箇の超越(*a* transcendence)のみであって、(内在的なものとは明らかに両立しない)超越的であることではないと示唆することができた。しかしながら、こうした示唆への当を得た応答は、主体・客体・意識という観念それ自体が、そも超越的なものの形而上学的領野にその根拠を据えていた概念の世俗化された解釈だというものである。近代の認識論と倫理学の主体 - 基体(*subjectum*)〔下に措かれたもの〕は、バリバールなどが指摘したように、中世における臣下(*subjectus*)の派生物であり、近代性という時代画期後のいかなる思考をも根本において衝迫する力もこれら特殊な観念が超越的なものと抜き難く結びついていることを示してきた。また、そのようなものとして、近代におけるいわゆる主体は、厳密な意味での内在論がみずからの規定的な形而上学的原理に課している内在的なものとの基本的な通約可能性を何ら有していない。こうした議論の筋道が受け容れられるとすれば、以下の疑問が浮上する。すなわち、その創始に関わって、（主体・客体・意識といった）超越的なものと結びつくことのない思想と実践の形態は存在するのか？　これである。換言すれば、先に言及した超越的なものの三幅対に凭れ懸かる〔によって述定される〕人間学の領域ではなく、純粋な内在性の領野という観点から、文化的かつ社会的な構造《フォーメイション》の形而上学的あるいは存在論的な構成を考えるとは、どういうことなのか？

すでに述べたように、社会的かつ文化的な構造《フォーメイション》の存在論的な構成は、典型的には、普遍的主体とそれに付随する間主体性（たとえば、ルソーの一般意思やハーバーマスの理想的発話共同体など）か一般的客体（たとえば、ヒュームやベンサムに見られるような感覚・情緒・熱情とそれについての快・不快、経験主義あるいは効用主義の伝統に見られるような効用をもたらすもの――しかし、この感覚などは、ベルグソンやドゥルーズが指摘するように、絶対的意識の流れの、必然的に恣意的な、一箇の抽象でしかない）、このいずれかの観点から描かれる。すなわち、このような社会的なものと文化的なものの存在論的な構成には、「感覚」あるいは「感覚与件《センス・データ》」といった基礎的現象を論じている場合であっても、いま概観した問題構制的な意味で超越的なものの残滓がすでに染ついている。(10)

社会的で文化的な構造《フォーメイション》はその存在と機能をドゥルーズのいわゆる調和《アコード》〔コードの一致〕あるいは「協調《コンサート》〔交渉の一致〕」に負っているということもまた事実である。(11)　これらの調和は、あらゆる種類の出来事、役柄、過程、運動、制度などを連結させ、かかる連結の結果、アレンジメントや布置連関が一箇の統合された構造《フォーメイション》となることを可能にする諸条件を提供する、行動原理である。まさに資本主義はそうした一箇の調和《アコード》の好例、あるいはそれは、むしろ、(再度ドゥルーズとガタリの用語法を用いれば)一箇の公理系として、諸調和の調和、「メタ調和」に近い。それは、たとえば、労働(黒人金鉱夫)、資本家(鉱山を所有する企業)、商品(黒人鉱夫によって抽出された金鉱床)という三者間に存在する南アフリカの関係を支配する調和を、別の労働力(スイスの時計工場の労働者)、他の資本家(時計工場の所有者)、商品(高価な金時計)という三者間にあるスイスの関係を支配する調和と結びつけ、またこれが翻って、商品(スイスの金時計)、さらに別の資本家(イギリスやアメリカの、時計を売る宝石店の所有者)、消費者(高価なスイス製時計の買い手)という三者間にあるロンドンあるいはアトランタの関係を支配する別の調和に結びつけられる。ヨハネスブルク郊外の金鉱山、チューリッヒの時計工場、ロンドンまたはアトランタの宝石店に代表される、一見するに異なって見えるこれらの蓄積と生産の地帯《ゾーン》は、これら各々の地帯で支配的な蓄積体制を支配するさまざまな低レヴェルの調和が(低レヴェルの調和のまま)互いに分離されたままだとしても、資本によって創出される高レヴェルの調和あるいは「協調」によって「和合《ハーモニー》〔結合《ハルモス》〕」を与えられることになる。各々の低レヴェルの調和は、相対的な自律性を保ちながら、資本が確立したメタ調和に対して、それが接続されることになる他の調和と協調するよう要求する。メタ調和によって調整を与えられた「合奏協奏曲《コンチェルト・グロッソ》」によって、低レヴェルの調和は、同一の世界、現行の蓄積と生産のシステムによって構成されている世界を依然として表現しながらも、互いに独立して機能することができるようになる。このメタ調和によって、資本は、極度に細分化されながらも、依然として相互に接続されている諸機能を——人間、場所、基幹施設《インフラ》と交通体系、技術、原料と完成品、企業、政府などを結びつけながら——一箇のシステムとして、作動させることが可能になる。資本は、ドゥルーズとガタリ、ジェイムソン、ジジェクが正しく指摘したように、唯一の（偽の）普遍的左翼なのである。

三　調和と内在性

すで指摘したように、調和は、内包あるいは排除といった懸案の調和のための選択規準を提供することによって組み上げられる。これらの規準は、他の有り得べきあるいは実際に存在するさまざまな調和が将来両立可能（あるいは両立不可能）となるであろうような一箇の特殊な調和をも決定する。超越論的領野を組織するに当たってかつて支配的であった方法が疑問に付される、あるいは崩壊するといったこと——いまや周知となっている、普遍的主体のいくつかの危機、一般的客体の崩壊、さまざまな部分－対象（*part-objects*）の無数の連鎖に関与している根本的に新しい連結システムを可能にするより新たな範疇（「流れ」「力」「スペクタクル」など）による〔従来〕一般的客体〔と見なされてきたもの〕の解職——をともないながら現在起こっているかに見えることは、そうした選択規準が完全に弱体化あるいは消滅しつつあるという事態である。選択規準は、異種の諸存在《エンティティ》、かかる諸存在《エンティティ》のアレンジメント、運動の相対速度、空間的布置連関に層と秩序を与える特権を設ける。その喪失または希薄化によって、不協和と矛盾の解消が困難となり、またその逆に、分岐が容易に肯定されることになる。それらを概念的あるいは物語的に規律化する現実に実行可能な「超越論的」調和がなくなることによって、出来事、対象（全体対象と部分対象のいずれも）、役柄が、複数の分岐、さらには非互換的な系列にさえ、同時に割り振られるという事態が可能になった。したがって、たとえば、ロートレアモンのちょっとした揶揄を込めた現実の定義（「解剖台の上でのミシンと蝙蝠傘の偶然の出会い」[12]）、カントやジョン・デューイといった思想家に若干の困惑を惹き起こさせる定義は、われわれの大多数が、幾人かの芸術的前衛、ボルヘスやジョルジュ・ペレックのような小説家、サイバーパンクやテレビゲームの新世代、無調やフユージョンといった音楽ジャンル、〔フランク・〕ゲーリーや〔ピーター・〕アイゼンマンなどの建築家を潜らねばならなかった〔いまとなっては〕文化的に是認された出来事の後では、もはやほとんど平凡と言うほかない。ドゥルーズ、ボードリヤール、ヴィリリオなどの作品に結びついて出現した存在論は、偶有性、偶然、予期しないことに概念的表現を厳密に与えることを意図している。すなわち、それらは、ロートレアモンの突飛に見える現実の特徴づけの精神と根本において一致するような仕方で、「現実」に定義を与えることを認めているのである。

この「混沌とした」調和あるいは擬似‐調和、超越的なもののあらゆる回避は、いまではわれわれの文化のなかに巧みに根づいており、それはまた、かつてはこの文化の自己理解のための基礎として機能することで深く根づいていた差異の崩壊を促した。要するに、公と私、内部と外部、以前と以後などの区分はみな、維持することが不可能ではないにせよ、困難になった。しかし、その安定性を保証することができるいかなる条件（超越論的領野の主要な機能）からもこのように切断された調和も同様に、「不可能」になった。われわれは、もはや調和を保証し維持するいかなる必要性にも立脚しない複数の世界、テクストを読み、台本を聞いている複数の世界に生きているのかもしれない。これは、純然たる〔あらかじめ〈オリジナル〉を欠いた〕変奏と純然たる〔あらかじめ〈一性〉を欠いた〕多様性によって特徴づけられる根源的に複数の内在的な世界であり、新たな形成力が現れつつある世界であって、その先祖〔バロック〕よりも「真に」バロック的なネオバロックを帯びた世界である。[13] これは、寓意《アレゴリー》がその本領を発揮する世界であり、それは、ジェイムソンに拠れば、さもなければ抹消されてしまう解放の可能性と潜勢力を理論的かつ実践的に把握しようとするいかなる営為にも必要とされる予弁法《プロレプシス》であるコード変換のための主要な装置として代替的に移植された物語《ナラティヴ》である。ここでの議論に即して寓意をもって足早に言い換えれば、一箇の超越的領野との本源的関係によって支えられる調和の「全般的な《システミック》」消失によって、いまやこの文化に帰属する者は、世界をその共同的な縁組関係として経験しているのである。この文化へのわれわれの帰属規準そのものがこうした寓話化傾向と密接不可分なのである。この場合、「私は帰属している」と言うことは、何か別のものを、すなわち逃れがたい寓話化や隠喩性の圧力から、私の（あるいは、あなたの）「帰属」を隠して保護するある種の必要性あるいは要請が存在する場合とはまったく異なるものを、必然的に象徴し喚起するようなことを言い、行なうことである。

たとえば、右派のアメリカ福音派の指導者ジェリー・ファルウェルが「テレタビーズ」の一匹を「ゲイ」だと考えた場合、[14] 彼は、あるレヴェルでは、長年にわたって彼がそうだった頑迷な変態《クィア》叩きだが、別のレヴェルでは、ほかのことが起きていたのである。「変態性《クィア》」を「テレタビーズ」のような超人間《トランスヒューマン》、模造人間《パラヒューマン》の特性とすることによって、ファルウェルは、「ゲイ解放《リブ》」の企てに力を注ぐ人にとっては相当に興味深い含意を知らず知らずのうちに指摘し、暗黙に認めたことになるのである。「変態《クィア》であること」がテレタビーズのような超人間あるいは模造人間の領域に転移可能な特性だとすれば、「変態性《クィア》」が遍在することになる（またまったくそのとおりなのだ）。そうだとすれば、「変態性《クィア》」は、（現実的かつ想像的な）種の垣根をまったく文字どおりに越えて溢れることになり、またしたがって、実際にも、また潜在的にも、境界を欠き、鋳固められえない存在ということになる。そして、ファルウェルとその支持者に非常に大きな不安と怒りを抱かせたのは、境界を解体する「変態性《クィア》」というこの筋書きにほかならない。しかし、境界を欠き、収容不能の「変態性《クィア》」が孕む可能性――言ってみれば、ファルウェルの偉大な、しかし、彼にとっては空恐ろしい発見――は、変態《クィア》とされる人びとにとってはまさしくユートピア－ヘテロトピア的な可能性の表現である。「変態《クィア》であること」が少なくとも二つの分岐する系列――一方の「人間」と他方の「テレタビーズ」――に振り分けられる特性だとすれば、他の何あるいは誰が変態《クィア》でありうるのか分からなくなってしまう。もしかすると天に坐す智天使《ケルビム》と熾天使《セラフィム》、場合によってはイエス自身も……。したがって、「変態《クィア》である」という特性を二つの分岐する系列に据えることによって、「ゲイ解放《リブ》」という企図の支持者が、テレタビーズがみせるエロチックな傾向に対するファルウェルの――われわれのように考えなければ――滑稽と言うほかない意見のなかにある顛覆的な言外の意《サブテクスト》の意図せざる受取人になることができる。アメリカの大衆文化への参照を暫く措けば、ファルウェルとテレタビーズの事例は、古代ギリシアの性愛《セクシュアリティ》についてのフーコーの読解やライヒに影響を受けたドゥルーズとガタリのフロイトの多形倒錯の概念についての読解が提起した論点を例示している[15]。

フーコーとドゥルーズが批判した形而上学的・人間学的な枠組に支えられた超越論的領野が消滅するこの時代にあって、同一性《アイデンティティ》を（割り当てることや決定することはもちろん）考えることもまた、本質的に問題含《プロブレマティーク》みとなっている。なぜなら、同一性を考えることは、その（人びとをあれやこれやの分岐する系列へと駆り立てることがより容易になる記述に対立するものとしての）概念を保持しているかどうかに決定的に左右される企てだからである。同一性の明確化には、当該の同一性が、一箇の概念に関して、あるいは諸概念の混合（「アメリカ人であること」、「共産主義者であること」、「学者であること」など）に関して、その適用可能性の範囲が特定の帰属規準に規制される一箇の概念に関して、確定されねばならない。そして、その規準が複数の概念を誘導し下支えするための（「超越論的な」）調和を欠いていれば、同一性は、つねに紋章的かつ碑銘的に、すなわち寓話的に読まれねばならないことになる。では、このことによってわれわれはどうなるのか？

同一性という考え方を捨て、別のまったく異なる考え方、特異性という考え方を採用した方がよいかもしれない。特異性概念の属性は、一箇の共通あるいは分け持たれた特性がXあるいはYを非－Xあるいは非－Yである一切から個体化するための基礎としては役立つことができない、という原則にある。私が六フィート以上の身長という特性を他の誰かと共有している場合、この特性は、それ自体において、またそれ自体としては、私と件の人間を相互に個別のものとして固体化することには役立たない。特異性、Xを非－Xである一切と異なったものにするXの裡にあってX－であることは、したがって、Xを他のいかなるものにも結びつけることができない。事態はまったく逆である。Xは、本質あるいは共《コモン》またあるいは分け持たれた性質によっては他のいかなるものとも結びつかないからこそ、一箇の特異性なのである。特異性とはそのあらゆる諸特性を具えた一箇の事物であり、ある種の共通性が依然としてこの事物に関連しているかもしれないとしても、この共通性は特異性としてのこの事物とは無差別かつ無関係である。したがって、トマス・ジェファソンは「アメリカ人である」という特性を他の人びと〔アメリカ人〕、実際、何百万人という人びと〔アメリカ人〕と共有していることは言うまでもないことであるが、特異性はそれがその可能性の総体と結ぶ関係によってのみ規定されるのであって、それはトマス・ジェファソンを一箇の絶対的特異性として構成する「トマス・ジェファソン」と命名される複数の可能性の総体である。別の存在がジェファソンを構成することでジェファソンを個体化する可能性の総体を網羅的に有しているとすれば、彼がジェファソンと識別不能になることは避けられない。彼は同じ存在あるいは同じ人物である。

「超越論的」調和がわれわれにわれわれの世界あるいはわれわれのテクストを与えてくれる時代とは、われわれの帰属規準がある種の混沌とした動きにつねに従属している時代である。同一性概念は、複数の同一性が、その構成において、しかも原理上、還元不能な偶然性の全範囲へ移転し、断片化し、またかかる全範囲の下へ従属することがいかに広く承認されていようとも、この〔事態についての〕知の不可避的な否定をともなっている。というのも、ヘーゲルが論じたように、つねに同一性は、同一性と差異の弁証法に依拠することによって、特定されるものだからである。換言すれば、同一性はそれが作用するために弁証法的否定の原理を要請するからである。したがって、私が「私はイギリス人である」と言うとき、この言明は、私がフランス人、アメリカ人、ナイジェリア人などではないという含意を必然的にともなっている。本質主義の核芯には、したがって、まさに同一性という観念が存在している。ある人がXであるとすれば、このある人は、ある人が何であるかがまさに非-Xである一切の否定であるような確定的な意味が存在し、かつその限りにおいて、Xである（いずれにせよ、ある人がXにとどまる限り、これが事実《ケース》でなければならない）。同一性は「事実《ケース》であるもの」の主体性と客体性と無縁ではいられず、またしたがって、同一性は、内在性という観点からは構成されない、また実際に決して構成されえない、超越論的領野につねに差し戻される。

ほとんど承認されず、また正当に評価されないとしても、人は主体である前にその生を生きなければならないことは、自明である。(16) 主体が浸り込み客体を生きるあらゆる契機に棲まっている一箇の生は、みずからを主体と客体において現働化し、生きている事物という状態に生成する諸契機（出来事と特異性である諸契機）に秩序を与え、それをめぐって右往左往する。主体とは、この説明に拠れば、こうした諸契機で〔その都度〕採られる「観点」であり、その生を作り上げるさまざまな特異性について結合された観点から成るもの、それが特異性である。この点に関しては、主体をこうした「情動、強度、経験、実験」の連結として特徴づける、ドゥルーズの根源的な発言がある。

……自分は一個の自我だ、人格だ、主体だ、そう思い込んだところで、けっして自らの名において語ることにはならない。ひとりの個人がその真の名を獲得するのは、けわしい脱人格化の修練を終えて、個人をつきぬけるさまざまな多様体と、個人をくまなく横断する強度群に向けて自分を開いたときにかぎられるからだ。……私たちは、解放された特異性《サンギュラリテ》の集合、言葉、名、爪、物、動物、ささやかな事件の集合になる。つまりセレブとは正反対のものになる。(17)

形而上学的人間学によって措定された主体は、したがって、一箇の生という主体であるには余りに抽象的である。それは、一箇の生を作り上げる無数の特異性についての組み立てられた観点ではなく、これらの特異性を知覚したり、経験したりするための先験的、したがって必然的に抽象的でまた抽象化された条件である。とすれば、次のように言うことができるだろう。すなわち、特異性は、さまざまな特異性を登記する主体性の単なる機能にとどまる限り、生と生命力を欠いている。それ本来の場が与えられることを要請される主体ではなく、これらの諸契機や諸特異性の間に一過的とはいえ具体的に存在するものとしての主体、これが問題なのだ。簡潔に言えば、普遍的主体は、雑多な気紛れ、生を構成する実践と経験の寄せ集めにとっては、不適当なものでしかない。

したがって、近代性の「人間学的眠り」の終焉は、より良き世界を目指すわれわれの闘争の存在理由として引き合いに出されるような本性あるいは超越的理性などもはや存在しないということを宣言する「真理」を除いて、哲学や歴史には真理などないということを認めることができるようになった時期と一致している。近代の真理と理性そして人間(生物学的存在ではなく、概念的形象としての人間)は、ニーチェ、フーコー、ドゥルーズが述べたように、古典的な真理と理性が近代におけるその末裔に道を譲らなければならなくなったように、いまや死んだのである(18)。いまやわれわれは、闘争のための出発点として、フーコーに憑きまとっている疑問――「真理にはなぜ斯くも乏しい真理しか存在しないのか?」――を取り上げることができる。これは真理への意志など存在しないことを謂わんとしているのではない。これが謂わんとするのは、この真理への意志がつねに権力への意志のある種の活性化の結末だということ、前者が担うに到るいかなる権力も後者によって与えられる限りで、それは権力を担うということである。だが、解放の追求に関与する人びとにとって、そうした権力への意志とは何であろうか？　先の時代における倫理学と認識論の主体は、権力への意志がみずからを行使するさまざまな状況から必然的に抽象された――この超越論的主体の存在は、まさに意志が配備される軸点であったがゆえに、権力のいかなる配置にも先立って措定されねばならなかった[19]。この形而上学的人間学が想定する主体を批判することは、比較的容易である（この批判の要点は、構造主義やポスト構造主義、精神分析理論の何れにおいても基本である）。決定的な問題は、むしろ、その場所に何を据えるかである。

四　部分対象と脱主体化

いわゆる経験する単一の主体と経験の単一的な一般的対象‐客体がたとえ不要だとしても、「経験する」と呼ばれる状態がもたらす現実性とこの「経験する」を担う人の立脚点は厄介であり、依然として分析されざる現象であって、したがってまた、解放の理論家によってはいまだに概念的思索の射程には入っていない。精神分析理論は、経験がある人間のある内的現実と外的現実の多様な要素（すなわちさまざまな特異性）の非常に初期的な同一化によって設定されるある構造によって支配されると主張するが、かかる基本的仮定を受け容れるとすれば、経験はこの構造の機能、そしてその核芯にあるさまざまな同一化の配列の結果と見なされねばならないことになる。ドゥルーズとガタリ――われわれはこれまでその人間の超脱（beyond-human）についての解釈に負ってきたのだが――は、彼らの基本的な概念である「欲望」の解説の一部として用いられるこの同一化の性質と範囲を解釈するに当たって、イギリスの「対象関係」論の精神分析、とくにウィニコットとビオンの著作から影響を受けている[20]。

ウィニコットとビオンの対象関係理論は、母親の乳房や性器といった解剖学的特徴（とその代用物）——それが如何に幻想的なものであれ——との直接の心理的繫がりによってではなく、そうした解剖学的特徴だけでなく他の対象－客体の全領域と関わる機能の過多との同一化によって、初期の同一化が形成されると考えている。したがって、対象関係が描き出すわれわれの同一化についての説明では、同一化は、何らかの対象そのもの（より伝統的な精神分析で好まれる対象である母親の乳房）ではなく、むしろ当該の対象が果たす（与える、愛する、憎む、愛する対象がそれを同化する者にとってどことなく有害だという不安に駆られて怖れる、罰するといった）いくつかの機能をともなうということが強調される。ドゥルーズとガタリは、この洞察を欲望の説明において一般化し、対象関係論によるこの決定的な転換が同一化をより可視的な政治的企てに変えたと主張する。結局、与える、愛する、憎む、怖れる、罰するなどは、たとえば「母親の乳房に関わる同一化」などといった単なる表現が伝えるものよりも、その方向性においてよりあからさまに政治的である。ドゥルーズとガタリに網羅的な指令というものがあるとすれば、それは、政治が対象－客体に応接する必要ではなく、むしろ当該の対象－客体によって担われる一連の機能だということである。対象－客体は、それが愛、憎しみ、怖れ、不安、無関心、悲しみ、楽しみといった特定の反応をわれわれに喚び起こすか否かを突き止めることができなければ、それ自体としては、何も意味しない。「Xとは何か？」という疑問が解答可能になるのは、Xに関して「如何に」と「何故」という疑問が措定され、解答される場合だけである。なぜなら、Xの性質はその機能性（すなわち、「如何に」や「何故」という疑問）と分かちがたく結びついているからである。この「対象関係」派精神分析の洞察はスピノザとニーチェの哲学的立場と共鳴している。彼らにとって一箇の存在は、それが受け取って伝達する力と、そのときにそれがたまたま嵌り込むその後の状況との、合成物である。[21] この原理が受け容れられれば、そこから引き出される唯一の理論は脱主体化の理論である。すなわち、それは意識の構成とその意識によってもたらされる判断を正統化することができる主権的主体という考え方を端から考慮しないような理論であろう。だが、脱主体化とは、実際には、いかなることに関与しているのだろうか？

脱主体化という考え方の核芯には以下の主張が潜んでいる。すなわち、意識と対象－客体との関係は主権的主体あるいは自我によっては媒介されず、むしろ、経験の流動そのものが自我あるいは主体の構成にきわめて重要な仕方で影響を及ぼす。これである。では、主体とは何か？　ここで註解を加えている対象関係論の立場から言えば、自我ないし主体を次のように見なす方がよりもっともらしい。すなわち、自我ないし主体とは、流動そのものがこの流動というさまざまな内容に相互に反応し合いながら構成される過程の許にあるさまざまな観点の性質に直接影響を及ぼすことが可能となるような仕方あるいは複数の仕方で編み出される、この流動についての、一箇の観点あるいは一連の観点である。この主体は、主体が関係するつねに変動する対象－客体を携えている自我あるいは自己のある種の布置連関の所産である。主体にとって本質的あるいは不変の構造が存在しないとすれば、いかに強固あるいは流体的であれ、経験の流れから採られた観点は、いかなる類いの絶対的かつ包括的な規範性によっても支配されない仕方で確立される。そうであれば、遠近法的主体は、「人間」と呼ばれるあらゆる動物存在は素より、非－人間や神的存在をも含んだあらゆる存在と決定的な親和性をもちうる。すなわち、そうした主体は、典型的表現を用いれば、「人間」や「神」といった同一性を確定する賓辞がもはや無為と化すような場を占めることができるだろう（これがドゥルーズが描いた哲学的シナリオである）。この段階では、ドゥルーズがとった立場を裏書きする必要はない。この模造人間《パラヒューマン》の理解によってその存在を認可されるものは、ドゥルーズのシナリオから必然的に導き出されるか否か、あるいは彼の議論がそれを要請しているか否かとは関係なく、ドゥルーズの立場に適合すると言うだけにとどめておこう。それは、「人間」と「神」がわれわれをして達成せしめることができることに、全面的に依拠しているだろう。それが上手くいかなければ、またドゥルーズは上手くいかないと確信していたが、そのときには何としてもその実現を可能にする代案を見つけよう。西洋に棲まうわれわれは、この代案が何であるかについての明確なセンスをもっていない。しかし、西洋の外部では、「人間」や「神」と必ずしも結びつかない解放の概念が長い間存在してきた。それが西洋の文化に広まっているものよりも劣っているということは、およそ自明ではない。もちろん、同時に、「人間」と「神」を迂回する概念が本質的に人間的であるということもまた、およそ自明ではない。だが、いまやそれを試してみる時期かもしれない。

註

（1）M・フーコー「自由の実践としての自己への配慮」『フーコー・コレクション』5、小林康夫ほか編訳、ちくま学芸文庫、二〇〇六年、二九五～六頁。この一節の要点は、イデオロギーも抑圧もこの自由への衝動の障碍を説明することができないとフーコーが断言しているという点にある――フーコーにとって、解放に対する主要な障碍が生じるのは、それを妨げている力の諸形態の「正常－規範化《ノーマル》」からであり、またその結果、それに付随して、支配的秩序と逆行するそうした力の流れが実効的に中立化される、あるいは、わが支配者に対して何らの脅威も与えないような他の目論見にねじ曲げられてしまうのである。

（2） M・フーコー『言葉と物――人文科学の考古学』渡辺一民・佐々木明訳、新潮社、一九七四年〔訳者――三六四頁〕を参照。フーコーに拠れば、三つのエピステーメーないし歴史的構成が存在した。一八世紀ヨーロッパに終焉を迎えた古典主義のエピステーメーでは、無限と完全が人間存在を形づくる主要な力であった。〔人間〕存在はそれが具体化する形態を携えており、これらの形態に関する地図作成法、その統治原理が百科全書あるいは専門的論攷であるような体系的な地図作成法を提供することが、科学の任務であった。一九世紀ヨーロッパにおいて頂点を窮めた近代のエピステーメーでは、有限性がフーコーが生命、労働、言語と呼んだ隣接領域の空間の境界を内側から膨脹的に支えており、ここでは「人間」が（完全な存在あるいは存在そのものの派生であるような状態ではなく）それ自身の権利に措いて登場する。近代のエピステーメーでは、われわれはみずから自身の悟性の主体と客体になるが、この悟性はつねに暫定的で不完全であり、つねに還元不可能な認識《エピステミック》上の強靭な抵抗に晒されている（であればこそ、フーコーは、このエピステーメーにおける力‐知の結びつきの重要性をあれほど鮮やかに分析してみせたのである）。現行あるいはポスト現代のエピステーメー――その始まりはニーチェによって予告されていたが、フーコーにとってそれは、依然として、未来のエピステーメーにとどまっていた――では、（典型的には経験的制約として理解されている）有限性は、主としてビオスの水準で作用する、力の絶え間ない流動と突然変異、フーコーの解釈者ジル・ドゥルーズが「無制限の有限 *fini-illimité*」と呼んだ流動に取って代わられる（G・ドゥルーズ『フーコー』宇野邦一訳、河出書房新社、一九九九年、二一一頁参照）。

（3） ドゥルーズ『フーコー』二一一頁。

（4） フーコー『言葉と物』三二三～二四頁参照。砂の上に描かれた画としての人間については、同前四〇九頁。

（5） ドゥルーズのフーコー解釈を評してポール・ラビノウは、フーコーが、『言葉と物』出版後、その考えを変え、新たなエピステーメーの実践が言語の領域で現れるという初期の見解を放棄したと示唆している（P. Rabinow, "Artificiality and Enlightenment: From Sociobiology to Biosociality," in J. Crary and S. Kwinter, eds., *Incorporations*, New York: Zone Books, 1992, p. 236）。私は本稿のここでの定式化の多くをラビノウの論攷に負っている。この時点までにフーコーは、（事例を挙げれば枚挙に遑がないが）ドゥルーズとガタリ、ハートとネグリ、アガンベンに刺戟を与えることになった生権力的なものについての示唆に富む省察に着手していた。いまでは「ポスト・ヒューマン」の考え方は、ハートとネグリは措くとしても、ドゥルーズとガタリやアガンベンの生政治的なものの解釈を通じて把握されねばならない。フーコーの生権力については、M・フーコー「生体政治の誕生」小林康夫ほか編『ミシェル・フーコー思考集成』Ⅷ、筑摩書房、二〇〇一年を参照。

（6）ドゥルーズ『フーコー』一二二頁（強調原文）。

（7）同前、一二一～一三頁。そこでのフーコーからの引用は、フーコー『言葉と物』四〇六頁〔訳者――フーコーからの引用も含めて、訳を変更した〕。

（8）フーコーの思考のこの側面については、ポール・ヴェーヌの啓発的論攷（P. Veyne, "The Final Foucault and His Ethics," tr. by C. Porter and A. I. Davidson, in Davidson, ed., *Foucault and his Interlocutors*, Chicago: University of Chicago Press, 1997）を参照されたい。ヴェーヌを引用しておこう――「歴史がたどる経路は、永遠という問題、本質あるいは弁証法の問題を含まない。それは、文化によって異なるどころか個人によってさえ異なる価値創造（valorization）、フーコーが好んで言ったように、真でもなければ偽でもない価値創造を提示するにすぎない。ただそれだけのことであり、個々人は、彼自身あるいは彼女自身の愛国者」である。

（9）G・ドゥルーズ「内在――ひとつの生……」同『狂人の二つの体制 1983-1995』宇野邦一ほか訳、河出書房新社、二〇〇四年を参照。

（10）言うまでもなく、ドゥルーズは「超越論的経験主義」の有名な提唱者であり、彼は、主体と自己の観点からではなく、ベルグソンに由来する方法に依拠して、超越論的領野に「はじまりもおわりもない運動として、客体もわたしもない直接的な純粋意識」という説明を与えている（同前「内在――一つの生……」二九五頁）。

（11）G・ドゥルーズ『襞――ライプニッツとバロック』宇野邦一訳、河出書房新社、一九九八年、二二三頁以下参照。

（12）訳者――『マルドロールの歌』第六歌。

（13）これはもちろん同前『襞』におけるドゥルーズの議論の主旨である。

(14) 訳者――「テレタビーズ teletubies」はイギリスの子ども向け番組のキャラクター。

(15) フーコーが、今日われわれが性的関係と呼んでいるものの対象あるいは目的は、性的関係を構成する者の生物学的性別とは関係ない他者との快楽にあるというギリシアの教えを再生させたことについては、フーコー「自由の実践としての自己への配慮」二九二～三一一頁を参照。ドゥルーズとガタリの多形倒錯についてのライヒ的概念化については、G・ドゥルーズ＋F・ガタリ『アンチ・オイディプス』上巻、宇野邦一訳、河出文庫版、二二七～二八頁を参照。

(16) 以下では、ドゥルーズ「内在――ひとつの生……」で展開された思考の道筋に忠実に従う。

(17) G・ドゥルーズ「口さがない批評家への手紙」同『記号と事件』宮林寛訳、河出書房新社、一九九二年、一五～六頁。

(18) この問題については、Veyne, “The Final Foucault” を参照。

(19) ドゥルーズが指摘したように、意志の配備をこのように（「私は意志をもつまえに、私は私の超越論的存在において構成されねばならない」）理解することは、ニーチェを誤解することにほかならない。この点については、G・ドゥルーズ『ニーチェと哲学』江川隆男訳、河出書房新社、二〇〇八年、一九頁以下および七八頁以下参照。

(20) G・ドゥルーズ「ノマド的思考」『無人島 1969-1974』小泉義之監修、河出書房新社、二〇〇三年およびG・ドゥルーズ＋F・ガタリ『アンチ・オイディプス』下巻、宇野邦一訳、河出文庫版、三五〇頁参照。後者では、W. R. Bion, *Elements of Psycho-analysis*, London: Heinemann, 1963 が参照されている。解説としては、J. R. Greenberg and S. A. Mitchell, *Object Relations in Psychoanalytic Theory*, Cambridge, MA: Harvard University Press, 1983 を参照。もっともグリーンバーグとミッチェルは、ビオンを論じていない。ビオンを論じたものとしては、思想史的伝記である G. Bléandonu, *Wilfred Bion: His Life and Works 1897–1979*, tr. by C. Pjaczkowska, New York: Guilford Press, 1994 を参照。

(21) この点についての素晴らしい説明は、戦争における（敵に立ち向かう）勇敢と（敵から逃げる）怯懦との違いが往々にして走る方向〔の違い〕にすぎないという、ビオンの示唆であろう。ビオンは第一次世界大戦で受勲した退役軍人であったが、間違いなく棘を含んでいる彼の主張では、「勇敢」という善と「怯懦」という悪は、身体的気質（この場合は「走る」）――これらの気質の機能（気づいた敵に立ち向かうか逃げるか）と文脈（この場合は戦闘）を考慮した場合にのみ、この気質の意味を決定することができる――に関係しているということが示されている。このビオンの所説に言及したものとしては、A. Phillips, "Malingering: Review of Peter Barham, *Forgotten Lunatics of the Great War*," *London Review of Books*, 27: 5, 2005, pp. 20–21 を参照。

（沖　公祐　訳）

第11章　荒れ地の花——存在論としての詩学、レオパルディからネグリまで

ティモシー・S・マーフィー

その長きにわたる経歴を区分する二つの段階で、アントニオ・ネグリは、まったく異なる二つの理由からそれに見合った悪名を馳せることになった。第一に一九七〇年代、テロリズムの容疑で裁判を受けることなく監禁された、イタリアの急進的な労働者運動の理論家にして組織者として⑴。また後年、二一世紀に入って、グローバリゼーションを中心なき一過程と見るグローバリゼーションの理論家として⑵。これら二つの明らかに重要な段階への批判的かつジャーナリスティックな関与によって、長い時間をかけて多様かつ魅力的に展開されてきた、政治、倫理、存在論に身を挺する思想家としてのネグリ以外のネグリが、まったく見えなくなってしまった。あまりに顧みられることがない彼の仕事のもっとも重要な側面は、おそらくは、一九七〇年代から二一世紀にかけて起きた彼の批判的展望における根源的な移動、その論理・参照上の要点が、彼の敵対者にとってであれ、彼に魅惑された者にとってであれ、依然

としてほとんど理解されていない、ひとつの移動にある。この移動は、今日あまりに過剰に引き合いに出されるあのネグリ、活動家の時期に伴走していたマルクスとレーニンよりも、しばしばフーコーとドゥルーズにより親密に伴走しているかに見えるネグリを産み出した移動でもある。以下で私はこの移動に光を当てるためのいくつかの論理・参照上の要点の提示を試みるだろう。またその過程で、ニーチェの表現を藉りれば、[3]いかにしてネグリが「彼であるところのものとなった」かを論ずるだろう。

ネグリ自身も認めているが、一九七九年四月七日の逮捕から一九八三年イタリア議会選出までの監禁の経験は、ある原理的で新たな方向決定を彼の思考に課すものだった。この監禁によって、彼はみずからの人生の一〇年以上を捧げてきた社会・政治運動から切り離され、この時期に彼の関心を占めていた現在に関する活動家としての分析を続けるために必要とされる知的書物の大部分を奪われた。それに代わって彼に残された唯一の方途は、哲学史を学んでいたみずからの起源に立ち戻ることだったが、そこには重要な差異がともなっていた。『野生のアノマリー』の序文で、彼はこう書いている。

ブルジョア国家、資本主義国家の形成過程における危機を分析することは、その解体期という危機の到来を明確にすることに役立つ。そう考えれば、近代思想の起源、近代国家の歴史の起源を研究する意欲を燃やすのも当然だろう。こうした計画に刺激され、わたしはこれに先行する仕事（デカルト論など）に取り組んだが、いまとなってはこの計画は以前ほど刺激的ではなくなったということを言い添えておかねばなるまい。いまわたしが関心を持っているのは、ブルジョア国家の形成過程とその危機というより、むしろ現に動いている革命の理論的オルタナティブ、そしてその主体的

な可能性である。(4)

ネグリが折にふれて用いる語彙を藉りてこの移動を言い換えれば、資本主義国家の解体に対する批判的視座が有する否定的側面（*pars destruens*）あるいは破壊的道筋から構成的存在論を目指す批判的視座が有する肯定的側面（*pars construens*）あるいは発展的道筋への移行とすることができるだろう。(5)「一九七九年四月七日から一九八〇年四月七日　ロヴィゴ、レビッビア、フォッソンブローネ、パルミ、トラニにて」と、その日付・場所が記された作品『野生のアノマリー』そのものが、(6)少なくとも英語圏の読者にとっては、この新たな方向決定のもっとも早い時期におけるもっとも鮮明な顕示であるが、とはいえ、同書そのものがこの移動の大きな重要性を明らかにしているわけではない。

彼の新たな方向決定の真の拡がりを把握するには、『主体の工場 *Fabbriche del soggetto*』（一九八七年）や『転覆の政治学』（一九八八年）といった、ネグリの監禁経験の刻印が明白に刻まれている当該期の他の作品に取り組まねばならない。これら政治哲学についての作品で彼は、まず『ヨブの苦役 *Il lavoro di Giobbe*』（一九九〇年）や、本稿が中心的に論ずる『しなやかなエニシダ――ジャコモ・レオパルディの存在論 *Lenta ginestra: Saggio sull'ontologia di Giacomo Leopardi*』（一九八七年）といった、彼の思考がその発展的道筋を論ずる部分として取り上げた言語学的または詩学的な「転回」とでも呼べそうな理論装置の基礎を築く、本質的には文学分析である、作品において、みずからの構成的存在論の輪郭に素描を与えている。

ネグリのスピノザ研究は広く分析されており、また彼の構成的存在論にも多様な批判的展望から取り組まれているが、いまのところ、彼の詩学的転回には、それが非物質的労働とネットワーク状の抵抗に関する彼の多くの作品にとっての基礎を形成しているという事実にもかかわらず、ほとんど注意が向けられていない(7)。

その詩学的転回と結びつき、また同様に光を当てられるに値するネグリの新たな方向決定のもうひとつの驚くべき側面は、フランスにおけるニーチェ主義の伝統に対する彼の態度に見られる移動である。フランスにおけるニーチェ受容という場合、何よりもまず私は、ドゥルーズとフーコーの仕事を念頭に置いている。監禁以前の彼の著作では、これらの思想家が参照されることは、まずなかった。彼は、パリ移住後、生権力と生政治に関するフーコーの着想およびドゥルーズの根源的な内在性の論理をみずからのプロジェクトの中心に据えるようになるが、たとえば「政治批判の方法について」(一九七七年)というエッセイでフーコーに解説を加える箇所でのように(8)、彼にとってフーコーやドゥルーズはむしろ曖昧な存在として現れることの方が多かったのである。ネグリがドゥルーズやフーコーへに接近したのは、ドゥルーズ周辺の哲学者サークル、なかでももっとも重要な存在であったガタリが、下獄以前のネグリだけでなく、パリ亡命中のネグリを受け容れ擁護したという情緒的な事実によるとも考えられるが、その間、スピノザ解釈だけでなく政治的確信についてもネグリとドゥルーズが歩み寄った結果でもあっただろう(9)。

とはいえ、フーコーのニーチェ的方法論に対するネグリの当初の曖昧な態度、さらにはネグリ自身の初期の哲学的参照枠におけるニーチェの明らかな不在を考えれば、この移動を適切に理解することは、いっそう厄介となる。実際、ニーチェについてのネグリの論攷は一本しかない。「マルクス主義者たち

――或る逆説的アプローチ」がそれである（公表されたのは一九九二年である）。この論攷はルカーチ以降のマルクス主義者のニーチェへの応答についてのきわめて簡潔な解説である。ニーチェのテクストへのかくも簡潔な――また後れ馳せの――取り組みでは、ネグリの哲学的展望における移動をアクチュアルに説明できない。

ニーチェに関するネグリの唯一の論攷を、それが書かれた文脈にそってきわめて注意深くかつ示唆的に読解することによって、ネグリが、現在ではアウトノミア系マルクス主義として知られている潮流から登場してきた他の人びとと同じように、「ニーチェに、創造性という視点からする主体性と生産との結びつきについての再定式化、歴史の弁証法的理解に対する暴力的論争、そしてそのあらゆる種類における現実の社会主義へのラディカルな批評を見出した」ことを明らかにしたのは、ジュディト・ルヴェルであった(10)。

彼女のアプローチの中心には、「ニーチェに深い危機のシニフィアン、デカダンスまたはそれに替わる救済の地平を担わせるといった近代性の枠内における思索ではもはや捉えることのできない、反‐近代的な視座からの」ニーチェ読解という実践があり、それは翻って、「近代を克服する必要（然）性、あるいは……近代の異なる様式が可能であるという構想《アイディア》」の肯定を含意している(11)。ニーチェの概念をもってそれを言い換えれば、このアプローチでは、あらゆる価値の価値転換や超人ではなく、むしろ「〔一方における〕創造行為ならびに創始の主体的な力としての力（へ）の意志と〔他方における〕科学実証主義とヘーゲル弁証法に対する批判として機能する歴史性についてのモデルの構築」に(12)、その焦点が絞られているということである。そのうえで彼女は、確信に満ちて、以下の問いについての解釈を提示する。問い、それは、どうすれば「この二重の系統――フーコーがそのもっとも衝撃的な形象をなすであろう『フレンチ・スタイル』の歴史主義と、[13]ドゥルーズにきわめて多くを負っている力についてのスピノザ主義という二重の系統――にもとづいて、ネグリのニーチェ論を理解しうるのか」である。

だが、一つの問いが残っている。それは、ネグリの著作におけるこれらすべてのニーチェ的要素の直接的源泉とは何か、という問いである。これらの要素はニーチェへの直接言及から出現するわけではない。実際、出獄後のネグリの著作は、折にふれてニーチェに論及することはあっても、それは周縁的なそれに限られ、しかもそれはハイデガーによるニーチェ読解という枠組に縛られていることが多い。またそれは、ドゥルーズあるいはフーコーいずれかにおけるニーチェ的要素を明示的に考慮したうえで出てきているとは、思えない。その頃には、ネグリは彼の新たな協力者について書きはじめており、新たな方向決定はすでに起こっていた。とはいえ、ルヴェルがネグリを「フランスにおける一人のニーチェ主義者」として描いていることは疑いもなく正しく、また彼女が〔ネグリの著作に〕割り出したあらゆるニーチェ的要素――弁証法的で科学的な歴史への「反時代的」批判、生の抽象的管理に対する容赦なき敵対、創造行為または制作（*poiesis*）と解された主体化と存在論――の源泉がイタリアの文献学者にしてエッセイストであり詩人でもあるジャコモ・レオパルディについての彼の解釈にまさに由来すると、私は論じるだろう。ルヴェル自身が然り気なく註記するように、「後にチェーザレ・ルポリーニとセバスチァーノ・ティンパナーロがこのアプローチをレオパルディ読解に適用することになった」[14]ニーチェの「反-近代的」解釈は、「何よりもまず、マッツィノ・モンティナーリに始まると推測され、それはニーチェ読解を多くの点で先取りしていると考えられる」ものだった。[15]

したがって私は次のように主張する。ネグリにとってレオパルディはニーチェを先取りする代役であり、レオパルディは、ネグリの仕事をフーコーとドゥルーズという異質の系列に繋ぐ、暗いあるいはさほど暗くもない、一人の先駆けである、と[16]。さらに、言語活動が主体性と共同性の生産において果たす構成的な役割に直面することをネグリに強いたのは、レオパルディその人にほかならない。レオパルディは、かかる言語活動の喚起によって、ニーチェがドゥルーズとフーコーに与えた理論的な道具と同様の多くの理論的な道具をネグリに与え、ニーチェに直接取り組むことがほとんどなかったネグリは、新たな同盟の系統を見いだし、詩学的転回を遂げることが可能になった。

イタリア詩史におけるその正典的地位——ダンテまたはプルタルコスにも匹敵すると称讃されている——にもかかわらず、レオパルディは英語圏では広く読まれてはおらず、また知られてすらいない。したがって、ネグリのレオパルディ研究が英語圏の評者たちに無視されてきたのも無理はないということになろう。そこで、ささやかな背景説明が有益である。

レオパルディは、一七九八年、地方都市レカナーティで、貴族の家に生まれ、この息苦しい環境を逃れようとする格闘に生涯の大部分を費やした後、一八三七年、ナポリで亡くなった。家庭教師たちと勉強した短い期間を別とすれば、主として古典文献学・哲学史・詩史といった領域における彼のもっとも偉大な業績のほとんどが、ほぼ完全に独学によって成し遂げられた。実際、彼の独学ぶりにはきわめて烈しいものがあったため、健康におよぼした害は甚だしく、死期を早めることにもなった。彼の詩的成果は比較的少ない——主に抒情形式で書かれた三六篇の詩は、彼の全集では一五〇頁足らずにすぎない——が、それは彼の散文テクスト、もっとも重要な彼の『道徳的エッセイ集』と死後に刊行された膨大な哲学的／批評的覚書である『雑記帳 *Zibaldone*』によって拡張され、豊かなものとなっている。とくに彼の散文テクストは、彼自身の唯物論的形而上学に本質的な諸要素を与えている、生得観念についてのロックの批判、コンディヤックの感覚論、ラ・メトリとオルバックの啓蒙的唯物論などといった、反観念論的な哲学についての彼の粘り強い探究の跡を示している。(17)

そのスピノザ研究の場合と同様、レオパルディの展開についてのネグリの解釈は、その展開の不連続性に強調点を置いている。ネグリは、スピノザに、第一の新プラトン派的で流出論的な『エチカ』の基礎を構成的存在論に向けて転位させる第二の内在的で生産的な「二つ目の基礎」を特定するが、レオパルディについては非線形的発展における五つの段階を割り出している。

その第一期でレオパルディは、一九世紀初頭の弁証法的文化と対峙する。第二期で彼は、極端な悲観的視点を携えて、ラディカルな感覚論の歴史へ焦点を移行させる。第三および第四期のレオパルディは、さまざまに異なる動機によって、そのアプローチを歴史へ展開することを試み、また倫理－生態学的な展望の再構築に努める。第五期で彼は、人間の共同体と解放の急務を理論化する。(18)

レオパルディの最後の偉大な詩「えにしだ または荒地の花 La ginestra, o il fiore del deserto」は、この展開過程を要約しており、またそうすることで、この詩人の詩（学）的、政治的、哲学的プロジェクトについてのネグリの説明の頂点としても役立っている。以下で私は、レオパルディの先駆的ニーチェ主義と私が呼ぶものの大まかな概観を描き出すに当たって、しばしば「えにしだ」に論及するだろう。

ところでニーチェ自身、已れの先駆者としての偉業をよく意識しており、レオパルディを「恐らく今世紀最大の文体家」であり、[19]「文献学者の現代的理想」として、[20]描いている。この賛辞はとくに重要である。なぜならこの賛辞は、その方法によってニーチェとレオパルディが、歴史、社会、存在に関して驚くべきほどに類似する結論を導き出すことになる、彼らがともに専門とする古典文献学についてのニーチェの省察という文脈から、生じているからである。

たとえば「反時代的」なるニーチェの着想は広汎な影響力を及ぼしているが、ニーチェが当初、この着想を、まさしく古典文献学の批判力として提示していたことを、ニーチェの読者は往々にして忘れがちである。彼は書いている。「というのは、時代のなかで反時代的に unzeitgemäß ——すなわち時代に反対して gegen die Zeit そうすることによって時代に向かって、望むらくは将来の時代のためになるように——古典文献学がわれわれの時代においてどういう意味を持つかを私は知らないだろうからである」と。[21]この名高い一節が刻まれた『反時代的考察』第二部において、ニーチェ的反時代性は、現在における生を石化しその未来を否定する無差異‐無関心な与件《データ》の脱主体化された蓄積として、実証主義的で目的論的な歴史の「学《サイエンス》」を告発する、毒を含んだ批判の形態を採っている。ニーチェは、この「学」と古代ギリシアにおける歴史の生への従属とを対照させることで、この問題を一九世紀の非‐文化〔無教養〕においてその窮みに達した、物質と時間を介在する弁証法的思考に拘束された精神の意識への不可避的到来という、ヘーゲル的歴史哲学まで溯って跡づける。

まことに、諸時代の末裔であるという信念は麻痺的であり調子が狂っている。しかし、かかる信念がいつの日にか図々しく居直って、この末裔をすべての以前の出来事の真の意味と目的として神化するならば、その信念の知的悲惨が世界史の完結と同一視されるならば、これは怖ろしい破壊的な現象であると言わざるをえない。……したがって、ヘーゲルにとっては、世界過程の頂点と終点は彼自身のベルリンにおける現実存在において合致していたことになる。(22)

ヘーゲルとほぼ同時代を生き、ニーチェの一世代前に属しているレオパルディは、すでに、古典文献学における彼自身の若き日の研究の基礎について、一箇の「反時代的な」仕方で、思考していた。ネグリが諒解しているように、レオパルディは啓蒙とフランス革命そしてナポレオンの復権という混乱の巷がもたらした余波にほかならない「記憶の崩壊」に、ある種反ヘーゲル的——で反近代的——なやり方で、応答している。ネグリは次のように主張する。

弁証法は、記憶の崩壊に介入し、ヘーゲルを携えて一切にふたたび秩序を与えることによって、歴史的時間の混乱を粉微塵にする……。差異は、展開の全体性の崇高で理性‐合理的な重層的決定の中へと、融解してしまう。歴史の遅延によって、ヘーゲルは哲学を、歴史の効果‐帰結を探求し、ふたたび有機性《オーガニゼイション》を与え、認可する「ミネルヴァの梟」と見做すことができる。記憶の混乱と過誤は歴史の論理と化す。(23)

こうして、弁証法的に理解される歴史が化体する綜合的な目的論は、歴史を理性の狡知に転じ、革命運動という構成的〔制定する〕（権）力を国家の構成－制定された（権）力に切り縮めることによって、革命と革命への反動という予測されざる鞭撻を単線的発展における徒花《エピフェノメノン》に貶める。レオパルディは、ヘーゲルと同様、歴史的崩壊を形而上学的な平面へと転位させるが、彼にとっては、しかし、「出来事のこうした昇天は、弁証法の時間では、問題の論理的解決ではなく倫理的な開けを指し示す」ものであった。この開けは、後に簡単に触れるように、主体的な担い手が構成される内在的で物質的な空間である。この点でレオパルディは、ヘルダーリンに似ている。「弁証法の時間に囲繞され、記憶の混沌の裡に諸々の区別を確立するという欲求に直面したレオパルディとヘルダーリンは、何れも、論理的解決と学《サイエンス》の観念論的基礎を拒絶する」（*LG* 31）。

論理的閉鎖に対するこの詩的創造行為と倫理的実践への献身によって、レオパルディは、彼の生きた時代がまさしくヘーゲルから学びはじめていた目的論的進歩主義に対する攻撃に、導かれてゆく。「えにしだ」[24]で彼は、イロニーを込めて、ヴェズヴィオ山周辺の不安定な風景を、次のような描写で、提示している。

この地には人類の
《大いなる運命と進歩》
の跡がまざまざと刻まれている。

再生したる思想によって

それまでは示されてきた道を棄て、
歩みを逆に後ろに向けて、
後戻りするのを誇り、
それを進歩と唱える、
傲慢で、愚かな世紀よ、
この血にて見よ、おのれを映せ（四九～五八行目）。

ホルクハイマーとアドルノによる分析を直接的に先取りする「啓蒙の弁証法」としてネグリがしばしば描きだす、進歩的歴史に対するレオパルディの反時代的批判の主要な対象のひとつは、後にネグリがフーコーに倣って生権力と呼ぶ、一九世紀全般に一貫する、公衆衛生、教育、行政をめぐる諸々の学《サイエンス》を通して発展した生命の制度的管理であり、これらの学《サイエンス》は民主主義的改良主義と君主制的反動の双方の兵器工場における主要な武器と化してゆく。レオパルディは、これらの学が採用しているアプローチを「統計的」アプローチと呼び、彼が生きていた時代に民主主義者と君主制主義者が代わる代わる強化してきた、西欧諸国家にとって御しやすく交換可能な社会‐政治的主体を生産するためのひとつの目論見として、告発する。

ホルクハイマーとアドルノにとってと同様、レオパルディにとってもまた、この目論見は批判的理性が専制国家の制度的非理性に拝跪していることの証左だが、ネグリは、この目論見を「偽りの幻想」と呼び、革命的共同性という「真の幻想」の名において、この幻想と戦うべきだと主張する（この点については後述)。巨大市場ジャーナリズムを公的世論を鋳型に流し込むための手段と見なして攻撃するレオパルディの立場は、統計学に対する彼の告発と密接に関わっている。この攻撃は、ベネディクト・アンダーソンが「出版資本主義」と呼ぶものの興隆と近代的国家形態とを特定したその視点を、ある意味で先取りしている。[25] この目論見の両側面に対するレオパルディの蔑みは、彼をして、イタリアにおける進歩主義イデオロギーがもっとも華やかであった時期、すなわちレオパルディが生きた時代を通して進められていたリソルジメントまたはイタリア国家統一運動の底意地悪いパロディ化に向かわせる。「鼠と蟹たちの戦争」と題された愚弄する叙事詩に、このパロディ化は見られる(*LG* 182-202)。進歩主義者/国家主義者の企ての構造に含まれる非理性への彼の蔑みは、「えにしだ」では、人間の生を管理する者たちへの辛辣な呼び掛けとして綴られている。

おまえは自由を夢見つつ、
その一方で唯一われらを野蛮から
僅かばかりに蘇らせて、
文明を養い育て、人々の運命を
よりよき方に導く唯一の指針の思想を
またもや奴隷にせんと欲する。(七二〜七七行目)

統計学と大衆管理に対するレオパルディの反時代的批判に、私たちは、後期ニーチェによる社会主義と民主主義への批判の木霊を聴きとることができる。ニーチェにとって社会主義と民主主義は、生命に対する禁欲的理想と「キリスト教の運動の継承」の継続と映る。たとえば「無政府主義者の犬ども」は——

見たところは、平和で勤勉な民主主義者《デモクラット》や革命的イデオローグとは反対なものにみえるし、ましてや愚鈍なえせ哲学者や自ら社会主義者と号し〈自由社会〉を望む共同組合主義的夢想家とは反対なものにみえるが、しかし実際は彼らすべてと同じ穴のむじなであって、畜群が自治権をにぎる社会形体以外のいかなる社会形体に対しても根本的な本能的な敵意を抱いている点では変わりはない……。こういう連中はみな心を一つにして、あらゆる特殊な要求、あらゆる特権や優先権に対して頑強に抗争する（これは、ぎりぎり決着のところ、あらゆる権利に対する抗争なのである。なぜなら、万人が平等であるとなれば、もはやなんぴとも〈権利〉を必要とはしないはずだから[26]）。

ニーチェは、レオパルディのようには、統計学やジャーナリズムに焦点を当ててはいないものの、大衆または畜群の民主主義に同様の脅威を看て取っている。すなわち、脱‐差異化の脅威、命令と支配という目的のための差異の縮減と取り込みである。ニーチェは、その役割が「概して人間の均等化と凡庸化をつくりだし——有用で、勤勉で、いろいろと役に立つ器用な畜群的人間を生みだす」生命を統計化する者を、[27]「水平化する者」と呼んだ[28]。ドイツのナショナリズムという政治的「病気」やナショナリズム一般に対するニーチェの批判は、こうした民主主義批判に列んで、よく知られている[29]。

結局のところ私たちは、ネグリがレオパルディの「構成の形而上学」（*LG* 217）に見いだす進歩的ないし目的論的な歴史と生命の統計的管理の双方に代わる反弁証法的対案に落ち着くことになる。ここで『しなやかなエニシダ』全体を支配するこの形而上学あるいは存在論の解明を詳細に跡づけるのはあまりに複雑だが、同書の末尾でネグリは、「えにしだ」読解への序曲として、要約を提示している。彼の分析は、ニーチェへの反響を明確に帯びている三つの枢要な段階を割り出している。その第一段階は——

自然概念の全般的かつ根源的な改訂である。〔レオパルディにとって——マーフィ〕自然は、一箇のまとまった本質としてではなく、むしろ直ちに、一箇の裂け目、存在の移り変わりを覆う仮面の一つとして、現われるのであり、その本質を構成する崩壊の裡に襞折られている……。こうした自然概念は、私たちの眼前に、識別されるべき諸々の価値を備えた替案の文脈として、置かれている。自然とは引き裂かれた何ものかであり、したがって、そこに襞折られている破壊と死の可能性が私たちに迫る、あるいはむしろ抑止する、一箇の選択の地勢である（*LG* 216–17）。

レオパルディは、自然を、人間文明に対立する、差異を解除された一箇の統一性としてでもなければ、勝ち誇る弁証法的理性に対する膝を折った対応物でもなく、むしろ、（人間的主体も含めた）その所産一切に対する一箇の能動的無、顔を欠き非主体的な敵対性、『悲劇の誕生』でもっとも力強く素描された、「原始の巨人の世界、恐怖による神々の秩序」、「〔非個体的な——マーフィ〕生存の恐怖と驚愕の数々[30]」というニーチェの着想にも比しうる「あらゆる理性的存立性の廃墟」（*LG* 206）と、見ている。「えにしだ」では、自然についてのこの着想は「殲滅者ヴェズヴィオ」（二行目）という形象を与えられており、その溶岩は灰燼と帰したポンペイへ流出するが、やがて、えにしだ咲く野辺を提供する――とはいえ、次の噴火までの束の間の。火山の斜面は、「いかにわれわれ人類は優しい自然の／気遣いを受けているかを見さしめよ」（四〇～四一行目）とばかりに、荒涼としている。自然は生にして死、弱さにして強さ、創造にして破壊であり、これらすべての側面から立ち現れる内在的差異が、死に抗う生の戦いにおいて、人間的主体――この人間的主体の形象化であると同時にそれとの対比を為しもするのが、「荒地で満ち足りて」（六行目）いる「かぐわしきえにしだ」（五行目）そのものである――を産出する自然に囲繞されながらも自然に抗いもする一箇の選択、一箇の選びないしは肯定の可能性を提供する。この差異化しつつ差異化される自然という着想は、力の意志というニーチェによる存在論的着想と同様、多くの帰結をもたらすことになる。[31]

自然におけるこの裂け目から、第二段階が出てくる。これは自然とのその関係にある主体、自然に敢然と立ち向かい、闘争を仕掛ける主体に、関わっている。

危機的出来事――つまり、精神が倒壊の危機にある無と直面している知における一箇の乖離についての認識――から一箇の倫理的行為への移行の構成要因（いま私たちがその検証を開始しようとしているのは、この移行なのだが）には、この移行に本質的な乖離が口を開けている。単なる無の回避という試みではなく、むしろこの分離に基づいて存在論的想像力の図式を構成する試みが出現するのである（*LG* 217）。

ネグリは、レオパルディの存在論が絶対精神というヘーゲル的目的論に対立するだけでなく、彼が理性の神格化の源泉と見なすもの、すなわち、想像力を一箇の純然たる道具的能力として理性に従属させるカントの超越論的分析論に対立するとも、捉えている。レオパルディは、想像力を、みずからの生存のために必要とされる能動的幻想を創出することによって自然の敵対に応接する一箇の存在論的活動として、この神格化に対峙させる[32]。

カントの語法に戻って言えば、超越論的な美学－感性論が、分析論を追求したり、主体の有り得べき演繹的推論の完成－完了の義務を要請するどころか、むしろ分析論に反対し、分析論を、一箇の敵対的機能、そこからみずから自身を解放し、あわよくばそれを完全に回避しようとする一箇の神秘化の罠と見なすことを、それは意味している。詩の危機的－批判的な制作《ファーレ》では、超越論的な美学－感性論は、主体の世界への、想像力への、真の幻想への開けであるその本質を露呈させ、論理的に真なることという分析の監獄に対立させる（*LG* 208）[33]。

ニーチェが「道徳外の意味における真理と虚偽について」で素描している「それが錯覚であることを忘却されてしまった錯覚」としての真理の系譜学の近傍に、きわめて密接に呼応しているこれらの幻想の論理は[34]、主体が生き延びるだけでなく成長しさえすることが可能な姿態変換あるいは構成され直した世界を、「第二の自然」として、構成する。これが、レオパルディが「生存と世界は、美的現象としてのみ、永遠に是認されている」というニーチェの主張に先んじて同意を表明する、方法である[35]――ここでの「是認された」を、「生命の特殊形態を生きうるものたらしめる」といったことを意味するものと理解する限りにおいて。

だが、諸々の区分が浮上し、肯定と否定の何れかの選択は、生を肯定する幻想としての「良い」と病理学的な幻想としての「悪い」とのニーチェ的選択に対応する「真の幻想と偽りの幻想」との倫理的選択として、第二の自然の許でも為されねばならない。これがレオパルディによる構成的存在論の第三にして最終段階である。ネグリが註記するように――

自然－主体の敵対関係は力動的であり、二重の切断の結果として開かれる。先ずは自然の側における切断であり、これは肯定と否定、生と死、青年と老年といった諸価値を対立させる一連のラディカルな二者択一からなる。もう一方の切断は、無と覚醒した存在との間で動揺し、生を求めて死と対立する主体の側にある。主体は己を自然に結びつける関係を、諸々の排除、二者択一、そしてこの関係を構成する倫理的な選択を横断しつつ、理解しようと努める（*LG* 217）。

このような倫理的選択は、「えにしだ」では、「万物の創造主らが／……降りてきて、／……語らう」（一九一～一九四行目）ために、「みずからが宇宙すべての主であり、／その究極の存在理由であると信じる……」（一八八～一八九行目）という人間の傲慢な思い込みと、「……おまえを／押し潰すもの〔すなわち、自然――マーフィ〕にむかって哀願し、卑屈にも／むなしく頭を垂れたりしない、／……星に向かって、／傲然と屹立しようとしたりもしない」（三〇七～三一三行目）、えにしだの教えとの対比として、形象化されている。この詩における対比もまた、ニーチェとの共通点をさらにいくつか備えた、神人同形説《アントロポモルフィズム》としてのキリスト教批判へのレオパルディのこだわりを標しているが、その検討は本稿の射程を超えている。

「真の幻想」を選び取るという倫理的要請の究極的表現は一箇の新たな集団的主体としての共同性に向かう衝動にあり、またこの点で、レオパルディの思考は、少なくとももっとも通常的な理解に立つ限りでのニーチェの思考から、もっとも著しく分岐する。ネグリが看て取るように、「倫理的共同性は、肯定的な仕方で、分離」において、構成的な想像力だけが満たしうる自然における亀裂または乖離から、「生まれる」のである。

〔崩壊としての自然に抗う――マーフィ〕「共通の戦《いく》さ」の必然（要）性が連帯の諸条件を定め、これを通して、自由を定める……。共同性は、したがって、それが抗争そのものから生まれるという点で、自然と対立する。共同性はこの戦争の地平でみずからを構築する集団的な主体である（*LG* 220–22）。

共同性のこうした構想がレオパルディの作品において初めて現れた作品が、「えにしだ」である。スピノザと同様、レオパルディは、みずからの人生の最期に当たって初めて実効的な政治的共同性の問題にその注意を向け、またその際の曖昧な表現は、彼の読者たちの間でさまざまに異なる解釈を生みだしてきた(36)。だが、自然を避け難くも打破されざる共通の敵と見なしていることは明白である。「心性の気高きは、死すべき身として／その眼をあえて／人類なべての運命に向け、率直に、／真実をなんら曲げずに、／運命がわれらにあてがう不幸を、／みすぼらしくも、心もとない／その身の上を告白する者、／……／その咎をまことに罪のあるものに、／われらの母親、生みの母にて、／心根は継母のごとくにつれなき自然に帰す者。／心性の気高き者は自然こそ敵と唱えて、……」（一一一～一一七行目および一二三～一二六行目）。

ネグリの読解に拠れば、自然と人間には力の果てしもない不均衡が存在するがゆえに（一六七～一八五行目におけるこの詩の省察において明白に記されている）、このような敵への効果的な抵抗だけが、共同性には存在する。というのも「心性の気高き者は……、／人間社会は、その起源より、／自然に抗して、人々が団結し合い、／作ったものとそう見なし、／まさしくそれが事実であるが、／その中ですべての者が結束し、／すべての者がたがいに真《まこと》の愛で抱き合い、／共通の戦さにおけるたがいの危機や苦しみに、／なんどきなりと有効な助けを与え、／求めることが期待できるとそう考える」（一二六～一三五行目）からである。えにしだもまた、共同性の力についてのこの認識を反映している――詩の劈頭で、花たちは「孤独な茂みをあたりに広げる」（七行目）が、最後には「かぐわしき茂みで飾る」（二九八行目）ように成長する。

このように解された共同性の倫理的肯定は、純粋理性や実践的理性にではなく、むしろ美学－感性論にその根拠をもっている〔によってその賓辞を与えられる〕――あるいはむしろ、「真の幻想」に権能を与えるポエーシスまたは想像的な「制作《ファーレ》」の詩学であり[37]、またこのような実践的権能付与だけが、ニーチェにとってと同様にレオパルディにとっても、唯一可能な真理の内在的な意味なのである。ネグリが言うように、「ただ制作《ファーレ》においてのみ、真なるものは構成可能である。それはただ、制作《ファーレ》への従属としてのみ、実在する」のである（*LG* 208）。ここで論じられている存在論的な制作《ファーレ》またはポエーシスが、詩作という文芸ジャンルをはるかに超えた射程を有することは明らかだが、そこにはある特権化された審級としての詩的言語が含まれていることを、まさしく強調せねばならない[38]。レオパルディ研究を終えるに当たってネグリは、その帰結を以下のように要約している。

一箇の唯物論的宇宙において、真理は一箇の名であり、普遍的なものは一箇の慣習である。だが反対に、詩作は一箇の具体化、一箇の構築過程である。詩は具体的なものおよび直接〔無媒介〕性における一箇の制作《ファーレ》の帰結である。したがって、あらゆる真理には或る詩的側面があり、それを契機に真理は現実的となる……。倫理的実践は、詩と真なるものとの間《あわい》に、据えられる。それは、真なるものの構成を規定する自由が起動させる一箇の「制作《ファーレ》」である（*LG* 227）。

このように解されることで、詩は、真なるものを構成するのみならず、歴史に内在的な意味と方向を贈《あた》えるのである。

歴史に一箇の意味–方向性を与えるために、詩は、存在の真なるものの手造りとしてではなく、実践における真なるものの生産にして物質的な意味–方向性としての、実践的構成を為す一箇の行為として現われねばならない。このように、それは一箇の意義深い存在論的活動性を構成する……。

それは、分析的な制作《ファーレ》の声であり、その包括的に物質的かつ構成的な力は意味－方向性から感情へと、経験から歴史へと、拡張してゆく（*LG* 203-204）。

したがって詩とは、存在への美学－感性論的な正当性の付与であり、また歴史の単線的進歩への弁証法的還元と生命の生政治的管理の双方に対する必然（要）なる対抗力、ニーチェがギリシア悲劇に要求した世界である。

理性と真なるものに対するポエーシスおよび詩法の生産上の優先性へのこのニーチェ的な執着は、ヘーゲルに対する最後の難詰を代表している。周知のように、ヘーゲルは『美学講義』でこう主張した。「内面的な空間と内面的な時間のうちで自由にイメージをふくらませる、普遍的な芸術」である詩は、「外面の感覚的な表現材料を必要としない」のであり、「自己自身を越えてしまうので、精神と感覚の和解がくずれさり、詩的イメージが散文的思考にとってかわられます」と(39)。

近代の弁証法的伝統にとって、詩は精神に対する現世（一時）的な中継点、哲学的理性がいったん成熟に達したならば閉じられねばならぬ創造的迂回として役立つにすぎない。しかし、レオパルディ、ニーチェ、そしてネグリといった反近代の系譜に属する者たちにとって、詩とは、恒常的とはいえ不連続的に、真の幻想を生産する構成的な力であり、またそのようなものとして、詩が、現世（一時）的に抑圧されうるのは、それが純粋理性であれ道具的理性であれ、ただ理性の制度化によってのみである。ネグリにとってレオパルディという事例は、ヴィトゲンシュタインと彼の仕事が哲学と社会科学に与えた「言語論的転回」と続く道を指し示している。

ヴィトゲンシュタインの言説が私たちに明らかにしたのは、生産の新たな世界、諸々の記号から成り、共同性によって編まれた、一箇の世界である。共同性だけが生産するが、その手段は記号である。言い換えれば、諸記号が生産的なのは、それらが共同性の表現である限りにおいてである。さらに、諸記号は現実性の諸々の輪郭を描出し、意味を解放する。共同性と諸記号の生産との関係は、したがって、現実的であり、存在論的である。[40]

ここから、コミュニケーションを通じた自家製の主体と帝国に対抗するマルチチュードというハートとネグリの構想を規定する非物質的労働とネットワーク状の抵抗という傾向性への——マルクスの生きた労働という観念を経由した——ステップは、比較的短い。また『帝国』においてあらゆる論点がそれを軸芯として旋回する「間奏曲　対抗‐帝国」と題された章が、詩人にして戯曲家のナニ・バレストリーニや小説家のジョン・ドス・パソス、エリオ・ヴィットリーニ、キャシー・アッカー、ウィリアム・ギブソン、ウィリアム・バロウズにまで及ぶ、詩的・文学的参照で満たされているのも、偶然ではない。『差異をめぐる三部作（「群れ——闘士活動の教育劇」・「服従した人間——叛逆の教育劇」・「キサイロナス——亡命の教育劇」）』を引っさげた、近年の演劇舞台へのネグリの介入もまた、偶然ではない。[41] 劇は詩であり、詩、言語学的ポエーシスは、対抗力、構成的な力、存在論的活動またはアクティヴィスムである。最後にもう一度、レオパルディについてのネグリによる説明を引けば、「生の悲劇で詩が世界との抗争状態に入るとき、詩は新たな存在を創造することができる。詩の存在論的な力は歴史上で効果的なものとなり、したがって幻想は真理となりうる」のである。[42]

註

（1）ネグリの監禁および（この件に関する）公判については、私がA. Negri, *Books for Burning: Between Democracy and Civil War in 1970s Italy*, New York: Verso, 2005に寄せた序文を参照されたい。

（2）A・ネグリ＋M・ハート『帝国』水嶋一憲ほか訳、以文社、二〇〇三年およびM. Hardt and A. Negri, *Commonwealth*, Cambridge: Harvard University Press, 2009を、これらのテクストをめぐって生じた大量の批判文献と同様に、参照されたい。

（3）『この人を見よ』の副題は「人はいかにして自分が本来あるところのものになるのか」である。

（4）A・ネグリ『野生のアノマリー』杉村昌昭ほか訳、作品社、二〇〇八年、四〇〜四一頁。

（5）この語用については、M. Hardt, "Into the Factory: Negri's Lenin and the Subjective Caesura (1968–73)," in T. S. Murphy and A.-K. Mustapha, eds., *The Philosophy of Antonio Negri: Resistance in Practice*, London: Pluto Press, 2005, pp. 7–37を見られたい。

（6）ネグリ『野生のアノマリー』四五頁。

（7）この「転回」はまた、彼の仕事を、P・ヴィルノ、C・マラッツィ、M・ラツァラートなどの「認知資本主義」の領域における仕事に、より近接させてもいる。

（8）A. Negri, *Macchina tempo: Rompicapi Liberazione Costituzione*, Milan: Feltrinelli, 1982, pp. 70–84（同テクスト初出は、哲学誌*Aut Aut*〔一九八七年〕に見られる）。

（9）A・ネグリ『ネグリ　生政治的自伝』杉村昌昭訳、作品社、二〇〇三年、六二〜七二頁を参照。

（10）J. Revel, "Antonio Negri, French Nietzschean? From the Will to Power to the Ontology of Power," in Murphy and Mustapha, eds., *The Philosophy of Antonio Negri*, pp. 91–92.

（11）この反近代的ニーチェ読解は、ネグリによるスピノザ読解と密接に並行している。A・ネグリ「スピノザの反近代」福家博巳訳（市田良彦責任編集『別冊情況　特集：68年のスピノザ——アントニオ・ネグリ「野生のアノマリー」の世界』所収、情況出版、二〇〇九年）を見られたい。

(12) Revel, "Antonio Negri," p. 91.

(13) Ibid., p. 104.

(14) マッツィノ・モンティナーリは、ジョルジョ・コッリとともに、イタリア語版「ニーチェ著作集」の決定版を編纂した人物である。

(15) Revel, "Antonio Negri," p. 91.

(16) ネグリは下獄中に彼が惹きつけられた二人の思想家レオパルディとスピノザに類似性を認めてはいる。ネグリはまた同時に、レオパルディとスピノザとの類似性とレオパルディとニーチェとのそれが重なっていることを認めながらも、しかし両者は完全に異なっていることも認めている（A. Negri, "Between Infinity and Community: Notes on Materialism in Spinoza and Leopardi," in do., *Subversive Spinoza: (Un) Contemporary Variations*, trans. T. S. Murphy et al., Manchester: Manchester University Press, 2004, pp. 59–78）。

(17) 英語で書かれたレオパルディの唯物論に関する簡便な概観としては、Negri, "Between Infinity and Community," pp. 63–64を見られたい。

(18) Ibid., p. 77 n. 23.

(19) 『ニーチェ全集　哲学者の書』第三巻、渡辺二郎訳、理想社、一九八〇年、四三二頁。

(20) 同前、三九九頁。

(21) 『ニーチェ全集　反時代的考察』第四巻、小倉志祥訳、ちくま学芸文庫、一九九三年、一二二頁。

(22) 同前、一九八〜九九頁。ニーチェの仕事のなかで、フーコーにとってもっとも重要な相がこれである。Revel, "Antonio Negri," pp. 96–100を見られたい。

(23) A. Negri, *Lenta ginestra: Saggio sull'ontologia di Giacomo Leopardi*, Milan: Mimesis, 2001; originally published by Sugar Co in 1987, p. 31. なお、以下では、同書からの引用・参照を略号*LG*を用いて本文中に示す。

(24) 「えにしだ」からの引用は、"The Broom" from *the Canti*, trans. J. G. Nichols, London: Carcanet, 1994, pp. 141–48に依拠。以下、行数と共に略号を用いて示す〔ジャコモ・レオパルディ「三四　えにしだ　または荒地の花」、『カンテ

イ』脇功・柱本元彦訳、名古屋大学出版会、二〇〇六年に所収。以下同。表記行数は日本語訳版の行数〕

(25) B・アンダーソン『想像の共同体――ナショナリズムの起源と流行』白石隆・白石さや訳、リブロポート、一九八七年。

(26) 『ニーチェ全集　善悪の彼岸・道徳の系譜』第一一巻、信太正三訳、ちくま学芸文庫、一九九三年、一七九頁。

(27) 同前、二六六頁。

(28) 同前、八四頁。

(29) 同前、二八〇頁。

(30) ジャコモ・レオパルディ『悲劇の誕生』秋山英夫訳、岩波文庫、一九六六年、四五頁。

(31) 何よりも以下の名高いアフォリズムを見られたい。『ニーチェ全集　権力への意志』第一二巻・第一三巻(上・下)、原祐訳、ちくま学芸文庫、一九九三年。

(32) 『雑記帳 *Zibaldone*』におけるレオパルディの以下の発言を見られたい。「想像力は理性の源泉である。それは感覚、情念、詩法から成るからである。私たちが一つの原理‐端緒として想定するこの能力、人間の魂に独自のものとして規定されたこの質は、単に同じもの、私たちがそれから絶対的に区別するその他数百のもの、私たちが反省あるいは反省能力と呼ぶものと同じもの、私たちが知性などと呼ぶものをともなう同じ傾向でなければ、存在しないと言ってよい。想像力と知性は同じものである」(Leopardi, *Zibaldone: A Selection*, tr. by M. King and D. Bini, New York: Peter Lang, 1992, p. 149)。

(33) 『ニーチェと哲学』第三章におけるカント的道徳への批判としてのドゥルーズのニーチェ読解(『ニーチェと哲学』江川隆男訳、河出文庫、二〇〇八年)と反ヘーゲル主義というドゥルーズのプロジェクト一般と「三項関係」とのマイケル・ハートによる同一視(『ドゥルーズの哲学』田代ほか訳、法政大学出版局、一九九六年)を比較されたい。

(34) 引用は、ニーチェ「道徳以外の意味における真理と虚偽」(西尾幹二訳)『ニーチェ全集』第二巻、白水社、一九八〇年、四七六頁から。

(35) レオパルディ『悲劇の誕生』六三頁。

(36) ネグリ「以下ヲ欠ク――スピノザ最晩年の民主制政体概念の定義を推察する」小林満・丹生谷貴志訳、『現代思想』第一五巻一〇号、一九八七年におけるスピノザの民主主義構想を完全化しようとするネグリの試みはもちろんのこと、スピノザ『国家論』(畠中尚志訳、岩波文庫、一八七頁以下)をも見られたい。

(37) ネグリによるポエーシス(*poiesis*)という語用は、暗黙に、ハイデガーによるプラクシス(*praxis*)とポエーシスとの区別を参照していると思われる。プラクシスは職人(熟練労働者)や科学者における、反復可能な、規則を発生させる/統治されるものであり、ポエーシスは芸術家における、あらゆる技術的反復や規則を超過し、そのことによって存在を内包するものである(『ハイデッガー選集』第一四巻、三木正之訳、理想社、一九六三年を見られたい)。とはいえ、マルクスに由来するネグリの生きた労働についての構想は、この対立を脱構築し、あらゆる価値生産を規定する特徴としてポエーシスを立てようとするものである。

(38) これに関する別の説明として、ネグリは「ひとつめの逆説は、ある種の美学にかんする逆説、すなわち、美についてのある種の言説にかんする逆説だ。美についてのこの言説は、諸々の身体の具体性に直面すると、もはや生起しえなくなってしまう……。したがって、きわめて特異的な芸術的ポイエーシスとしての、あるいは、行為することのただなかから美の実践を表現する作用《アクション》としての、詩学だけが、存在し、生起し、存続しうるということなんだ。どんな言説も美の実践を描き出すことができなくなる――詩学の性質をもつ言説だけが、自己表現しうることになるんだ」と記している(A・ネグリ『芸術とマルチチュード』廣瀬ほか訳、月曜社、二〇〇七年、三五頁)。

(39) ヘーゲル『美学講義』長谷川宏訳、作品社、一九九六年、九五頁。この思考の線は、後にネグリをこれと同様のアドルノ批判に、導いてゆく。「アドルノの主張のごとく、アウシュヴィッツ以降、詩が不可能になったとは、もはやただちに真理であるわけではない。まさにギュンター・アンダースが断定したように、ヒロシマ以降、いっさいの希望が消滅したというのが、もはやただちに真理ではないのと同様に。詩と希望はポストモダンのマルチチュードによって息を吹き返したのだ。とは言えその測定規準は、もはや近代の詩および希望と同質ではない」(A. Negri, "Art and Culture in the Age of Empire and the Time of the Multitudes," *SubStance* 36 (1), 2007)。

（40） A. Negri, “Wittgenstein and Pain: Sociological Consequences,” tr. by T. S. Murphy, in *Genre: Forms of Discourse and Culture* 37（3-4）, 2004, p. 361.

（41） A. Negri, *Trilogie de la différence*, tr. by J. Revel, Paris, Éditions Stock, 2009. パリ、ローマその他の場所で同戯曲を含む演劇は上演されてきた。最近のネグリのラッファエッラ・バッタグリーニとの協働作業による対話劇 *Settanta*（Rome: Derive Approdi, 2007）も、この展開の一部である。

（42） Negri, “Between Infinity and Community,” p. 75.

（松本潤一郎 訳）

第12章　永遠回帰における回帰せざるもの——クロソウスキーと沈黙の場所

松本潤一郎

一　言葉とイメージ

ピエール・クロソウスキーはドイツ語圏の思想家や哲学者のテキストまたラテン語古典のフランス語訳を行なう傍ら、小説や評論活動を通してみずからの思索を発表し続けてきた。そして一九七〇年代を緩やかな分水嶺として、以降、彼はしだいにそれら言語表現活動から離脱し、それ以前から行なっていた絵画表現にその活動の場をほぼ全面的に移動させる。

思考における書くことから描くことへの移行、言葉からイメージへの移動、発話から沈黙への軌跡はいかになされたか。クロソウスキーはロベルトという女性を主人公とした三つの小説を一冊にまとめ序文と跋文を付した『歓待の掟』（一九六五年）を発表した。(1) ここで彼は思考という観念に対する彼の理解、彼にとっての思考のイメージを示している。以下、同書序文と跋文を主に参照してこの移行の跡を確認する。そこにはフリードリヒ・ニーチェの「永遠回帰」の思考も反映されているため『歓待の掟』

後に刊行された『ニーチェと悪循環』（一九六九年）における永遠回帰への言及をも参照しつつ作業を進める。[2] 本稿は歓待の掟と永遠回帰の綜合的理解を目指す。

二　場所と日常的記号のコード

『歓待の掟』はロベルトという名の女性をめぐる三つの小説である。そこにはロベルトとその夫オクターヴという一組の夫婦が登場し、やがて夫婦は名前を変えつつ増殖してゆく。歓待の掟とは夫が妻を自宅を訪れた男性に差しだしてもてなすという奇妙なしきたりである。全体を通してこの掟を介した夫婦の思考の様態が主に夫の視点から描かれる。[3] 夫婦の思考と言っても夫と妻が双方の思惑を共同主観的または相互主観的に把握し合うのではない。夫と妻が各々における相手のイメージをみずからの対話の相手として思考し行為しそれらがまた翻って各々の思考と行為に干渉する非対称な繰り返しのなかでしだいに思考がひとつのイメージを各々においていて結んでゆく。[4]『歓待の掟』は婚姻という人間的制度に関する形而上学的省察という側面を持つ。問題は思考の展開する場所である。

『歓待の掟』の序文と跋文に「場所 lieu」という言葉が数度現れる。たとえば序文末尾の一節にはこうある。「ロベルトの肌は私の統辞法によってその肌理を織りあげられるときその生地にある同一の運命を被らせるだろう。すなわち思考がみずからのきわめて貴重な価値（pesant d'or）に値するには支払い不可能なもの（たいへん高価なもの／ひどく滑稽なもの l'impayable）の記号であるほかないというのがほんとうであるにせよ、美容室やオートクチュールや色とりどりの雑誌はある場所を引き受けており、そこでは色目を使うことさえもが〔思考に対する〕支払い能力を獲得する……」[5]。

ここでは思考をそれと等しい価値において表現することは不可能と想定されている。したがって思考を言葉または論理（統辞法 syntaxe）で表現する試みは困難をきたすだろう。ひとつの思考に値しその思考に相応しい価値を備えたつまりはこの思考に対応する代替物としての表現を見つけだすことの困難である。かくして思考は支払い不可能なものの記号とされる。クロソウスキーは思考の記号を「唯一の記号 le signe unique」[6]と呼ぶ。唯一とはその記号を別の何かに置換することの不可能性を指す。『歓待の掟』においてロベルトの身体を描出するクロソウスキーの統辞法は思考の経験を辿りなおしたいという欲望、再現したいという衝動に憑かれている。だがいかに思考という唯一的経験の等価物を見つけだすのか。いいかえればみずからの経験した思考をいかに他者に伝達するのか。

ところがちょっとした身ぶり、たとえば色目を使うといった仕種でさえ思考の経験に釣り合う記述を可能にする場所があるとクロソウスキーは言う。目配せが貴重な価値をもつ思考という経験に見合った金額としての価値をもちうる場所を「美容室やオートクチュールや色とりどりの雑誌」は引き受けており、そこでは色目さえもが支払い能力を獲得する。それは思考の他者への伝達可能性が開かれる場所、思考がその表現と対価となり交換可能となる場所である。

クロソウスキーはこれらの物を「日常的記号のコード」[7]とも呼ぶ。日常的記号はそれ自体としては伝達不可能な思考の記号の対極に位置する記号、容易に交換・伝達の媒体となりうる記号、いわゆる日常生活を円滑に進展させるような記号である。

「日常的」の意味をもう少し具体的に理解しておく。クロソウスキーは思考を「生殖の諸法則に対する挑戦」であり「生殖の動物的必然に対する夫婦の報復(8)」であると形容する。したがって「日常的」を生物または動物としての人間に必須とも言える生殖行為を維持するためのあらゆる制度を形容する言葉と理解しうる。いわゆる大衆消費社会における典型とも言える記号もまた、制度を維持するための手段のひとつであると考えることができる。これは生存維持（生産）と豪奢・贅沢（消費）を対立させる図式とは異なる経済の理解である。むしろ「必然」的「生殖の諸法則」を円滑に作動させるための一環として夫婦、家族、ひいては人びとの間の交換・伝達・意思疎通を容易ならしめる日常的記号のコードが作りだされた。

別の視角から日常的記号のコードを見ると、それは一つの個体が個体としての自己同一性を構成するための要素である。この同一性によって個体は一つの「私」を確立し日常や生を継続させることができる。日常的記号のコードが自己同一性を構成する基礎は私たちのことを知っていると私が想定する私の外部にいる思考者または知にある。それは神（想定された全能全知の存在）と呼ばれたり文法（主語－動詞－目的語といったかたちで動作主・動作・対象・目的などを指示し確定する機能）と呼ばれたりする。いずれにせよこの知は私たちがそれについて思考したり行動したり話したりするところの何かを対象として私たちに指し示すことによって、私たちの自己同一性を保証する。この外部の知によって私は私自身をも私に指し示された対象として思考することができるからである。

『ニーチェと悪循環』ではこのように私の生を維持するために私の脳や意識に限定された知を超えた知、私を凌駕する知が語られている。「諸々の衝動から開始するニーチェは（頭脳的）知性の彼方に私たちの意識と混同される知性よりはるかに広大な無限の知性があるのではないかと予測する」[9]。無限の知性は〈悦ばしき知 *gaya scienza*〉とも呼ばれる。だがその称揚は私の意識や脳に限定された知の破壊を意味しない。無限の知性は限定された知の間隙から出現するからである。

私は外部からの刺激や作用に対する反作用として何かを話し、行動し、思考する。知はこの外部からの刺激や作用を何らかの対象として私に指し示す。このような外部からの刺激や作用に対する反作用の定型化された諸形態が日常的記号のコードである。「あらゆる自己同一性は私たち自身の外部で——外部や内部といったものがあるとすれば——思考する者の知にのみもとづく。この思考者は外部から私たちが私たちとして思考することに同意する。もしこの思考者が外部と同様、内部においても絶対的首尾一貫性という意味での神だとすれば、私たちの自己同一性は純粋な恩寵である。もしこの思考者がそこでは全てが指示作用に始まり指示作用に終わるところの環境世界だとすれば、私たちの自己同一性は純粋な文法的冗談にすぎない[10]」。

ここで言われる神または文法による指示作用が機能しなければ私はもはや自分が何について思考しているのか知りえず私の自己同一性も不安定化する。このとき日常的記号のコードに含まれた諸々の記号もまた何を指示しているのか分からなくなる。私たちは日常的記号のコードを用いながらもそれらが日常的に指し示している事柄とは別の何かに拘束され、思考し、行動し、話すことを強いられる。「全ての物事や事柄が〔……〕いかなる指示作用もなしに続けられると想像してみよう。この場合、私たちにはもう自分自身について思考しにやって来る思考がもはや何も指示していないかどうかを知ることはできない。一瞬後、外部にある何かが私たちに作用を及ぼしたり誰かが私たちに呼びかけたりすると私たちの指示作用のシステム全体が作動（action）しはじめる。だが〔……〕誰かの唐突な出現によって私たちは、たとえ行動したり話したりしていながら私たちが何も思考していないときでさえ、私たちが行動していない場合なら言っていることと一致する仕方で話したり反作用〔反応 réaction〕したりするよう強いられる[11]」。

日常的記号のコード（あるいは神または文法）が私たちの生を、その日常性を支え継続させるために機能し、またそのことと密接して私の自己同一性を保証していることが確認される。それは究極的には生殖の諸法則を維持するための装置である。クロソウスキーは生殖の諸法則を「生活の誘惑[12]」とも言い換え、思考が展開される「精神の劇の舞台から私がいったん去るや否や〔……〕記憶が私を襲う。〔……〕生活の誘惑が戻ってくる〔……〕生活の諸問題が戻ってくる[13]」として、日常的記号のコードを記憶や生の側に属するものと理解する。逆に言えばこれに対置される精神の劇の舞台――これはここで問題にしている「場所」の言い換えでもある[14]――において展開される思考は忘却と死の側に属することになるだろう。これをクロソウスキーは「記憶なき思考[15]」とも述べる。

三　沈黙の共謀と強度

それではこれらの必然や法則に対する挑戦であり報復でさえあるという思考、その価値を見積もることのできない唯一の記号はいかにしてこのような日常的記号のコードのなかに入ってゆくのか。またどのようにしてそれらの記号との交換・伝達は行なわれるのか。

日常的記号のコードと思考の唯一の記号の間には「沈黙の共謀[16]」が結ばれるとクロソウスキーは言う。沈黙とはどういうことだろうか。それは先に引いた「生活の諸問題」に関わってくる。「ここでの生活の諸問題とは外部（街路）における揉め事や混乱の同義語にすぎず、またこれらの問題はひとつの結果が得られるや否や消滅してゆく実効的言語活動が語られることを前提とする。得られた結果は沈黙を持ち帰り、不満が生じれば沈黙は破られる。逆にあの記号の世界では、こうした諸問題の世界が得られた結果を重んずるまさしくそこで不満が漲る。こうした生活の諸問題は私の問題ではない。というのもそれらの問題を劇場やその舞台背景として役立つ精神病専門の私立診療所あるいは〔……〕売春宿の外で解決することは私にはできそうにないからである。ところがまたしても唯一の記号が諸々の揉め事に関わる言語〔日常的記号のコード〕を侵害し、揉め事の方も沈黙の共謀を唯一の記号に対置する[17]」。

「外部における揉め事や混乱」と同義とされる「生（活）の諸問題」は「実効的言語活動」を行なう。実効的言語活動とは日常的記号のコードの別名である。この言語活動は日常を継続させるために生（活）という人間の日々のいとなみにおいて生じる諸々の揉め事や問題をできるかぎりすみやかに沈黙のなかに運ぼうとする。それらに関わっている間、日常生活は停止するからである。またこの沈黙の状態に追いやられた諸問題は完全に解決されたわけではなく、あくまで何らかの結果が生じた場合を契機としてとりあえず沈黙のなかに追いやられ、やりすごされているにすぎないので、それらが沈黙を破りふたたび不満として噴出する可能性は残り続ける。とはいえ沈黙の状態において日常生活はとりあえず持続するため不満もまた沈黙を目指しているわけであり、この沈黙へと収束するエコノミーに日常的記号のコードは律されている。

他方、唯一の記号の世界においては日常的記号のコードの世界が満足＝沈黙しているまさにそのとき不満が漲る。ここで不満は沈黙を目指すのではなく、日常生活を持続させる沈黙のエコノミー、満足と沈黙を等置する秩序そのものを問いなおすだろう。したがってこの問いなおしにおいて目指されているのは単純に沈黙を打ち破る饒舌ではない。この場合、饒舌は結局のところ沈黙を目指していることになるからである。日常的記号の世界における沈黙をも含めた言語活動、沈黙に向かう言語活動とは異なる仕方で唯一の記号の秩序には言語活動と沈黙が配備されている。すなわち沈黙は日常的記号のコードの世界と唯一の記号の秩序という二つの秩序において別の意義を持つ。一方は日常生活を円滑に作動させるための伝達可能な記号の収束点として、他方は己以外の他者には伝達不可能な唯一の記号であるがゆえの狂気にも等しい沈黙として。

沈黙は二つの秩序において別様に作用する。しかしいったいどうすれば二種の沈黙を識別することができるのか。思考の沈黙は思考が唯一の記号を通してみずからを展開してゆく過程における狂気の沈黙なのか。それとも日常的記号のコードによって日常生活が円滑に継続されているがゆえの沈黙なのか。ここで思考の前提は覆される。すなわち思考という唯一の記号に外部から価値評価を与えることの不可能性、いいかえれば思考の伝達不可能性としての沈黙に陥ってゆく狂気という事態そのものが、ほかならぬ外部から日常的記号のコードが下した価値評価である。「だが沈黙は〔……〕外部との共犯関係をおのずと曝けだした。実際、日常的記号のコードという表現者－代弁手段（truchement）によらなければこの沈黙はいかにして同意または否認であると解釈されうるのか(18)」。

かくして二つの沈黙は混じり合い互いを評価し合うようになる。だが混じり合いながらも決して相反することをやめない。それらはどこまでも識別可能なまま混じり合う。逆に言えば唯一の記号と日常的記号のコードとは相反し合うがゆえにこそ互いを前提としている。両者は強度の無数の度合いの差異において識別される。一方は最高度に達した強度であり他方は不在＝ゼロの状態に置かれた強度である[19]。強度は二極間で上昇と下降を繰り返す。

『ニーチェと悪循環』では沈黙の共謀は強度と日常的記号の関係として論じられている。強度はそれらの記号の間隙に潜んでおり必ずしもそれ自体のみで噴出するわけではない。「思考がみずからをそれ自体として形成している間、欲動の強度は揺動しており発言が産出されるとき諸記号の不活性状態のなかに落下する。では強度は何に向かって逆流するのか。強度は諸記号の固定性を溢れだしかくしてそれぞれの間隙（したがってそれぞれの沈黙）は（諸記号の連鎖の外部にある）欲動の強度の諸々の波動に帰属する[20]」。

日常的記号のコードが意味を確立してコミュニケーションの滑らかな作動を支えるのに対し、強度は欲動または衝動であり、それ自体としては意味を持たず諸々の記号を溢れだしてその間隙にふたたび戻ってゆく。だがクロソウスキーは意味と強度を対立的に捉えない。むしろ意味を〈強度 *intensité*〉がみずからを出現させるための〈意図 *intention*〉と捉え、両者を表裏一体のものとして把握する。たしかに意識（意味）と無意識（衝動・欲動）はまったく本性を違えているが、前者は後者から生じた幻想である。意味とはいわば衝動による偽装である。「意識の水準で衝動が一つの意志となるには、意識は目標としての一つの興奮状態を衝動に対して提示し、それによって衝動にとっては幻想であるものの意味作用を作りだす必要がある。つまり幻想とはすでに何度も感覚された諸々の興奮の先取りされた、したがって可能な興奮である[21]」。したがって日常的記号と欲動・衝動は表裏一体の関係にあり沈黙の共謀を結んでいる。

『歓待の掟』に出てくる場所も日常的記号のコードのひとつである。これらのコードを用いることによって『歓待の掟』における思考は展開される。しかしクロソウスキーの記述はいわゆる現実の場所とは微妙に異なる地形をそこに形成する。クロソウスキーにとっての問題はあくまで思考の沈黙した世界を展開することであり、日常的記号のコードがもたらす沈黙した世界ではないからである。だが日常的記号のコードおよびそれがもたらす沈黙を用いなければ思考という唯一の記号の沈黙した世界に入ってゆくこともできない。というのも思考は記憶や生をまったく奪われた領界、忘却と死の領界において展開されるからである。日常的記号のコードと完全に相反していながら、あるいは完全に相反しているがゆえに、唯一の記号は日常的記号のコードを用いざるをえない。相反しているがゆえに共存する関係をドゥルーズ／ガタリは「離接的綜合」と呼んだ[22]。

かくして『歓待の掟』の舞台背景をなす諸々の場所はクロソウスキーの記述の下、日常的記号のコードから借用される。これらを舞台背景として精神の劇は上演される。クロソウスキーはここで未知または架空の土地を作りだしそこにみずからの想像力を投射しようとしている。クロソウスキーにおける幻想はその唯一の記号を日常的記号のコードと交換可能な状態において展開させてゆく。それは幻想を日常的記号のコードの世界と断絶させるのではなく、逆にこのコードにおける記号と交換させようとする。

四　思考と脱我有化

だがこの場所で思考するのは私ではない。私とはむしろ思考によって憑依される一種の媒体である。「これらのイメージ（私の周囲に置かれた諸事物ではない）を集めるために強度はまさしく私の現前を利用しているのだろうか。この強度はこれらの語によってこれらのイメージを何に指し示すのか。私が「緑色」に聴き取り理解するものを私に指し示すのは私ではなく「薄暗がり」「肌」「手袋」といった語彙を通しておのれを見つめている私の外の思考であると私は言うだろう。〔……〕だとすれば一つの能力を行使していると私は思い込んでいるのに思考が私を利用しているのだろうか。〔……〕そのときもはや私は誰でもないもの（非人称／仮面）の思考（la pensée de personne）がこれらの語彙によっておのれを指し示すために待ち伏せる純粋な強度としてのみ私自身であるだろう[23]」。

思考はそれ自体としては現前せず、私を利用し、私を仮面として、私という仮面をかぶって出現する[24]。クロソウスキーの関心は思考を私の所有物としようとするあらゆる試み、我有化の運動が逆に誰でもないもの（非人称／仮面）の思考を浮上させるという逆説的事態にある。日常的記号のコードによって構成された私を思考は待ちうけ、私の精神と身体に乗じて出現する。「何をするのであれ私たちは日常的記号のコードに従ってきた。しかしそれは私たちをただちにこのコードから解放－処分（débarrasser）するためではないだろうか[25]」。

私の必要〔／然〕性と不要性の錯綜は『ニーチェと悪循環』では〈同じものの永遠回帰 *Ewige Wiederkunft des Gleichen*〉として論じられている。ニーチェは永遠回帰を〈運命への愛 *amor fati*〉とも呼んだ。私は己の過去を重荷と感じ己＝過去からの解放と再開を願う。だがそれは己の過去を否定するのではなく逆に己の運命として肯定することである。ある出来事がどれほど繰り返されようともそのたびごとにそれを受諾するとき私は私という必然の偶然性・任意性を知る。同じ出来事が無限に繰り返されてもそれを肯定できるということはかつてその出来事が到来した際の諸々の記憶を私は忘却しておりしたがってそのつど私は別の私になっていると知ることを意味するからである。永遠回帰において知は記憶ではなく忘却と結ばれている。「〔……〕実のところすでに〈永遠回帰〉の唐突な啓示が私を襲った瞬簡、私はもう存在しない。この啓示が意味を持つためには私は自己の意識を喪失し、回帰の円環運動が私の無意識と混じり合い、ついにはこの運動が私の諸々の可能性の系列全体を踏破すること（parcourir）の必然性が私に啓示された瞬間へと私を連れ戻す必要がある。そうなれば私は私自身を再び意志するだけでよい。これら先立つ諸々の可能性の到達点としての私ではなく、無数の可能性からの一つの現実化〔実現〕としての私でもなく、偶然の瞬間としての私を。この偶然性そのものに系列全体の統一的回帰の必然性が内包されている[26]」。

いいかえれば過去の出来事が私に回帰してくるのは最高の強度に達した思考——記憶なき思考——がその出来事に乗じて私を襲うときである。過去に関する何らかの記号を通して記憶や意味をともなうかに見える回帰は、実際には寄せては返す波のような思考の強度の運動にすぎない。繰り返すが意味とは強度が私を通して出現するために私に対して行なう偽装である。「〔……〕記号とは何よりも先ず強度の波動の痕跡である。〔……〕／だが記号は波動の痕跡であるだけではない。記号は強度の不在を示すこともできるのであり奇異なことにこの不在を意味するためだけにでも依然として新たな波が必要とされる。／〔……〕問題はつねに同じ一つの波浪における無数の波の運動と何ら異ならない同じ一つの強度である。〔……〕この流れと逆流〔寄せる波と引き返す波〕は波動と波動を混じり合わせ、強度がそこにおいてみずからを意味するところの諸々の指示作用はさながら無数の波紋の頂点に浮上してはまた〔砕けて〕泡しか残さない諸々の形象のごとくである。私たちが思考と呼ぶのはまさにこれである。〔……〕意味作用全体が意味を発生させる〈カオス〉の関数であり続ける(27)」。

だから支払い不可能なものの記号である以外にみずからの貴重な価値を示すことのない思考は、にもかかわらず、あるいはそれゆえに日常的記号のコードが思考に対する支払能力を獲得する場所に入ってゆくのであり、この場所が諸々の地名を通して記述される。これらの地名や場所、物の名前は日常的記号のコードによっていわゆる現実の世界において指し示される場所や事物の記述ではない。それらは唯一の記号が私を通して記述または現出させた現実の擬似的な等価物だからである。「一つの身ぶり、一つの状況、一つの言葉に等しい価値を持つ記号は（どうでもよかったり取るに足りなかったりする諸事物であるかもしれない日常的指示作用のなかに何ら等価物を持たない）諸々の言表を生みだす。／かくして記号はみずからの影を世界の日常的現実の上に投げかける。そこからこの記号が世界を生む記憶を除去するということが出てくる(28)」。

もちろん私はたんなる思考の媒体ではない。思考に横断される私はこの思考を我有化しようとする。このとき思考は最高の強度に達しており、にもかかわらずあるいはそれゆえに、思考は私を思考の運動から弾きだす。「日常的諸記号を使用する際、私自身を指し示す作用はつねに最高の強度を前提とする。私自身（私が）、私の思考である限りでの思考の記号を構成しているということだ。〔……〕そのとき突如として何かが私に起こる。その何かはいつか思考に到来しうる全てのものに等しい価値を持つのだが諸々の日常的記号から思考が私の思考としてみずからを指し示すべく身に着けていた強度を完全に除去する[29]」。

日常的記号のコードと思考の唯一の記号は私を媒体として交流する。日常的記号のコードによって構成された私が最高の強度を漲らせた思考を我有化しようとするときこそ思考は私を思考から弾きだす。この強度を通して思考がいわば自律し獲得するみずからの存立性をクロソウスキーは「首尾一貫性 cohérence」と呼ぶ。一方、私にも日常生活を維持するために諸々の日常的記号のコードによって構成された首尾一貫性がある。それを保証するのが絶対的首尾一貫性としての神である。しかし思考の首尾一貫性は私の首尾一貫性を挫き思考の我有化を不可能とする。

ここにはコギト（私は思考する）がその首尾一貫性の徹底において私と思考を切り離してしまうといった事態が生じている。「何の役にも立たないことを思考しているとか何か確実なことについて思考しているのは確実だなどと誰かが言えるのは思考がみずからにおいて一つの記号を指し示しているからであり、この記号によって思考の横領－我有化の運動（l'appropriation）はみずからを汲み尽くす（s'épuise）[30]」。思考は私の身体と精神を利用してみずからを存立させる。私は思考にとって必要かつ不要な存在である。『ニーチェと悪循環』では永遠回帰の運動における私の必要（／然）性と不要（偶然）性が論じられていた。そこでは私の無数の可能な系列の全体が踏破される。「踏破する parcourir」とは先立つ諸々の可能性を遍歴した果てに真に固有の私に到達するということではない。無数の可能性のひとつから私を実現するということでもない。逆に私がみずからの可能性を汲み尽くし我有化の運動を挫くということであり、ひいては限定された知において私を支える円環の中心にある神または文法をも解体することである。だが解体とは中心の破壊ではない。そうではなく中心から遠ざかるためにこそ、私は繰り返し中心に近づいてゆく。「諸々の遠心力は永遠に中心を避けるのではない。そうではなくてふたたび遠ざかるためにもう一度接近するのである。激烈な揺動とはこのような遠近の運動であり、この揺動が己自身の中心を探し求めるだけで自分がその一部であるところの円環を見ようとしない限りでの個体を転覆させる。というのもこれらの振動が個体を転覆させるのは、見いだしがたい中心からすれば振動の各々がこの個体がそう考えているところの個体とは別の個体に対応しているからである。自己同一性は本質的に偶然的であり、あれこれの個体性の偶然性が諸々の個体性を全て必然的なものとするには諸々の個体性の一つの系列が各々の個体性によって踏破されねばならないということがここから出てくる[31]」。

永遠回帰の運動は二次元的につまり上や下から見れば円環であり、私はこの円環に閉じ込められている。あるいは私とはこの円環そのものであるかに見える。しかし三次元的につまり横から見れば円環は螺旋であって、強度はその度合いが高まったり低くなったりするのに応じて円環を上昇したり下降したりする。強度の度合いがもっとも高まったとき私は円環の中心からもっとも遠ざかる。

我有化の脱臼において思考の唯一の記号と日常的記号のコードの間には沈黙の共謀が作用している。日常的記号のコードを侵害する唯一の記号は日常的記号のコードによってその唯一の沈黙を評定されるからである[32]。この沈黙の共謀を成立させ唯一の記号を現出させるために私は諸々の日常的記号のコードを配備する。それがクロソウスキーにとっての書くという行為であり記述の機能である。

五　統辞法、翻訳、交換

「ロベルトの肌は私の統辞法によってその肌理（le tissu）を織りあげられるときその生地（sa texture）にある同一の運命を被らせるだろう」。ロベルトを描きだすクロソウスキーの統辞法は生地を織りあげる針のようにロベルトの肌を、その肌理を描きだしてゆく。そしてこの統辞法において描きだされるその肌はつねにある同一の運命すなわち日常的記号のコードと唯一の記号との交換関係、沈黙の共謀関係に入ってゆくことを受け容れなければならない。

こうして思考の唯一の記号を日常的記号のコードを用いて現出させるエクリチュールは言わば経済的な事態に逢着する。なぜなら日常的記号のコードを利用しつつ描きだされる光景や人物、事物や出来事は日常的記号のコードが指し示しかつ円滑に継続させようとするいわゆる日常的現実を参照してはいないからであり、したがってこの統辞法はその代価を、すなわち日常的記号のコードに背反したことへの代償を、日常的記号のコードに対して支払わなければならないからである。いいかえればこの交換は私の統辞法にその報いとしての懲罰を与える。「この共謀がロベルトの身体が旋回する軸心そのものをかたづくっていると認めるなら――たとえこの共謀は私が書いているときしか存在せずまたつねに変動する勘定を備えたこれらの問題〔……〕において私が関与している部分を示そうとするときしか存在しないにせよ——この共謀は私の統辞法のなかにもロベルトの肌の下にも同様に織り込まれている。だからこの共謀は私のエクリチュールと競い合い、沈黙の共謀がロベルトの肌の表面、すなわち彼女の露顕しやすい特徴、商品を陳列した棚における彼女の地位の向上、彼女の商業的側面の到来（son avènement mercantile）であると主張するとき、ロベルトの肌はその裏面に他ならない私の統辞法がなければ戦慄くこともできないというのに、私のエクリチュールがこの共謀について語る権利を拒絶する……〔……〕唯一の記号による記憶の消去、感情や心のこうした資産凍結（ce gel du capital）は、これと似た自給自足（autarcie）を統辞法にも要求する。ロベルトがこの沈黙の共謀の賭金であれば、私の統辞法が罰されるのはこの共謀から見て正当である。だがその刑罰を浄化（purger）するのに費用はまったくかからないしその過誤の贖罪と見えるものは思考の完成にすぎないだろう」(33)。

ロベルトすなわち私を待ち伏せ拘束した唯一の記号としての女性の名前において指し示されるこの虚構の存在は私の統辞法が織りなしてゆく文《あや》（彩《あや》）のなかにしか出現しない。そして私が日常的記号のコードを借り受けてみずからの統辞法を構成するゆえにロベルトという名前が指し示す虚構の存在は市場に流通する各々の価格を持った、したがって交換も流通も可能な諸商品のひとつとして現れざるをえない。伝達不可能な唯一の記号、見積もり不可能なしたがって交換不可能な思考は、日常的記号のコードを掻い潜り、このコードによっていわばネガティヴ（否定的・裏面的）に沈黙と等置されるというかたちで評定されなければこれらの不可能性を表示することはできない(34)。

さらに言い換えれば、たとえばロベルトをみずからの思考においてひとつの記号としてとり扱おうとする、あるいはむしろこの記号に拘束されざるをえない男性がロベルトという記号を評定し価値を見積もるには少なくとももう一人の別の男性が要請される。記号の唯一性、その一なる単数－特異性（singularité）を保証するのは記号に価値を与え評定する少なくとも二人の者である。その意味で一は二に支えられてはじめて一たりうる。これが歓待の掟である。支払い不可能なもの（l'impayable）の記号である思考が、たとえば色目を使うことと等しい価値を携えて日常的記号の世界に現れるとき、すなわち思考に等しい支払い能力を持った別の記号（色目）と等置されるとき、思考は支払い不可能というよりはむしろひどく滑稽なもの（l'impayable）として降臨または流通する。これが私の統辞法が描きだすロベルトの肌がつねに被らざるをえない同一の運命である。

歓待の掟とは思考が支払い不可能なものから滑稽なものに不可避に反転するという意味における思考の滑稽劇である。そこでは日常的記号のコードの世界がセクシュアリテに関わる幻想や妄想などを含めた広義の思考をも巻き込んで継続する諸商品の交換の場面、貨幣を媒介として価値評価の行なわれる場面が描きだされる[35]。

このようにして私は私固有の、とはいえ諸々の日常的記号のコードの組み合わせからなる統辞法を駆使してみずからの思考を描きだすと同時に、その代償として思考は滑稽に転化する。私がロベルトの特性（propriété）を描きだし彼女に対するみずからの所有権（propriété）を主張しようとする試みは、意に反して彼女の特性を他の記号において評定可能なものとしてしまい、私は私にとっての彼女の特性を喪失する。その試みは交換価値に固有性を譲り渡すという帰結を導きだす。これは思考の我有化の脱臼ということでもある。

したがって一見いかにも突飛な歓待の掟は、実際には事物や人物、事件を貨幣や言葉によって見積もり翻訳し交換するという、私たち人間が日常的に行なっている事柄を極端なかたちで示すことによってあきらかにする。[36] クロソウスキーがしばしば経済関連の語彙を用いるのもこのことに関わる。言葉による表現にせよ貨幣による価値評定にせよ、いずれも広い意味における翻訳行為であり、また同様に広義のエコノミーに属する。私がその統辞法において用いざるをえない日常的記号のコードのなかでロベルトという記号は商品として流通せざるをえず、市場における地位すなわちその商品価値または交換価値の上昇と下降の運動に巻き込まれざるをえない。この上下動は強度の上下動と重なり合う。

『ニーチェと悪循環』でこの事態は記号の衝動への再翻訳として論じられる。「『無意識』の『意識』〔無意識を意識すること、非知の／という知〕は諸力の偽装においてのみ存立しうる。問題はニーチェが（記号の）略号化と名づけるものを破壊することではない――そうではなく『意識の』記号論を欲動の記号論に再翻訳することである。諸々の運動を隠蔽し否認し裏切る――かくして諸力の永遠なる抗争に無知である――『意識の諸カテゴリー』は思考の外見上の自発性の下で自動運動を行なっている」[37]。無限に広大な知は意識に限定された知を介してその間隙から出現する。思考とは諸力（欲動・衝動）の永遠の抗争すなわち自動運動である。そして思考には記憶がない。「思考は記号が場所を与える〔生みだす donne *lieu*〕記号の諸々の言表の中以外のどこにも維持されていない。そしてこの場所は生きられた諸々の事柄についての記憶がそうであるようには私にとって住める場所ではなかった。／それに思考が生きられた事柄――これを忘却することが思考のみずからとの一貫性を可能にする――に対する苛立ちでしかないのに対して、記憶とは私たちが生きる全ての事柄についての日常的指示作用の残滓以外の何ものでもない[38]」。

思考は生、生きられた経験、そして記憶を排そうとする。だから精神の劇の舞台から私がいったん去るや否や記憶が私を襲い、生活の誘惑、生活の諸問題が戻ってくる。これが日常的記号のコードひいては沈黙の共謀による私への復讐であり、刑罰である。だが刑罰を受けてなお私は思考の唯一の記号の拘束から逃れられない。記憶や感情という資産を凍結されてなお、私は思考(の場)の完成を見届けようとする。思考の完成が思考の一貫性から私の一貫性が完全に排除されることであるとはいかにも逆説的である。だが私の統辞法を介して出現した思考がおのれの場所から私を完全に差し引いたときこの統辞法は自律‐自給自足の状態に入りみずからを存立させる。私には決して生きることのできない記憶なき思考の場所の完成は私の過誤、私という過誤の贖罪でもある。

逆にいえば日常的記号のコードと唯一の記号は私が消えれば互いの等価物であり分身である。日常的記号のコードが律する世界の中にロベルトという唯一の記号を流通させたことにより私は私にとってのロベルトの固有性を失い、ひいては私の固有性をも失う。

自己への回帰において私は消滅する。この逆説から回帰の形象である円環が円環を破砕するという、もうひとつの逆説が帰結する。「ニーチェには宿命(fatalité)という原初的観念がありこの観念は自我(私)がどうしてもそこから身を捥ぎ離せない限りであの不可逆的流れを含む。一見したところこの運命(*fatum*)したがって不可逆性への愛もまたその原初的命令であるかにおもわれる。/ところで一度限り決定的に定められた不可逆性からの断絶として言明される〈永遠回帰〉の経験から出立して宿命の新たな異本、つねに互いに混じり合う状態にある目標と方向(意味)、開始(端緒)と終結(目的)をまさに廃絶する悪循環という異本もまた展開される(39)」。端緒と終結が混じり合う円環という回帰の形象を悪循環は廃絶する。悪循環のなかで私が過去の私に出会うとしてもそれは私とは別の者である。思考の強度の高まりのなかで私は先行する私（過去）とも後続する私（未来）とも断絶し、方向を定められていない。「〔……〕たとえ唯一の記号から発される言表において表出された身ぶりや状況や言葉の各々がある物語の開始や終結として現われたとしても、それらは先行するものや後続するものの忘却を条件とする」[40]。

断絶と無方向ゆえに私は直線も円も描くことができず、無能の一点に縮減される。私のあらゆる可能性は汲み尽され踏破されたからである。ここに新たな運命と運命への愛がある。永遠回帰において回帰せざるものは回帰それ自体である。そこでは端緒の前提が変形して（別の）帰結を産出するからである。円環を描くという前提で運動を開始した回帰は点を帰結させる。無方位の運動とは全方位への運動可能性である。それはただちにブリダンの驢馬さながらどの方位に向かうべきかを私に躊躇させる。この躊躇、上昇と下降の同時発生において私のすべての運動の可能性が汲み尽され、無方位の運動は私という運動の停止つまりは延長なき点を帰結させる。永遠回帰とは自己への死の贈与である。

六　思考のイメージ

通常——それは「異常」を構成・析出・排除することによって確定される——の指示作用・意味作用を失った諸々の日常的記号の組み合わせを通して出現し、それ自体において自給自足的に展開される思考の場所は、一見したところ日常的記号の世界とまったく見分けがつかず、ただ私が消えているという点が異なる[41]。思考の場所はこれらの事物の配置からなるひとつの世界のイメージであり、日常的記号の世界の等価物である。クロソウスキーはこの場所でロベルトという名の女性の「容貌 physionomie」を描きだした。『歓待の掟』「跋文」末尾ではそれまで用いられてきた「統辞法」「記述 description」「エクリチュール écriture」などの書くことに関わる語彙に代わって「絵画(場景)tableau」「肖像(画)portrait」「人物像 figures」などの描くことに関わる語彙が現れる。書くことから描くこと、言葉から見ることへの移行は二つの沈黙の共謀と重なる[42]。

私の内部における思考とロベルトの首尾一貫性を支えるために、私は身ぶりや状況や言葉を外部の日常的記号から借り受け、あたかも属性または性格を付与するかのようにしてロベルトという名前と組み合わせ、一人の女性を構成する。思考が唯一の記号を通してみずからを展開してゆく過程における狂気の沈黙と日常的記号のコードによって日常生活を円滑に継続するための沈黙とは共外延的であり、その意味で共謀している。幻想や狂気をも含めた広義の思考はその唯一性を外部からの評価に支えられているからである。思考はつねに非人称的・集合的であり共犯者を必要とする。この共犯的本性が歓待の掟と呼ばれる。

そしてクロソウスキーはみずから描きだしたロベルトさらには彼女を取り巻く共犯者たちと共にイメージの中へ、歓待の掟が開示した思考の場所、完全な沈黙の中へ入ってゆこうとする。「かくして不意に他の諸人物像が住みついたこの肖像画はイメージによって教訓を与えることを定めとする一枚の絵画と化した。だがこのイメージが教える教訓は歓待の掟という一つの慣習の制定にすぎない。〔……〕世界と私自身を思考に、誰でもないもの（非人称／仮面）の思考に統合し、世界と私自身の疎外－譲渡において屹立し、唯一の記号と首尾一貫した慣習。〔……〕この思考は日常的指示作用とは逆にこの慣習における唯一の記号とみずからとの任意の首尾一貫性を保証する。／それが可能だったなら唯一の記号についてのあらゆる記述はついに不要となるだろう、／〔というのも〕一つの記号はそれ自体で充足しているのだから――とはいえ記号の記述はただちに日常的指示作用の任意性すなわち世界の中で生きられたこと全体の絶対的不連続性と一致するだろう、／だから生きられた経験の不首尾一貫性から抜けださせるほどの拘束力を発揮しうる唯一の記号において、首尾一貫性は決して思考の側にはないだろう。／だからやはりこの唯一の記号は歓待の掟というこの慣習を生みだすだろう、／歓待の掟はつねに生きられた現実の不連続性のなかに存在することを慣わしとするため慣習としての唯一の記号が掟に与えるこの場所を見いだすことは決してないだろう――(43)」。

歓待の掟を介して唯一の記号の世界にクロソウスキーは入ってゆく(44)。純粋な沈黙において思考のイメージが存立するその場所は、言葉による記述から絵画的描写への移行を彼に促した。かくしてクロソウスキーはしだいに書くことから描くことへ、生と記憶のない永遠回帰という思考の場所に移動していった。思考とはその意味で〈死の歓待〉であり、自己の死のイメージを描きだすことである。このイメージの輪郭線は私がみずからに死を与える＝己の死を受諾するという意味で私が描いてきた生の軌跡、すなわち運命線だからである。そして死とは永遠回帰における私の一点への縮減すなわち消滅だからである。

「先ず諸々のイメージ。――諸々のイメージが精神のなかでいかに生まれるのかを説明すること。次にこれらのイメージに適用された諸々の言葉。最後にこれらの言葉からのみ可能となる諸概念……」[45]。ニーチェのこの言葉をクロソウスキーは「一つの感情を意味しはじめるや否や言葉はこの意味された感情を経験された感情と同一視する。経験された感情は言葉が存在しなかった瞬間にしか強さを持たなかった。意味された感情は意味を欠いた感情より弱い[46]」と注釈した。後の彼の歩みを辿るとき、これらの言葉はロベルトという名をチチェローネとして意味の不在における充足、すなわち死のイメージを書きやがて描くだけになるクロソウスキー自身の軌跡を先取りしているように思われる。

　夫婦という親密・私的な関係において産出される幻想や妄想がどれほど異様・破廉恥であれ日常はそれらを沈黙の内に呑み込み平然と継続してゆく。どれほど特異な思考であれ私の滑稽な奇態として弁済されざるをえないこの日常世界に降臨または流通するほかないことを身に沁みて知っていたクロソウスキーであればこそ、思考の場所に達するために沈黙の内に己を抹消することをも率然と受諾したのだろう。だがそれは、既述した意味における交換または翻訳という人間的であるほかない行為の全否定ではなくその再構成である。

　言葉と言葉、イメージとイメージ、言葉とイメージ、言表と可視性、それらの間隙から現れるカオス、衝動、狂気、思考には生も記憶もなくそれ自体で存立－一貫しており、日常的記号のコードによる表現を不要としつつなお、みずからを出現させる契機または媒体として必要とする。この離接的綜合において書くことから描くことへと移動したクロソウスキーの沈黙は、したがって伝達や交換の拒否をではなく、媒体の変形を意味する。言表と可視性、書くことと描くことが各々の属性を抜けだし属性を転換し合って言葉の沈黙とイメージの発話を産出する。属性の転換は永遠回帰において私がすべての可能性を汲み尽くし無能の一点に縮減されたときになされうる。書くことと描くことが各々の前提を変形し合って属性を転換し合い言表はイメージとしてイメージは言表として回帰する。これが永遠回帰における回帰せざるものとしての回帰から導きだされる帰結のひとつである。

註

（1）Pierre Klossowski, *Les lois de l'hospitalité*（*Roberte ce soir*, 1953; *La révocation de l'édit de Nantes*, 1959; *Le souffleur*, 1960）, Paris: Gallimard, 1965. 以下、同書の引用は*LH*と略記し該当頁数を表記、中略〔……〕表記、〔 〕内引用者補綴、「／」原文改行、強調は断りのない限り原文。以下同。また本稿における引用は、既訳を参考としたが、すべて拙訳。

（2）P. Klossowski, *Nietzsche et le cercle vicieux*, Paris: Mercure de France, 1969; réédité en 1975. 以下、同書の引用は*NCV*と略記し該当頁数を表記。

（3）ドゥルーズとガタリは『千のプラトー』で夫婦の思考を性差そのものを分身とした男性＝女性を産出する「二のコギト」の運動と捉える。Gilles Deleuze et Félix Guattari, *Mille plateaux*, Paris: Minuit, 1980, pp. 164–65.

（4）夫婦の思考に対する妻の応答としてドゥニーズ・クロソウスキーにインタヴューした、Isabelle Sobleman, *Denise Klossowski: Le 16 octobre 2002*, Paris: La différence, 2007を参照。

（5）*LH*, p.10（強調引用者）。

（6）*LH*, p.9.

（7）*LH*, p.9.

（8）*LH*, p.8.

（9）*NCV*, p. 59.

（10）*LH*, p. 337.

（11） *LH*, p. 338.

（12） *LH*, p. 9.

（13） *LH*, p. 9.

（14） クロソウスキーの思考における演劇的性格について Gille Deleuze, "Pierre Klossowski ou les corps-langage," in *La Logique du sens*, Paris: Minuit, 1969; Michel Butor, "Souvenir sur le théâtre de société," in *Cahier pour un temps*; Alain Arnaud, *Pierre Klossowski*, Paris: Seuil, 1990; Ian James, "Simulacrum and the play of parody in the writing of Pierre Klossowski," in *French Studies*, vol. LIV, n°3, 2000; Hervé Castanet, *Pierre Klossowski: La pantomime des esprits*, suivi d'un entretien de Pierre Klossowski avec Judith Miller, Nantes, Psyché: Cécile Defaut, 2007 などを参照。

（15） *LH*, p. 9.

（16） *LH*, p. 9.

（17） *LH*, p. 9.

（18） *LH*, p. 348.

（19） 強度（intensio, intensité）については，Pierre Duhem, *Le système du Monde: histoire des doctrines cosmologiques de Platon à Copernic*, Tom. 7, Paris: Hermann, 1954, p. 481 を参照。

（20） *NCV*, p. 66.

（21） *NCV*, p. 77.

（22） G. Deleuze et F. Guatari, "La synthèse disjonctive," in *L'Arc*, Aix-en-Provence, n°43, 1970.

（23） *LH*, p. 335–336.

（24） G. Deleuze, *Nietzsche et la philosophie*, Paris, Presses universitaires de France, 1962 参照。

（25） *LH*, p. 338.

（26） *NCV*, pp. 94–95.

（27） *NCV*, pp. 98–99.

（28） *LH*, p. 346.

（29） *LH*, pp. 338–39.

（30） *LH*, p. 337.

（31） *NCV*, p. 314.

（32） ヴィトゲンシュタインが『論理哲学論考』を「語りえぬものについては沈黙しなければならない」と締め括り、以降「語りえぬもの」について沈黙するどころか逆にその探求を深めていったことを「沈黙の共謀」という言葉は想起させる。クロソウスキーは『論理哲学論考』と『哲学探究』を仏語訳している。Ludwig Wittgenstein, *Tractatus logico-philosophicuse: suivi de Investigations philosophiques*, introduction de Bertrand Russell, traduit de l'allemand par Pierre Klossowski, Paris: Gallimard, 1961.

（33） *LH*, p. 9.

（34） 統辞法に内包された沈黙は発話行為の強度を示す。Jean-Jacques Lecercle, "La ligne intensive de la syntaxe," in *Chimères*, no. 38, 2000 参照。

（35） 『生きた貨幣』はこの視角から人間を貨幣とするという仮説の下に産業社会を論じる。P. Klossowski, *La Monnaie vivante*, Paris: Éric Losfeld, 1970.

（36） 『ディアーナの水浴』は超感覚的存在を感覚的存在に可視化させるダイモーン（媒介または翻訳装置）を論じる。P. Klossowski, *Le Bain de Diane*, Paris: Jean-Jacques Pauvert, 1956. クロソウスキーの狭義の翻訳については Antoine Berman, *L'Énéide* de Klossowski, dans *La Traduction et la lettre ou l'auberge du lointain*, Paris: Seuil, 1999 などを参照。

（37） *NCV*, p. 81.「記号の略号化」とは身体が衝動に即して発する身ぶりからその過剰さを削ぎ落とし意味だけを伝達するべく加工された記号、つまり日常的記号のコードを指す（cf. *NCV*, pp. 76, 100）。

（38） *LH*, p. 340.

（39） *NCV*, pp. 55–56.

（40） *LH*, p. 335.

(41) M. Foucault, "La prose d'Actéon", in *La Nouvelle Revue Française*, no. 135, mars 1964 参照。

(42) *LH*, p.349.

(43) *LH*, p.349–350.

(44) J. Deleuze et F. Guattari, *Qu'est-ce que la philosophie?*, Paris, Minuit, 1991. p.154 参照。

(45) F. Nietzsche, *Sämtliche Werke: Kritische Studienausgabe*, eds. by Giorgio Colli und Mazzino Montinari, Berlin, Walter de Gruiter, 1980, vol.11, p.58, traduit par Klossowski, *NCV*, p.316.

(46) *NCV*, p.316.

III

存在的〈臨界－外部〉

第13章　資本のプロレタリア的零度——外部の政治的物理学

ギャヴィン・ウォーカー

出発点でさえ、すなわち、感じるように強制するものとの出会いにおける感性でさえ、いかなる〔真理との〕類縁性も、宿命も仮定してはいない。むしろ反対に、出会いによって強制されて思考されるようになるものの必然性を保証するのは、まさにその出会いの偶然であり偶然性である[1]。

一　はじめに

宇野弘蔵は、もっとも重要な論文のひとつで、以下の決定的結論に達している。

> 労働力の商品化は、物としてあらわれる人間関係の極点をなすものである。……それは、元来人間

の生活がいかなる社会においても労働の対象化を通じて物質的に再生産せられざるを得ないという、根本的原則の一歴史的形態なることを明らかにするものといえるのである。(2)

宇野にとって労働力の商品化とは、資本と呼ばれる社会関係の「極点」であるという意味で、いわば社会的なこととそれ自体の「零度」である。この「零度」は「根本的法則」——労働の対象化——が採る「一歴史的形態」である。しかし、労働力商品化という問題によって、あるいはより具体的には、労働力商品化の「無理」によってその徴候を顕わにするこの「もの」はまた、一箇の分析的あるいは理論的な対象、社会的なこととそれ自体の「零度」あるいは「極点」を「明らかに」する何事かでもある。だが、とすれば、この理解に照応する政治的相関物とは何か? またこの政治的相関物は、経済的なことが形成する登記平面といかなる相互関係を造り上げ、いかに相互を生成し合うのか? 以下で私は、この「無理」が「明らかに」することをめぐる宇野の理解から導き出される一団の政治的公理を軸芯に据えて、この問題を吟味してみようと思う。

ところで、この課題は、資本がその外部といかなる関係性を形成し、またこの外部が実際にはいかなる様相を呈するに到るのかという問題にほかならず、また絶対的な外部でもなければ、単なる現代経済学的意味における「外部性」でもないこの逆説的外部は、「無理」が辿る政治的諸継起《セカーンス》をその原因と有り様において解明する場でもある。こうした問題提起は、さらに、組織には必然性があるのか、またあるとすれば、この必然性は資本の論理によって「明らかに」されるのかという、組織の問題をただちに提示することになる。ここで取り上げられる問題は、マルクス主義理論において提示されたあらゆる問題にあってももっとも厄介かつ複雑なそれとして残っている、「党」あるいは「党－形態」と呼ばれるものがもたらす問題である。本稿で「党」という名称の許で言及されるものは、一箇の歴史的形態、すなわち、プロレタリアの存立一貫性の歴史的具現あるいは「労働力商品化の無理」と呼ばれる社会的「零度」が採る歴史的形態に相即して出現・展開する、後述の「共産主義的不変式 *invariant communiste*」に関わっている。

ドゥルーズはこの経済的継起との政治的相関物に「外の思想は抵抗の思想である」という簡潔な言明を与えたが(3)、その意味で、外部を思考するという状況に措かれたわれわれは、資本がみずからを組成するその有り様を思考しているだけではなく、マルクスと宇野に遵えば、その内部で政治が可能となる空間、政治的可能性が状況配置へ突如として噴出する場に際会していると言ってもよい。ところで、われわれが同時に、この「外部の思考」を、その本質において、抵抗を理解するために掻い潜られねばならない何事かとして受諾すれば、政治は、それ自体としては、直接的状況に固有ではないと言わねばならない。むしろ、次のように言うべきだろうか。すなわち、つねに政治は、この「外の思考」あるいは内部を横断しその輪郭線を描き出すさまざまな外部性であるがゆえに、外部――資本主義的全体の内部へ襞折られているものとしての外部――は遍在し到る処に有るとしても、その政治性は稀にしかその姿を顕さないことが強調されねばならない。それを「政治一般など存在しない。存在するのは特種具体的な政治的継起だけである。政治とは社会に常駐する一箇の審級」であるという表現を以て言い換えてもよいだろう(4)。資本の論理が、あたかもそれ自身が資本主義的商品に照応する社会的形態が担う不変の審級であるかのごとくに作動するとすれば、政治そのものは、しかし、他処から到来することになるだろう。

いいかえれば、資本の下にある社会的諸形態の本質が資本の論理における間隙と裂開によって「明らかに」されるとすれば、政治の必然‐必要性は介入によって曝露されるのである。

これは、その政治性が内部における外部の再生産に位置づけられていることを意味している。経済の政治性と政治それ自体という問題とのこの二元性、「党」の問題につねに回帰するこの二元性は、以下に触れる一箇の強制法 *forçage* を介してのみ把握可能である。つまり、先の意味での「外の思考」としての抵抗は、露顕機能として作動することを強いられる何事かとして、状況へ抉じ込まれる（*forceé à la situation*）のである。こうした強制（法）が状況に不在することに賭ける〔その到来を請け合う〕ことによって作動するとすれば、党もまた、これと同様のやり方で、強制法についてのそれ自身の論理によって作動することになる。そしてその空白《ヴォイド》を強いるために状況の充全性との切断を開始するもの、それが党である。資本主義社会の構成的空白であるプロレタリアの零は、みずから自身を廃止し、人びとがプロレタリア化する可能性を歴史的に一掃することによって初めて、状況を打破することができるのである。

以下では、英語とフランス語における〈force/forçage〉が二重の語義——「力」と「強制（法）・強いる・抉《こ》じ開ける）」——を帯びていることを念頭に置いて、〈force/forçage〉それ自体、一箇の方法としての〈force/forçage〉、潜勢力としての〈force/forçage〉が孕む問題から、議論を始めることにする。

二　戦略としての強制（法）*forçage*

外部の問題、「外部性」の問題、あるいはフーコーとドゥルーズがともに「外の思考 la pensée du dehors」として言及した論点は、長い歴史をもつ一箇の概念的系譜学である。本稿における関心は、マルクス主義的な理論的問題構制《プロブレマティック》における政治的なことと経済的なこととの「疎隔‐乖離」という問題で取り沙汰されてきた「外部性」にほかならないが、それはまた、この疎隔‐乖離が政治組織——党の形態という問題——のさまざまな可能性とどのように関連しているかという問題でもあった。この意味で、それは神学における「絶対的」外部やカント的含意における「統整理念」の計り知れない外部性などでは決してない。神学とカントにおける意味での外部は、投‐射〔前への‐主体の‐投擲 pro-jection〕あるいは繰延‐差延の構造といった一箇の特種な時間性をその根拠として共有しているが、本稿は、一箇の異なった構造、あるいはマルクス主義的な理論的問題構制で外部が果たす分岐する役割を肯定的に論ずるだろう。いいかえれば、一箇の「他性 alterity」の構造と見なされる外部の構造とはまったく異なる何事かとして、マルクス主義における「外部」の問題を論じてみたいのである。

マルクスの著作において興味深くも力強い論点は、批判に当たって彼が採った特殊な形式でもなければ、彼の政治（学）でもなく、また彼の経済分析そのものでもない。マルクスの理論的中心は「政治経済学批判」と呼ばれるものである。いいかえれば、それは批評であり、批判的な〔危機をその裡に孕んだ critical〕分析である。それは、したがってまた、政治的な何事かでもある。すなわち、その理論的対象は政治的だが、その目的もまた政治的なのである。マルクスの批判〔的分析〕は、「経済」と呼ばれるこの言説的対象、あるいはむしろ、世界の歴史過程において資本主義的な商品経済社会を支える諸関係の具体的表現に、その焦点が措かれている。だがそれは、さまざまな対象の中のひとつではない。それは、あらゆる契機を掻い潜り包囲する一箇の分析的で理論的な戦略、それが駆使するさまざまな言説を横断する分析の対角線である。この点に関わって、われわれはアラン・バディウの著作から理論的手掛かりを得ることにするが、それは強制の戦略あるいは強制（法）*forçage* と呼ばれている。[5] これは、しかし、何を意味するのか?

　それは「歴史における暴力の役割」についてのエンゲルスの有名な分析とまったく異なるものではない（MEW 21: 407–68）。それはつまり、暴力の問題とまったく切り離された問題ではない。強制（法）は一箇の暴力的な戦略ではあるが、この「暴力」という語の常識的な使用におけるそれではない。「力」——〈*force*〉〈*Kraft*〉〈*сила*〉であると同時に〈*Zwang*〉〈*coercion*〉〈抉《こ》じ開ける forcing open〉——のここでの意味は、むしろ、一箇の理論的な帰結－効果を生み出すために、分析対象をその通常の現象的な諸条件から一挙かつ劇的に転移させることである。それを言い換えれば、理論そのものの内部で作動する理論的戦略である。強制（法）は理論的対象をそれが理論的に照射した外部に露顕させることを意味している。この場合の外部とは、したがって、実体を有する外部ではなく、理論的分析がみずからをそこから外化する分析対象にとっての内面としての外部、理論的分析そのものの理論的分析による「数え入れ〔解釈〕」に理論的分析をも含んだ、とはいえそれが出現する条件あるいは状況とは異質でありうる限りでの、分析対象にとっては内面である外部である。したがって、力あるいは強制（法）という問題が含意する「外部」とは、一箇の「絶対的」外部ではない。というのも、かかる「絶対的」外部は存立不能だからである。なぜか？　われわれが一箇の理論的対象に出会《でくわ》し、それに理論闘争の場で接近するとき、われわれは、その外部（この場合に関わって厳密に言えば、対象の内部には完全に収容しえないもの）を対象それ自体の経済《オイコノミア》〔内的律法 *οἰκονομία*〕の内部の何事かとして把握することが避けられないからである。それがまた「何事かにとっての外部」であるとすれば、それは、対象それ自体というこの何事かの循環－円環空間を欠いては、感得不能である。すなわち、外部を論ずるに当たっては、内部を論ずることを回避しえない。ましてや、外部が一切存在しない何事かを論ずることなど、素より不可能である。社会的領野からの抽象という一行為のまったく物理的で精神的な配置を一括りにしたものの所産である一箇の理論的対象は、つねに、一箇の内的律法《オイコノミア》の裡に存在しているのである。この内的律法は、対象にその対象－性を賦与しながら、この対象を軸として、みずからを覆い包み〔隠す〕ものである。すなわち、理論的対象の所与性は、その対象－性が一箇の対象としてみずからを円環的に循環させ正統化することができるような一箇の領野、環状地帯《ゾーン》、地平の内部に存在する限りにおいてのみ、与えられるのである。しかし、この正統性、あるいはそれ自身の境界線をみずから引き、みずからを一箇の対象として囲い込むことができる対象それ自体の能力は、一箇の線が引かれるときは必ず二つの領野が創出されることを示している。これら二つの領域は、以前は隣接していたが、いったん対象の境界が引かれると、一箇の「内《イン》」と「外《アウト》」が出現する領域である。こうして、対象の対象－性によってわれわれは、「外《アウト》」への直接的接近を沮まれることになる。われわれが接近できるのは、その限界がそれが理論的領野の内部で理論化可能になるように線引きされている、囲い込まれた対象だけである。したがって「外部」は、厳密な意味での「外面」でもなければ、対象と「無関係な」それでもない。一箇の理論的対象の「内部」が経済において充全なるものを含意しているのに対して、その「外部」は、むしろ、内的律法《オイコノミア》においては不在あるいは空虚-孔であるものを含意していると言うこともできるのである。

マルクスの政治経済学批判は、方法のレヴェルでは、一箇の現象的対象をめぐる描線を跡づけることに関わっているが、それは、対象の充全性あるいは充溢状態を解明するためではなく、対象がそれが存在するための内的律法《オイコノミア》では不在であることを曝露することをまさにこの理論的対象に強いるためである。スピヴァクは「資本とその共犯的他者――社会化された労働（その反-照 *Gegen-satz*、その対置 counterposition、文字どおりの矛盾）――との巨大な対峙を顕現させる力 *force* の創出が、マルクスの目論見である」と論じているが(6)、この言明は要点を完璧に衝いている。この方法論的論点を展開的に分析するために、『資本論』第一巻の有名な一節に詳細な注意を払ってみることにしたい。

> 労働力の消費は、他のどの商品の消費とも同じに、市場すなわち流通部面の外で行なわれる。そこで、われわれも、この騒々しい、表層で大騒ぎをしていて誰の目にもつきやすい部面を、貨幣所有者や労働力所有者と一緒に立ち去って、この二人について、隠れた生産の場所に、「無用の者入るべからず」と入口に書いてあるその場所に、行くことにしよう。ここでは、どのようにして資本が生産するかということだけでなく、どのようにして資本そのものが生産されるかということも分かるだろう。貸殖の秘密もついに暴き出されねばならない（K I: 189）。

最後の一節「貸殖の秘密もついに暴き出されるに違いない Das Geheimnis der Plusmacherei *muß* sich endlich enthüllen / The secret of profit-making（literally: "surplus-making"）*must* at last be revealed.」における「ねばならない muß」は、われわれがきめ細かい注意を払わねばならない本質的な方法論的要点を含んでいる。エンゲルスの監修によるムーアとアヴェリンクの英語版『資本論』は、この一節を幾分か「訳しすぎている」が、まさにこの「開きすぎた訳」――〈We shall at last *force* the secret of profit-making.〉(7)――に(8)、しかし、興味深い論点が浮上している。

そしてこれこそが、マルクスの方法の核芯である。すなわち、単なる資本の社会的役割についての研究ではなく、資本がみずからの秘密を〔みずから〕曝露し、またそれを通じて、資本主義そのものをしてそれ自体の本質を暴き出す一箇の理論的な実験‐試行に従事せしめることを、まさに資本自身に、しかも理論的に、強いる――これである。こうした方法によってこのマルクスは、「自由」――自由に取り結ばれた契約、交換における平等、それぞれの所有物を売買することによって各自の利益を獲得するという自由――がすべてを覆い尽くしているかに見える資本の表見的には平滑的な表層から、力 *force* あるいは強制 *Zwang* がこれらのいわゆる「自由」を根拠づけている捕縛の暴力的底流を形成している深部へと(9)、われわれを導いてくれる。いいかえれば、「力」という語のここでの使用は、一箇の二重化された論点をわれわれに表示しているのである。それは、マルクスの方法そのものが、一方で、「平明な理解の背後に身を潜めている」資本主義的蓄積の一見するに閉じられた自己隠蔽‐自己開示的な体系的回路を「抉じ開け」ながら、他方で同時に、われわれがこの方法を突き詰め、「貸殖の秘密」を「抉じ開け」ると、最終的には力の底流‐暗部を発見することもできるという意味で、二重化された論点なのである。ところで、力についてのこれら二つの意味――その方法論的あるいは戦略的な意味と同時に、それが表見的には平滑に見える表層の直下に発見されるという意味で――は、相互にどのように節合されているのか？　この力は「外部」といかに結び合い、いかなる意味での政治がかかる点から導き出されるのか？

　これらの問題が継起するその有り様を追求するに当たってのわれわれの導きの糸、それが宇野弘蔵である。とりわけ重要なのは、三段階論と呼ばれるその理論的顕微鏡あるいは徴候的判断のための装置である。われわれが利用しようとしている分析の論理形式あるいは試行的筋書きを提供するこの道具は、一箇の概念図、だがより具体的には、カント的意味での一箇の図式――単なる一箇の「像《イマージュ》」ではなく、一箇の手続き的規則あるいは介入する規定――である。つまり、この図式は一箇の対象へ単純に「応用され」〔え〕ないのである。つまり、三段階論は、結果において起きたことを記録するために、知覚において邂逅する「資本主義」と呼ばれる一箇の対象には単純に「応用され」〔え〕ないのである。三段階論はむしろ、「資本」という名称を担う状況に「無理を通して」挿入あるいは擲げ入れられる、一箇の武器あるいは装置なのである。宇野は、この武器をその平滑〔的表層〕性を僭称する資本の自己規定に圧しつけ、資本自身の〈労働と土地を軸とする社会体への〉〈注入－滲透〉技術を無力にする一箇の図式に遵って純化あるいは規定されることによってその本質の曝露を強いられる、資本の立ち居振る舞いを理解しようと試みる。宇野は、政治経済学を原理論・段階論・現状分析という三つのレヴェルあるいは地質学的な地層に分化させることで、「力」についてのわれわれの議論にとって基本的な何事かを指示している。

資本はそれ自身の作動をどのように考えているのか？　政治は資本の自己運動との関係においてどのように理解可能なのか？　資本の自己運動が残余なく無限に回転する円環だとすれば、その外部、資本が逆説的にもそれ自身の擬似－包括性の根拠とする外部性をどのように説明できるのか？　こうした基本的問題を論ずるために、宇野は三段階論と呼ばれる武器を利用し、理論が作動する三つのレヴェルのそれぞれの間《あわい》で口を開けている空隙あるいは裂け目を解明している。彼は、しかし、理論に一箇の結果を生み出すことだけに関心を寄せているわけではない。むしろ彼は、転位－脱臼の技法を実践しているのである。[10]いいかえれば、彼は、歴史に一箇の結果を抉じ入れるために理論自体の自己規定の空隙を利用することを試みているのである。つまり、宇野の方法論的発案とマルクスの再コード化は政治経済学の再システム化として機能しているだけでない。宇野の理論的武器庫は、理論の政治からの分離という彼の主張にもかかわらず、理論そのものの政治性を曝露し、そうすることによって、政治の歴史的可能性を同時に開いているのである。

こうして宇野は、資本主義が一箇の純粋な円環回路としてシステム化可能であることを証明するために、強制（法）を携えて、理論に介入している。宇野は、資本が懐くこの内的な夢あるいは幻想を「原理的世界＝純粋資本主義」と命名したが、それを言い換えれば、「原理的世界＝純粋資本主義」はその世界性を剥奪された実験世界であり、一箇の図式的システム化としてのみ存在する純粋な回転円環なのである。[11]したがって、厳密に言えば、この原理的世界は、そのものとしては、存在しない。実際、宇野が言うように、「資本主義の現実は、決して完全にかかる体系化を完成するものではない。しかし資本主義の発展自身は、少くとも一定の時期までは、そういう完成化」の傾向をもっていたのである。[12]

ところで、こうした思考実験の目的とは何か？　第一に、また何よりもまず、それは一箇の〔理論的、したがって先の意味で政治性を帯びている〕介入である。この介入は、厳密に言えば、所与の筋書きに不在の何事かを導入することによって、作動している。この介入は、それ自身の空虚、その排除あるいは不在が状況の内面に構造を与える諸要素、だがそれ自体としてはその内面には存在しない諸要素との対峙あるいは容認を状況に強いることによって、進行する。いいかえれば、介入は、一箇の結果を強制するために、外部あるいは要素レヴェルでは完全に包含しえないものを、内部に無理に繰り込むのである。この宇野に拠ってこの原理的世界を措定することで、比較が顕わにする歴史における空隙だけでなく、資本が完璧な円環とみずから見なす自己運動の空隙を図式化することが可能になる。

一箇の技法としてのこの措定は、「一箇の真理、一箇の強制（法）を担う包括的存在を先取りするための仮説」として作動する。この強制法は「完きを得て成り了わる一箇の真理の強力な作為《フイクシヨン》であり、この一箇の作為から始めることで、複数の新たな知の部品が、たとえこの知〔の論理的妥当性〕の検証がなされなくても、強制可能となる」のである。(13) たとえば、純粋資本主義など存在せず、資本主義が「純粋」であった試しもなく、資本主義は社会構成体における発展の歴史的で制度的なレヴェルによってつねに汚染されている——こうした類いの宇野批判を見受けることがあるが、こうした宇野批判は、宇野が利用し、バディウが「強制法」として言及している、理論的技法を完全に看過している。ここで強調さるべきは、宇野にとっては、「純粋資本主義」と呼ばれる何事かの存在が「証明される」必要もなければ、知の部品としてその妥当性が「検証される」必要もないという点である。むしろ宇野は、「完きを得て成り了わる作為《フイクシヨン》」〔の到来〕を請け合うことによって、すなわち、それによって新たな知を「強いる」一箇の槓桿としてこの作為を利用することによって、それ自身の弱点だけでなく、その自己イメージ、資本がいかなる障碍や境界にも出会さない一箇の完璧な世界が実現するというその夢の曝露をも、〔まさに対象としての〕資本に強いるのである。宇野は、知の新たな作動、思考の新たな線分と継起の〔資本自身による〕露顕を強いるために、この「完璧な作為」に賭けた。宇野がマルクスの「措定する *setzen*」という語用に仔細な注意を払ったのは、強制あるいは「予定‐前提」という彼のこの論理に起因している。[14] ところで、その存在をみずからを正統化するために利用するそれ自身の作動の要素を資本が「措定」あるいは「予定‐前提」するとは、何を意味するのか? それは、それを通じて自己を価値として拡張し、価値としての自己を増殖する *Selbstverwertung*、資本の「神秘的な性格 *die okkulte Qualität*」にほかならない (K I: 169)。

たとえばアルチュセールは、「諸要素が諸形式に先行」し、次いで諸形式がかかる諸要素を根拠にみずからを拡張するという資本のこの逆説的な論理を、あたかも諸要素が諸形式の生産であるかのように、描き出している。しかし、この「措定する」が孕む問題は、理論がその理論的対象の特質という観点において作動しもするがゆえに、方法のレヴェルでは、すなわちこの「純粋資本主義」と呼ばれる不在のものの「措定」レヴェルでは、われわれが状況についての知を「強制する」ことができるようにしてくれる空虚のレヴェルで作動していることは、疑いを容れない。宇野が指摘するように、それは「いわば自然科学の実験装置にも較べられるべき一社会である。しかも、それは一定の観点の下にわれわれが任意にいわゆる攪乱的要素を除去して得たというようなものではない。資本主義社会の発展傾向に即して与えられた『精神的に具体的なもの』である。[15] この試行装置あるいは実験道具とは、しかし、何か?

言うまでもなく、「経済的諸形態の分析では、顕微鏡も化学試薬も役に立たない。抽象力がこの両者の代わりをしなければならない Die Abstraktionskraft muß *ersetzen*」のである（K I: 12）。この「抽象力」の理論物理学を一箇の診断装置として理解するために、宇野が「純粋資本主義」という実験装置——マルクスはそれを「精神的に具体的なもの gestiges Konkretes」と呼んだが(16)——を描き出すために用いたこの表現を超コード化あるいは開か〔超訳せ〕ねばならない〔この表現を〈重層－措定せねばならない〉〕。いいかえれば、それは、「精神的な gestiges」具体的なものであるばかりでなく「亡霊的な gestiges(17)」具体的なもの、真にその内部とはなりえない一箇の世界に棲まい宿る一箇の取り憑く形象である。この亡霊はあらゆる現前に取り憑く不在の形象であり、それは、或る一箇の状況に棲まい宿り、この状況がその不在または内部に居場所あるいは身体を見いだしえないとはいえ、内部から外部の痕跡線を描き出すことだけができるものと対峙することを不断に強いる形象である。一箇の「亡霊的具体性」である「純粋資本主義」は、こうして資本主義そのものに、われわれが生の実践において経験する歴史的な生きた資本主義に、構造を与えるが、純粋資本主義はいかなる身体ももたない。それは棲まい－宿る－こと能わざるものである。したがってそれは、いかなる前世《きげん》－托身ももたない。だが、逆説的にもそれこそが、資本の歴史的拡張に構造を与えるもっとも具体的なものなのである。それは、いわば、資本の欲動 *Trieb* である。この欲動は直接性をまったく欠いている。それは生物学的な意味での本能 *Instinkt* とは異なっている。しかし、この不在の欲動はまた、資本の有限性、その擬似－不死性を証すものでもある。資本は、一箇の「亡霊的具体性」として、生ける死《ゾンビ》の巨大な輯塊、一箇の亡霊的な不在（資本）と現前（生きた労働の全体）を鎖状に連結する亡霊にほかならない。宇野を以てそれをさらに言い換えれば、

「純粋の資本主義社会は具体的には決して実現されないが、しかし一定の発展段階では自力をもってそういう方向に発展しつつあったということが、そしてその裏にはその発展が逆転して終末を予想せしめる歴史的過程であるということが、その体系化を完成せしめることとなる」のである[18]。

資本の現世における顕現に条件を与えるこの不在、原理的世界＝純粋資本主義と呼ばれるこの亡霊は、一箇の影絵、一箇の消失点、あるいは三次元的図式における遠近法の視点にも似た何ものかとして、つねに出現する。それは、厳密には場面には不在だが、それ自身のイメージの下で状況を組織する。宇野は、この遠近法を用いて、商品経済の弱点が潜む場を〔それみずからに〕露顕させるように、商品経済を強いるのである。彼は「元来それ自身には生産物でもない労働力をも一般の生産物と同様に商品化する無理を通している。また通しうる基礎を一応は与えられるのである。いいかえれば歴史的に限定されたものとして、具体的には決して全社会を商品経済化するというのではなく、そういう方向に発展しつつあるものとして、理論的に体系化しうることになるのである」と書いている[19]。このように宇野は、一箇の「完きを得て了わる〔ことが慥かに予期される〕作為」として、純粋に資本主義的な社会を理論的にシステム化した。それは、一箇の作為、またしたがって、必然的に不完全であるが、理論において完きを得て了わる〔ことが慥かに予期される〕自己包含的な作為である。それは、「自己を表示するものを、それが自己自身から自己を表示するように、自己自身から見させること」であるという意味で[20]、現象学の方法論を根本で支える理論的立ち位置と酷似している。

知の諸部品は、純粋に資本主義的な社会というこの作為によって、存在への生成を強いられる。というのも、この純粋に資本主義的な社会は傾向的運動あるいは商品化の方向性を表現しているからにほかならない。商品化は一箇の制限を帯びた現象などでは決してない。むしろ、あらゆる商品化行動は、絶対的商品化の全面化という方向性をその裡に孕んでいるのである。たとえば、ドゥルーズとガタリは哲学の役割が直接‐無媒介的に政治的であると主張したが、その所以は、人びとが理論において政治的判断を行ない、次いでそれを単純に政治的領野に「応用する」ことができるからではなく、哲学自体が歴史のレヴェルを構制する相対的脱領土化が「純化される」あるいは絶対化され得るような試行の戦場にほかならないからである。このように、歴史過程の相対的脱領土化は、絶対的脱領土化が完きを得る一箇の世界として、一般化可能となる。またその意味でこれは、「世界の公理的な脱領土化」つまり「世界資本主義的膨脹によるその外部の殲滅（*exo-colonialisation*）から資本の蓄積運動の内部への大地と人間自身をも含んだその捻転的嵌入（*endo-colonialisation*）への移行の最終局面」という状況を生産する。(21) いいかえれば、原理‐端緒《プリンシプル》であるこの世界あるいは純粋資本主義は、特殊に野蛮な資本主義が存在する世界ではない。それはむしろ、資本の自己運動と〔資本が夢想する〕自己規定にとってのあらゆる障碍が完全に取り払（祓）われた、一箇の試行世界である。この試行世界は、したがって、歴史世界の傾向的運動と作動を理解するために用いられたのである。一箇の完き作為にもとづく「強制」のこの実践が、それそのものとして、直接‐無媒介的に政治的である所以は、それが存在のレヴェルを横断する対象の転位‐断層だからである。歴史における一箇の政治的帰結が、理論レヴェルへの措定を基礎に、強いられるからである。(22)

宇野がこの「措定」に見いだした政治性の場、マルクスの表現「措定する」が孕む一連の問題は、商品を軸芯として旋回している――「……」社会を形成する具体的諸関係をも商品形態それ自身の内に

voraussetzen するものとなすことができるのであった。理論的体系は、かくしてその出発点の voraussetzen する具体的関係をそれ自身の展開の内に setzen してその体系を完結することになる」のである。[23] この決定的論点を彼は、外部の内部への取り憑きを指摘することによって、理論的対象と理論の政治性との差延－繰延の二重構造として特定している。すなわち、資本主義は……

人間の関係を物の関係として処理するという無理をもつのであるが、それが一応は全社会を支配しうる形態として発展して来たということから、その体系化が可能になったのである……

と。[24] この「無理」は、したがって、政治経済学が政治それ自体と切り結ぶ関係を理解することが可能になる場である。資本は、労働力商品化が偶然性あるいは非決定性を帯びているがゆえに、この偶然性を必然性として迂回あるいは再コード化せねばならない。すなわち資本は、純粋に偶然的あるいは偶発的な邂逅を構制する諸要素〔資本・労働力・土地〕が一箇の必然性あるいは急務をその条件としてともなうようにするために、あるいは顕わにするために、これらの諸要素の内的継起を再秩序化せねばならない。資本は、それ自身の苦渋に満ちた運動で口を開ける孔あるいは中断を充塡することによって、この無理にわれわれの注意をまず喚起する。資本は、その表見的には「純粋」に見える円環回路に労働力を動員することによって、この「還元不能の存在論的な裂け目を充塡する想像の類似物」を利用しようとするが、[25] そうすることによって資本はまた、それ自身のいわゆる経済的必然性の政治性を晒け出してしまうのである。だが抵抗、すなわちプロレタリアを生産するシステムに抗して叛乱を起こすプロレタリアの力能は、みずからを一箇の抵抗として発見することができるだけである。というのも、資本はこの抵抗を資本自身へと折り畳み返すからにほかならない。いいかえれば、プロレタリアートは、本源的蓄積において土地から引き離され、ただ一箇のモノ——商品化可能な労働力——の所有者としてその再構成を無理強いされる存在であるという経験を通じてのみ、「鉄鎖以外に失うものは何もない」存在であるみずからを発見するからである。抵抗の基本形態は、この労働力商品——資本が作動するために不可欠な投入物——の挿入を通じてみずからを内部（資本の論理）へ滲透させるが、資本はと言えば、この労働力商品をみずからは生産しえないという事実に直面することで、この抵抗の素材とのそれ自身の裂開の閉栓を強いられるのである。こうして、プロレタリア的外部は、逆説的にも、みずからを内部から資本の弱点と限界に晒すことによってのみ、共産主義というプロジェクトのための開けを、みずからのために、発見する。それは、一箇の純然たる不在ではなく、内面と外面との交換に構造を与える「識別不能な」要素である。資本は、さまざまな出来事の「任意・無作為の秩序」を「あたかも」それが一箇の必然性、自然で自己を正統化する一連の〔定められた〕継起である「かのごとく」に数え入れ、次いでこの一連の「宴の後」におけるさまざまな帰結を、みずからの基礎へと摂り込むために、それ自身の機能へと折り畳むのである。偶然の危機に充ちた潜勢力が蓄積循環という形態を採って平滑化される、資本のこの「あたかも……のごとくに *als ob*」について宇野は、繰り返し、次のように言っている。すなわち、つねに資本はその運動において一箇の自閉的に円環する完璧な対象である「かのごとく」に現象する、と。それは、しかし、政治経済学における外部と政治そのものの外部との相関性を解釈するための手掛かりを与えてくれるこの「かのごとく」であり、それはまた、われわれが「政治経済学批判」

の潜勢力だけでなく介入の可能性とも邂逅する強制の構造にほかならない。経済が登記される象限は、それ自身の外部によって、あらゆる局面で、中断される。労働力を一箇の商品として生産しえないこと、交換における「死の跳躍 *Salto Mortale*」、生産の空費 *faux-frais*、「只乗り」問題などを考えてみればよい。しかし、資本が自称するいわゆる平滑な円環運動なるものにいったん足を踏み入れれば、外部の政治を支配する諸力の均衡に出会すことになる。とすれば、なぜ外部が、政治にとっての決定的問題なのか？

三　外部の政治あるいは不在性の現場

外部の政治という問題を、バディウのもっとも影響力をもつ作品の性格について彼が提示した興味深くも予期し得なかった論点を繰り返すことで、考えてみるのも一興である。

出来事は、状況に完備していることについてではなく、状況に欠損していることを軸に旋回している。マルクス主義の伝統では、労働者階級とは状況における空虚の階級に他ならなかった。われわれは無である。われわれは総てでなければならないが、無なのだ。それが〈インタナショナル〉ということだ（『存在と出来事』は、いわば〈インタナショナル〉についての評註なのだ[26]）。

この発言、この告白、またこの謎めいて併記された〈インタナショナル〉という問題、政治、組織の問題の『存在と出来事』というテクストの課題への重ね書きは、何を意味するのか？『存在と出来事』は、いかなるあり方において、〈インタナショナル〉についての評註なのか？『存在と出来事』でバディウは、以下の複雑でありながら際立ってもいる定式を提起している。

真理は労働者階級による革命的な出来事にもとづいて歴史的に配備される――マルクス主義はこれを当然の権利として請求した。だがマルクス主義は、労働者階級を労働者の階級と考えた。「労働者」は、当然にも、純粋な倍数－並列的集合という観点から、一箇の無限な階級を形成する。現実の労働者の総計が問題ではない。だが、知（と、逆説的だが、マルクス主義的知そのものあるいはマルクス主義者の知）が、「労働者」を〔社会学や経済学といった〔項目に網羅的に分類される〕〕百科全書的規定因 *déterminant encyclopédique* に貶められたものとして、つねに－すでに－数え入れら〔解釈さ〕れたもの *toujours-déjà-compté* とは無縁な出来事として、また状況の言語に甘んじている単に〔事実と符号との〕適合性 *véridicité* と見なされている真理として[27]、理解することが、阻止されたわけではない。……〔とはいえ〕マルクス主義は、結果的に、死滅したわけではない。というのも、マルクス主義は、言語と国家との関係の裁き *épreuve* に措かれた百科全書が呈したさまざまな変動に、順ったからである[28]。

バディウにとってマルクス主義の理論的な問題構制は、「有ること」・「充溢している」もの・状況の完き「内部」であること――彼はそれを単に「存在の秩序」と呼んでいる――に、その根拠を据えることを許されない。存在の秩序は、それによって現状が現状としてみずからを提示することが可能になる、諸要素の継起化である。それは現況がそれ自身の諸要素によって正統化される秩序である（その逆もまた起きる——「現況を廃棄する真の運動」としての「共産主義」がそれである）。このバディウは、マルクスが理論化した「労働者階級」が統計調査やセンサスあるいはある種の文化的特徴によってそうした範疇にすでに収められているような人びとの集団と混同されてはならない、と論じている。それはむしろ、資本の下である種のあり方で機能し、何事かが出現しうる空虚の状況を構成する一箇の関係に名称を与える、「無限の階級」でなければならないのである。しかし、バディウにとってのマルクス主義理論の歴史における主要な誤謬は、「労働者階級」を、すなわち資本の再生産循環における革命的な立ち位置それ自体を、「つねに‐すでに‐数え入れられた〔解釈された〕」何ものかとして論じたことにあった。いいかえれば、マルクス主義が一箇の革命的な継起が生ずる瞬間としての出来事の爆発的な性質をつねに強調したにもかかわらず、マルクス主義理論内部におけるある種の傾向がそうした出現の可能性に先立つ秩序においてすでに解釈を与えられていた何事かにそれを謬って結びつけるという誤謬に、マルクス主義が陥ったのである。バディウにとっては、この挙措そのものが出来事‐要素を失効させてしまったのである。というのも、バディウにとっては出来事の一帰結にほかならない真理が、そのために、その正統性を「状況の言語」に見いだすに到ったからである。しかし、「状況の言語」は、現状を構成するすべての要素〔元〕をそれ自身の内面に包含している以上、真理の瞬間を失効させる当のものにほかならない。だが真理は、状況の言語に孔を穿ち、それ自身の裡にのみみずからを基礎づけるものでなければならない。したがって、バディウは、マルクス主義が、政治のこの出来事‐要素〔出来事という集合を構成する元〉、その突沸に先立っては説明されえない瞬間を適切に捉えることに失敗するという歴史的敗北を被った、と主張する。彼にとっては、マルクス主義の歴史性あるいは経験、そのいわゆる「百科全書」は、爆発的介入、政治がみずからを可能にする瞬間というよりも、むしろこの「つねに‐すでに‐数え入れられた〔解釈された〕」こと、すなわち「状況の言語」に、その基礎を謬って見いだしてきたのである。

レーニンは、「社会主義者がしなければならないことは、どういう社会勢力 какая общественная сила が現代社会にそれが占める地位からして社会主義の実現に利益をもっているかを理解し、この勢力に、それ自身の利益と歴史的任務についての意識を付与すること、このことだけである。この勢力――それがプロレタリアートである Такая сила – пролетариат」と、(29)書いている。レーニンがその拳を差し向けたこの「〔勢〕力 сила」は、長い時間を掛けて徐々に一箇の「〔勢〕力」に生成したわけではない。その存在そのものとは、むしろ、プロレタリアという存在の内部に集約されている資本自身の夢の「秘密」が優れて資本主義社会における社会的〔勢〕力それ自体であるような存在である。だからこそマルクスは、『ヘーゲル法哲学批判序説』で、「プロレタリアートがこれまでの世界秩序の解体を告知したとしても、それはただ自分自身のあり方の秘密を表明しているに過ぎない。なぜなら、プロレタリアートはこの世界秩序の事実上の解体だからである。プロレタリアートが私有財産の否定を要求したとしても、それはただ、社会がプロレタリアートの原理にまで高めたものを、すなわちプロレタリアートが手を加えるまでもなくすでに社会の否定的帰結としてプロレタリアートの裡に具現されているものを、社会の原理にまで高めているに過ぎない」と書いたのである（MEW 1: 391）。すなわち、プロレタリアートは、資本主義社会〔がみずからに夢想する〕充溢性における〔存在（論）的〕空虚・孔・不在であり、資本そのもののアキレス腱を露顕せしめる一箇の実在なのである。そして、資本にとってのこの外部、プロレタリアと命名されるこの（勢）力、それが抵抗の力にほかならない。この一箇の外部は、資本が、それ自身の亡霊のような身体の外延境界を、それ自身の裂開を隠蔽するためにこの外部をそれ自身の内部に配備することで画定する限りにおいて、一箇の外部として構成されるのである。

レーニンが、「いかなる社会（勢）力」が社会主義のプロジェクトを担うのかを「理解」せねばならないと示唆するとき、彼は、この「理解」がこの力の命名過程、分節的な宣言行為でもあることを言わんとしているのである。いいかえれば、彼は、政治の「力」が、それが命名されうる限りで、この命名行為が「社会（勢）力」全体の輪郭と方向性を「理解する」一箇の形態であり、またこの命名行為が、それ自体として、一箇の「同一化」を担う行為ではない限りで、出現する何事である、と指摘している。彼は、プロレタリアートが「社会主義をもたらす」ことに利益を見いだす「力」であることを指摘することによって、この力であるプロレタリアートが状況における安定的で充溢したさまざまな力の中のひとつであることを言わんとしているのではない。彼はむしろ、この社会（勢）力を「プロレタリアート」と命名することによって、この社会（勢）力〔に（勢）力〕そのもの〔への生成〕を強制し、そうすることで、状況には不在である何事か、あるいはその勢力均衡の内部に一箇の安定的で具体的な指示項を見いだしえないとはいえ、状況の一箇の真理である何事かへ、注意を喚起しているのである。この意味でそれは、「確かに表現を指定しはするが、この表現は一箇の新たな状況の許で〔最終的には〕提示『されるであろうと〔請け合われる〕』表現であり、かかる〔来るべき新たな〕状況の一箇の真理

〈識別不能なもの〉という状況への付加に起因する表現」である。[30] このプロレタリア的な「識別不能なもの」は、すでにその充溢した姿で、其処に端然と有るわけではない。レーニンは、「前未来」としてのこの時間性を特定するに当たって、きわめて注意深い。彼は、その任務が社会主義である社会〈勢〉力としてのプロレタリアートが、特定の状況の許で出現「しているであろう」が、そうであるのは、この〈勢〉力が「識別不能なもの」あるいは状況における不在の真理と命名される限りにおいてのみであると、注意深く指摘しているからである。プロレタリアートは、このように、つねに場面の外部から出現し、つねに外部から舞台に登場するが、しかし、それにもかかわらず、脆い外部におけるその危機に充ちた実在がつねに-すでに状況の「真理」を構造化する裂け目あるいは裂開なのである。

　プロレタリアートの「指示項」は前未来に設えられ、いわゆる安定的現在あるいは完きを得て了わった過去にはない。しかし、レーニンは、この〈勢〉力に名称を与えることによって、すなわちこの識別不能なものを存在する社会状況へ「抉《こ》じ入れる」ことによって、「識別不能なこと——それは表象〈あるいは包含〉されるだけである——が最初の状況で有していた一箇の真理として最終的に提示される場に、一箇の〔新たな〕状況が出現していることになるであろうような」とき[31]、またそのときにこそ、政治が前進することを示している。いいかえれば、プロレタリアという危険因子は、資本の苦難に充ちた自己運動においてその安定性を予期される所与の要素として、「包含〔-理解〕される」が、プロレタリアの政治は、当初の状況が、プロレタリアートがつねに-すでに資本の真理であったことを、あるいはプロレタリアートが「前未来において」資本の真理であろうことを曝露することを、「強いられる」場合にのみ、資本主義的状況がその始めからプロレタリアートによって構造を与えられていたことを

「来るべき未来において」明らかにする場合にのみ、出現する。ここでのプロレタリアートは、資本の零度あるいは資本のアルファにしてオメガであるが、この外部に棲まい宿る現前‐不在、「数え入れ〔説明〕可能な」あるいは「つねに‐すでに数え入れら〔説明さ〕れている」要素〔元〕の継起（零）にとっての外部、とはいえかかる継起そのものに基礎を与えもする真理を構造化あるいは提供する外部である。したがってプロレタリアートは、一箇の与件的実体でもなければ、一箇の純粋な不在でもない。それはむしろ、現前と不在、充溢と空無、肯定と否定を結節する斜線《スラッシュ》〔そのもの〕である。この斜線は、実効性ある切断それ自体に、標識を与える。それは無限への運動を表している。このプロレタリア的「斜線《スラッシュ》」の効果‐帰結の痕跡を辿ることは、したがって、決して「形而上学」ではなく、むしろ一箇の「政治的物理学」であり[32]、この運動と理論の均衡それ自体に構造を与える傾向性と暫定的な法則の試行‐実験的な吟味である。外部のこの政治的物理学あるいは状況における「識別不能なものの」の強制〔無理強い〕は、先のレーニンの発言にも匹敵する以下の発言——「あらゆる主体は、したがって、状況に内的だが、その指示項‐並列は現在《いま》はまだ不完全な包括的部分が課す条件に従属してもいる言語の出現によって、理解可能となる[33]」——を意味している。プロレタリアートは、それ自身が出現する状況を遡及的に組織し、来るべき未来において構造化を遂げているであろうが、しかしそれでもなお、現《い》在《ま》はまだ充全には現前し得ていない、そうした「現在《いま》はまだ不完全」だが包括的でもある要素である。

　このバディウは主体が「状況に内的な一箇の言語の出現によって理解可能になる」ことを指摘しているが、この言語は、不完全であり続けねばならない諸要素にその指示項を求め、またかかる諸要素を包囲する言語である。というのも、これらの要素は、状況における不在の真理を曝露するであろう「現在《いま》はまだ不完全な」部分に、いまだ従属してはいないからである。本質的には、これこそ、資本の運動の解明につね関心を寄せている政治経済学の理論実験と、「強制（法）」が組織にとっての一箇の序説となる本来の政治の領野との、視差が見いだされる場にほかならない。この点に懸かってわれわれは、「資本は現前化の基礎としての純粋な〈多〉を露わにし、〈一〉の効果の全てを単なる不安定な構成形態として告発し、さまざまな象徴的表象——そこにおいて絆は存在の見せかけを見出す——の権能を剥奪するのである。……資本を超え、また、その凡庸な規定（時間の一般的計算・勘定）を超えて考えるには、それでもなお資本が明らかにしたものから出発しなければならない」という[34]、バディウの文言をも想起せねばならないだろう。

資本は、その構造化する真理が傾向的に不在であり、またこの外部性の政治性を「実行し成し遂げる」ために状況への回帰を強いられねばならない、一箇の状況を曝露する。一箇の所与の状況に完全に包含されるものはかかる状況を持続させるものであり、一箇の特種な状況がそれ自身の裡に囲い込まれ、その周囲に引かれた安定的な境界を有することを可能にするものである。状況の内部に完全に囲い込まれる諸要素、あるいはそれがそうであるものとしての状況から導き出される諸要素は、かかる状況から割れて出る何事かにとっての資源では決してありえない。むしろわれわれは、状況に対して「異質な」一箇の真理がその無理を無理矢理通される場合に限って、そうした事態に政治的に応答することができる。その意味でバディウは、「真理は『孔を穿つ』のであり、真理はそれらの知にとっては異質だが、新しい知が発見される唯一の源泉でもある。真理はさまざまな知が生起することを強いる／知への途を抉じ開ける」と言ったのである[35]。資本の外部、資本と呼ばれる理論的対象の周囲にその痕跡を残すものは、この対象から切り離しえない何ものかである。いいかえれば、資本は、労働力と呼ばれるこの外部を欠いては、それ自体たりえない。とはいえ、労働力は一箇の「絶対的」外部ではない。それは、資本主義の出現と併行して出現する一箇の「類似物」としてのみ、出現可能である。「資本」と呼ばれる状況の「真理」は、資本の身体に異質な一要素として識別的‐微分的に「包含される」労働力の類似物にほかならない。その意味で、資本が全体であり、完きを得たものたりうるには、資本は、逆説的にも、それ自身の不完全性を承認せねばならない。であればこそ、資本は、労働力をみずからに合体する――〈*in-corporate*〉あるいはそれ自身の身体に何ものかを転位させる――ために、この弱点を転位せねばならない。だが、これだけでは、一箇の政治を提供することはできない。この事実は、それ自体としては、資本主義社会の政治性の方向性を指示しないのである。できることと言えば、資本の擬似‐完結性、資本主義が一箇の純粋な円環という媚態を見せることでしかない差異化の空間である「凡庸」で「月並みの」事実を承認することだけである。政治とは、「つねに‐すでに数え入れられたもの」によって排除された何ものか、それに順って「有ること」がみずからを自然化するという状況自身の試みを担保・正統化する装置である「数的還元」によって排除された何ものかにほかならない。これは「政治が、それを創設することへの忠節が不安定であるがゆえに、稀である」ことをも意味している[36]。すなわち、政治は、政治が介入する状況に隈無く、あるいはそうした状況との視差を作り出しながら、出現するが、この介入の不可避性自体が一箇の維持メカニズム、にもかかわらず「不安定な」一箇の存立一貫性である。不安定なことは政治が忠節を通じて固着する基礎を与える力である。したがって、「政治は一箇の出来事にその起源を有する一箇の手続きであり、存在の内部で支持されている一箇の構造ではない」のである。[37] いいかえれば、政治は、「構造」には無関心であり、それが創設される状況に対して先行することなど決してないのである。それは、状況に「不在」でありながらも、状況から出現するのである。この逆説的場において、われわれは経済の外部に特徴を与える力の物理学がいかに政治問題の内部で働くかを理解することができる。この意味で、「今日、政治の本質の決定を『政治的』事実性、とりわけ『政治的』事実性にこびり付いている数的思考から分離することほど、重大な作業はない」と言われるのである。[38]

これを他の表現を用いて言い換えれば、「政治的」事実性についての「つねに‐すでに数え入れられた」という視点からする概念化がもたらす危険は、共産主義が、こうした理解では、存在の秩序に絶え間なく帰属するものとされ、生産力における刷新の成長としてのみ理解されるという事実に、その原因がある。だがわれわれは、実践レヴェルでは、「すべて反動的なものは、倒さない限り、倒れはしない(凡是反动的东西、你不打、就不倒)」ことをも知っている。[39] しかし、「労働者階級」が「つねに‐すでに数え入れられた何ものかではなく、むしろ資本それ自体の無限‐非在の零度だとすれば、この稀な政治の目的、プロレタリア的地勢に横断的に出現する政治的目的とは、何か?

プロレタリアートとブルジョワジーという〔二項的〕表現は、それをヘーゲル的奸策――或るものとそれ以外という拘束――に縛り付けることである。なぜか? プロレタリアートのプロジェクト、その内的存在は、ブルジョワジーと矛盾すること、あるいはブルジョワジーの膝を砕くことではないからである。プロレタリアートのプロジェクトは共産主義を措いて他にない。それは、いいかえ

れば、一階級としてのプロレタリアートといったものが隊伍を整えるであろうようなあらゆる場の廃棄である。(40)

プロレタリアートの位置、その歴史的目的は、一箇の充全かつ安定的な現前を資本主義社会に挿し入れ、その危険なプロレタリア的零を一箇の「充溢」「数え入れることができる」何ものかに変えることではない。資本の零度に出現するその政治的目的は、プロレタリアートと呼ばれるこの「無限の階級」と資本と呼ばれるその状況との関係を廃棄・顚覆し、「逆立ち *Verkehrung*」させることにほかならない。なぜか？　零点あるいは資本の窮極的限界である労働者階級が資本それ自体の脆弱で不安定な要素にほかならないからである。マルクスは次のように書いている——「社会的立場から見れば、労働者階級は、直接的労働過程の外でも、生命のない労働用具と同じ資本の付属物である。労働者階級の個人的消費でさえも、ある限界のなかでは、ただ資本の再生産過程の一契機でしかない。しかし、この過程は、このような自己意識のある生産用具が逃げてしまわないように、彼らの生産物を絶えず一方の極の彼らから反対極の資本へと遠ざける」のである（K I: 598–9）、と。このように、資本それ自体は、基本的には、プロレタリアートを資本の一極から「引き抜き」、他極へ挿し込んでいるが、このプロレタリアートという危機因子は、「自己意識のある生産用具 *selbstbewußten Produktionsinstrumente*」にほかならないプロレタリアートが資本によっていずれか一方の極につねに繫がれていなければならないがゆえに、資本の限界あるいは境界につねに「据えられ」「位置づけられ」あるいは「措定されて」いなければならないのである。

マルクスがプロレタリアートの自己解放とその遂行のための存立一貫性を強調するとき、彼はこの存立一貫性が実際は自己抹消であることを言わんとしている。つまり、この解放はそれ自身の廃棄、あるいはフーコーのいわゆる主体の「消散」である[41]。強制が、歴史レヴェルにおける一箇の帰結を生産するために、理論レヴェルで、状況における不在に賭けることで作動するの同じように、政治もまた、強制をめぐるそれ自身の論理によって作動するのである。政治組織は、その空虚を強制するために、状況の充全性との訣別を開始する（状況の充全性をいわば「強打する」）。資本主義社会の構成的空虚であるプロレタリアートの零は、それ自身の再生産を停止させるために、その「生ける死《ゾンビ》」としてある存在という状況を、みずからを廃棄しながらも、だが逆説的にも存在し続けることによって、打破することができるだけである。みずから自身の出来事的起源へのこの忠誠は政治の枢要であるだけでなく、その稀少性でもある。忠誠の構造を与えつつ基礎を敷くこの契機は、バディウとバルメが「共産主義的不変式 *invariants communistes*」――「あらゆる時代における偉大な人民叛乱の統一過程によって規則的に繰り返し生み出される共産主義の型のイデオロギー的不変式」[42]――と呼んだものにほかならない。これらの無限の不変式、つねに状況の外部である不変式は、「階級についての一箇の確定的な特徴を帯びることがない。それは、搾取と抑圧の全原理を逆転させるために、搾取されし者に湧き上がる普遍的喚起を綜合する。それは大衆と国家との矛盾の領野に生まれる」のである[43]。つまり、それは、つねに状況の外部で生まれながらも、だが逆説的にも、「空虚な」諸要素――状況には充全には現前しえない諸要素、すなわちプロレタリア的外部あるいは零――の政治的方向性に構造を与えるのである。その意味で、資本主義的生産の歴史的解明に記載されているこの危険因子は、国家（資本と読め）と大衆との矛盾である。

だが、大衆とは誰か？　しばしば「大衆」概念が曖昧にも大衆主義と混同され、ロマン化された挙げ句に、政治的に内実のない概念に変質した二〇世紀中葉における介入とは異なり、われわれはマルクスの『ゴータ綱領批判』におけるこの表現についての決定的で注意深い定義——大衆とは「単に人的生産条件すなわち労働力の所有者に過ぎない」（MEW 19: 22）——に、つねに依拠せねばならない。「共産主義的不変式」とは、政治の出来事－要素、その稀少性が叛乱のためのプロレタリア的力能を具体化することができるようにしてくれる道具あるいは維持機構、と理解されねばならない。資本と呼ばれる社会関係の解体を共産主義的不変式にもとづいて目指すには、プロレタリア的零はこの出来事－要素への忠誠を維持することができる一箇の形態の下で結集し、かかる形態の下に配備されねばならない。それは、連続性（闘争の前進）と非連続性（それ自身を単に反復することができない偶発的出来事）との張り詰めた空間に、つねに存在していなければならない、この組織の危機に充ち危機を生み出す形態が、「党」と呼ばれるに相応しい。それは、出来事的賭け金を一箇の反復、社会的なことそれ自体の不断に反復される零度、「空虚の淵」で注意深く釣り合いを取る組織であり、したがって「〈党〉あるいは出来事－偶然は、φ〈空集合〉でなければならない[44]」。

その著作でバディウは、政治の稀少性というこの問題を考えることを試みてはいる。だが、最近の彼は、政治組織の形態についてのその理解を徐々に自制的なそれに修正し、明瞭さを欠く「党なき政治」という基調を増大させているかに見える。しかし、政治概念をその創始の出来事－要素の稀なる具体化とこの要素の「共産主義的不変式」にもとづく存立一貫性としての維持として解明し考察するためには、ダニエル・ベンサイドが措定した鋭くも根本的な問題——「党なき政治は政治なき政治にすぎないのではないか？」[45]――を看過することができないだろう。紙数が尽きはじめている、足早にまとめておこう。

四　空虚の淵を覗く党

今日、マルクス主義の歴史的経験においてその信認をもっとも広範に失っている側面、それが党である。またおよそ相容れない立場を採る無数の人びとが、党への批難だけを軸として、統一を組んでいるかに見える。いまや党は、抵抗と国家の結託、理論の教義への切り縮め、組織への追従の装置化、党中枢の官僚化、政治的想像力の不毛化といった、革命政治の制度化という咎を科せられている。現代における政治的プロジェクトの多くが、新たな現実――「シアトル後」の経験、労働管理と統制における新自由主義的な技法の世界化、地球規模での交流・交通が採る新たな社会形態の発展、国民国家形態から解き放たれた政治的生活の増大など――が党を超えた新たな組織を必要としているといった、ほぼ一箇の叫びに収斂するに到っている。概念として、一箇の歴史的経験として、そして潜勢力の場として、党を否認するこの圧倒的な傾向にもかかわらず、この複雑で稠密に分節化された言葉に内在する可能性と秘密が潰えてしまったとは、およそ私には思われない。やや大胆に私の考えを提起すれば、「党」それ自体ではなく、この「党」という語が意味するところ、われわれが党と呼ぶこの不思議なモノにいかなる可能性が潜んでいるのかを理解することについてのわれわれの側における想像力の欠如に、真の問題があるように思われる。「党」を是認するのか否か、あるいは政治における「党形態」を拒否するのか否かという二者択一をめぐる全言説は、しかし、それ自体として、謬っている。理論における力の役割に含意されている政治問題を拡張することによって、この語が何を意味し、それが資本との関係でいかに作用し、「党」というこの語の新たな可能性をわれわれにとってどのように展開するかを考えることが、いまや必要である。

これまでわれわれは、方法の問題、理論的戦略の問題を論じてきたが、強制と外部という問題に含意されている論点、あるいはこの問題によって指示されていることは、別の問題である。すなわちそれは、組織問題一般、みずからを命名する政治の稀で不安定な具体化という問題であり、それによって理論闘争の場を特徴づける転位を理解することができるだけでなく、それが歴史の段階においてみずからを提示する際にこの状況へ介入することもできる、政治の問題である。そしてそれが、党の問題である。バディウにとって政治とは、「出来事－要素」、所与の状況の構造と組成にとって外部に存在する要素であった。いいかえれば、介入あるいは分離の技法としての政治は危機を孕み危機を運ぶ何ものかであり、政治がみずからを領土化する場の内部における保証を欠いた何事かである。しかも政治は、繰延－差延をめぐる孤立し節制を保った一箇のイデオロギー的企図ではなく、その目標は直接－無媒介的な機制である。一方における直接的で加工されていない素材あるいは介入の触媒としての出来事－要素と効果－帰結の政治的継起が生ずる領野の維持としての忠誠と、他方におけるこの裂開、これら二つを架橋するためには、一箇の媒介手段が要請される。そしてそれが組織であり、それが党と呼ばれる。しかし、この意味での政治的組織そのものとは、何か？　この問題を、バディウの初期の著作における決定的な一文を軸芯として考えることで、本稿の問題提起的な結論に躙り寄ってみよう。

組織は、出来事、危機、賭け金をめぐる一箇の装置《アパレイユ》である。……組織による忠誠の普及、賭けられた介入の段階的実施によって、組織は、それによって〈一〉の縫い目が〈二〉を封印し損ねる一点を解き放つ。それは、その前未来における〈有る *il y a*〉の反照的物質性である。政治組織は、中断と忠誠との裂開から一箇の過程を作り出すために賭けられた介入のために、要請される。この意味で、組織とは政治の存立一貫性にほかならない。……政治的賭け金は、組織が、介入から、近づきえないものから、継起的で現働化可能な賭け金に順って、みずからの起源を跡づけ〔みずからを演繹し〕、そうすることで、法が課す苦境によっては決して禁止されない一箇の急進主義を、まさに前未来において、解き拡げるという任務を引き受ける。(46)

ここでのバディウの関心は、以下の二つの分離した問題である。第一は、党を一箇の安定的で所与の実体としてではなく、一箇の存立一貫性として、いかに理解するかという問題であり、第二は、党の必然性、その存在理由を、あらゆる実践を「つねに‐すでに数え入れられた」何事かへ切り縮める経済決定論に陥ることなく、いかに理解するかという問題である。党は出来事‐要素そのものと同義ではない。党はむしろ、政治の実体としての出来事‐要素を携えて継続するための忠誠の力能に基礎を与える、一箇の物質的な基体である。いいかえれば、党によって初めて、出来事の残響あるいは「倍音‐付帯的含意」が存立一貫性の核芯にとどまり続けることができるのである。党そのものは、一箇の連続する非連続、みずからを偶然性の一基礎として歴史化する何事かであり、党の時間性は、つねに、一連の、あるいは「段階的に実施される」、賭け金 *pari* に基礎を与える、「前未来」の時間である。宇野の「純粋資本主義」と呼ばれる「完璧な作為」の賭け金の場合にもそうであったように、政治はつねに、共産主義というプロジェクトを一箇の「原理‐端緒」としてその裡にすでに孕んでいる一箇の強制、プロレタリアの零への賭け金から、出現するのである。党は、一連の賭け金が外部から状況に這入り込み、みずからの基礎を与えることができるようにしてくれる、形態である。党は〈有る‐贈与 *il y a / Es gibt*〉の「反照的物質性」であり、党が介入を試みる状況と、一箇の逆説的なあり方で、とはいえ状況全体の外面を具体化しながら、関係を切り結んでいるのである。本稿に密接に関わる組織と政治の問題に関わる提起を措いたうえで、本稿の問題提起的な結論を記してみよう。

資本は、「数え入れ可能な」プロレタリアを一箇の統一された奪われし「零」へ脱領土化しようと、つねに試みている。だが、脱領土化されるものは、つねに再領土化される。脱領土化の対象は天空に向けてその軛を解き放たれた、いわゆる「流れ」ではない。それは、もうひとつの極性へふたたび結びつけられ、ふたたび基礎を与えられ、ふたたび配備され、転移される。この意味で、資本のプロレタリア的零度は、剥奪の場であるだけでなく、抵抗線・政治路線が出現する状況の「曖昧」あるいは「識別不能」な機制でもある。プロレタリアートは、零点、資本の窮極的限界として再領土化され、また状況に完全には併呑されえないこの零点において、政治――「党」と呼ばれる形態――がその可能性を開くのである。党は、資本が創り出すそれ自身の外部との関係から歴史的に出現する一箇のプロレタリア的な存立一貫性である。しかし、マルクスは「近代社会という土壌の到る処から自然に湧き上がってくる党」という言明によって[47]、何を言わんとしたのだろうか？　一箇の党が遍在することは、いかに可能か？　一箇の党が同時点で複数の場を占拠することは、いかに可能だろうか？　マルクスが党は「自然〔－当然のごとく〕に」出現するという言うとき、彼は何を言わんとしたのだろうか？　この謎めいた言明によってマルクスは、必然的な（必要とされる）党、一箇の潜勢力としてわれわれの生を「経験する」党が、資本自身の夢とつねに横断的関係を切り結ぶことを言わんとしている。もちろん党は、われわれにとっては、その実践、その路線、その目標、その目的、その戦略と戦術、その煽動の方法を発案する存在としてあるが、この党は、しかし、資本の零点という地勢へ横断的に出現する「自然－当然」――プロレタリアートの生きられた身体――である。

政治経済学の閉じられたシステム化では「純粋資本主義」と呼ばれる「亡霊のように具体的なもの」は、しかしながら、資本の歴史的展開に取り憑いて離れない。だが宇野は、資本の欲動と局所化の傾向を曝露することを資本みずからに強いるために、三段階論と呼ばれる分析道具を発案せねばならなかった。一箇の「強制」を要請する諸条件は、こうして、「経済的に与えられる社会的な時期〔区分〕」（とそれに取り憑く亡霊）に応じて、与えられるが、介入としてのこの強制は危機に充ちたマラルメの「骰子一擲」であり続けている。これが、党が資本による自分自身の裂開の充塡という試みの社会的出現を通じて展開する共産主義的不変式の総体にとっての別名にすぎないことの所以である。資本のこのプロジェクトは、しかし、逆説的にも、歴史段階にプロレタリアートを導き容れることなしでは、達成されえない。

新たな政治の基礎に必然的な党は、「代行主義」を実践し、愚にも付かない小さなイデオロギー的違いとそこでの己れの「純粋さ」に現を抜かしてきた小さな隊形としての党形態という、二〇世紀の経験とは異なり、「生の形態」であり、それは宇野が「極点」として定義した資本の零度に出現する。こうした党をニーチェの表現を捩って作文すれば、こうなる。

「世界過程……のあらゆる構成を賢明に止める」代わりに、「生成を越えた……共同作業を許す歴史 *Geschichte* のお陰で、無時間的－同時代的に *zeitlos-gleichzeitig* 生きる」こと[48]、それが資本主義が必然とする党にほかならない。

註

（1）G. Deleuze, *Différence et répétition*, Paris: PUF, 1968, p. 189〔訳者――邦訳がある著作からの引用に当たっては既訳を参照したが、煩瑣を避けるため、註では原著名と原頁のみを指示する〕.

（2）宇野弘蔵「労働力なる商品の特殊性について」『宇野弘蔵著作集』第三巻、岩波書店、一九七三年、五〇三頁。強調は著者。

（3）G. Deleuze, *Foucault*, Paris: Minuit, 1986, p. 96.

（4）S. Lazarus, *Anthropologie du nom*, Paris: Seuil, 1996, p. 89.

（5）訳者――バディウが理解する意味での「強制（法）forçage」については、P. Hallward, *Badiou: A Subject to Truth*, Minneapolis: University of Minnesota Press, 2003, pp. 135–39, 344–45 などをみよ。またアクセスしやすい文献としては、遠藤健太「アラン・バディウの存在論――訳者解説にかえて」A・バディウ『哲学宣言』黒田昭信・遠藤健太訳、藤原書店、二〇〇四年を参照。

（6）G. C. Spivak, "Limits and Openings of Marx in Derrida," in do., *Outside in the Teaching Machine*, London: Routledge, 1993, p. 108. 強調は引用者。

(7) K. Marx, *Capital*, vol. 1 in *Collected Works of Karl Marx and Freidrich Engels*, vol. 35, Moscow: Progress Publishers, 1996, pp. 185–86.

(8) 訳者——〈over-translation〉が〈Über-setzung〉であることに注意せよ。

(9) H.-G. Backhaus, “Materialien zur Rekonstruktion der Marxschen Werttheorie 3,” *Gesellschaft, Beiträge zur Marxschen Theorie* 11, Suhrkamp: Frankfurt am Main, 1978 および長原豊『われら瑕疵ある者たち』青土社、二〇〇八年をみよ。

(10) 訳者——ウォーカーのここでの〈転位 - 脱臼 dislocation〉という語用は、A・ネグリ『革命の秋《とき》』長原豊ほか訳、世界書院、二〇一〇年における〈dislocament〉に照応している。

(11) 宇野ほど拡張的ではないが、ヘンリック・グロスマンは、そうした観点を展開した者の一人である。彼は、「概念的に純化された資本主義」の重要性を繰り返し強調し、しばしば「純粋資本主義 reinen Kapitalismus」という表現を用いて、資本の発展が理論的に検証可能な、開口部もなければ外部もない、純粋な円環的循環として運動する一箇の非在の資本主義を描き出した。H. Grossman, *Das Akkumulations- und Zusammenbruchsgesetz des kapitalistischen Systems (Zugleich eine Krisentheorie)*, Leipzig: Hirschfeld, 1929 参照。

(12) 宇野弘蔵「経済学における論証と実証」『宇野弘蔵著作集』第四巻、岩波書店、一九七三年、一一頁。

(13) A. Badiou, “The Ethic of Truths: Construction and Potency,” in *Pli* 12, London, 2001, p. 252.

(14) 長原『われら瑕疵ある者たち』参照。

(15) 宇野「経済学における論証と実証」一一頁。

(16) K. Marx, *Ökonomische Manuskripte 1857/58*, Teil 1, Berlin: Dietz, 1976, S. 36.

(17) この点については、Ch. Braken, “Commodity Totemism,” in *Magical Criticism: The Recourse of Savage Philosophy*, Chicago: University of Chicago Press, pp. 138–69 を参照。

(18) 宇野「経済学における論証と実証」一九頁。

(19) 同前、一二頁。強調は著者。

(20) M. Heidegger, *Sein und Zeit*, Tübingen: Max Niemeyer Verlag, 1967, S. 34.

(21) 長原豊「帝国あるいは軍事バベル」『現代思想』第三〇巻一号、二〇〇二年、一八七頁。いわゆる「内-植民化 endo-colonialisation」と「外-植民化 exo-colonialisation」については、P. Virilio, *L'insecurité du territoire*, Paris: Strock, 1975 参照。

(22) É. Alliez, "Deleuzian Politics: A Roundtable Discussion," in *New Formations* 68, Sept. 2009, p.146 esp. を参照。

(23) 宇野「経済学における論証と実証」一七頁。

(24) 同前、一九頁。

(25) S. Žižek, *The Ticklish Subject: The Absent Centre of Political Ontology*, London: Verso, 1999, p.238.

(26) A. Badiou and S. Critchley, "Ours is not a Terrible Situation," *Philosophy Today* 51 (3), 2997, p.363.

(27) 訳者――〈*véridicité*〉については、バディウ『哲学宣言』二五頁における要を得た訳註(16)を参照されたい。

(28) A. Badiou, *L'être et l'événement*, Paris: Seuil, 1988, pp.368–69. 訳は著者による。

(29)『レーニン全集』第二巻、六頁。何よりもここで強調したい点は、レーニンの言葉の選択である。ここで彼は、ドイツ語の〈Kraft〉をロシア語の〈сила〉に翻訳し、ドイツ語の〈Arbeitskraft〉とロシア語の〈Рабочая сила〉との対照を際立たせようとしている。ここでの〈сила〉は労働力の「(勢)力」にほかならない。

(30) Badiou, *L'être et l'événement*, pp.397–98.

(31) Ibid.

(32) K. Dean and B. Massumi, *First and Last Emperors: The Absolute State and the Body of the Despot*, New York: Autonomedia, 1992, pp.412–13.

(33) Badiou, *L'être et l'événement*, pp.397–98.

(34) A. Badiou, *Manifeste pour la philosophie*, Paris: Seuil, p.37.

(35) Ibid.

(36) Badiou, *L'être et l'événement*, p.379. だが私は、この点に関わる、酷く論争的でときには一貫性を欠く、バディウのネグリやドゥルーズへの批判にはまったく同意できない。この点については拙稿、G. Walker, "On Marxism's

Field of Operation: Badiou and the Critique of Political Economy," *Historical Materialism*, forthcoming, Leiden: Brill, 2010 を参照。そこで私は、バディウによるマルクス政治経済学の理解が弱点をもつことを徹底的に批判しておいた。

(37) Badiou, *L'être et l'événement*, p. 380.

(38) A. Badiou, *Peut-on penser la politique?* Paris: Seuil, 1985, pp. 67–68.

(39) 毛沢東「抗日戦争勝利後の時局とわれわれの方針」『毛沢東選集』第四巻〔訳者——電子版より引用〕。

(40) A. Badiou, *Théorie du sujet*, Paris: Seuil, 1982, p. 25.

(41) M. Foucault, *The Archaeology of Knowledge*, London: Routledge, 1972 参照。

(42) A. Badiou et F. Balmés, *De l'idéologie*, Paris: Maspero, 1976, p. 67.

(43) *Ibid.*

(44) 長原豊「プロレタリアート雑感」『現代思想』第三七巻一〇号、二〇〇九年、一三五頁。

(45) D. Bensaïd, "Alain Badiou et le miracle de l'événement," in *Résistances; Essai de taupologie générale*, Paris: Fayard, 2001, pp. 157–58.

(46) Badiou, *Peut-on penser la politique?*, pp. 111–13.

(47) K. Marx, "Letter of 29 February 1860 to Ferdinand Freiligrath," in *Collected Works of Karl Marx and Freidrich Engels*, Vol. 41, Moscow: Progress Publishers, 1985, p. 80.

(48) F. Nietzsche, "Vom Nutzen und nachtheil der Historie für das Leben," *Unzeitgemässe Betrachtungen II in Sämtliche Werke: Kritische Studienausgabe*, Bd. 1, Berlin: de Gruyter, 1980, S. 317.

（長原 豊 訳）

第14章　フーコー的政治経済学「批判」——統治のユートピアとその障碍

山家　歩

一　ファルマコンとドラッグ

ポストモダンなどということが言われて久しいが、みずからに理解しがたいものを進歩に反する非合理、野蛮と見なし、それを鏡としてみずからの健やかなる合理性を確認するといういかにもモダンな思考の習慣が衰えているようにも思われない。ドラッグに関するわれわれの思考の慣習はその一例だろう。たとえば、伝統社会のドラッグ（麻薬）に関する古代ギリシアやローマの人びとの考えは、現代のわれわれの「良識」（依存や濫用といった概念を通じてこの問題を考えることが自明となっている）からは理解しがたいものであった。D・C・A・ヒルマンの『麻薬の文化史』は、そうした「良識」に曇らされることなく古代ギリシアやローマ社会において麻薬が果たした役割を生き生きと描いている(1)。

ファルマコンという古代ギリシアの言葉は薬と毒を同時に意味していた。古代人たちは、悪しきドラッグと良薬を区別することに現代人のようには執着していなかったし、彼らにとって意識を変容させるドラッグの「使用は、たんに生活のありふれた些事」でしかなかった[2]。しかし、バルバロイどもならばいざ知らず、近代合理主義の「起源」に位置づけられるべき古代ギリシア人やローマ人たちがドラッグ浸りだったというヒルマンの主張は良識ある人びとの憤激を買わずにはいなかった。彼は、この著作の冒頭で、この著作の元となった博士論文のある章が偉大なる古代人たちを不当にも貶めるものとして論文審査員たちから甚だしく不興を買い、削除を強く命じられさえしたことを苦々しく回想している。彼はそうした学会の権威筋の態度が、古代人たちの考えを、それとはまったく異質なドラッグに関する現代人の「良識」に適合するものへと無理矢理歪曲しようとするものであると痛烈に批判している。

ヒルマンの主張のなかで善良なる現代人を何よりも困惑させるのは、こうしたドラッグ使用の自由が、紀元前五、四世紀のアテナイにおいて、言論の自由とともに「民主政体によって保護された重要な市民的自由だった」という指摘であろう[3]。アテナイの民主主義に関する歴史的記憶は二一世紀の今日もなお私たちの政治的想像力のなかで輝きを放ち続けているが、ドラッグ使用の自由と民主政の結びつきの記憶はほとんど失われている。一九六〇年代に活発化した対抗文化運動や少数の主張を除けば、今日の民主主義においてドラッグ使用の自由が「重要な市民的自由」の一部をなすという考えは、荒唐無稽な戯言や度し難く反社会的な妄言としてしか受け止められないだろう（とくにこの国日本では）。

しかし、古代はあまりにも遠すぎると思われるかもしれない。それゆえ時代を大きく下ってモンテスキューの『ペルシャ人の手紙』を見ることにしよう[4]。ここでこのフランス絶対王政期の知識人は、ペルシャ人の口を借りて酒の暴飲、放蕩を批判している[5]。しかし、彼は酒が理性を失わせることを痛烈に批判する一方で、阿片系の飲料は「理性を明朗」ならしめ、西洋人が頼るセネカなどの哲学よりも効果的に「悲しみをいやす薬」として評価している。

今日私たちの社会はドラッグ使用を人格の根幹にかかわる問題と見なし、その濫用者たちや依存者たちに関する雑多な管理法を発展させている。そこには、精神医学や心理学のような科学のみならず、それ以上に刑事司法、宗教、道徳的、慣習的な知識や実践が関与している。こうしたドラッグ使用の問題化は、古代ギリシア人やローマ人たちとは無縁であった。そして、民主主義的な体制の下で私たちは「ペルシャの専制政治」(周知のようにモンテスキューはそれをルイ一四世の絶対王政と重ねている)の下でもなかったようなある種の抑圧的介入をも自明のものとして受け入れているのである。

モンテスキューのペルシャ人にとっては、酒の暴飲とそれによる理性の喪失は宗教的道徳的な非難の対象とされているが慰めとなるドラッグの使用は許容されるべきことだった。そこでは「災いの必然性、医薬の無益さ、宿命の避けがたさ、摂理の秩序、人間の条件の不幸などといったことから」なぐさめを引き出してくるスコラ哲学がそっけなく退けられ、「悲しみをいやす薬」が評価されているにすぎない。その後ド・クインシーやボードレール、コクトー、バロウズといった一九、二〇世紀の芸術家たちが社会的想像力のなかに浸透させることになるドラッグのもつ秘教的な効果(失われた狂気との霊的交感を回復してくれるような秘薬としての)の仰々しい賛美やそれと表裏をなす非難(マルクスの「宗教は民衆の阿片である」というあまりにも有名な言葉もそこに位置づけられるべきだろう)もなされていない。

もちろん彼らの医学や薬学は、現代と比べると著しく遅れたものでしかなかったし、またアテネのラディカルな民主主義へのヒルマンの賞賛にもかかわらず、古代ギリシアがそのまま今日の私たちにとって理想の民主主義のモデルとなることもありえない(モンテスキューが憎悪した絶対王政や「東洋的専制」についてはさらに言うまでもないだろう)。しかし、彼らのドラッグに対する態度は「別の仕方で考える」可能性への有力な手がかりを与えてはくれるだろう。

ドラッグの害悪への現代社会の恐怖、先進国のなかではとりわけ日本において顕著なドラッグ使用者への憎悪や侮蔑は、どこまで自明の事柄なのだろうか。現代人はみずからがそう考えたがるほどには「合理的」でも、「民主的」でもなく、ヒルマンが言うように「ひとつの神話」と呼ぶべき「現代の反麻薬政策によってもたらされた薬事上の悪魔のイメージ」に頑迷に固執しているにすぎないのではないだろうか。後で見るように、この悪魔的なイメージこそが、住民や市民社会を、危険から遠ざけ、健全なものとするためには情け容赦のない権威主義的介入であっても躊躇うべきではないと人びとに見なさせているのである(それはしばしば温情溢れる愛のムチであるとさえされている)。

しかし、こう述べたからといって筆者は、ドラッグ問題がまやかし、たんなる「現代の神話」、人を欺くイデオロギー的幻影、にすぎないなどと主張したいわけではない。本稿の課題は、たんなる科学的知識の進歩の問題としてではなく、統治的心性の問題として依存者たちの表象を考察することである。ここでは依存者たちとはどのような統治の心性による構築物なのかが検討されることになるだろう。[6]ただし、この課題に取り組む前にまず次節では、統治性論についていくつかの論点を確認したい。

二　統治性論の要点――フーコー的政治経済学「批判」

新自由主義的統治の危機と社会的なものの再生？

現在、左派のみならず保守陣営からも「市場経済の危機」あるいは「新自由主義の失敗」をめぐる言説が夥しく産出されており、それはひとつのブームになっているといえる。その直接の契機は、言うまでもなく、サブプライムローン問題に端を発する「一〇〇年に一度」の金融危機であった。この金融危機は、市場主義的な構造改革への不信や批判を招き、市場における情け容赦ない競争のサヴァイヴァルゲームの促進こそ経済的繁栄をもたらすという新自由主義者の教義（ユートピア的信念）への信頼を大きく傷つけた。これに加え、環境問題も、二〇世紀型の大量生産・大量廃棄型の経済システムの限界を示し、「持続可能な」経済システムへの転換の必要性へと人びとの関心を向けさせることになっている。いずれの問題についても「市場」の「失敗」や「暴走」に歯止めをかける為に、どういった施策がなされるべきであるのかに議論の焦点が置かれている。人類経済学者カール・ポランニーの言葉を借りれば、市場を社会のなかにいかに埋め込み直すのかが、政治的情熱をかき立てる主題として改めて浮上している（「社会的なものの死」を語ったある種のポストモダニストや「社会などない」と述べたサッチャーのような新自由主義者の見解に反して）と言えよう(7)。

ポランニーは、経済的合理人や彼らの活躍する合理的な市場という近代経済学の教義に対する批判を展開した。彼は社会に対して破壊的なものとなる自律的な市場の動きと、それに対する社会防衛の動きからなる二重の運動という観点から近代資本主義の問題を捉えた。彼の洞察において重要なのは、経済を政治的実践との関連で捉えるマルスクの議論を、そのなお経済決定論的な限界を超えて、より徹底した点にあると言えよう。この点で彼はマルクスによる経済学批判の独自な後継者である。近代経済学の主流は、ホモ・エコノミクスという合理的主体を所与の前提とし、市場が見えざる手を働かせる、あるいは時として働かせないメカニズムを分析対象としてきた。これに対して、マルクスやポランニーは、このメカニズムそのものの歴史的形成および変容過程を解明しようとしたのであった。フーコーの経済的統治に関する議論も、独自の仕方で彼らの経済学批判に続く試みであると言える。

ポランニーは、市場を拡大する動きとそれに制限を課そうとする二つの動きが近代資本主義社会の変動を主導してきたと述べるとともに、これらの動きが多様な担い手によって促進されることを強調した。また、自由放任への運動を担う人びとが抱いている国家の介入に対する敵意にもかかわらず、国家権力の不断の介入こそ自由放任市場の形成にとって決定的な重要性をもっていたことを彼は主張した。

これらの認識はフーコーにおいても重要であるが、しかし、対抗的な二重の運動という観点に立つポランニーの議論は、国家や、社会、権力の在り方やその変容について、なお分析が不十分である。ポランニーは社会防衛が社会という生態学的なシステムにあらかじめ兼備わった機能であるかのように考えているようなふしがある。しかし、そうした社会のありようとはまさしく統治的心性、その知やテクノロジーの発展との結びつきにおいて分析されるべきであろう。フーコーの観点からすれば、社会が固有の生物学的規則性を備えた「生態学的なもの」として立ち顕われていることは、まさしく近代における生-権力の発展の効果・結果にほかならないのである。

自由を通じた統治と生-政治

以下では、統治性に関するフーコーおよび彼の議論を継承した論者たちの議論を見てゆく。だが、ここでは最小限の論点だけを確認するにとどめる。[8] 一九七〇年代後半のフーコーが取り組んだのは国家の統治化のプロセスの研究であった。そこでは主権とは区別されるものとして人口＝住民（population）という概念がどのように形成され、それに対して彼が生－政治と呼ぶ統治的介入様式がどのように発展したのかが追跡された。

人口という概念の登場および統計学をはじめとする人口を表象し、介入する知や諸技術の発展が、それ以前の主権によるみずからの臣民や領土の支配とは区別される統治の発展を促し、主権もそれに対応する形で変質してゆく。この過程のなかで「群れの救済」を目標とするキリスト教的牧人権力の下で洗練されてきた諸テクノロジーが、国家装置へと組み込まれ独自の発展を遂げたところに、フーコーは西欧近代権力の特殊性を見ている。[9] そこでは人びとの個別化と全体化の促進が複雑な形で緊密に結びつけられている。「生き－労働し－語る」人間としての諸個人の身体の規律的捕捉と、「生き－労働し－語る」集合体（人口、国民、人種等々）への調整的介入が、軋みを立てながら、ともに進行して行く。

フーコーによれば近代的な統治の発展において、自由主義的統治の登場が画期をなす。自由主義的統治は、諸個人の自由や、人口および社会（主権と区別される）の自然性や自律性を統治の道具かつ目標とする（それゆえフーコーは自由主義というよりはそれは自然主義と呼ばれるべきだとも述べている）。[10] それは、自由の主体を統治の前提かつ目標とし、その自由な振る舞いを通して統治する、「自由を通しての統治」である。このような自由主義的統治は統治批判という側面を持っているとフーコーは言う。それは先行する国家理性の合理性のように統治の過剰へと向かうのではなく、統治の過剰を批判する合理性であり、近代において、絶えず回帰してくるものであると彼は言う。そして、統治の過剰批判において重要な役割を果たすのが政治－経済学であった。

しかし、自由主義的統治は全体主義へと結びつきうるような統治の過剰性批判にもかかわらず、非自由主義的な統治技術を不可欠な構成要素としてもいる[11]。というのも、第一に、自由主義的統治は自由な自律的主体の存在を前提とするがこの自由な主体とは「自己に対する自己の専制的支配」を必要とするからである。また、自由な主体の存在を前提とする自由主義的統治は自由な主体とそうでない主体の分割を行なう。そして、後者には非自由主義的な介入が行なわれることが少なくないからである（たとえば精神病者の強制的隔離など）。くわえて社会や国家全体の安全を脅かす「例外的な」事態においては緊急的措置が取られることが少なくない（たとえばテロの脅威やクーデタなどに対する戒厳令など）。これらが相互に結びつきながら、抑圧的介入のなされる圏域を形成しているのである。

これゆえ生－政治と自由主義的統治は入り組んだ関係を取り結ぶことになる。人びとの生命への配慮という生－政治的関心は人口や社会の活力を適切な形で調整しようとする自由主義的統治にとってもその枠組みを与えるものである。だが、その一方で、生－政治がしばしば過剰な介入への傾向を持つ際には、自由主義的統治は統治批判として働くことになる。しかしまた、自由主義的統治は、自由な責任主体を統治の前提とするがゆえに、そうした主体性を生産するための介入（これはしばしば抑圧的なものでありうる）を積極的に要請する側面もある。サッチャー主義やレーガン主義、そして小泉的構造改革主義といった新自由主義的な統治政策が一面できわめて権威主義的な側面を有していたのもこうした事柄にかかわっている（古典的な自由主義が自然主義という性格を有していたのに対して、新自由主義はより積極的に自由を構成すべき対象と見なすという違いはあるが）。

『社会を防衛しなければならない』のなかで、フーコーは国家による生－政治的介入を正当化する役割を担っているとして「国家人種主義」を取り上げている[12]。フーコーによれば、近代における生物学的人種主義は近代以前のそれとは性格を異にする。この人種主義は単に日本人と非日本人のような国民や、民族、エスニック間の区別ばかりにかかわるものではない。生物学的な種としての国民や人種を形成するとともに、ひとつの国民の内部にもさまざまな人種主義的ヒエラルキーや分割を作り出す。たとえば、正常者と異常者といった分割である。生－政治的介入は、いずれの人種についても、国民や生物種としての人口を「生き－働き－語る」ものとして生物学的に強化するためになされるのである。

この介入は極端な場合には、ナチスのユダヤ人虐殺や「生きるに値しない生」の安楽死のように生物学的抹殺という露骨な形を取るが、そうした事態は主権的権力と生－権力のある特殊な結びつきによってなされたのであるとフーコーは言う。より多くの場合、それよりは穏健な形をとった多種多様な介入が種々の「劣等人種」に対してなされるのである。統治的介入の対象とされる雑多な「劣等人種」たちとは、統治の目標にとって障害となるものであると同時に統治の道具でもある。彼らの個別的あるいは集合的な身体や魂とは、権力とその抵抗が鬩ぎ合い格闘する舞台にほかならない。次節では依存者たちという種族への介入とそうした主体性の生産についていくつかの重要な論点を見ることとしよう。

二　依存者たち

雑多な依存者たちの登場

近年インターネットの普及とともに、良く耳にするようになった言葉のなかに「ネトゲ廃人」や「ネット廃人」がある。「ネトゲ廃人」とはインターネット・ゲームに、そして「ネット廃人」とは、インターネットに熱中するあまり、「自己コントロール」が不可能となり、社会生活を送るのに支障をきたすようになった人びとのことである。

興味深いのは、ここでネットゲームやインターネットが、あたかもアルコールや非合法ドラッグのように、依存を生じさせるものとして捉えられている点である。「ネトゲ廃人」や「ネット廃人」は、インターネットのなかでは、「ニート」の大衆的イメージの一典型としての地位を獲得している。「廃人」という言葉が示すように、「インターネット依存」や「インターネット・ゲーム依存」となった人間は、社会不適格者＝「ニート」として、侮蔑の対象とされている。これらの「廃人」について、近年ではマスメディアでも頻繁に取り上げられるようになり、インターネットでは「ネトゲ廃人」や「ネット廃人」に言及したり、みずからの体験を述べていたりするブログも数多く存在している。そしてその他の「精神的な病」と同様に、その「信頼度」はともかく（精神科医が提供している場合もあれば、占いなどとともに掲載されている場合もある）、自己診断のためのテストが提供され、人びとは自分が依存症者となっていないかを自己モニタリングし、自己に働きかけることができる。

今日、インターネットやインターネット・ゲームばかりではなく、ギャンブル、暴力、セックス、買い物、雑多、恋愛、家族関係、等々といったきわめて雑多な行動や関係性が、「依存」を引き起こす問題含みのものと見なされており、依存は、「こころの風邪」と呼ばれるようになっている鬱などとともに、日常生活のなかで人びとがみずからの抱える問題を反省し、対処するうえで、重要な地位を獲得するようになっているのである。

労働者のユートピアと呑んだくれたち

ここではまず簡単に依存概念の系譜を概観しよう。「依存」とは元来それを生じさせる「薬物」と結びつけられてきた概念であった[13]。たとえばE・ゾラが『居酒屋』のなかで描いているように一九世紀半ばまでには、とりわけ下層階級の悪習としての飲酒が犯罪や精神病などあらゆる悪の原因として社会的な注目を集めるようになっていった[14]。居酒屋は都市騒乱の基盤となっており、治安当局者に敵視されていた。また資本家たちは、居酒屋に入り浸る労働者たちの悪習こそ合理的な労働規律の障害と見なしていた。フスの名高いアルコール中毒（alcohoolism）概念が成立するのもそうした悪習に染まった呑んだくれどもへの社会的関心を背景にしてのことであった。近代精神医学の偉大なる始祖として名高いE・クレペリンも「競争に勝ち抜こうとする健康な民族は健康な人間を前提にする」という優生学的見地からアルコール禁止を主張していた[15]。

一方で二〇世紀になると阿片などのドラッグが非合法化され、アルコールをはじめとする合法ドラッグ（その合法性はしばしば疑義が差し挟まれる疑わしいものであると見なされている）とともに、肉体のみならず精神に生じさせる依存が（濫用という概念と区別されながらもそれとは切り離しえない形で）問題化されてゆくようになった。こうしたドラッグの問題化の過程のなかにあまりにも有名なフロイトとコカインに関する逸話（フロイトは当初コカインを理想的な麻酔薬と見なしたが、これは彼の妻を含むコカイン依存者を生み出すという悲劇的な結果になったという「誤まち」をめぐる教訓として引き合いに出されることが多い）もある。[16]

「呑んだくれども」を敵視したのは、労働者から可能な限りより多くを搾取しようと目論んでいた資本家階級や、とどのつまりは支配的秩序への服従を説く敬虔で反動的な宗教的あるいは道徳的活動家ばかりではなかった。労働者たちの母国、楽園であったはずの社会主義国家からも「呑んだくれども」は、憎むべき「革命の敵」、「害虫」として、追放されなければならなかった。たとえば、『収容所群島』のなかでソルジェニーツィンが言うように、「V・I・レーニンは、一九一七年末、《厳に革命的な秩序》を確立するため「呑んだくれ、ごろつき、反革命的分子等の側からの無政府状態をつくりだそうとする試みは容赦なくたたきつぶすよう」要求したけれども、つまり、彼は十月革命に対する主な危険は呑んだくれどもからくるものと考え、（中略）『競争をどう組織するか』（一九一八年一月七日と十日）のなかで、「ロシアの土地からあらゆる種類の害虫を駆除」するという全国的な共通目標を提唱した」。[17]

革命後のソ連は、アメリカと同様に、禁酒を実験し、挫折した。社会主義か資本主義かを問わず、いずれの体制においても「呑んだくれども」は、望ましい社会の発展を阻害する厄介な障害と見なされ、抑圧的介入をもってしても鎮圧されるべきだと考えられた。マルクスもその例外ではない。周知のようにマルクスは、宗教を阿片に譬えていた。ただ、この言葉自体は「精神のない精神の状態」にする「宗教」や「阿片」以上に人びとがこうしたものにすがらなければならない現実の悲惨さを告発するものであった。だがマルクスもまた、社会の下層の呑んだくれどもには、レーニンに劣らず、容赦がない。彼は、「ルンペン・プロレタリアートたち」をまさしく「呑んだくれ」と呼び、その自堕落さゆえに革命実現の妨げとなる反革命的存在と見なしていた。[18]

しかし、一八四八年の革命に限らず、「呑んだくれども」の自律的な「親密公共圏」は、ストライキや都市騒乱の重要な基盤であった。[19] 居酒屋は仕事探しから娯楽まで彼らの重要な生活の基盤であり、そこに根ざした同朋意識が運動を支えていた。しかし、革命的マルクス主義者たちはそうした「呑んだくれども」の「即興の祝祭」には満足できなかった。彼らを気まぐれで、先見性のない蒙昧状態から救い上げるには革命的労働者としての規律を断固として身につけさせねばならない、というわけだ。

A・グラムシにとっても「呑んだくれ」は新社会建設のために克服されるべき労働者階級の旧い悪習にほかならなかった。彼はフォーディズム的な労働の合理化と結びつく労働者のモラルを作り出す企てとして禁酒を高く評価している。彼は、アメリカの禁酒法に「ピューリタンの偽善」しか見ない考えを諫め、禁酒が「熟練専門労働者にある心理－肉体の古めかしい連関を粉砕」し、「疑いなくより高次の心理－肉体的連関の創出」を行なうことを見て取っている。[20] グラムシはここで労働者階級の精神と身体の規律化における禁酒の問題の重要性を興味深いやり方で指摘している。そして彼は「旧勤労階級の一部は労働の世界から、そしておそらくいきなりこの世界から情け容赦もなく一層されるだろう」と予言する。[21] 労働の合理化のために不可欠な労働者階級の規律化された新たな慣習・習俗の中から「呑んだくれ」は抑圧的に抹殺されなければならないというわけだ。

結局のところ、マルクスやレーニン、グラムシたちにとって「呑んだくれ」どもは革命の妨げ以外ではない。それゆえ彼らの考えた労働者のユートピアとは、「呑んだくれの屑ども」から見た場合、ディストピア以外ではなかった。それはグラムシ自身も指摘しているようにフォーディズム的アメリカ資本主義のユートピアでもあった。「産業戦士」となることも「革命的闘士」となることもともに反「呑んだくれ」的規律を強く要求するのである。

しかし、グラムシの見解に反して、そして「呑んだくれ」をはじめとする依存者たちを駆逐しようとする幾多の「聖戦」の試み（それはなお継続中である）にもかかわらず、彼らは旧い種族として一層されるどころか、ますます種族を増やし増殖するようになっている。というのも実のところ、この点ではグラムシの見立てに反して、彼らは旧い種族であるどころか、新たな産業社会の住人たるべき新たな種族にほかならなかったからである。「規律化された文明人的主体たれ」という呼びかけは「さもなくば、反規律的依存者たれ」という「倒錯的な」呼びかけを潜ませてもいるのである（フーコーは近代的な権力は倒錯的であることを強調していた[22]）。グラムシが労働者の規律化における悪しき飲酒風俗の意義に着目していたにもかかわらず、見逃したのはこの点であった。そして、麻薬撲滅運動の勇ましいスローガン等々が示すように、「依存者の居ない世界」は、今日もなお来るべきひとつのユートピアであり続けている。

階級支配の問題はアルコールやドラッグ問題に関してとても重要な一次元をなしているのは確かであるが、それに還元されるわけではない。依存的な魂とは、反規律的な規律化の障害であり、そして住民に蔓延し、その活力を衰退させる忌まわしい「疫病」であるが、その一方で、統治的介入を促す道具にほかならない。それはその時々の統治体制の下で、統治の理想の実現を阻む障害かつ統治の道具として、さまざまなやり方（矯正不能という表象をも含む）で表象され、介入されてきたのである。

「呑んだくれたち」は「抑圧的に抹殺されなければならない」という革命的社会主義者グラムシの言葉は、そうした抑圧的な方策を容赦なく実行しうる専制が行なわれたならば飲酒やドラッグ使用などの悪しき生活習慣は速やかに一掃されるだろうという優生学的保守主義者であり、近代精神医学の父であるクレペリンの夢想と強く共鳴しあっている。両者はともに人口の健康を増大させる生‐政治的な権威主義的支配を強く肯定する。こうした考えはナチス・ドイツやスターリン主義体制の忌まわしい歴史とともに、過ぎ去った過去の問題なのではない。生‐政治的ユートピア実現のための専制的支配の肯定という彼らの夢想そのものは、現在においても依存者たちの統治に憑依し続けているのである。

ポストモダンな解放神話と依存者たち

これまで見てきたように統治性論の観点からは、複雑に入り組んだ自由と統治の関係が分析の対象とされなければならない。こうしたアプローチは、自由を拘束からのたんなる解放の果実として捉える諸理論とは一線を画している。ここではこの点についてさらに議論を進めたい。

フランスの社会学者であるA・エーレンベルグは、『鬱の社会史』のなかで、鬱と依存症の広がりが一九六〇年代末以降の社会の変容と密接に結びついていることを指摘している。すなわち、それまで、社会は性別や階級といった「分類」間の葛藤を軸として編成されており、諸個人は各々の階級や性別等々に応じて課せられる規律への従順さを要求され、そうした「規律的モデル」にもとづいて行動を管理された。社会的な掟、禁止が人びとの行動を制限していたのである。それに対して、一九六〇年代以降の社会では、社会は自律性を高めた自由な個人からなるものとして編成され、諸個人は、能動性やイニチアティヴ、自己責任を求められるようになった。人びとはもはや自己の外部から課せられる禁止に向き合うのではなく、いまや、至高の自己＝自己の主人、自己の所有者としての自己でなければならないことの不可能性に向き合うようになったのである。エーレンベルグによれば、鬱とはそうした自己であろうとする果てしのない努力を行なう（だが自己が見出せず、失われたままである）ことの疲労の表現であり、一方依存とは、「ある製品、ある行動、ある人物に依存している」がゆえに自己の奴隷となってしまい、本来あった（あるいはあるべきであった）自己を喪失し、「自己が自己を完全に捕獲することの不可能性を体現している」のである[23]。彼は「鬱が見出しえない主体の物語であるとすれば、アディクションは失われた主体へのノスタルジーである[24]」と主張している。

このようなエーレンベルグの議論は、アンソニー・ギデンズの再帰的近代化論などとも重なるところが少なくないものである[25]。すなわち、禁止を課す規律から自由な主体による自己管理への転換が生じているというわけだ。ギデンズは後期近代においては再帰的自己化が進んでゆく一方で、それに対応できない人びとが再帰性獲得のために専門家の援助を仰ぐようになってゆくことを指摘している。同様に樫村愛子は、大文字の他者が失われたポストモダン社会では、「人と人を結合していた社会的倫理は「個人化」の時代では個人を拘束するものではなくなり、人は人の弱さを理解し自身の外傷は自身のセラピーによってケアするしかない」としたうえで、エーレンベルグとはまた別の観点から依存を論じている[26]。

一九六〇年代末の対抗文化も自由を権力の抑圧からの解放として捉えていた。「セックス・ドラッグ・ロックンロール」という言葉が示すように、そこではドラッグ使用が民主主義的社会における自由の不可欠な構成要素と見なされ、さらにそれが管理社会に抑圧され、見失われた真理の探求と結びつけられもした。いわば一九世紀の「秘教的な」ドラッグ使用の記憶の大衆消費文化的な再活性化と言える対抗文化運動では、果てしのない探求とともに、悲劇的なもの（とりわけジム・モリスン、ジャニス・ジョプリン、ジミ・ヘンドリクスといったポップカルチャーの殉教者たちによって）が呼び覚まされた。これに対して、ポスト近代的言説においては、依存は大きすぎる自由の大きすぎる代償（自己の自己への隷従による自由とあるべき再帰的自己の喪失）と見なされているのである。ギデンズによればそれは専門家によって管理されなければならない。

しかし、これらのポストモダン的諸議論において、見過ごされているのは、自由と統治のテクノロジーとの結びつきである。これらの議論は、自由をたんなる解放（＝拘束の解除）の結果と見なしがちである（伝統であれ、大文字の他者であれ）。しかし、すでに見たように、自由とは近代的な統治戦略の中心に位置するものであり、統治技術の産物であるとともにその対象であるという側面を有している。すでに見た一九九〇年代以後の多様な依存的主体の増殖は、「再帰的主体」、「起業＝企業的主体」化を促進する新自由主義的統治の進展と密接に結びついている。「薬物なき依存」は「たんなる比喩」の域を超えている。人びとは依存という概念を通じて、みずからが適切に規律化されているのかを不断に検討し、問題があれば専門家のアドバイスを何らかの形で受けて「自発的に」再規律化を行なうよう促されるのである。

くわえて、こと日本においては依存の問題について、樫村のように「大文字の他者の消滅」といった観点から論じることにはさらに問題があると言わざるをえない。というのも日本では、戦後から現在に至るまで覚醒剤や大麻等の非合法ドラッグの使用は厳罰主義で対処されており、「寛容」になっているとは到底言えないからだ。西欧で「寛容」な対応がなされるようになったことの象徴として取り上げられることの多い、ハームリダクションやソフトドラッグの個人使用の許容について、日本ではきわめて頑強な批判や抵抗が存在する。そして、非合法ドラッグの使用者は、大衆的な想像力のなかでは凶悪犯罪者（あるいは愚か者）と同一視されており、そのために逮捕された有名人の処遇は格好の通俗的道徳劇のスペクタクルを供給する。そこでは治療的配慮よりも、道徳的断罪や見せしめが前面に押し出されてきたのである。アメリカを中心に広がりつつあるドラッグコート（治療的観点を前面に出した裁判システム）を主張するものもいまのところ少数にすぎない。

したがって、とりわけ日本においては、今日においても依存者の統治の問題を考えるには、再帰的近代化論は言うに及ばず、「自由を通じた統治テクノロジー」という観点からだけでも不十分である。非合法ドラッグの統治に関しては、社会防衛の観点から自由主体たりえない人びと（人種）に対する非自由主義的な統治技術が中心的な役割を果たしている。治療的な配慮も、基本的には、あくまでもそれを補完するもの（とくに社会防衛のための再犯防止の観点から）として位置づけられているのである。こうした伝統的に厳罰主義的な管理政策と新自由主義的な統治とが接合する形で、さらなる厳罰化を促してきたと言えるだろう。

一方、合法的ドラッグとしてのアルコール依存への対応も、「大文字の他者の消滅」といった解放=

拘束解除の観点からでは捉えられない。というのもアルコールや煙草については、未成年者の使用をはじめ、近代化以前の方が「寛容」であったとも言いうるからである（むろん一方で嗜好品として大量の酒を消費する文化も近代になって広がったのであるが）。また近年は、交通事故をはじめもっぱら治安的観点および健康への配慮（多分にパターナリズム的な性格の強い）という観点から統制強化が進められている。

依存的主体の増殖は、けっしてたんなる拘束解除の帰結なのではない。それは特有の統治的介入と結びついた、統治の発明物にほかならないのである。依存の問題圏は、きわめて雑多な要素の組み合わせによって形成されている。それは精神医学的、心理学的な知識や実践に関わるばかりではなく、刑事司法、宗教、道徳的、慣習的な知識や実践にもかかわっている。それらが対立、軋轢、協力、相互強化といったさまざまな関係を取り結ぶなかで依存の問題圏は構成されているのである。

今日依存とはもはや特定の物質のみによって引き起こされる「病理」ではなく、日常生活のほとんどあらゆる場面でわれわれが直面し続ける問題となった。それは特定の物質が精神に及ぼす効果の問題である以上に依存的な精神そのものの問題であると見なされるようになっている。依存者となるのを回避すること、そして起業・企業的主体、あるいは再帰的主体であることは、果てしのない任務を自己に課す。依存者のない社会、すなわち起業・企業的主体だけからなる社会、はまさしく新自由主義的統治の抱いてきたユートピア的理想であり、この夢想ゆえにまた依存者たちはこの世界の「新たな住民たち」として際限もなく増殖し続けてきたのである。

三　おわりにかえて

いまのところ日本における依存者たちの統治の心性は、「一〇〇年に一度」の大不況による新自由主義の信用失墜後も大きな変わりはないようである。それを端的な形で示したのは、二〇〇九年の民主党への政権交代そっちのけで酒井典子や押尾学の事件をマスメディアが飽きもせずに報じ続けたことであった。

しかし、厳罰主義こそ確固不動の真理という日本のドラッグ政策のありようは唯一不変のものでも、絶対的に正しいものでもない。市場経済を別様の仕方で社会に埋め込み直す想像力と同様に、依存者たちをこれまでとは別の仕方で社会に埋め込み直す統治的想像力をも獲得する必要があるだろう。ベーシック・インカム論などを通じて、長いあいだ神聖視されてきた労働や勤労道徳が問い直され、労働との別の関係性の可能性が論じられるようになっている。そのことを通じて「無為や怠惰の権利」が見直されつつあるのだとすればそれに呼応したささやかな地位が呑んだくれやジャンキーたちにも与えられうるのではないだろうか。

それはかつての対抗文化におけるドラッグ解放運動を無闇に称揚して見せることとは別のことであろう。この点ではわれわれは、ドラッグ使用を通じて自己の内奥に潜む「秘教的」真実に到達しようとした一九世紀末のボヘミヤン的芸術家たちや一九六〇年代末の対抗文化運動からよりも古代人やモンテスキューのペルシャ人からより多くを学べるのかもしれない(もっとも超自然的なものとの交感も古代人には些細とはいえないが日常的なことであったのだが)。ヒルマンも言うように、ドラッグ使用を「日常的な些事」と見なしていた古代人たちからすれば、魂の解放やその内奥の果てしない探求といった対抗文化のスローガンはいささか大仰過ぎるものである。フーコーが性について述べたように、権力とドラッグや依存の関係もたんなる抑圧に限られるものではない。重要なのはたんなる解放ではなく、格闘的な関係を流動化してゆくことであろう。

しかし、ドラッグをめぐる統治性は(そしてフーコーが述べたのに反して性も)けっして退屈なものではない。マスメディアを通じて日々垂れ流される凡庸で退屈な教訓劇の背後では汚辱に塗れた人びとの呻きや苦悩、怒り、喜び、彼らに向けられた嘲笑や侮蔑、憎悪、哀れみが犇きながら軋みをたてているのである。そこからどのようにドラッグをめぐって新しい関係性を築いてゆくことができるのか、統治の心性を作り上げてゆくことができるのかを問いなおさねばならないだろう。

註

(1) D・C・A・ヒルマン『麻薬の文化史』森夏樹訳、青土社、二〇〇九年。

(2) 同前、三二二頁。彼は次のようにも述べている。「古典期の人びとは節制を徳目のひとつになどしていない。古代社会はただ勝手気ままに麻薬にふけっていただけだ……。そして、そんな麻薬を生活の一部として受け入れた世界から、芸術や文学、科学や哲学が飛び出てきたのである」(同前、一二一頁)。

(3) 同前、二七〇頁。

(4) モンテスキュー「ペルシャ人の手紙」『世界の名著　モンテスキュー』第三四巻、井田進也訳、中央公論社、一九八〇年。

（5）「この液体の有害な効果（理性を失わせる）を考えるとき、ぼくはこれを自然が人間に与えたもっとも恐ろしい賜物とみなさざるをえない」（同前、一一四頁）。

（6）ここでは網羅的にその歴史を見ることはできない。たとえばＡＡやＮＡといった自助グループの発展は、とりわけ依存者たちの自己統治との関連で、きわめて重要だが遺憾ながら紙幅の都合上扱うことはできない。またドラッグとの戦い後からアメリカに広がり、日本にも紹介されつつあるドラッグコートの実践についても取り上げない。また具体的な代案を示すこともしない。

（7）Ｋ・ポラニー『大転換――市場社会の形成と崩壊』吉沢英成ほか訳、東洋経済新報社、一九七五年。現在、「市場の社会への埋め込み」は、ローカルなレヴェルからグローバルなレヴェルでさまざまな手段によって行なわれている。ただし、それは単純に市場を規制し、制限するものに限られない。環境問題を見れば分かるように、外部性の内部化を促す市場ないし擬似市場の創出・促進といった手法も重視されている。

（8）フーコーの生‐政治論をめぐってはどのように規律権力や生‐権力と関連づけるのかをめぐってさまざまな議論がなされているがここでは踏み込むことはできない。一言だけ述べておくならば、生‐権力や統治に関しても、『言葉と物』で述べられていたように、個人のレヴェルでも集団的なレヴェルでも、人間が「労働し‐生き‐話す」存在であることが重要である。

（9）Ｍ・フーコー『安全・領土・人口』高桑和己訳、筑摩書房、二〇〇七年。

（10）Ｍ・フーコー『生政治の誕生』慎改康之訳、筑摩書房、二〇〇八年、七六頁。

（11）この点についてはフーコー、同前を参照。また以下も重要である。M. Valverde, *Disease of Will: alcohol and the Dilemmas of Freedom*, London: Cambridge University Press, 1998; M. Dean, *Govermentalty: Power and Rule in Modern Society*, London: Sage, 2009.

（12）Ｍ・フーコー『社会は防衛しなければならない』慎改康之訳、筑摩書房、二〇〇九年。

（13）Ｍ・ヴァルヴェルデはモノマニー概念の登場が、依存や嗜癖といった近代的な概念が位置づけられる領野を拓いた端緒であると指摘している（Valverde, *Disease of Will*）。

（14）エミール・ゾラ『居酒屋』古賀照一訳、新潮文庫版。

（15）E・クレペリン『精神医学百年史――人文史への寄与』岡不二太郎訳編、創造出版、一九九八年に収録されているK・コッレ「クレペリン評伝」を参照（同前、一七九頁）。

（16）フロイト精神分析学とコカインの因縁については R. Loose, *The Subject of Addiction: Psychoanalysis and The Administration of Enjoyment*, London: Karnac, 2002.

（17）A・ソルジェニーツィン『収容所群島』I、木村浩訳、新潮社、一九七四年、三九～四〇頁。

（18）マルクス『マルクス・エンゲルス全集』第八巻、村田陽一訳、大月書店、一九六一年。

（19）喜安朗『パリの聖月曜日――一九世紀都市騒乱の舞台裏』岩波書店、二〇〇八年。

（20）A・グラムシ『獄中ノート　ノート22　アメリカニズムとフォーディズム』東京グラムシ会『獄中ノート』研究会編訳、同時代社、二〇〇六年、七七頁。

（21）同前、七七頁。

（22）M・フーコー『性の歴史』I、田村俶訳、新潮社、一九八四年。

（23）A. Ehrenberg, *La Fatigue d'etre soi: depression et societe*, Paris: Poches, 1998, p. 9.

（24）*Ibid.*, p. 19

（25）A・ギデンズ『親密性の変容』松尾精文・松川昭子訳、而立書房、一九九五年。

（26）「アディクションは……エーレンベルグが考えるようにモチベーションを要求するグローバル資本主義における強迫的代理行為（現実的な目標を失ったただの運動が代理対象を求めて自家撞着的に空回りしている）ではなく、資本主義社会がフレキシビリティを求めるがゆえに安定した自我理想およびその基礎となる母の支えを欠いた主体がそのつど自らを支える、むしろ強迫に対抗する補完的行為（安定した他者をそのつど行為の中で即自に人工的に作り出し、対象そのものは排除）なのである」（樫村愛子『臨床社会学はこう考える』青土社、二〇〇九年、一六六頁）。

第15章 〈空費〉の存在論——「四日目のラザロ」に向かうために(1)

長原 豊

思考せず、計算も判断もしないということは、無意識が……働くことを妨げません。むしろこの無意識が理想的な労働者なのです。マルクスは、この理想的労働者〔奴と読め！〕が主〔資本と読め！〕の言説を引き継ぐ〔に取って代わる〕*prendre le relais* のを看たいと願い、この労働者を資本主義経済の華－盛り *fleur* としたのです(2)。

一 この者ども

なぜ殺人者ラスコーリニコフは、この世の聖なる穢れソーニャに「ヨハネによる福音書」（「ラザロの死と復活」）の朗読を強いたのだろうか？

だがむしろ、次のように始めるべきだろうか。ニーチェは一九世紀末の同時代人を「余りに多すぎる者ども Viel-zu-Vielen」あるいは「溢《あふ》れ出た者ども Überflüssigen」と呼び、[3] この者どもに、人民でもなければ大衆でもなく、ましてや労働者階級でもない、[4] その語義において多数（有象無象）の蝟輯それ自体を指示する、「畜群 Herde」という誇るべき蔑称を献呈した。人類史におけるあらゆる類いの変革と出来事に遅れることを必定とするその「理論」的な正統－正当化は、時代とともに異なった姿態を採って出現するこの人間が蝟輯することそれ自体の命名－権《ヘゲモン》をめぐって起きた。[5] またドゥルーズとガタリは、このニーチェを二冊のその傑作の傍らにおき、[6] この者どものために教会・軍隊という二匹の「犬」と列んで支配を構成するもう一匹の「犬－国家 le chien-État」が考案されたと論じた。それはまた、彼《か》の「原国家 Urstaat」論の原型をもなしている。

　このニーチェの死に際会し、ただちに筆を執ってニーチェを論じたトロツキーは、[7]「社会 общество」から「逃走した оставлять」この者どもの最底辺に「ルンペンプロレタリアート」という集合名詞を、[8] またその「高級な類型」に「寄生的プロレタリアート parasitenproletariat」という抽象名詞を、[9] それぞれ――だが、以下で覧るように、ある規準の許に一括して――差し向けた。このトロツキーとドゥルーズ＋ガタリは、前者における否定的了解と、ガタリのマルクス了解を軸に彼《か》の「逃走線」を描いた後者における肯定的了解という、同根とはいえ対蹠するかに見える二様の解釈を暫く措けば、時代とともに変化するマルクスのプロレタリアート（したがって、ルンペンプロレタリアート）論を、ともに正統に、継承している。

　本稿の設題は、その掉尾を来るべき論攷のための序論とするという異例を除けば、頗る単純であると同時に、今日的でもある。[10] それは、この者どもが何に対して「余りに多すぎ」、何から「溢れ出る」ことで「余計者」とされ、また何がこの者どもをして「畜群」たらしめたのか、である。それへの直接的解答もまた、単純である。この者どもは、「畜群」としてそこから立ち去ったとされてきた社会体《ソシウス》によってではなく、その円環的論理性を完結する内部《じこ》として誇り、社会全体を唯一の実体‐主体を僭称し堤喩的に組織する特種な部分である資本によって、だがまさに社会全体の内部で、「畜群」へと墜落的に生成した。これである。これを節約的《けいざいがく》に言い換えれば、この者どもは、資本によって「余計」とされ、資本から「溢れ出」て社会の最底辺に沈殿し、唯一資本だけが組織するとされる社会全体を下部から凝視し、その結果皮肉にも、資本（論理‐内部）の表見的完成を担わされた、まさに資本（論理‐内部）にとっての特権的な外部である。

　ここには、繰り返される恐慌——克服可能な「制約 Schranke」、したがって「偶然 Zufall」とされた「限界 Grenze」（Gr.: 249）——を結節としてその内的組成を循環的に高度化させながら、ドゥルーズとガタリの表現を藉れば、その内圧を高めて膨脹する sous-tendre 資本が、それでもなお完きを得て閉じる自己であるというその円環性を護持するために、内部によるその外部の不断の形成を余儀なくされていることが、しかも資本の、したがってそれを記述するマルクス（経済学）の——「商品語」ならぬ資本語によって表現される——論理的欲動として、抜き身となっている。その意味で先の設問は、まさにマルクス（経済学）がこの者どもにいかなる名称を与え（ることを回避し）——論理の名の許で、あるいは資本の自己愛《ナルシシズム》を映す鏡面として、その角を矯め——たのか、という設問でもある。

　この設問の核芯には、したがって、[11] イデオロギーと政治をいわゆる科学から分離し、論理によってのみ記述することを矜持とするマルクス経済学にとって不可欠な内部と、その意味での内部を自閉的に鋳固めるために、ある起源的出来事の「無理を通」すこと[12]——強制（法）*forçage*[13]——で内部なるものに併存されたその臨界的外部（補集合）の双方をともに自己を語‐騙る物語《イストワール》装置とすることによって、特殊‐特種な部分集合であるみずからに普遍（全体集合）を僭称するという、資本とそれを論理的に叙述するマルクス経済学にとっては真っ当な、公理的集合論的な操作がある。

この設問に本稿は、マルクスがその論理学（『資本論』）で到達した、剰余価値の生産を可変資本として担当する商品化された労働力の——「非‐資本 Nicht-Capital」としての「労働」にとっては即自的であり、「非‐労働（者）*Nicht-Arbeit (er)*」という、「定在」としての「資本（家）」にとっては対他的な(Gr.: 198, 234-5) ——集合表象である非‐対自的な労働者階級から[14]、それを論理において担保する補集合である産業予備軍（と密接に関わりながらも分析学《アナリティクス》としては断絶する、内部としての相対的過剰人口）へ、またかかる意味で概念としては層的に論理化される産業予備軍から、それをその歴史‐政治的な存在性において担保する、だがルンペンプロレタリアートというプロレタリアートにとっての補集合という外延的担保に凭れるほかないプロレタリアートへという、外部に向かう溯行の道筋を示すことによって応えることにする。

とはいえ、たんなる労働者階級の経済論ではなく、以下に看るように『資本論』では斜線を引かれた政治的主体であるプロレタリアートの存在論を目指してこの者どもへ黄昏での誰何《タレソアル》を開始する本稿では、資本はこの者どもに何よりも空費 *faux frais* という資本語を与えたという応答が、その端緒として、措かれる。それは、資本にとっては定在的外部であるほかない在庫装置（産業予備軍）が、資本という内部に包摂された社会「工場」の生産装置（相対的過剰人口）[15]へと、その角を矯められることによって[16]、レオパルディの「荒れ地」で撓る金雀枝《エニシダ》が、[17] ラカンの資本主義経済の「華」である〈主を語－騙り継受する奴〉としての労働者階級（経済的範疇 *Arbeiterklasse*）へと読み替えられる過程そのものの裡に、バリバールの表現を藉れば、[18] 労働者階級が「不安定性 *précarité*」をその唯一の特徴とするプロレタリアートへと存在（論）的に跳躍する機制が、[19] だがそれへの指令言語装置である組織という問題系《プロブレマティーク》を欠いて、[20] 埋め込まれていることを探し出す作業であり、資本にとって存在的に瑕疵商品であるこの者どもが存在として孕む異和（割り切れなさ－残余）の存在論的な復権の試みの端緒でもある。[21] だが、ここでの「空費」とは何か？ それは、資本の〈抹消－短絡〉欲動を指す資本語である。まずは復習しよう。

二 空費の「表層」――抹消－短絡

以下で煩瑣な紹介を繰り返すように、マルクスは空費という表現をさまざまに用いており、現在ではその著作群における使用箇所と頻度もまた、ほぼ確定できる。またその際、彼は〈faux frais〉というフランス語を偏愛し、それには例外なく強調《イタリック》が付されている。

ところで、語としての空費 *faux frais* は、動詞〈faillir 危うくする／違《たが》える〉に近接する形容詞〈*faux*――虚偽の・無理がある〉と、古フランス語で「毀損」を意味する〈fret/frait〉――古典ラテン語の「打ち砕く frangere」の過去分詞中性形であり、俗ラテン語では〈fractus/fractum（自己組織・修復型機械！）〉と表記され、フランク語では「安寧攪乱の代償－犠牲 fridu」を意味する[22]――から派生した犠牲

（出費・経費 *frais*）の二語によって組成され、不正・偶発・付随という否定的特質を含意する経費という意味を担っている。まずは資本の平滑的「表層」から出立し、「深部」へ墜落しよう。(23)

　言うまでもなく、マルクス（経済学）は、ここでの不正（非－正規）・偶発（非－定常）・付随（正規に不可避な非－正規）にその意味論的重圧を掛けて、空費を規定してきた。この教養的周知を確認するために、資本語としての空費に込められた資本の欲動を復習すれば、空費とは、単なる商品の生産ではなく、その本質において剰余価値生産である資本主義的生産にとっての「使用価値としての富を積極的に生産しない」流通費などに代表される、費用－犠牲 Kosten である。(24) それを労働の側面から言えば、「剰余価値を生産」し「資本の自己増殖に役立つ」労働だけが「生産的」とされたうえで（K I: 534）、この規範（むしろ羈絆）に背馳しながら、なおも剰余価値の生産には不可避な費用－犠牲が、空費とされた。ところでマルクスは、先にも触れたように、空費という表現をさまざまに用いた。マルクス学を専らとしない私といえども、この資本語が孕む含意の意味論的拡がりを看過せない。

　金を無心するマルクスの書簡で用いられた空費といった頬笑ましい（？）事例を措けば、(25) たとえば、時論として書かれた「チャーティスト」や「選挙の腐敗行為」で、「『下品な壮麗』や宮廷や王室費や従僕どもを随えた王権――それは生産上の冗費に他ならないではないか？……巨大な常備軍は？　生産の冗費だ。植民地は？　生産上の冗費だ」と叫び、「総選挙の冗費」を指摘したマルクス（MEW 8: 343, 355）、さらには「自由貿易問題についての演説」で「巨大な宮殿の建立といった冗費」というブルジョワ国家（国家一般）の愚を糾弾したマルクスなどが（MEW 4: 448）、空費の定句的使用としては典型的だが、こうした語用は、以下では、「表層」から徐々に「深部」へと向かう。

たとえば、「収入と資本との交換」を論ずるマルクスは、「兵士」や「国家、教会など」を論じて、それがブルジョワジーの「共同利益を指導・管理する委員会である限り」で「正当化」されるにすぎない「生産上の空費」であり、それは「最小限に削減されねばならない、万止むを得ざる」経費だとしている。[26]本来であれば「最小限に圧縮」されるべき、だが不可避の費用－犠牲でもある空費は、「直接的生産過程の諸結果」と呼ばれてきた文書でも、国家の本来的不要性に関わって、[27]「租税つまり政府のサーヴィスなどの価格」が「生産の空費に属」し、それは、資本主義的生産過程にとっても「偶然的な形態」であって、必須「条件とされる *bedingte* 必然的な内在的形態ではない」とも論じられている。[28]

生産－不生産という識別点から資本の致富欲動に「合理」性を付与する空費のかかる規定は、[29]「商人」「貨幣」「信用」といった流通視点にとどまらず、資本家の存在意義にも関わる「監督労働」論といった労働編制からする生産視点からも、[30]興味深くもある種の「機械」論として、[31]反覆されている。

まず商人についてマルクスは、その「簡潔態 Lapidarstil」（G……G′）の下で流通それ自体として完成することを夢想する資本にとってはまさに自己否定にほかならない（K I: 170）、「再生産過程そのものが不生産的な諸機能を含んでいる」という事実を指摘したうえで、商人は、たとえば「生産者の売買期間の短縮」などによって「社会の労働力と労働時間における不生産的機能に拘束される部分をより小さく」するひとつの「機械」とされるが、その「労働内容は価値も生産物も作り出さない」がゆえに「彼自身が生産上の空費に属する」と（K I: 133–5）、後に註で触れるに止めるネグリによる現代的批判を招く立場を表明している。またマルクスは、より枢要な欲望「機械」である貨幣についても、現代経済学にとっては、そのままではもはや妥当しないであろう逆説的見解、すなわち、「生産的規定に必要とされる」以上の「貨幣の使用」は「不生産的」どころか「生産上の空費」であり（Gr.: 143）、貨幣を「流通時間の節約」によって「生産時間を解放」する「一種の機械」と見なせば、それが「労働の一生産物」である以上、削減されるべき「資本にとっての生産上の空費」だとしている（Gr.: 553）。

さらに彼はまた、ネグリの協業論に密接に関わるその「監督」労働についても、[32] ラムジに事寄せて、「労働の搾取は労働を要する Die Exploitation der Arbeit *kostet* Arbeit」と資本語的統語《シンタックス》に依拠して確認したうえで、その意味で資本には「監督経費」が課されるが、そもそれは「賃金範疇」に属し、労働者から「最小の空費によって最大量の剰余労働を引き抜く herauszuziehen」欲動の顕れであると、[33] 論じている。これをエンゲルスは、「カール・マルクス『資本論』第一巻綱要」で、その歴史段階論から、監督費を「奴隷制では、生産の空費に数える」経済学者が、資本主義的生産では、「搾取に必然とされる限りでの指揮を社会的な労働過程の性質から生ずる指揮の機能とあっさり同一視してしまう」と敷衍したが（MEW 16: 274–5）、それはまた、「独立農民や独立手工業者の生産様式を奴隷制にもとづく植民地農場経営と比較する」場合、「監督労働を生産の空費に数える」経済学者が、資本主義的生産についてはそうしないという、マルクスの文言と符合してもいる（K I: 351–2）。

こうして、資本に資本語によってみずからの欲動を語らせる資本の語り部マルクスは、「流通時間の短縮－短絡 Abkürzung」さらには「流通時間なき流通 Circulation *ohne* Circulationszeit」という資本が帯びる「傾向」に象徴される（Gr.: 553, 542）、「不生産的」過程の〈抹消－短絡〉という欲動に、空費の核芯を見いだしている。[34] またこの根源における自己否定（いわば死の欲動）は、さらに亢進する。

三　空費の「深部」――「無理」の、蚕食－残遺

資本語としての空費は、こうして、抹消－短絡によって補集合（残余）なき全体集合の普遍的〈一〉たらんとする資本の本源的欲動に与えられた別称である。であればこそ、それはまた、労働力商品化の「無理」が「通さ」れ、形式《しょうひん》において内部化されたことがもたらす内部への実体的〈蚕食－残遺 *fret*〉作用、したがって資本にとっての焦慮（*fret*）の別称でもある。資本語としての空費に露顕するこの抹消－短絡という資本の純粋なる普遍的〈一〉への欲動、抹消－短絡が、資本がその「簡潔態」としての完成を夢想する流通そのものである限りで、この普遍的〈一〉を〈空あるいは零（自己否定）〉たらしめる危険を孕むこの欲動は[35]、流通的表層（商人・貨幣・信用）と監督労働にのみ関わっているわけではなく、より本質的には、その深部から鳴り響く、「無理を通」して商品（－内部）化された労働（力）という資本にとっては不可避・不可欠の外部そのものへの焦慮に向けられざるをえない。

ほとんど顧みられない興味深い断片《ノート》（断片はロマン派の特権ではない）で、マルクスは、ひとりの「貧弱で散漫」な重農主義者《デュビュア》を指嗾し、その倒錯的本音――最大の空費、それは労働だ！――を、その自然語《フィジオ》で、吐かせている。これはまた、次にみるマルクスの産業予備軍論で一箇所で二回だけ使用された空費という語が孕む含意にも、関わっている。この重農主義者、デュビュアは[36]、

重農主義の仮象をその本質と考え、土地貴族を讃美している。彼への言及は、例えば後のリカードとまったく同様の剥き出しのブルジョワ的性格がそこに鋭く明白に表れていなければ、まったく不要だった。純生産物を地代に限定するという謬りは、この事態を何ら変えない。純生産物一般を論ずるリカードも同様の謬りを繰り返している。〔彼らにとって〕労働者は空費に属し、[37]純生産物の所持者が「社会を形成する」ためだけに存在し……自由な労働者の運命は奴隷制度の変化形態としてのみ理解されている。だがこれは、より高い諸階層が、「社会」を形成しうるために、無理強いされる *nötig* (*en*)

事態なのである（MEW 26-1: 357）。再生産表式論でその秩序表記としての近代性を評価された重農主義の根本的謬りを指摘するためだけに、[38]古典派の精華リカードの「冷徹なブルジョワ的性格」と列んで、愚かなデュビュアが取り上げられているわけではない。より興味深い点は、むしろ、リカードの名を挙げたうえで展開される、後段である。すなわち、労働者は「空費に属し、純生産物の所持者が『社会を形成する』ためだけに存在する」と考え、また「自由な労働者という運命」を「奴隷制度の変化形態」にすぎないものと理解する重農主義——自然《フィジオ》‐統治《クラシー》と読め[39]——に事寄せて、マルクスは、その労働力を商品として販売する「自由」を得た——「無理」を「通さ」れて　鳥《フォーゲル・フライ》　となった——労働者の「運命〔‐偶然〕Los」[40]は、「より高い諸階層 höheren Schichten」が、その剰余価値生産に凭れる自己増殖によって唯一の実体‐主体として「社会」を組織するために無理強いされる不正・偶発・非正規な必要経費であるという意味で、資本にとっては本源的に止むをえざる空費であることを仄めかしている。その意味で、「より高い諸階層」にとって賃金とは、その空費性を粉飾するための形式《しょうひん》性に依拠した妥協形態である。そしてその深部には、ともに否定性に措いてのみある二つの定在——非‐労働と非‐資本——が相互に空費として否定しあう（共犯的）構造が存在することが、だがその前身である重農主義という代弁者《マウスピース》を用いて、語られている。ここでは、「無理」（が「通さ」れた／れている）という継続する起源的暴力がその蚕食‐残遺として資本に取り憑き、(41)それへの流通的対処のために広義の空費が強いられるという機制《フルネルソン》が、仄めかされている。そして労働力をめぐるこの空費がもっとも抜き身となる瞬間、あるいは資本の死の欲動が頂点を極める瞬間、それが循環的恐慌である。この意味をさらに敷衍するには、しかし、マルクスの混乱を孕んだ産業予備軍論に立ち寄る必要がある。まず有名な一連の文言の簡単な復習から始めよう（以下引用は、K I: 658–74 から）。

四　「深部」の再「表層」化——産業予備軍（空費）の分析学《アナリティクス》

マルクスは、資本による相対的過剰人口の「生産」をめぐる例の「資本主義的生産様式に特有な人口法則」(42)に、一見すれば周知の、次の説明を与えている。

資本主義的蓄積は「相対的な、つまり資本の平均的増殖欲求にとって余計な *überschüssige*、したがって溢れ出る *überflüssige* あるいは追加的な労働者人口」を絶えず「生産する」(43)が、この意味での相対的過剰人口が「富」の資本主義的「発展の必然的生産物」である限り、翻ってそれは、資本主義的蓄積の

「原動力－槓桿 Hebel」あるいは「存立のための要件－存在的所与 Existenz-*bedingung*」でもなければならない。資本は、蓄積にとって所与でなければならないこの原動力－槓桿が「自由に利用－処分可能で空席待ちの disponible……いつでも（あらかじめ準備された *bereite*）搾取〔－利用〕可能な人間素材 exploitable Menschenmaterial」としての労働力を商品形態の下にある相対的過剰人口として「形成する bilden」が、その際資本は、それをあたかも社会の唯一の主体－実体を僭称する「資本が自分の費用－犠牲 Kosten で育て上げた」かのごとくに、したがって「現実の人口増加の制約 Schranken」に影響されることがないかのごとくに、みずからの「下へ絶対的に組み入れる gehören zu……」ことができる装置を、その内部的外部（臨界）に設置する。相対的な過剰人口とは、したがって、資本があたかもみずから生産したかのごとくに従属させる可変資本の随時利用可能な「絶対的」在庫であり、そのいわば蔵敷料は、資本にとっては最小限にされねばならない流通費であるという意味で、資本にとっては最たる、だがそれがゆえに制御可能とされねばならない、空費である。こうしてマルクスは、〈Zuschuß〉や〈bereite〉あるいは〈Bedingung〉というその語用に滲み出ているように、相対的過剰人口へと概念的に圧縮された産業予備軍を、〈つねに－すでに〉の時制において、しかも絶対的所与（あるいは前未来）として、描いている。したがってこそ、相対的過剰人口は、その生産をつねに－すでに終了させ完きを得ていなければならない可変資本の、社会全体をバックヤードとする、在庫である。そしてこのいわば方法論的な公理的命法（強制）が残余なく妥当するには、ここでの社会全体の組織〈主体－実体〉が唯一つであり、またそれが資本である場合に限られることもまた、明らかである。

周知のように、マルクスは続けて、この意味での相対的過剰人口の三形態――流動的・潜在的・停滞的——を提示し、なおも加えてこの三形態を担保する「最後」の形態とされる「相対的過剰人口の最底辺の沈殿物 Niederschlag」に、「産業予備軍の死重 tote Gewicht」としての「救恤貧民」という名称を与えている。マルクスの文章を素直に読めば、「救恤貧民」が先の意味での相対的過剰人口に含まれていることは明らかである。いかなる装置によってであれ、それを用いてみずから生産可能な労働力商品をみずからの下に「絶対的に組み入れる」資本にとっては、救恤貧民を含めて四形態を採る相対的過剰人口は、つねに–すでに、出し入れ自在の在庫形態にある可変資本(の定在)としての労働者階級にほかならないが、それはまた、しかし、「無理を通」された起源的外部の残遺が資本が誇るその完全なる内部に乱調的痕跡として——これが空費の語源〈毀損されたもの断片 fret〉の含意である——資本に取り憑く、まさに瑕疵商品として労働力を、顕している。

ところで、いわゆる「最後」の在庫「領域 Sphäre」とされた救恤貧民をマルクスは、浮浪者や犯罪者や売春婦などの「本来の *eigentlichen* ルンペンプロレタリアートを別にすれば」とあえて断ったうえで、第一に景気循環に即して増減する「労働能力ある者」、第二に「孤児や貧児」といった「産業予備軍の候補」、第三に「堕落した者、零落した者 *Verlumpte*、労働能力なき者」や「産業犠牲者、すなわち不虞者や罹病者や寡婦」の「三つの範疇」に経験的に分類したうえで、かかる救恤貧民の「生産」とその「必然性」もまた、相対的過剰人口の「生産」とその「必然性」に「属して/組み込まれている」としながらも、他方で同時に、この救恤貧民は「相対的過剰人口と列ぶ *mit* 富の資本主義的な生産と発展の一つの要件–与件」であるとも、説き進んでいる。先に確認したように、救恤貧民は相対的過剰人口の一部とされていた。だがここでは、それは相対的過剰人口「と列ぶ mit」別個の階層とされ、さらにそのさらなる下層的外部として「本来のルンペンプロレタリアート」が措かれている。そのうえでマルクスは、決定的にも、この相対的過剰人口と微妙な重合関係にある救恤貧民は「資本主義的生産の空費に属する」と明言し、資本は、しかし、その抹消－短絡を「この空費の大部分を労働者階級や下層中間階級に転嫁すること」によって行うこと「を心得ている」としたのである。

この一連の文章は、一見するに、混乱している。というのも、マルクスを厳密に読めば、先の三形態を採る相対的過剰人口とそれ「と列ぶ」――だが、「本来の」ルンペンプロレタリアートとは異なる――救恤貧民が産業予備軍の二層を形成するかに読めるが、だがすでに確認したように、救恤貧民は相対的過剰人口に属しているからである。またマルクスは、なおも、「ラザロ的（極貧）層と産業予備軍 Lazarusschichte *und* die industrielle Reservearmee」という文章が示すように[44]、異なった二つの範疇とされた「ラザロ的（極貧）層」と産業予備軍」が増大すれば、「公認の offizielle」救恤貧民層もまた増大することを「資本主義的蓄積の絶対的な一般的な法則」ともしている。だが、とすれば、この産業予備軍と「公認の」救恤貧民層を外部から境界づける、「ラザロ的（極貧）層」とは何者か？

こうした非分析的な混乱には[45]、資本が（相対的過剰人口の生産を槓桿－原動力とする）生産可能な労働者階級と「本来のルンペンプロレタリアート」との間《あわい》で経済学的に抹消されている、普遍を僭称しつつも部分でしかない資本によっては経済的に陶冶－規律化されえない何ものか、論理の書『資本論』がことさらに言及を回避せねばならない何ものかが、与っている。あるいは、資本の自己完結的円環は、まさにその核芯である労働力という「瑕疵商品」において、外部への滲潤を示して綻んでいる。

こうして、論理としての資本は、労働者階級を随時利用可能な相対的過剰人口として生産できることができる外部装置を、つねに‐すでに、その裡に前提していた。だが、資本による生産可能な所与である相対的過剰人口は、まさしく境界領域そのものである「救恤貧民」と相互滲透的に重合する「ラザロ的（極貧）層」、さらには後者と相互滲透的に重合するさらなる外部である「本来のルンペンプロレタリアート」によって、逆説的に言えば、囲繞されて初めて内部化される、構造に措かれていると言わねばならない。そしてこの、一端における商品として自在に生産可能な労働力と他端における制御不能な「本来のルンペンプロレタリアート」なるものとの空隙に出現するこの〈名を欠いたもの nameless things〉あるいは境界そのものに、(46)『資本論』ではほとんど言及されることのないプロレタリアートが、だがそれ自体としてではなく、「本来の」ルンペンプロレタリアートというその外部に担保されて、密やかに登壇するのである。

その意味で、産業予備軍概念は、「語の厳密な意味では、もはやそれ自体としては識別不能であり、またしたがって、まったく陳腐」となったとするネグリのマルクス批判は、(47)まったく正しい。だがそれは、現状分析だけに当て嵌まる正しさではない。あるいはむしろ、ネグリのいわゆる社会全体の資本の下への実質的包摂は、(48)資本がその内部にみずから生産しえない外部を摂り込むことと同義なのである。マルクスは、相対的過剰人口の――あらかじめその実現がつねに‐すでに約束されている――安定的な生産に担保された可変資本の供給源‐在庫としての労働者階級とそれを最底辺の沈殿層として変動的――政治過程的――に隈取るさらなる「本来の」外部によってその漠とした境界が漸く照射される産業予備軍にさまざまに見え隠れする、以下に看る「不安定《プレカリテ》」であることをもってその唯一の特徴とするプロレタリアートを、前者を論理において純化することで、あるいは前者以外を非‐論理として除外‐抹消することで（本稿末尾のドゥルーズとバディウを読まれたい）、論理学としての『資本論』を完成させようとしたのである。あるいはそれを肯定的に逆説すれば、そうすることで初めて、プロレタリアートが資本の論理学（『資本論』）に、資本にとってはその論理を担保する非‐論理として、陰伏的に登場する。

とすれば、こうした対象は、ただ只管、「徴候的に読解」されるほかない(49)。またそのためには、その産業予備軍論の構制から言えば、マルクス自身がその論理学から排除したマルクスのいわゆるルンペンプロレタリアートへの接近が必要とされる。いいかえれば、ルンペンプロレタリアートの「歴史からの排除という傾向がマルクスによる『プロレタリアート』概念の書き直しを通じて顚倒される」のではなく(50)、むしろ資本の論理学（『資本論』）に徴してその夾雑物として削除線の下に措かれた（sous rature）プロレタリアートが、ルンペンプロレタリアートの「書き直しを通じて顚倒され」ねばならない。そしてその枢要は、「認識論的断絶」の書とされる『ドイツ・イデオロギー』でマルクスとエンゲルスが批判の対象としたシュティルナーのプロレタリアート論に、存在する。われわれは、あえて言えば、マルクスのいわゆる「プチブル」に溯行せねばならない。このルンペン／プロレタリアート（「四日目のラザロ」）は(51)、しかし、もはやその運命（‐偶然 Los）を嘆くことはないだろう(52)。

五　「四日目のラザロ」序論——「本来的」に存在的な空費‐濫費

マルクスは、「ローマのプロレタリアートは働かなかったが、近代社会は彼らの仕事に対する充分なる報償を払うことなくプロレタリアートに凭れて生きている」という「シスモンディの名言」が忘れられている（MEW 8: 560）、と喝破した[53]。だが、バリバールが指摘したように、このマルクスは、『資本論』では、一転して、語としてのプロレタリアートをほぼ使用せず、労働者階級という経済学範疇だけが用いられた。バリバールはこの物象化の相貌に措かれた「表現上」の事実に一箇の「基本的な徴候的価値」を見いだし、それをプロレタリアートが「置かれた状況の『不安定性』」という特質において捉えようとした[54]。この「不安定性」は、すでに看たように、相対的過剰人口をも含めた産業予備軍を貫穿する徴候であり、それを外部からもっとも先鋭的に象徴している存在が、マルクスのいわゆる「ラザロ層」と「本来の」ルンペンプロレタリアートにほかならなかった。またその意味で、プロレタリアートは、ルンペンプロレタリアートをその論理的記述から排除し、それによって労働者階級を「現役軍」と予備役としての相対的過剰人口としてともに内部化した『資本論』では、真の意味での不在（孔－空）を構成し、その内部化を「強制」せねばならない対抗公理的な価値標準《ニュメレール》そのものである。『資本論』に不在であるがゆえにその存在が徴候的に読解されねばならないこの対抗公理《プロレタリアート》は、むしろ、「ラザロ層」とルンペンプロレタリアートといういわゆる「本来の」外部から徴候的に語られることで初めて、死せる労働の有機的一部として組み込まれている生ける労働が真向かわざるをえない「商品世界」に「組み込まれ従属している」労働者階級と連接するための、物的根拠を獲得する。だが、マルクスのルンペンプロレタリアートとは、何者なのか？

たとえば、ルンペンプロレタリアートをマルクスにもっとも忠実かつ体系的に整理したある正統派の論者は[55]、マルクスが「旧いプロレタリアートを指す『プロレタリアート』の一部を指している」ルンペンプロレタリアートを[56]、「近代のプロレタリアや失業労働者や救恤労働者といった純粋な意味での労働者の一部」、またしたがって、資本の経済的「条件」ではなくその「帰結」としてのみ理解していた、と見なした。また、こうした「旧」説を文学的表象論から批判する論者もまた、「貧困」ではなく、その「無産」性をもってプロレタリアートの特質と規定するに到った経済学者マルクスにとっては[57]、ルンペンプロレタリアートは「非常に『非プロレタリア』的な集団」あるいは「有産階級によって用いられた意味での『プロレタリアート』の旧来の意味の残滓」であったと理解し、マルクスの強調点が「政治から経済へ移行」するにつれて、ルンペンプロレタリアート概念はその重要性を失ったことを強調している[58]。総じてこれは「初期世界の歴史的残滓」としてのルンペンプロレタリアートという見解に当たるだろう[59]。だが、「政治から経済へ移行」以前のマルクスは、ルンペンプロレタリアートを何に依拠し、どのように、描いただろうか? 数多あるルンペンプロレタリアートへの言及にあっても、「個人的な社会的落伍者の集団」「一般的なプロレタリアートの一部」「経済システムの範疇的外部」といった定義に当たる[60]、以下のマルクスの有名な記述が最適のイメージを与えてくれることは言うまでもない。

如何わしい手段で暮らしを立て、素性のほども如何わしい、零落れた放蕩者 Roués やグレて冒険的な生活を送っているブルジョワ子弟、浮浪者、兵隊崩れ、前科者、逃亡した漕役囚、ペテン師、香具師、ラッツァローニ lazzaroni、掏摸、手品師、博徒、女衒、女郎屋の亭主、荷担ぎ人夫、売文文士、風琴弾き、屑屋、鋏研師、鋳掛屋、乞食、要するに、はっきりしない、バラバラで、あっちこっちと揺れ動く大衆、フランス人がラ・ボエムと呼んでいる連中[61]……あらゆる階級のこれらの屑 Auswurf・塵 Abfall・滓 Abhub……（MEW 8: 160–61）。

この者どもをマルクスは、「卑しい多数性－蝟輯 ville *multitude*（gemeinen Pöbels）[62]」とも呼び、彼《か》の「遊動警備隊」に結集した「危険な階級 classes dangereuses」に象徴的な、「旧社会の最下層の受動的な腐敗分子」という名称を献呈している（MEW 4: 472）。マルクスのこうした口を極めた悪罵（まさに「四日目のラザロ」）の表象的解釈などによる復権は、慥かに興味深い[63]。

だが、注目されるべきは、先に引いたマルクスの悪罵が何よりもまず、『ドイツ・イデオロギー』で痛烈な批判の対象とされたシュティルナーの『唯一者とその所有』における以下の一文に起因している点である[64]。

> 市民階級 Bürgertum は、その本質にもっとも密接に関わる、一つのモラルを承認する。そのモラルの第一の要求は、堅実な勤め、正直な仕事に勤しみ、道徳的な品行を守ることだ。このモラルから見て不道徳的なのは、産業貴族・娼婦・泥棒・強盗・人殺し・遊び人・定職のない無産者・無分別者などだ。これら「不徳漢」らに対する気持ちを、健気な市民は「きわめて深い憤激」と名づける。この者どもはすべて、定住性・仕事の堅実さ・堅実で尊敬すべき生活・固定収入などに欠けている。つまり、彼らは、その存在が確たる基盤の上に立つものではないため、危険な「個人あるいは孤立者」、危険なプロレタリアート gefährlichen *Proletariat* に属している。彼らは「孤独な不平分子」で

あり、何らの「担保」もなく、「失うべき何ものもなく nichts zu verlieren」、したがって賭けるべき何ものもない。……市民〔城砦内部の人びと〕にとって胡散臭く、敵対的で、危険と思われる人間はすべて、「浮浪者」という名で一括りされる。……不定、浮動、転変の階級、つまりプロレタリアを形づくり、その不定の本質 unsesshaftes Wesen を顕わにするとき、「不逞－不安定な unruhige 輩－意志 Köpfe」と呼ばれる。

すなわち、マルクスのルンペンプロレタリアートはシュティルナーの「市民階級」に映るプロレタリアートとまったく同一であり、(65) バリバールがプロレタリアートに見いだした「不安定性」はシュティルナーのプロレタリアートのまさに「本質」である。先のマルクスは、シュティルナーのプロレタリアートを「本来のルンペンプロレタリアート」と見なし、シュティルナーともろともに批判したが、この批判によってプロレタリアートは経済学者マルクスの論理学から消失したのである。(66) シュティルナーは、その「ルンペン革命主体論」で、革命が成就した「暁には、プロレタリアはルンペンへ生成変化する」と、マルクスを逆立ちさせ、それにバクーニンをはじめとする多くの無政府主義者が共感を寄せたこともまた周知である。(67)

だが、同一対象に対するこのいわば名称変更を資本によるいわゆる近代化の帰結——社会問題としての貧困から経済問題としての搾取への視点移行——としてのみ理解することは、許されるだろうか？　そもそもマルクスは、そのように理解していただろうか？　このマルクスがその論理学で排除したシュティルナーの「失うべき何ものもな」い、いわば資本のための「昼仕事」からの逃走線を引いた無産者《プロレタリアート》の

「夜」は、[68] しかし、マルクスが、一方で資本語で可変資本としたみずから生産可能な労働力商品という一端と、[69] 他方で前者をこの生産可能な労働力商品から逸出してまさに生産可能な労働力商品たらしめる他端との空隙に陰伏的に出現する無産者《プロレタリアート》、収奪（暴力）‐搾取（平和）という二元論を一身において背負う無産者《プロレタリアート》に、ほかならない。かかる視点から、論理の書『資本論』に「不在」のプロレタリアートは、まさにその不在によって、論理の書『資本論』の内部にその論理を支えるに不可欠‐不可避の非‐論理として徴候的――政治的――に読解されねばならない主体となる。[70] この事実に直面して、われわれは、ふたたび、「合理的なものはつねに非合理的なものの合理性」であるというドゥルーズに回帰する。[71] そしてドゥルーズのこの「非合理的なもの」が、乱調であるがゆえに階調を誇る例の「吃音」の資本のみならず、この乱調を支えるプロレタリアートという「種族能力 Gattungsvermögen」（K I: 349）を徴候的に指示している。[72]

註

（1） 本稿は、Yutaka Nagahara, "*Monsieur le Capital* and *Madame la Terre* Do Their Ghost-Dance," *The South Atlantic Quarterly* 99 (4), 2000 および長原豊「プロレタリアート雑感」『現代思想』第三七巻一〇号、二〇〇九年の続稿であり、長原豊「『墓碑文体‐簡潔態』で捕縛する資本」『現代思想』第三九巻三号、二〇一一年を展望する論攷である。なお『資本論』に出現する「極貧層」に〈Lazarus-layer〉――原文は〈Lazarusschichte〉（K I: 673）――という表現が与えられていることに注意を喚起してくれた友人、トロント大学のケン・カワシマに感謝する（K. C. Kawashima, *The Proletarian Gamble: Korean Workers in Interwar Japan*, Durham: Duke University Press, 2009 も参照）。

（2） J. Lacan, *Télévision*, Paris: Seuil, 1974, pp.26-27. 以下、本文中の〔 〕および強調はすべて長原。

（3） F. Nietzsche, "Vom neuen Götzen," in *Also sprach Zarathustra*, I, Friedrich Nietzsche, Digitale Kritische Gesamtausgabe Werke und Briefe auf der Grundlage der *Kritischen Gesamtausgabe Werke*, herausgegeben von Giorgio Colli und Mazzino Montinari, Berlin/New York, Walter de Gruyter, 1967ff.

（4） M. Hardt and A. Negri, *Multitude: War and democracy in the Age of Empire*, New York: Penguin Press, 2004, pp. xiv ff.

（5） その民衆史的「復権」の嚆矢は、G・ルフェーブル『革命的群集』（二宮宏之訳、岩波文庫）やE・P・トムソンなどの移行期における「反作用する過激派 reactionary radicals」についての研究などにあるだろう。

（6） G. Deleuze et F. Guattari, *L'anti-œdipe: Capitalisme et schizophrénie*, Paris: Minuit, 1972, pp. 74, 227 および do., *Mille plateaux: Capitalisme et schizophrénie*, Paris: Minuit, 1980, pp. 528ff.

（7） L. Trotsky, "A propos de la philosophie du surhomme," signé 'Andide Oto', paru dans Vostotchnoïé Obozriéné（*La Revue de l'Orient*）d'Irkoutsk, numéros 284, 286, 287, 289 des 22, 24, 25 et 30 décembre 1900（Repris dans: L. Trotsky, Sotchuniénia, T. XX: Koultoura starogo mira（La culture de d'ancien monde）, Moscou-Leningrad, Editions d'Eta, 1926）.

（8） トロツキーは、〈逃走する оставлять/sortir〉をことさらに括弧に入れている。

（9） 本稿では、現代資本主義がその完成態である擬制資本（G……G′）を槓桿とする金融投機資本に典型的な「高級な類型」に属する「ルンペンプロレタリアート」とそれがナショナリティへと逆流する論点を論じない。それについては、すでにマルクスが「その営利の方法でも享楽でも、ブルジョワ社会の上層に再生したルンペン・プロレタリアート以外の何者でもない」金融貴族（MEW 7: 15）あるいはエンゲルスが「貴族ルンペンプロレタリアート adliges Lumpenproletaria」（MEW 21: 450）として論じている。P. Hayes, "*Utopia* and the Lumpemproletariat: Marx's Reasoning in *The Eighteenth Brumaire of Louis Bonaparte*," *The Review of Politics* 50（3）, 1988; do., "Marx's analysis of the French class Structure," *Theory and Society* 22, 1993 における「移行的階級」論あるいは「循環的階級構造」論、R. L. Bussard, "The 'Dangerous Class' of Marx and Engels: The Rise of the Idea of the *Lumpenproletariat*," *History of European Ideas* 8（6）, 1987, p. 685; P. E. Corcoran, "The bourgeois and other villains," *Journal of the History of Ideas* 38（3）, 1977 および H. R. Ritter, "Friedrich Engels and the East European nationality problem," *East European Quarterly* 10, 1976 を参照。

(10)「今日的」という場合、私は、いわゆる〈リーマンショック〉後に資本が労働に対して顕わにしたその本性だけでなく、それ以前から顕在化している「余剰人類 surplus humanity」状態をも指している（M. Davis, *Planet of Slums*, London: Verso, 2007, pp. 174ff.）。

(11) 長原豊『われら瑕疵ある者たち』青土社、二〇〇八年、参照。

(12) 宇野弘蔵『経済原論』〔旧原論〕『宇野弘蔵著作集』第一巻、岩波書店、一九七三年、一三五頁。なおG・ウォーカー「無理という閾と〈共〉の生産」上・下、『情況』二〇一〇年五月号・一〇月号を参照。

(13) A. Badiou, *L'Être et l'événement*, Paris: Seuil, 1988, Pt. VIII 参照。

(14) すべて否定性に措いて記述されていること、また労働と資本の「人格化」としての労働者と資本家がこの「定在」において経験‐現実的に（*wirklich*）一致していることに、注意されたい。

(15) M. Hardt and A. Negri, *Labor of Dionysus: A Critique of the State-Form*, Minneapolis: University of Minnesota Press, 1994, *passim*.

(16) こうした理解を私は、ハイデガーの「在庫」論として論じたことがある。長原豊「用象＝集‐立と元有——試論」『道の手帖——ハイデガー』河出書房新社、二〇〇九年参照。

(17) A. Negri, *Il lavoro di Giobbe: il famoso testo biblico come parabola del lavoro umano*, Roma: Manifestolibri, 2002 に列ぶネグリの哀しき傑作、A. Negri, *Lenta ginestra: Saggio sull'ontologia di Giacomo Leopardi*, Milan: Mimesis, 2001 および本書所収のマーフィー論文を参照。

(18) E. Balibar, "The Notion of Class Politics in Marx," *Rethinking Marxism* 1 (2), 1988, p. 19.

(19) その意味で初めて、いわゆる〈プレカリアート〉存在が解明される。F・ベラルディ（ビフォ）『プレカリアートの詩』櫻田和也訳、河出書房新社、二〇〇九年などを参照。また現代における労働論との関連については、R. Gill and A. Pratt, "In the Social Factory?: Immaterial Labour, Precariousness and Cultural Work," *Theory, Culture and Society* 25 (1), 2008 も参照。

(20) 本稿末尾が来たるべき論攷の序説である所以が、これである。なお、本書所収の論攷G・ウォーカー「資本のプロレタリア的零度」を参照されたい。

（21） J. Rancière, *La Mésentente: Politique et Philosophie*, Paris: Galilée, 1995 参照。

（22） E. Partridge, *Origins: A Short Etymological Dictionary of Modern English*, New York: Random House Value Publishing, 1988, p. 751.

（23） 表層と深部の二層論については、H.-G. Backhaus, "Materialien zur Rekonstruktion der Marxschen Werttheorie 3," *Gesellschaft, Beiträge zur Marxschen Theorie* 11, Suhrkamp: Frankfurt am Main, 1978 を参照。

（24） 宇野弘蔵編『資本論研究』III（資本の流通過程）、筑摩書房、一九六七年、一七四～八〇頁および宇野弘蔵編『演習講座　新訂経済原論』青林書院新社、一九六七年、八九頁、参照。

（25） K. Marx, "Marx to Ludwig Kugelmann（Lizzy Burns）," *Karl Marx and Frederick Engels Collected Works*, vol. 42, p. 312.

（26） MEGA Zweiter Abteilung "Das Kapital" und Vorarbeiten, Band 3, Karl Marx zur Kritik der Politischen Ökonomie（Manuskript 1861–1863）, Text Teil 2, Dietz Verlag: Berlin, 1977, S. 460, 607, 617.

（27） 「空費」のこうした定句的用法はブハーリンにおける「革命の空費」論に顕著である（N. Boukharine, *Économie de la période de transition: Théorie générale des processus de transformation*, tr. by de E. Zarzycka-Berard et J.-M. Brohm avec la collaboration de M. Andreu, Paris: Études et Documentation Internationales, 1976）。

（28） MEGA Zweite Abteilung "Das Kapital" und Vorarbeiten, Band 4, Karl Marx Ökonomische Manuskripte 1863–1867, Text Teil 1, Berlin: Diez Verlag, 1988, S. 112.

（29） ここでの「合理性」の含意については、G. Deleuze（avec F. Guattari）, "Sur le capitalisme et le désir," do., *L'île déserte et autre textes: Textes et entretiens 1953–1974*, édition préparée par D. Lapoujade, Paris: Minuit, 2002, pp. 363–68 参照。

（30） ネグリのいわゆる「資本の社会主義」論の根拠が、これである。エンゲルスが校訂した『資本論』第三巻でマルクスは、「資本主義的生産それ自身は指令労働が資本所有から完全に分離して街頭を彷徨うまでに完成した。この指令労働が資本家によって行われる必要はなくなった。……〔それは〕資本家自身が最高の完成にまで到達すれば、大土地所有者を余計 überflüssig と思うのと同様〔の事態〕である。資本家の労働が……社会的労働としての労働の形態から生じ、一つの協働の結果を生むための多数の結合と協業から生ずる限りでは、この労働は資本とは無縁であって、それはちょうど、その形態そのものが資本主義的外皮を破ってしまえば、資本とは無縁であるのと同様〔の事態〕である」と書いている（K III: 400）。ここでは、資本（家）そして土地所有（者）が、労働（者）にとって、「余りに多すぎる者ども」あるいは「溢れ出た者ども」である。

（31）ここでのマルクスによる「機械」の拡張的語用は、ドゥルーズ+ガタリの「機械」論を想起させる。

（32）問題含みの「非物質的労働」論については、周知のハートやネグリを措けば、L. Fortunati, "Immaterial Labor and Its Machinization," *ephemera* 7 (1), 2007 および M. Lazzarato, *Lavoro immateriale*, Verona: Ombre corte, 1997 などを参照。

（33）MEGA Zweiter Abteilung "Das Kapital" und Vorarbeiten, Band 3, Karl Marx zur Kritik der Politischen Ökonomie (Manuskript 1861–1863), Text Teil 5, Berlin: Dietz Verlag, 1980, S. 1798–99.

（34）このマルクスを現状分析において突き詰めたネグリは、それがゆえに、マルクスの「不充分」性を批判し、「社会資本という視点から実質的包摂傾向の深部に到達するには、潜勢的資本が流通でいかに作動するかを理解せねばならない。これは潜在的に生産的な資本である。この効果は包摂の方向性全体で作動する。『生産時間』（と再生産の時間）は、ますます『労働期間』にもとづいてモデル化され、また『労働時間』に還元される。資本の生命は生産上の空費の実効的削減――と廃絶――とあらゆるタイプの労働の生産的労働への変換という傾向によって支配される」と指摘している（A. Negri, "Toward a Critique of the Material Constitution (1970)," *Books for Burning: Between Civil War and Democracy in 1970s Italy*, tr. by A. Bove et al., London: Verso, 2005, p. 194）。

（35）この弁証法的矛盾とは異なる〈エニグマ〉については、K. Dean and B. Massumi, *First and Last Emperors: The Absolute State and the Body of the Despot*, New York: Autonomedia, 1992 の最終章を参照。

（36）外交官であり歴史家でもあったデュビュア・ナンセー（L. G. DuBuat-Nancay）は、一七七三年にロンドンで出版された『政治学要綱』（*Eléments de la Politique: Ou recherche des vrais principes de l'économie sociale*）で、神意による自然秩序と農業の純生産を主張した、広い意味での重農主義者である。この「神意による自然秩序」は、資本もみずからに夢想する秩序である。

(37) ＭＥＷの編集者は、脚注で、この〈faux frais〉に〈Nebenkosten〉を宛てている。

(38) したがって、マルクスが再生産表式に関わってケネー「経済表」を評価したことの意味は、何よりもまず、労働力の再生産（生殖）という視点から再評価されねばならない。

(39) 長原豊「人類の『経済表』とその危険な起源」『現代思想』第三八巻一号、二〇一〇年参照。

(40) 〈運命－偶然 Los〉については、長原豊「風に向かって唾を吐くな！」『道の手帖　ニーチェ入門』河出書房新社、二〇一〇年参照。

(41) 「いわゆる本源的蓄積」が依然として重要な論点であることについては、S. Mezzadra, *La condizione postcoloniale. Storia e politica nel presente globale*, Verona: Ombre Corte, 2008 を参照。

(42) ネグリなどが強調する形式的／実体的な包摂論と産業予備軍との関係は、したがって、いまだ充分には詰められていない。

(43) マルクスは「追加的な労働者人口」と訳されている部分を〈*Zuschuß*-Arbeiterbevölkerung〉と書いている。まさに「補助・手当 Zuschuß」あるいは失敗を見越してあらかじめ用意されている材料 Zuschuß である。

(44) ペンギン版『資本論』は、これを〈the pauperized sections of the working class〉と訳し、強引に「救恤貧民」に含ませているが（K. Marx, *Capital*, vol.1, tr. by B. Fowkes, 1976, p.798）、モスクワ版ＭＥＣＷは、それを正しく〈the *lazarus-layers* of the working class〉とし、その訳註で「ルカによる福音書」第一六章の参照を求めている（MECW 35: 638, 798）。

(45) 科学とイデオロギーの分離を主張した宇野が、その論理学としての経済原論から産業予備軍を放逐し、相対的過剰人口のみをもって資本主義に特有な人口「法則」を整序した所以は、この混乱にある（宇野弘蔵「講演　恐慌論の課題」一九六六年十月二二日、宇野弘蔵没後三〇年研究集会実行委員会、二〇〇七年）。

(46) P. Stallybrass, "Marx and Heterogeneity: Thinking the Lumpenproletariat," *Representation* 31, 1990.

(47) A. Negri, *La costituzione del tempo. Prolegomeni*, Roma: manifestolibri, 1997, p.131. なお、産業予備軍は、イタリア語では〈esercito di riserva〉と表記されるが、この〈esercito 軍隊・集団〉という語が、動詞〈esercitare 訓練・訓育・

陶冶・規律化する〉に密接に関わっていることの含意に注意されたい。

(48) ここでは説かないが、この包摂は形式的包摂で完了している。

(49) L. Althusser et al., *Lire le Capital*, Nouvelle Édition Revue, Paris: PUF, 1996 参照。

(50) Stallybrass, "Marx and Heterogeneity," p. 84.

(51) 「ヨハネによる福音書」第一一章参照。

(52) ドストエフスキー『罪と罰』中、江川卓訳、岩波文庫版における訳註（三五七〜五八頁）参照。

(53) Simone de Sismondi, *Études sur l'économie politique*, t. 1, Paris: Treuttel et Würtz, 1837, p. 35. なお、プロレタリアートの語源については、G. A. Briefs, *The Proletariat: a challenge to western civilization*, New York: Arno Press, 1975, p. 59 および Bussard, "The 'Dangerous Class' of Marx and Engels," が非常に興味深い。是非参照されたい。

(54) Balibar, "The Notion of Class Politics in Marx," pp. 18–19. 例外は、「労働日」と工場監督官の記述やヴォルフへの献辞や本稿が主題としている「一般的蓄積法則」、そして前掲『われら瑕疵ある者たち』が対象とした「いわゆる本源的蓄積」である。

(55) H. Draper, "The Concept of the 'Lumpenproletariat' in Marx and Engels," *Économie et Sociétés*, 1972, pp. 2285, 2289, 2303.

(56) たとえば、「旧いプロレタリアート」であるルンペンプロレタリアートをマルクス（とエンゲルス）は、政治的視点から経済的視点への転轍点をなす作品『ドイツ・イデオロギー』で、「自由民と奴隷の中間に位置する〔ローマの〕平民は決してルンペンプロレタリアートの域を超えることはなかった」と表現している（MEW 3: 23）。従来の英訳では、このルンペンプロレタリアートは〈proletarian rabble〉と訳されていた。〈rabble 烏合の衆〉については F. Bovenkerk, "The Rehabilitation of the Rabble: How and Why Marx and Engels Wrongly Depictes the Lumpenproletariat as a Reactionary Force," *Netherlands Journal of Sociology* 20 (1), 1984 を、またローマ時代の〈乱民 mob〉については P. A. Brunt, "The Roman Mob," *Past & Present*, No. 35, 1966 を参照。

(57) 「貧困」の搾取論的再把握について、A. Negri, *Kairòs, Alma Venus, Multitudo: nove lezioni impartite a me stesso,*

Roma: manifestolibri, 2000, pp. 83ff. またその古典的記述については、G. Himmlefarb, *The Idea of Poverty: England in the early Industrial Age*, New York: Knopf, 1984 が、エンゲルス「イギリスにおける労働者階級の状態」（MEW 2）と列んで、初期の「貧困」を活写する名作である。なお A. Woodall, *What Price the Poor?: William Booth, Karl Marx and the London Residuum*, Ashgate Pub. Co., 2005 も参照。

（58）　Bussard, "The 'Dangerous Class' of Marx and Engels," pp. 675, 679–80, 687. マルクスとエンゲルスが、その著作群で、ルンペンプロレタリアートという表現を用いた箇所とその頻度も、いまではほぼ確定できる。なおプロレタリアート概念の「賤民－下層民 Pöbel」からの分離については、W. Conze, "Vom 'Pöbel' zum 'Proletariat': Sozialgeschichitliche Voraussetzungen für den Sozialismus in Deutschland," *Vierteljarhresschrift für den Sozial-und Wirtschaftsgeschichte* 41, 1954 参照。

（59）　Bovenkerk, "The Rehabilitation of the Rabble." なお、かかる視点からF・ファノンを論じた P. Worsley, "Franz Fanon and the 'Lumpenproletariat'," *Socialist Register* Vol. 9, 1972 は、ルンペンプロレタリアート論としても秀逸である。

（60）　Bovenkerk, "The Rehabilitation of the Rabble."

（61）　マルクスはいわゆる「ラ・ボエム」を肯定・否定さまざまに説いているが（たとえば、MEW 7: 272）、A. Glinoer, "Le Journal des Goncourt en 1857: le règne paradoxal de la Bohème," *Études française* 43（2）, 2007 および J. P. Riquelme, "The Eighteenth Brumaire of Karl Marx as Symbolic Action," *History & Theory* 19（1）, 1980 が興味深い。

（62）　いわゆる「遊動警備隊」については、M. Traugott, "The Mobile Guard in the French revolution of 1848," *Theory and Society* 9（5）, 1980 および P. Casperd, "Aspects de la lutte des classes en 1848: le recrutement de la garde nationale mobile, *Revue Historique* 511, 1974 を参照。また「危険な階級」という、後年の訳者たちがルンペンプロレタリアートに与えた公式の「政治的」別名については、L. Chevalier, *Classes laborieuses et classes dangereuses*, Paris: Plon, 1958 を参照。

（63）　J. Mehlman, *Revolution and Repetition: Marx/Hugo/Balzac*, Berkeley: University of California Press, 1977 や D. LaCapra, "Reading Marx: The Case of The Eighteenth Brumaire," in *Rethinking Intellectual History: Texts, Context, Language*, Ithaca: Cornell University Press, 1987 をはじめ、ユーゴー『レ・ミゼラブル』論を素材にルンペンプロレタリアートを論じ

た Stallybrass, "Marx and Heterogeneity," や J.-C. Nabet et G. Rosa, "L'argent des Misérables," *Romantisme* 40, 1983、バルザック「シャベール大佐」を素材にルンペンプロレタリアートの表象を論じた S. Petrey, "The Reality of Representation: Between Marx and Balzac," *Critical Inquiry* 14 (3), 1988 やフローベールを素材とする H. White, "The Problem of Style in Realistic Representation: Marx and Flaubert," *The Concept of Style*, ed. by B. Lang, rev. ed., Ithaca: Cornell University Press, 1987 など、枚挙に遑がない。

(64) 以下、M. Stirner, *Der Einzige und sein Eigentum*, Seitenzahlen nach Ausgabe Reclam 1972, S. 123–24, 129.

(65) ドイツ語の〈Bürgertum〉はフランス語の〈bourgeoisie〉の借用語である。

(66) この「隠蔽の手続き」をもっとも明快に説いたのは、ランシエールである。J. Rancière, "La révolution escamotée," do., *Le philosophe et ses pauvres*, Paris: Fayard, 1983, pp. 135–55, esp., p. 144 参照。

(67) バクーニンの「ルンペンプロレタリアートは革命運動の前衛」であるという主張を想起されたい（M. Bakunin, *Bakunin and Anarchy: Selected Works*, ed. and tr. by S. Dolgoff, New York: Vintage Books, 1972, p. 334）。

(68) J. Rancière, *La nuit des prolétaires: Archives du rêve ouvrier*, Paris: Fayard, 1981 を参照。同書の英訳版への興味深い「書評」と「論攷」、D. Reid, "The Night of the Proletarians: Deconstruction and Social History," *Radical History Review* 28–30, 1984 および do., "Introduction" to J. Rancière, *The Nights of Labor: The Workers' Dream in Nineteeth-Century France*, tr. by J. Drury, Philadelphia: Temple University Press, 1989 を参照

(69) A. Jappe, *Les Aventures de la marchandise: Pour une nouvelle critique de la valeur*, Paris: Denoël, 2003, pp. 118ff.

(70) この「不在」については、Alain Badiou, *Second manifeste pour la philosophie*, Paris: Fayard, 2009, p. 60 を参照。

(71) Deleuze (avec F. Guattari), "Sur le capitalisme et le désir," p. 366ff.

(72) G. Deleuze, "Bégaya-t-il ... ," do., *Critique et clinique*, Paris: Minuit, 1999 および J.-J. Lecercle, "Bégayer la langue," *Ljs'Esprit Créateur* 38 (4), 1998 参照。

第16章　資本の自由／労働の亡霊

絓　秀実

一　歴史記述のなかのある欠落

フランスの一九六八年五月が単なる「学生革命」ではなく、多くの労働者の決起とともにあったのは周知のことである。そのことは、たとえばクリスティン・ロスの著作[1]をはじめ、今なお想起され検討に付されている。同様のことは、アントニオ・ネグリやマリオ・トロンティらの思想を生み出したイタリアの「六八年」（オペライスモ、アウトノミア運動）についても言われている。それに比して、日本の「六八年」は労働運動との結合が希薄であったことが、しばしば否定的に語られる。それゆえ、日本のそれは社会の深部に達しえない一過性の出来事だったのだ、と。事実、「六八年」を記述し論じた多くの書物においても、労働運動については、ほとんど触れられていないのが実情である。せいぜい、一九六五年に結成された「反戦青年委員会」が学生の運動と——主に「街頭」で——随伴したことが、副次的に触れられる程度なのだ。

二〇〇〇頁を超える量を誇る小熊英二の著作[2]は、基本的に学生運動と、学生もコミットしたヴェトナム反戦市民運動の記述に終始している。そのことは、同書の副題が、それぞれ「若者たちの叛乱とその背景」、「叛乱の終焉とその遺産」とあることからも知られる。「若者たち」とは、この場合、「学生」(高校生、予備校生を含む)を指しているだろう。同様のことは、小熊の本以前に上梓され、それとは根本的に対立する視点によって書かれているはずの二冊の拙著[3]についても言える。いくつかの事情があり、拙著においても、「六八年」の労働運動については、まったく不十分にしか触れることができなかった。そのほか、近年、陸続と刊行されている類書においても、事情はおおむね変わらない。

しかし、「六八年」を担った新左翼による労働運動はあった。それについての書物も、戸塚秀夫らによる浩瀚な研究書[4]をはじめ、それなりに存在してはいる。だが、それらの多くは国鉄、全逓、電力、自治労、水道、教育などの官公労や、三菱長崎造船、全金など大単産における左翼反対派的運動に視点が限定されている。それらは基本的には古典的な労働運動イメージのなかで語られていて、「六八年」とのかかわりが主題化されているとは言いがたい。それは、旧総評が組織しえなかった中小単産における新左翼労働運動を記述する書物の場合でも、そうだったのである。

そのような古典的な文脈においてしか「六八年」の労働運動を把握できなかったところに、「貧困」、「格差」といった視角から「ワーキングプア」、「下流」として語られている現代の「労働」問題が、上手く語りえないでいる一因があるように思われる。新自由主義とも「帝国」ともさまざまに規定される現代資本主義が、「六八年」に対する受動的(反)革命の帰趨であるとするなら、「六八年」における「労働(運動)」の問題も一瞥されなければならないだろう。現代の「貧困」は、一九世紀的なそれに還元しえないからである。

二　「六八年」における出版労働争議

日本の「六八年」には、以上にあげたような左翼反対派的な労働運動のみが存在したのではなかった。それを象徴するのは出版社の労働争議である（出版以外では全金本山争議などが有名である）。今では省みられることが少ないが、「六八年」（時代的には、主に一九七〇年代以降）には、七〇年四月に始まり七年間の長期にわたって展開された光文社争議をはじめ、それに前後する中央公論社、教育社、学習研究社等々の争議を代表的なものとして、大小多数の出版労働争議が、「学生革命」に煽られるようにして展開された。とりわけ、「ベストセラーづくりの神様」と評されていた特異なカリスマ経営者・神吉晴夫（社長、当時）のもと、新書版の「カッパ・ブックス」、「カッパ・ノベルス」を刊行して、一九六〇年代出版ジャーナリズムの寵児の位置を占めていた光文社における、多数の被解雇者を含む全面争議は、「六八年」の象徴的な闘争として展開され、一九七七年の全面勝利とも相まって、当時の新左翼労働運動に大きなインパクトを与えたのである。

光文社争議についてはは当該等による、光文社闘争本部編『光文社闘争　70年カッパ争議の中間総括（写真版）』（光文社労働組合、一九七〇年）、光文社闘争を記録する会編『光文社争議団——出版帝国の〝無頼派〟たち、2414日の記録』（社会評論社、一九七七年）、光文社三労組情宣部編『光文社闘争

（闘争新聞復刻版）』1・2（社会評論社、一九七七年）をはじめ、当時のマスコミ、ミニコミに多くの記録が残されている。また、他の出版争議についてさえ、単行本化された記録も少なくなく、多数の資料・論考が存在する。しかし、私見の及ぶ範囲では、これら出版争議の意味を、現在的な視点から総括的に論じたものは皆無に等しい。本稿の企図もその責に応えるものではないが、ひとつの問題提起たらんとする目論見を含んではいる（なお、本稿に記された出版争議についての情報は、これら活字化されたもののほかに、一部、関係者からの聞き取りによるものも含まれている）。

出版争議が新左翼労働運動として闘われた背景には、出版資本には、学生運動の経験者が、その心性を維持したまま職をえやすいという事情があった。実際、光文社争議においても、その他の「六八年」の日本の出版労働争議においても、それを領導した者の多くは、主に編集者となった学生運動の経験者によって占められていた。彼らが、その経験から養われた心性によって、長期にわたる解雇争議に耐えたという側面を否定することはできない。また、一般組合員の多くにも、新左翼のシンパサイザーが含まれていることが出版争議の特徴であり、そのことが、官公労や民間一般企業における新左翼労働運動との大きな相違である。(5)

一九六〇年代の文化的・知的ヘゲモニーは、六〇年安保を通過することで、知識人界とりわけ学生においては、新左翼的なものに傾いていた。出版労働者の多くは、このヘゲモニー移動に敏感であった。このことは、いまだ「労働者本隊論」が主流のマルクス主義が新左翼においても優勢であった当時の文脈では、出版争議が擬似インテリの観念的な遊戯にすぎないという暗黙の蔑視を受ける理由でもあった。労働者本隊論で言う「労働者」とは、産業資本主義における基幹産業（第二次産業）のそれだからである。出版労働者は、みずからを基幹産業労働者に「自己否定」的に擬することで、争議を持続させていたという側面があった。しかし、そのことをもって当時の出版争議の意義を否定することはできない。それは歴史必然的に生起したのであり、そこにはポスト・フォーディズムの時代における「労働」問題が萌芽的に懐胎されていたからである。

出版労働者の「労働」、とりわけ編集やデザイン、製作、ライター、カメラマン、コピーライティングなどのそれは、ハンナ・アーレント(6)の言葉を用いれば、「仕事 work」や「労働 labour」というよりは、「活動 action」に近似的なものと見なされた。それは、労働の実態がそうであるという以上に、社会的にそう見なされ、みずからもそう見なしていたということである。東欧革命やソ連邦の崩壊と前後して、欧米でアーレント再評価の機運が高まった背景には、ひとつには古典的な「労働」概念の失調があったが、その萌芽は、すでに「六八年」の日本にも懐胎されていたと言える。言うまでもなく、そのアーレント的視点は、今日では、「認知労働」(アントニオ・ネグリ)や「クリエイティヴ・クラス」(リチャード・フロリダ)といった言葉で置き換えられ、論議されている。

民間や官公労においても、多くの場合、反戦派労働運動を組織し領導しているのは、学生運動の経験者であった。しかし、彼らが、学生運動的ラディカリズムに拒否反応を示す一般組合員が多数を占める労組のヘゲモニーを掌握することは困難であり、左翼反対派的運動をこえることは不可能であった。端的に言えば、一般労組員には「生活がかかっている」からである。それゆえ、反戦派労働者と呼ばれる彼らは、組合の機関決定を無視して政治スト(マッセン・ストライキを自認する山猫スト)を打つこともあった。学生とともに「武装化」し、街頭闘争へと向かう者も少なくなかった。「街頭」で逮捕された反戦派労働者は、裁判闘争や解雇攻撃にさらされることで、職場からの離脱を余儀なくされ「ルンペンプロレタリア化」する者も稀ではない。それを見越したうえでの決起は、多くの場合、個々の労働者の「決意性」のみによって担保されえたのである(7)。

そのような環境のなかで、光文社争議は反戦派が個別単産とはいえ組合を掌握し、労働争議として戦われたという意味でも、きわめて特異な「大」争議であった。しかも、それは奇妙にも、「ルンプロ反戦」路線をもっとも積極的に遂行していると見なされていた新左翼政治党派によって指導されていたのである(8)。光文社労組には、争議以前からいくつかの新左翼系活動家が活動していたが、とりわけ、その党派の古参有力活動家がヘゲモニーを握っており、争議は彼らを介して「党」中央が直接に指導に当たっていた。ただし、表面的にはセクト色は極力払拭されており、多くの新左翼諸党派・ノンセクトの学生・労働者の支援が寄せられていた。「六八年」の象徴的な労働争議となった所以である。

光文社闘争は、光文社労組が七〇年春闘において、「神吉体制打破、賃上げ二万円、賃金格差是正金四万円」を要求に掲げて無期限ストに突入したことから開始された。同時に、光文社労組は、光文社記者労組、光文社臨時労働者協議会（後に、光文社臨時労働者労働組合）と共闘関係を構築、これが七年間の争議を担う「光文社三労組」である。

ここでまず注意しておくべきなのは、春闘としては当時としても稀有な「無期限スト」戦術が採用されていること、そして、それがいわゆる「七〇年安保」を直前にした決起だったことである。官公労や民間の左翼反対派的新左翼労働運動において「無期限スト」を実行することは、当時にあってさえ不可能に近い。規模の相違があるとはいえ、動労・国労による一九七五年一一月から一二月にかけてのスト権ストは八日間である。これは、光文社争議が「六八年」における全共闘の無期限バリケード・ストライキ方式をモデルに仰いでいることの証左であり、出版争議という特殊な領域が、それを可能にしたと言える。しかも、意図的であるか否かは不明だが、それは、「六八年」の特殊日本的な決戦時と擬制されていた日米安保条約自動延長時の一九七〇年六月を前にして設定されたのである。これらのことには、巷間知られる新左翼の「ルンプロ反戦」路線とは異なった政治的意思が垣間見られよう。事実、光文社労組の争議突入は、それが所属する出版労協（後の労連）はもとより、総評などの既成勢力からは、要求の「無理スジ」、戦術的な「ハネ上がり」であり、大手企業労組の「殿様スト」と見なされていた。

光文社闘争は、当初は「大衆団交」によって進行し、そのなかで神吉社長の背任横領や不当労働行為の告発がなされた。そのなかで神吉社長らの解任と新社長の就任などもあって、争議はいったん収束に向かったが、新経営陣の雲隠れと、経営陣に雇われた暴力団によるロックアウト、結成された第二組合とのあいだの流血など、争議勃発の一、二年のあいだに事件がつぎつぎと出来し、三労組の活動家や支援労働者が逮捕・起訴されるなど、泥沼化・長期化の様相を呈していった。光文社問題は国会においても取り上げられた。解雇者は最終的に、三労組あわせて三七名に及ぶ。概略この経緯を見ても知られるように、光文社争議は、古田会頭の使途不明金発覚によって大衆的な盛り上がりを見せた、一九六八年の日大闘争のミニアチュアの様相を呈している(9)。

しかし、それ以上に重要な問題は、光文社争議が光文社労組という本工労組のみの運動ではなく、当初から、記者、臨職という非正規雇用労働者をも含む運動として構築されていたということである。光文社闘争を「指導」した政治党派は、一九七〇年七月七日のいわゆる華青闘（華僑青年闘争委員会）告発を契機に「差別問題」が新左翼に主題化される以前から、部落や沖縄などマイノリティ問題にも熱心に取り組んでおり、そのような路線が、非正規雇用労働者を問題化することに向かわせた一因と思われる。そして、このことこそが、その正負をとりあえずおいておけば、光文社争議をきわめて「六八年」的なものにしている理由である。

周知のように、一九六〇年代の日本は、終身雇用制という「日本的雇用」が一般的だったと信じられており、それが崩壊を開始するのは、バブル崩壊の九〇年代に入って以降と考えられている。「一九四〇年代論」の提唱者が指摘したように、終身雇用制という擬制の成立は、一九四〇年代の戦時下総力戦体制に由来する。そもそも終身雇用が実態的に可能な企業は労働者数一〇〇〇人以上の大企業に限定され、それは全労働人口の八・八パーセントにすぎないというデータもある。[10] 欧米諸国においては、「六八年」以降――あるいは、一九七三年のオイル・ショック以降と言うべきか――労働市場の「自由化」が加速した。ところが、日本においては、巨大資本と巨大労組の「合意」によって、そのレヴェルにおける終身雇用制が守られたのであった。それは、「ジャパン・アズ・ナンバーワン」の担保ともなった。日本で終身雇用制という擬制がおおやけに疑問視されはじめたのは、だから一九九〇年代に入ってからなのだが、今なお、それは理念型のように語られているという現状がある。

しかし、中小零細企業が過半を占める出版業界においては、もともと終身雇用など存在しないに等しいと言って過言ではないし、臨時や非正規雇用も常態である。数からすれば、社会保険も整わない企業がほとんどだろう。さらに言えば、「認知労働者」としての出版労働者は、終身雇用には適合的ではなかった。たとえば、若者向けの出版物の編集者は、その能力を中高年時まで維持してゆくことは困難であり、中小の企業は、その能力を喪った者を別の職種に移して雇用を維持することが不可能なのである。

光文社は講談社＝野間資本の子会社として戦後に出発したが、争議勃発時には業界六位に位置し、本工労働者が相対的に高賃金で終身雇用を享受すること可能な大手企業である。争議勃発時は、ユニオン・ショップ制の労組員が一六四名（他に職制がいる）だが、彼らは多くの非正規労働者に支えられており、非正規は収入も不安定で終身雇用とは無縁な存在であった。たとえば、光文社の看板週刊誌のひとつである『女性自身』（一九五八年創刊）は、初期においては、草柳大蔵や竹中労などフリーランスの著名ライターが多数かかわったことでも知られるが、彼らも、その下の――多くは出来高払いや低賃金の――同様にフリーランスとして契約している取材スタッフに支えられていたことは言うまでもない（彼らフリーランスには、学生運動出身者も多かった）。今日言われるところの「プレカリアート」の問題が、出版業界においては、すでに「六八年」に顕在化していたわけである。光文社争議は、それを「格差」や「差別」の問題として主題化しようとしていたと言える。

このような光文社三労組の提起（そして、その後の全面勝利）は、一九七〇年代の新左翼労働運動に大きなインパクトを与え、いくつかの週刊誌や新聞のフリーランスによる労組・記者会が労働争議に突入した。それらのなかには、解雇争議も多々存在した。また、大手出版社の下請け企業（編集プロダクション）においても労組が結成され、解雇争議へと突き進んだものもある。出版業界以外でも、下請けや臨時職員の争議が頻発した。それらのなかには、今なお継続中の争議も存在する。これら争議は、概して決して大きなものではないが、明らかに光文社争議の影響下にあった（ある）と言える。

しかし、一九七七年の全面勝利で職場に復帰した光文社労組には、労働組合としてのかつての華々しい活動が見られなくなった。経営危機による大リストラが報じられている現在、かつての労組員は全員、定年退職を終えつつあるばかりでなく、光文社労組には争議解決後に新規加盟者が存在せず、同労組は自然消滅を待つばかりとなっている（二〇一〇年一二月に実質的に解散）。光文社のリストラは、大手出版社らしく好条件であることもあって、スムースに進行している様子である。そのような事態に立ち至ったのが、いかなる理由によるのか詳細は不明だが、光文社争議の全面勝利が残したものが、光文社三労組の否定した出版業界の状況の、それ以上のものとして「実現」であったという逆説は、ここで銘記しておくべきだろう。そのことは、後に明らかになるように、単純な非難を意味するものではない。

出版業界における下請け化や非正規雇用、「格差」、「差別」の問題は、今日ではるかに深刻化している。それは、今日問題化される「格差社会」を先行的に先取りする産業であったと言っても過言ではない。そもそも、国民国家の誕生とともにある産業資本主義のなかで、出版資本は前者の成立に大きな——主要な！——役割を演じたにもかかわらず[11]、マージナルなポジションに位置づけられてきた。それは、いわゆる第三次産業にすぎず、基幹産業ではないからである。

しかし逆に言えば、出版資本は、その特異な位置ゆえに、フォーディズムからポスト・フォーディズムへの移行期におけるモデルたりえた。光文社争議は、そのことを示唆する事件にほかならない。光文社争議以降、一九七〇年代、八〇年代から今日にいたる出版業界は、電算化の波を直接にかぶったこともあって、ドラスティックにポスト・フォーディズム的な構造再編が遂行されていった。それは、コンピュータの導入による「認知労働」の深化・浸透と、それに規定された——光文社争議が問題化したところの——雇用形態の、労組の空洞化をも含む更なる新自由主義化（不安定状態化《プレカリアート》）であると、とりあえずは言える。そして今や、電子書籍の出現による出版業界の危機がささやかれているわけである。「六八年」の象徴的な労働運動として光文社争議を召還し、その意味を問うべき理由も、そこにあった。

三　非物質的労働と労働価値説

アントニオ・ネグリは、ポスト・フォーディズムの時代における認知労働について、次のように言って、その革命的な潜勢力を賞揚している。すなわち、かつて物質的生産において、「生産を可能にする固定資本は、『資本』そのもの（つまり不変資本）によって可変資本（つまり労働力）に提供された」が、「代わって今日では、資本主義的生産において一般知性がヘゲモニーをもつようになる。つまり非物質的労働あるいは認知労働がただちに生産的なものになる。そうなると、知的労働は以前のような隷属関係から解放され、かつては資本が準備していた労働手段を、生産主体が自分のものにしてしまいます。いわば、可変資本そのものが固定資本として表れる[12]」ことになる、と。

ネグリが言うような認知労働の性格は、光文社をはじめとする日本の出版争議の解雇争議団体が依拠したところでもあった。一九七〇年代から八〇年代にかけての出版争議においては、争議団が独自に事務所を借りて下請け編集プロダクションを設立し、解雇者全員の経済的な自立を図った。解雇者は、運動担当と労働担当に分けられ（両者は随時フレキシブルに交代することもある）、後者は同業支援労働者とのネットワーク等を利用して編集や校正などを請け負うことで、生活資金を調達するのである[13]。光文社争議においては、本工労働者といえども、資本から「自由な」認知労働者であるという優位性が、闘争の突出を可能にした。彼らは、労働手段が相対的に安価である出版産業において、「可変資本そのものが固定資本として表れる」かのように振る舞いえたのであり、そこで生産された剰余価値を闘争資金に振り向けることができたのである。これは、物質的生産を担う第二次産業の労働者が固定資本に繋留されて、「生活がかかっている」がゆえにその長期にわたるストライキの遂行が困難をきわめるのと、大きな違いだろう。あえて言えば、「クリエイティヴ・クラス」の特権である。

光文社争議のそのような条件を可能にしたのは、もうひとつ、一九七〇年代から八〇年代における出版業界をはじめとする放送や広告など第三次産業の好景気であった。この時代の出版業界は、すでに存在していた個々のプロダクションやフリーランスの個々人への下請け・孫受け制度をドラスティックに拡大・再編していたが、その利潤は、トリクルダウン理論そのままに、下方へも――相対的に――潤沢に分配されていたのである。編集プロダクションが、その後、大手出版社へと変貌したという例もあるし、普通のフリーランスのライターが輸入ブランド製品で身を包んでいる光景も珍しいものではなかった。

出版不況下の現代においては、下請けプロダクションの設立による労働争議の経済的自立は、光文社のような争議が勃発したとしても（それは今も――縮小され変形されたかたちで――存在しないわけではないが）、おおかた不可能であろう。かつての争議団が維持していた規模の下請けの中小編集製作プロダクションは、現在では多くの場合、ほとんど利益の出ない――時として赤字の出る！――仕事も、資本の回転（縮小再生産！）のためには請負わざるをえない状況にさえ陥っている。親資本の管理・要求は、格段に強化されており、それにともなった労働の内包・外延の強化も常態化している。親会社たる大手出版資本の経営危機も頻繁に報じられている。中小零細については言うまでもない。

このような、誰もが知っている日本の出版労働の現状を見れば、ネグリが言うような、認知労働が資本の隷属から解放されているといった認識は、「知の欺瞞」とさえ思えてくる。そこには、ネグリの言う「共《コモン》」の設立はおろか、かつての光文社争議のような、プロダクションの設立による労働争議の自律的な生成の契機さえ見いだしがたい。その理由はいくつかあげられるが、日本においては光文社労組にモデル化されるような「六八年」的な労働争議のスタイルが、すでに新自由主義的な契機をはらんでいたことが指摘されるべきだろう。もちろん、光文社労組は、そのような方向を選択せず、オーソドックスな争議解決（資本のもとへの労働者の復帰）の道を選んだわけだが——。

すでに指摘しておいたように、賃金格差の撤廃を掲げた光文社労組においては、同一労働＝同一賃金として表象される労働価値説が暗黙のうちに前提とされていた。労働価値説は労働組合に存在理由を与える基本的な認識である。それは単に、労働者が労働者として相互に平等であるという相互承認の担保となるばかりではない。労働者が「革命的」であるとする思考へと導くことも可能にする。異なった具体的有用労働によって生産された個々別々の商品が、そのなかに含まれた抽象的人間労働の量を基準として交換され消費されれば、個別の具体的労働に限定されて狭隘な世界に閉じ込められていた労働者は、その「交通」によって「全世界を獲得する」ことができるからである。産別労働組合は、個別資本における労働の同一性を主張し、横断的に組織された労組連合は別個の労働の同一性を表現する。もちろん、資本自体に、このような「革命的」な傾向はインプットされているわけだが、それは同時に、利潤獲得の欲求に沿って労働者を分断支配することで、その傾向を阻害しもするから、労働組合が必要なわけである[14]。

しかし、「認知資本主義」においては、この労働価値説は維持しがたいものになると、ネグリは考える。「今日では、労働を計測するための基本となるモデルなど、どこにあるのでしょう。認知労働における単位とはどのようなものなのか。テイラーシステムにおけるかつての抽象化された労働の場合のように、時間単位にわけることは明らかに不可能です[15]」というわけだ。ネグリの協働者であるマイケル・ハートが言うところの、「市民社会の衰退」の一面にほかならない。われわれはここで、ついつい宇野弘蔵の価値論研究を想起してしまうわけだが、そのことはしばらくおこう。われわれは、フォーディズムからポスト・フォーディズムへの移行期たる「六八年」に定位しながら、出版争議の「自律的」展開の帰趨を見ているからである。

ネグリに従えば、光文社労組に典型化される労働争議のあり方は、労働価値説に依拠しているがゆえに時代遅れのものであったということになる。時間に規定された労働が不自由でしかないのに対して、非物質的生産を担う認知労働は「自由に満ちあふれたもの」であり、「創り出すことの源《イノヴェーション》[16]」であるという。だとすれば、光文社に象徴される出版争議は、認知労働の創造性を以って、会社の自主管理とか、争議のために設立したプロダクションの「共《コモン》」への組織化とかをこそ目指すべきだったということになるのだろうか。

実際、日本の「六八年」の労働運動を代表する出版争議は、すでに触れておいたように、物質的生産を担う基幹産業の労働者でないことにひそかな疚しさを抱いていたのだが、それは、基幹産業の物質的生産においては労働価値説が貫徹していると信じられていたからにほかならない。しかし、ポスト・フォーディズムへの歴史的転換をいまひとつ深く認識し、認知労働の革命性を踏まえれば、ネグリ的な論理展開は、日本においても十分に可能だったろう。なぜなら、日本の「六八年」の学生は、「ポツダム自治会粉砕」をスローガンにしていたからである。学生自治会は、この場合、市民社会における労働組合と相似的な中間団体を意味している。市民社会という擬制の衰退は、そこに定位していたさまざまな中間団体の――革命的か反革命的かを問わぬ――無意味化・破壊へと帰結してゆくからである。復帰後の光文社労組の衰退も、歴史的に見ればこの必然性に沿っている。

疑いもなく労働価値説は古典的な労働組合運動の担保であった。それなくしては、現実の労働運動は根拠を喪失するほかはない。それは、資本主義の廃棄が、労働価値説の実現ではなく、逆に労働価値説の廃棄を意味する――労働価値説は「商品に対象化された人間労働の抽象化」[17]であり、破棄されるべき物象化にほかならない――という主張であったとしても、そうであるほかはないだろう。物象化は「プロレタリアートが階級へと発展するための不可欠の前提条件」(同)だからだ。今日のアナキズム的水準にある労働運動にしても、現実的には「最低賃金の増額」や「同一労働＝同一賃金」といったかたちで、労働価値説に訴えざるをえない所以である。

しかし、誰もが知るように、一八七〇年代における限界革命以降、近代経済学では労働価値説は否定されており、その波はマルクス経済学にまで及んでいると言ってよいだろう。『資本論』における論理的な矛盾を解決したという宇野弘蔵の価値論研究は、その端緒を開いた。だが、マルクスを参照する左派の場合はもちろんのこと、プルードン、バクーニン、クロポトキン以来のアナキズム、あるいはソレルに始まるサンディカリズムにおいても、「労働」は、その核心的な問題である。労働価値説が事実として崩壊してしまったかに見える今日において、ネグリが労働価値説に還元しえないものとして、認知「労働」の意義を顕揚するのも、「労働」が亡霊のごとくつきまとってくるからにほかなるまい。あるいは逆に、「六八年」以降もはや労働価値説が失効した時に、『正義論』(七一年)のジョン・ロールズが「公正としての正義」や「格差原理」を大文字化するのも、その亡霊を振り払う身振りと理解することができる。

ロールズについての議論はおくとして、ネグリが「労働」を「生の生産」として拡張した概念で捉えるときも、それは、労働価値説が左派の担保たりえなくなった(しかし、それを担保とせざるをえない)「六八年」以降の時代の亡霊を、回避・隠蔽する身振りにさえ見えてくるのである。それは、後述するように、その「労働」が、「ディオニュソスの労働」と言われたとき、頂点に達するだろう。

四　新自由主義の「革命」

新自由主義が「六八年」の受動的な(反)革命であるところの所以は、まさしく、「労働」という亡霊を追い払ったところに求められるだろう。かつて、ボードリヤールは「労働が終わり、生産が終わり、経済が終わる」[18]と宣告して、そのポストモダニズムを失笑されたが、新自由主義は「労働の終焉」を実現したのではないか。

『言葉と物』[19]でフーコーは、「われわれの同時代のものであり、われわれが否おうなくそれで考えている」ものとして、「生命」、「言語《ランガージュ》」とともに「労働」をあげ、リカードによる労働価値説を論じた。リカードに対して「マルクス主義はいかなる断層も生じさせはしなかった」というフーコーの断言は、当時、反革命的なスキャンダルとして受け止められた。それはともかく、そのフーコーが「歴史家」としては異例にも、ドイツのオルド自由主義、ハイエク、ミーゼスのオーストリア学派、フリードマンらのシカゴ学派など、一九三〇年代から現代の新自由主義を論じたのは、それが「われわれの時代」のパラダイムを転覆させる(かのようである)からではないのか。[20]

フーコーによれば、新自由主義は労働者を資本に包摂される客体として捉えるのではなく、「能動的な経済主体」として把握する。それは、マルクスの語彙を用いれば、抽象的人間労働ではなく具体的有用労働の担い手として、労働者を捉えることである。そうすることでのみ、「労働の質的差異が経済タイプの効果に何を及ぼすかがわかる」というわけである。しかし、そのとき「労働者」はもはや労働者ではない。労働者もまた、「企業」であり「資本」と考えられるべきだということになるだろう。つまり、労働者は抽象的かつ一般的な存在ではなく、個々さまざまな「資本」を担った「企業」なのである。あらためて指摘するまでもなく、見やすいところでは、これは「派遣」なる新自由主義的システムを基礎づけているものだろう。喧伝される派遣労働者のメリットなるものは、労働内容から職場を選べてスペシャリストとして働けるというものだが、それは、派遣が専門的な「資格」や特殊な「技能」、さらにはコミュニケーション能力や手先の器用さ等々といった「資本」の担い手とされているということだ。[21]

ここにおいては、雇用者・被雇用者の労使関係ではなく、企業間の契約が擬制されていると言える。もちろん、このような擬制は派遣にとどまらず、一般的な労働者にも及ぼすことができる。アントレプレナーシップと称して学生やサラリーマンに「起業」を推奨する風潮も、同様の意味で新自由主義的なものだろう。その「起業」＝「企業」は、主に、コンピュータ・ソフト開発などの認知労働部門が念頭におかれている。それは、まさに「真の経済主体が、交換する人間でもなければ、消費者でも生産者でもなく、企業であるような自由主義社会[22]」とフーコーが言うものにほかならない。

今日、（旧）先進資本主義国のブルジョワ・イデオローグが慨嘆するように、若年層の労働に向かうモティヴェーションは衰退の一途をたどっている。それは、不況下で就職不安が叫ばれ、政府・ブルジョワジーはもちろん、学校や親、ジャーナリズムから学生・若年層を就職に駆り立てるバイアスがかけられていても、とどまるところがない。マックス・ヴェーバーが言うところの、「労働のエートス」が衰退しているわけである。知られているように、旧来のフォーディズム的雇用システムが崩壊したことに起因する労働者の労働のモティヴェーションの低下に対して、企業は、「セミナー」や「コーチング」と呼ばれるシステムを導入し、その再建を図っている。ポストフォーディズムの時代におけるソフトな「監視＝管理」（ドゥルーズ）の方途として、「アーキテクチャ」なる問題系が議論される理由も、ここにあるだろう。

ヴェーバーの言う「禁欲」と「勤勉」が、果たして本当にヨーロッパ資本主義の発展の動力であったかどうかはこの際問わず、『プロテスタンティズムの倫理と資本主義の精神』において、それが労働（者）のエートスでとしてではなく、まず何よりも資本（家）の「精神」として抽出されていることは注意にあたいするだろう。もちろん、そのエートスが労働者のものへと転移したのが、労働価値説である。商品の価値を形成する抽象的人間労働の内実が、抽象的な禁欲と勤勉にほかならない。それは、たとえば終身雇用制といったシステムまでは、社会的に承認された「やりがい」の担保であった。
しかし、ヴェーバーが分析の対象としたのが、物質的生産を旨とする産業資本主義段階であったことに規定されて、非物質的生産がヘゲモニーを掌握した（かに見える）段階の「資本主義の精神」は禁欲と勤勉ではありえなくなる。代わって、その「精神」となったのが、自由な創造性にほかならない。かつてと同様に、それは、まず企業家の「精神」としてあったものが、労働者のそれへと転用されてゆくのである。そのとき、労働者は企業家となる。資本のエートスを労働のそれとするヴェーバー的発想は、新自由主義の時代においても、有効に機能していると言えるだろう。

アーキテクチャとは、自由な創造性（なるもの）を、いかにして統治のテクノロジーと化すかというヴェーバー的な議論である。それは、あるレヴェルで有効に見えるが、所詮は弥縫策の域を出まい。自由な創造性は、そういつまでも持続可能ではないからだ。アーキテクチャ論議が対象としているのが、「若者」や、せいぜいミドルクラスの壮年「市民」である理由も、そこにある。もちろん、新自由主義にとって重要なのは弥縫策であって、自由な創造性を発揮しえないと見なされた者は、「資本」＝「企業」化に失敗した「下流」やアンダークラスとして、対応すればよいだけだろう。

日本においては、一九八〇年代のバブル期に「際限なく上昇してきた」この「精神」を、宮台真司（ら）は適切にも「専門学校的上昇志向」[23]と呼んでいる。就職を控えた学生は、地道に働くよりも、自分の才能（資本！）に賭けてクリエイティヴな職業に就くことを望むようになった。とりわけ、大学に入る学力がないゆえに専門学校に入学してきた者も多い彼ら専門学校生には、そういった「一発逆転」のエートスが顕著であったと言える。それこそ、新自由主義が提唱する資本としての個人のエートスにほかならない。それは専門学校生にのみ顕著なことではない。しかし、一九七六年の学校教育法の改正により族生してきた専門学校は、その意味で、先駆的に新自由主義的な教育装置であったと言えるだろう。

だが、「一発逆転」的な労働のエートスは、おおむね、好況時に可能である。たとえば、ある企業がセミナーやコーチングによって非正規労働者の「やりがい」意識——自由な創造性——を触発したとしても、その企業が円高や工場海外移転でリストラを慣行しなければならないとき、真っ先に馘首されるのが非正規の彼らだというのは、鼻から分かっているわけだから、そう簡単に労働のモティヴェーションが長続きするはずがない。アーキテクチャは不況に勝てないのであり、アーキテクチャを云々する者の多くが、今日の不況に対してリフレ派である理由も、そこにある。

あるいは近年でも、モデル、ホスト、キャバクラ嬢、お笑い芸人といった職業において、「一発逆転」は可能であると信じられている。しかし、それは「一将功なって万骨枯る」の世界である。「将」となるには、その職業なりの勤勉と禁欲が必要とされよう。しかし、「万骨」たちにおいては、容易に労働することのモティベーションの喪失に帰結し、もはや、禁欲と勤勉の精神には帰れない。このような事態に、弥縫的ではないどのような応援が可能なのか。

五 「労働力商品化の無理」と「道理」

ネグリが賞揚するところの、「可変資本そのものが固定資本として表れる」認知労働が、新自由主義の標榜する「自由主義社会」のモデルであるかのように想像されることは、否定しがたいだろう。そこにおいては、資本の（あるいは、認知労働の）自由な創造力が——つまり「差異化」の能力が——価値を生み出すわけである。このとき、ネグリと新自由主義との分岐は、「生の生産」として労働概念を維持することに賭けられるほかはない。もはや物質的生産の労働過程において価値が生まれないのだとしても、すべての人間——男も女も子どもも老人も「障害」者も、ゲイもレズビアンも、一日の大半をコンピュータの前で費やすネットウヨクも、売れないミュージシャンも、親がかりの「惰民」も、等々も——の諸活動が、それ自体として「生の生産」であり、本質的に協働的な「ディオニュソスの労働」であるとすれば、それはかけがえのない「価値」を生んでいるのだから、「万人に対する社会的賃金と保障賃金」[24]が要求されるべきだ、というのだ。

このベーシック・インカム（ＢＩ）の主張は、一見類似する新自由主義による「負の所得税」[25]とは、たしかに発想が異なっているように思える。「負の所得税」は、企業（と見なされた個人）が、市場において資本としての自由な創造性を持たないと見なされたときに受け取る給付だからである。[26]それゆえ、ドロップアウトした企業＝個人は、資本として自由に活動しえない市場の外で最低限の状態に甘んずるか、または、新たな「資本」の導入（職業訓練や新たな資格取得、リカレントなど）が要求される。もちろん、それは自由な創造性の名において要求されるのである。新自由主義が「反」革命的である所以は、自由と創造性を統治の手段としたところにあるが、それは同時に、ドロップアウトした者も含めて「生きさせる」システムにほかならない。

ネグリと新自由主義との対立は、だから、人間を「労働」の主体と捉えるか、「企業」という主体して捉えるかというところにある、ということになる。ここにおいては、ネグリは頑強にマルクス主義者の立場を堅持しているようである。しかし、ネグリ的主体にしても、新自由主義的主体と同様に、自由な創造性によって作動している。「生の生産」がそれ自体で「価値」を生成するといっても、それは非物質的生産としての認知労働の旧先進資本主義諸国におけるヘゲモニー――それは、特別剰余価値あるいは相対的剰余価値を生産する――がイメージするものに依拠しているからである。

あらゆる「生の生産」それ自体が価値であるというときの「価値」が、経済学的な意味での商品価値と同様のものを意味するかどうかは、きわめて疑わしいだろう。にもかかわらず、ネグリが認知労働の価値生産性を主張するときに、それが生産するのは特別剰余価値であるという経済学的概念のイメージに依拠して論理を展開していることは明らかである。

もちろん、ネグリがイメージしている認知労働者とは、バリバリのディーラーやゲーム作家だけではない。道路にウンコ坐りしてダべっているだけが「生の生産」であるようなプーたちの話のなかから、とてつもないアイディア商品が生まれることもあるわけで、それゆえ、彼ら／彼女らの活動も潜在的に生産的な非物質労働と認められるべきなのであり、等しくＢＩが支給されなければならない、というわけだ。もちろん、アイディアが実現されたときに限ってではなく、無規定で純粋な潜在力――ディオニュソスの労働！――に対してである。

ネグリは経済学外的な、美学的価値概念のなかに、経済学的価値概念を密輸入している。資本制社会においては、商品は流通過程に投じられ価値を実現されなければ（あるいは、価値が実現されるという「信用」がなければ）、何ものでもないからだ。売れない下手くそなピアニストの YouTube に公表された演奏は、たしかに「生の生産」かもしれない。認知労働的でもあろう。それを「美しい」と評価することは聴く人間の勝手であり、ディオニュソス的潜在力を認めるのも自由だが、「価値」であると主張することは、商品化する人間がいないと無理なのである。

ところがネグリは、すべての「生の生産」が価値を生むと主張するにもかかわらず、物質的労働だけは価値を生まないと言うのだから、その価値概念は混乱しているというほかない。ネグリに従えば、物質的生産もまた「生の生産」であるはずだからである。特別剰余価値（相対的剰余価値）が絶対的剰余価値を追い払ったかに見えるとき、後者は必ず回帰してくる。認知労働が旧先進資本主義諸国では優勢であるかのようだとしても、それは「蟻とキリギリス」のごとく、中国やインド、東南アジアや中東、アフリカ諸国などにおける工場労働者、あるいは、旧先進資本主義国内では、「下流」、派遣、パート、ワーキングプア等々による物質的生産に負っているのは、誰もが知っている。

そのことを、スラヴォイ・ジジェクは、「労働搾取工場の群集にとって〈資本〉は、『認知労働』を代表し『認知労働』の成果を物質化するために労働者を雇う力である。『認知労働者』にとって〈資本〉は、『認知労働者』を雇い、その成果を物質的生産の青写真として使う力である」[27]と言っている。このことを、われわれの文脈で言い換えれば、認知労働の自由な創造性と見なされるものは、労働価値説が維持されている（維持されるべき）労働過程の現実的な存在を暗黙の前提にしている、ということである。中国の日系企業での賃上げ・待遇改善を要求するストライキの頻発は、その背後に中国共産党の指導があるか否かを問わず、今なお、労働価値説が自然発生的な資本主義批判のベースとなっていることを証明している。

周知のように、宇野弘蔵は「労働力商品化の無理」をもって資本主義のリミットとした。資本主義それ自体によっては生産しえない「外部」としての労働力を「無理」に内部化＝商品化することで、資本主義的生産様式は完成する、と。その無理の上に、労働価値説はかろうじて成立しているが（いわゆる「流通滲透視角」）、その「無理」を通さねば資本主義的生産は成立しないという主張である。しかし、新自由主義は、資本主義を「道理」が通るものへと組み替える試みであったと言える。われわれは、その「道理」が通らないことを主張すべきではないのか。

繰り返すまでもなく、「六八年」の光文社争議においては、労働価値説がア・プリオリに信じられていたがゆえに、「賃金格差是正」というスローガンが掲げられていた。しかし同時に、その闘争は、労働価値説を論理的に無効にする認知労働の自由な創造性に依拠することで可能でもあったのである。この両価性のなかでのみ、「六八年」の労働運動が可能であったことは、あらためて銘記されなければならない。そして、現在の問題は、この両価性を解決することではなく、それをいかにして新たに回復し、反復するかということである。もとより、それは主には新自由主義によって、すでに「解決」されてしまっているからである。

註

（1） K. Ross, *May '68 and Its Afterlives*, Chicago: University of Chicago Press, 2002（同書には抄訳がある。「同意は何を消去したか」内野儀訳『悍』第一号、二〇〇八年）。

（2） 小熊英二『１９６８』上・下、新曜社、二〇〇九年。

(3) 絓秀実『革命的な、あまりに革命的な――「1968年の革命」』作品社、二〇〇三年および同『1968年』ちくま新書、二〇〇六年。

(4) 戸塚秀夫ほか『日本における「新左翼」の労働運動』上・下、東京大学出版会、一九七六年。

(5) 出版労働者と同じことが、教育労働者についても言える。一九六〇年代から七〇年代にかけて、主に大都市圏近郊の公私立初等中等学校には、都市人口の爆発的な増大にともない、大量の新規教員が採用され、六〇年安保や全共闘運動の活動家が多数流入していた。教育労働者の闘争の代表的なものとしては、一九七〇年に始まった福岡県の伝修館闘争がある。付言すれば、八〇年代後期に言論ジャーナリズムに登場して「保守反動」的主張と見なされた埼玉県の、有名な「プロ教師の会」も、もともとは、伝習館闘争を支援する反戦派教師の集りだったのである(異議あり!編集部編『下級教員宣言』現代書館、一九七三年、参照)。それはともかく、教育労働者の多くが終身雇用制によって保護されていた当時にあっては、職を賭して、光文社的な「無期限的」闘争へと突き進むことなど、ほとんど不可能であった。その他、学校と出版との職種のあり方が大きく違うことなどもある。光文社争議が可能だったのは、後述するように、出版業界が事実上すでに、「日本的雇用」から逸脱した環境にあったからである。

(6) ハンナ・アーレント『人間の条件』志水速雄訳、中央公論社、一九七三年。

(7) 新左翼を構成する諸党派のなかでは特異な党派であり、一九五〇年代後期の結成当時から動力車労組(現・JR総連)に浸透を図り、組合総体のヘゲモニー獲得に腐心していた革マル派(革命的共産主義者同盟革命的マルクス主義派)は、職場・組織から離脱して街頭化する他党派・ノンセクトの労働者を「ルンプロ反戦」と揶揄したが、理由のないことではない。

(8) 中核派(革命的共産主義者同盟)である。

(9) 光文社闘争を指導したのは、中核派の指導者であった書記長・本多延嘉(一九七五年、革マル派のテロによって死亡)だったと言われる。本多は、東大闘争よりも日大闘争の意義を顕揚していたことが知られている。中核派による光文社争議の指導は、奇妙なことに、労対ではなく本多直轄でなされていたという。これは異例のことだった。労働争議は、労対によってなされるのが政治党派の常道だからである。光文社争議の勃発当時、本多は六九年四・

二八沖縄闘争にかかわって、破防法被告として獄中にあり、七六年の争議解決時には、すでに死亡していた。しかし、本多不在の時期においても、争議は労対によって指導されたのではない様子である。これには、光文社争議のさまざまな特殊性がかかわっていると思われるが、本多延嘉が学生時代に早稲田大学新聞編集長も務めた、気質的にも「根っからのジャーナリスト」（小野田襄二『革命的左翼という擬制　1958〜1975』白順社、二〇〇三年）であったことは大きいだろう。本多は、出版争議が官公労や一般企業のそれとは異質であることを知っていたはずである。

（10）NIRA研究報告書「終身雇用という幻想を捨てよ――産業構造変化に合った雇用システムに転換を」総合研究開発機構、二〇〇九年四月。

（11）B・アンダーソン『増補版　想像の共同体――ナショナリズムの起源と流行』白石さや・白石隆訳、NTT出版、一九九七年。

（12）A・ネグリ『未来派左翼』下、廣瀬純訳、NHKブックス、二〇〇八年。

（13）このような分業が可能であるためには、個々の争議団員の認知労働者としての能力が相対的に高いこと（クリエイティヴなこと）が条件となるのはもちろんだが、争議団の人数が一定数（最低一〇人前後？）存在しなければならない。今なお存在する少人数の出版争議や、出版争議に限らぬ「一人争議」では（それが「クリエイティヴ・クラス」のものであっても）、そのことはおおむね不可能であり、まったく別個のセイフティーネット――支援者によるカンパから家族などへの依存等々――が張られなければならない。もちろん、そのような条件は、争議の継続を困難にする。

（14）言うまでもなく、このように労働価値説を把握しているのは、市場－市民社会に革命的な契機を見いだすグラムシ的な立場である。

（15）ネグリ『未来派左翼』下。

（16）同前。

（17）G・ルカーチ「物象化とプロレタリアートの意識」『歴史と階級意識』城塚登・古田光訳、白水社、一九七五年。

(18) J・ボードリヤール『象徴交換と死』今村仁司・塚原史訳、筑摩書房、一九七六年。
(19) M・フーコー『言葉と物』渡辺一民・佐々木明訳、新潮社、一九七四年。
(20) M・フーコー『生政治の誕生』槙改康之訳、筑摩書房、二〇〇八年。
(21) ここにおける「資本」という語の用法は、フーコーが註記するように、ブルデュー社会学における――「象徴資本」や「文化資本」といった――それと近似的である。
(22) フーコー『生政治の誕生』。
(23) 宮台真司・大塚明子・石原英樹『サブカルチャー神話解体――少女・音楽・まんが・性の変容と現在』PARCO出版、一九九三年。この概念を宮台は労働のエートスとしているわけではなく、一九八〇年代サブカルの担い手のエートスとして提示しているのだが、専門学校が促成的に労働力を育成することを目的とした高等教育機関であったことを踏まえれば、それが就職を前にした学生のエートスと見なすことに無理はない。宮台自身が目論むように『サブカルチャー神話解体』の続編が書かれるとしたら、そこで求められるのは、八〇年代サブカルの無名の担い手たちが、その後、資本主義市場にどのように参入したかのリサーチである。
(24) M・ハート＋A・ネグリ『〈帝国〉』水嶋ほか訳、以文社、二〇〇三年。
(25) M・フリードマン『資本主義と自由』村井章子訳、日経BP社、二〇〇八年。
(26) 本稿では論じなかったが、BIを主張する新自由主義派も左派も、ともに、それが行なわれる場を一国あるいは特定地域に限定して考える傾向が強く、世界規模でのBIが可能かどうかについての議論は積極的に主題化されていないように思われる（奇妙なことに、とりわけ日本の文化主義的左派において）。しかし、BIは世界規模で――論理的には世界同時的に――行なわれないで、どんな意味があるのか。日本におけるBIをめぐる議論の現況については、とりあえず、立岩真也・斉藤拓『ベーシックインカム――分配する最小国家の可能性』青土社、二〇一〇年を参照。
(27) S・ジジェク『大儀を忘れるな――革命・テロ・反資本主義』中山徹・鈴木英明訳、青土社、二〇一〇年。

[タ　行]

[ナ　行]

[ハ　行]

キーワード

〈事項索引〉ではなく〈キーワード〉とした理由は，同一の語彙を事項の許で集約することによって，各論攷における同一語彙の異なった使用法を顕揚するというよりも，むしろ各論攷がどのような語彙にかかわったかを強調するためである（したがって，同一語彙が他処にあっても敢えて拾わなかった場合がある）。

270-71, 273-7, 279, 282-5, 287, 296, 298-9, 330, 353, 355, 366, 416-7, 430, 435, 462
トロツキー，レフ Trotsky, Lev 416

[ナ 行]

ニーチェ，フリードリヒ Nietzsche, Friedrich 147, 161, 273, 283, 286, 296-302, 306-11, 314, 321-2, 324, 329, 332, 334, 339-40, 344, 387, 415-6
ネグリ，アントニオ Negri, Antonio 293-300, 302, 304, 306-7, 309-15, 421-2, 429, 445, 449, 455, 457-60, 465-7

[ハ 行]

バディウ，アラン Badiou, Alain 4-5, 235-6, 259, 356, 362, 369-71, 375-6, 380-1, 383-4
バリバール，エティエンヌ Balibar, Étienne 4, 240, 243, 273, 419, 431, 434
ハロッド，ロイ Harrod, Roy 122, 126, 131
ビオン，ウィルフレッド Bion, Wilfred 285
ヒックス，ジョン Hicks, John 107, 122, 126
ピニェーラ，ルヒリオ Piñera, Virgilio 15-7
ヒルマン，デヴィッド Hillman, David C. A. 391-4, 411
ファルウェル，ジェリー Falwell, Jerry 278-9
フーコー，ミシェル Foucault, Michel 51-61, 74-5, 139-40, 266-71, 273, 279, 283, 294, 296, 298-9, 304, 355, 380, 391, 394, 396-7, 399, 404, 411, 461-2
ブレナー，ロバート Brenner, Robert 91-3
ベケット，サミュエル Beckett, Samuel 4-5, 13
ヘーゲル，フリードリヒ Hegel, Friedrich 87, 197, 252, 270, 281, 297, 301-3, 314, 378
ベルサーニ，レオ Bersani, Leo 171-2
ベンサイド，ダニエル Bensaïd, Daniel 382
ポランニー，カール Polanyi, Karl 27, 55, 67-8, 395-6
ボルヘス，ホルヘ・ルイス Borges, Jorge Luis 3, 7, 9, 11-7, 277

[マ 行]

マルサス，トマス Malthus, Thomas 137-40
メニングハウス，ヴィンフリート Menninghaus, Winfried 174

[ラ 行]

リカード，デヴィッド Ricardo, David 57, 139-40
ルカーチ，ジェルジ Lukács, György 297
ルクセンブルグ，ローザ Luxemburg, Rosa 152
レオパルディ，ジャコモ Leopardi, Giacomo 295, 298-307, 309-15, 419
レーニン，ウラジミール Lenin, Vladimir 294, 372-5, 402-4

人名索引

註 1：本書全体で頻出するカール・マルクス（Karl Marx），また個別の人物を議論の対象とし，その結果，その固有名が頻出する場合——第 5 章における置塩信雄，第 7 章におけるジークムント・フロイト（Sigmund Freud），フェリックス・ガタリ（Félix Guattari）とジャック・ラカン（Jacques Lacan），第 13 章における宇野弘蔵——については，項目から外した。
註 2：註部分は除外した。

［ア　行］

アブラハム，カール Abraham, Karl　186
アルチュセール，ルイ Althusser, Louis　81-2, 87-90, 95, 224, 363
アーレント，ハンナ Arendt, Arendt　449
イリガライ，リュス Irigaray, Luce　141-2, 144-6, 149, 151-2, 156, 158-9
ウィクセル，クヌート Wicksell, J. G. Knut　25-7
ヴィトゲンシュタイン，ルートヴィヒ Wittgenstein, Ludwig　314-5
ウィニコット，ドナルド Winnicott, Donald　285
ヴィルノ，パオロ Virno, Paolo　243-4, 250-52, 253-4, 256, 260-62
ヴェーバー，マックス Weber, Max　61-2, 462-3
ウリ，ジャン Oury, Jean　194, 196, 212
エピクロス Epikouros　81-2, 88-9, 95-7

［カ　行］

カント，イマヌエル Kant, Immanuel　66, 73, 75, 169, 272, 277, 309, 355, 360
グラムシ，アントニオ Gramsci, Antonio　403-5
クロソウスキー，ピエール Klossowski, Pierre　147, 321-45（*passim*）
ケインズ，ジョン・メイナード Keynes, John Maynard　57, 107, 126
ゴンブローヴィッチ，ヴィトルド Gombrowicz, Witold　11-3, 15, 17

［サ　行］

サルトル，ジャン＝ポール Sartre, Jean-Paul　200, 202, 206-8, 272
ジジェク，スラヴォイ Žižek, Slavoj　6, 276, 467
シモンド，ジルベール Simondon, Gilbert　243-5, 250, 252
シュティルナー，マックス Stirner, Max　430, 433-4
スピヴァク，ガヤトリ Spivak, Gayatri　146, 153-61, 358
スミス，アダム Smith, Adam　57, 61, 67, 83, 92-3, 110, 151
左右田喜一郎　66, 72-3
ゾンバルト，ヴェルナー Sombart, Werner　150-51

［タ　行］

高田保馬　69-73
タルド，ガブリエル Tarde, Gabriel　72
ドゥルーズ，ジル Deleuze, Gilles　193-4, 221-3, 225, 254-5, 257-9,

●編著者
長 原　 豊（ながはら ゆたか） 法政大学経済学部教授

●執筆者（あいうえお順）
足立眞理子（あだち まりこ） お茶の水女子大学ジェンダー研究センター教授
ギャヴィン・ウォーカー（Gavin Walker） コーネル大学 メロン財団フェロー
沖　 公 祐（おき こうすけ） 香川大学経済学部准教授
久野 量一（くの りょういち） 法政大学経済学部教授
佐 藤　 隆（さとう たかし） 大分大学経済学部准教授
佐藤 良一（さとう よしかず） 法政大学経済学部教授
絓　 秀 実（すが ひでみ） 近畿大学国際人文学研究所教授
ケネス・スーリン（Kenneth Surin） デューク大学教授
大黒 弘慈（だいこく こうじ） 京都大学大学院人間・環境学研究科准教授
比嘉 徹徳（ひが てつのり） 一橋大学大学院言語社会研究科
松本潤一郎（まつもと じゅんいちろう） 立教大学大学院文学研究科
ティモシー・S・マーフィー（Timothy S. Murphy） オクラホマ大学英語学部准教授
山 家　 歩（やまか あゆむ） 法政大学社会学部講師
ジェイソン・リード（Jason Read） サウス・メイン大学哲学科助教授
ジャネル・ワトソン（Janell Watson） ヴァージニアテク大学外国語・文学准教授

比較経済研究所研究シリーズ　別巻
政治経済学の政治哲学的復権
理論の理論的〈臨界－外部〉にむけて

2011年3月31日　初版第1刷発行

編　者　法政大学比較経済研究所
　　　　長 原　 豊
発行所　財団法人法政大学出版局
　　　　〒102-0073 東京都千代田区九段北3-2-7
　　　　電話 03(5214)5540／振替 00160-6-95814
製版・印刷　平文社／製本　誠製本

ISBN 978-4-588-60241-2　Printed in Japan

●比較経済研究所研究シリーズ／既刊

11　金子勝編　4000円
現代資本主義とセイフティ・ネット
市場と非市場の関係性

12　粕谷信次編　3800円
東アジア工業化ダイナミズム
21世紀への挑戦

13　萩原進・公文溥編　4000円
アメリカ経済の再工業化
生産システムの転換と情報革命

14　村串仁三郎・安江孝司編　4600円
レジャーと現代社会
意識・行動・産業

15　森廣正編　4800円
国際労働力移動のグローバル化
外国人定住と政策課題

16　靎見誠良編　4200円
アジアの金融危機とシステム改革

17　田淵洋・松波淳也編　3000円
東南アジアの環境変化

18　佐藤良一編　5800円
市場経済の神話とその変革
〈社会的なこと〉の復権

19　尾高煌之助編　4200円
近現代アジア比較数量経済分析

20　原伸子編　4200円
市場とジェンダー
理論・実証・文化

●比較経済研究所研究シリーズ／既刊

---

1 佐々木隆雄・絵所秀紀編 〔品切〕
日本電子産業の海外進出

2 鸞見誠良編 〔品切〕
金融のグローバリゼーション Ⅰ
国際金融ネットワークの形成

3 鸞見誠良・林直嗣編 3000円
金融のグローバリゼーション Ⅱ
国際金融センター日本

4 川上忠雄・杉浦克己編 3000円
経済マネージャビリティ
新自由主義の批判に耐えうるか

5 川上忠雄・増田寿男編 〔品切〕
新保守主義の経済社会政策
レーガン，サッチャー，中曽根三政権の比較研究

6 山内一男・菊池道樹編 〔品切〕
中国経済の新局面
改革の軌跡と展望

7 小林謙一・川上忠雄編 〔品切〕
韓国の経済開発と労使関係
計画と政策

8 平田喜彦編 3600円
現代国際金融の構図

9 永井進編 3200円
現代テレコム産業の経済分析

10 松崎義編 3900円
中国の電子・鉄鋼産業
技術革新と企業改革
